Das KOSMOS
Garten-Handbuch

mein schöner
Garten

Das KOSMOS
Garten-Handbuch

herausgegeben von
Jürgen Wolff und Angelika Throll

KOSMOS

Impressum

Mit 763 Farbfotos von:
Katharina Adams, Linnich-Hottorf: 139 ob. Reihe, 2. Bild v. re; **BASF Agrarzentrum**, Limburgerhof: 65 uli, 70 oli, 71 o, 70 ure, 73 ure, 75 li; **Peter Beck**, Stuttgart: 245, 246 Mire, 249 Mili; 250 u, 251 uMi, 251 oli, 251 ore; **Jürgen Becker**, Hilden: 24 o; **Beckmann Gewächshäuser**, Wangen/Allgäu: 255 ure; **BKN Strobel GmbH Co. KG**, Holm: 136 2. Bild v. li, 136 1. Bild v. re, 138 ob. Reihe, 2. Bild v. re, 138 unt. Reihe, 2. Bild v. li; **Ursel Borstell**, Essen: 28 o, 65 ore, 82 , 94 o, 118 o, 130 o, 131 o, 180/181 (groß), 211 ure; **Helga Buchter-Weisbrodt**, Rödersheim-Gronau: 221 uli, 220 (beide), 221 ure, 221 ore, 222/223 (alle fünf), 224 (alle drei), 225 (alle vier), 226/227 (alle sieben), 228 (beide), 229 ore, 229 uli, 230/213 (alle sechs), 232 uli, 232 oMi, 233 (alle drei); **Gartenkeramik Denk**, Coburg 27 ore; **Otmar Diez**, Sulzthal: 33 o, 34 ore, 39 o, 44 (beide), 44, 76 (beide), 165 uli, 184 oli, 189 uli, 205 uli, 209 ore, 43 uli; **GARDENA Deutschland GmbH**, Ulm: 238; **Gartenschatz**, Stuttgart: 10/11 (alle drei kleinen), 50 oM, 50 ore, 51 ure, 55 Mi, 56 re, 63 ure, 74 ure, 77 ore, 80 u, 81 Mi, 85 ure, 86/87 (alle neun), 88 oli, 88 ure, 89 uli, 89 ore, 90 uli, 90 ure, 91 oli, 91 uli, 91 uMi, 91 Mire, 91 ore, 92/93 (alle sieben), 99 (alle vier), 100/101 (alle acht), 102 uli, 102 o, 102 ure, 103 uMi, 103 ore, 103 ure, 104 o, 104 ure, 105 o, 105 uli, 105 ure, 105 Mire, 106/107 (alle acht), 108 oli, 108 oMi, 108 ore, 109 (alle fünf), 110/111 (alle acht), 112/113 (alle neun), 114 (alle vier), 115 oli, 115 ore, 115 Mi, 115 ure, 116/117 (alle sechs), 127 oMili, 127 oMire, 127 uli, 129 oMire, 121 uli, 121 ore, 122 (alle vier), 123 oli, 123 ore, 123 uMi, 123 ure, 124 uli, 124 ure, 125 (alle drei), 142/143 (alle acht), 154 uli, 154 Mili, 154 Mire, 155 oli, 155 ure, 156 re, 156 uli, 157 oli, 157 Mi, 157 ure, 158 oli, 158 uli, 158 re, 159 oli, 159 o, 159 ure, 161 (alle fünf), 166 oli, 173 (alle vier), 174 oli, 174 u, 174 Mi, 174 ure, 175 (alle fünf), 176 re, 177 (alle vier), 178 oMi, 178 uli, 178 uMi, 178 ore, 180/181 (alle drei Einklinker), 188 Mi, 188 re, 190 uli, 191 uli, 194 uli, 194 ure, 195 u, 196 uli, 196 Mi, 196 ure, 197 uli, 201 ore, 201 Mi, 202 uli, 202 ore, 202 oli, 203 ore, 204 uli, 204 oMi, 206 ore, 206 ure, 207 u, 208 (alle vier), 209 uli, 209 ore, 214/215 (alle acht), 216/217 (alle sechs), 218 (beide), 247 li, 248 re, 249 li, 249 Mi, 249 Mire, 249 re, 262 ure, 264 Mire, 265 ure, 266 oli, 266 oMi, 266 ore, 267 , 269 Mi; **Gartenbildagentur/Nichols**, Au/Hallertau 80/81 (groß); **Martin Haberer**, Nürtingen: 246 Mi, 247 Mili, 247 Mi, 247 Mire, 247 248 li, 248 Mi; **Häberli Obst- und Beerenzentrum AG**, CH-Neukirch-Egnach: 232 ore; **Kientzler GmbH**, Gensingen: 170; **Günther Kobiela**, Stuttgart: 13 u, 236; **W. Kordes' Söhne**, Klein-Olfenseth-Sparrieshoop: 135 ob. Reihe li, 135 unt. Reihe li, 136 Mi, 136 2. Bild v. re, 137 1. Bild v. li, 137 2. Bild v. li, 137 Mi, 137 2. Bild v. re, 137 1. Bild v. re, 138 ob. Reihe, Mi, 138 unt. Reihe, Mi, 138 unt. Reihe, 1. Bild v. re, 139 oli, Reihe, Mi, 139 ob. Reihe, 2. Bild v. li, 139 unt. Reihe, 1. Bild v. li, 139 oli. Reihe, Mi; **Krieger Gewächshäuser**, Herdecke: 254 ure, 255 uli, 257 uli, 257 ure, 257 o, 258 u, 261 ore, 261 u; **Botanik-Bildarchiv Laux**, Biberach/Riß: 205 ore; **Landesanstalt für Pflanzenbau und Pflanzenschutz**, Mainz: 68/69 (alle sechs), 70 ore, 70 uli, 72 ore, 75 re, 75 Mi; **Gabriele Metz**, Mühlheim: 16, 21 o, 25 o, 32 u, 152 ure; **MSG/Butz**: 32 o, 33 uli, 33 ure, 35 oli, 35 ore, 36 (alle drei unten), 36 ore, 37 uli, 38 ure, 39 ure, 40 oli, 40 ore, 41 o, 42 , 45 (alle drei), 47 uli, 48 u, 52 uli, 52 ure, 57 (beide), 58 o, 58 u, 60 uli, 59 ure, 60 ure, 85 oli, 85 ore, 97 (fünf unten links), 98 (alle drei), 118 (alle vier), 130 u, 132 (alle vier), 148 (alle vier), 149 oli, 149 ore, 150, 153 oli, 153 ore, 164 uli, 164 ore, 171 uli, 186 u, 187 ure, 189 ore, 197 oMi, 262 ore, 263 ore, 263 oli, 263 ure, 264/265 uMi, 264/265 ure, 266 Mi, 266 ure, 268 , 269 ure, 270 (beide), 271 u; **MSG/Düpper**, Offenburg: 163 (alle vier); **MSG/Düpper**, Offenburg: 168 uli; **MSG/Günther**, Offenburg: 150 (alle drei); **Sibille Müller**, Runbach: 104 uli; **Marion Nickig**, Essen: 95 o; **Baum- und Rosenschulen Reinhard Noack**, Gütersloh: 138 ob. Reihe, 1. Bild v. li, 138 ob. Reihe. 2. Bild v. li, 138 ob. Reihe, 1. Bild v. re, 138 unt. Reihe, 2. Bild v. re; **OASE GmbH Co. KG**, Hörstel-Riesenbeck: 240 (alle drei), 242 (beide); **Manfred Pforr**, Langenpreising: 72 u; **Wolfgang Redeleit**, Bienenbüttel: 9, 14, 17 u, 19 u, 22 ure, 24 u, 25 ure, 27 uli, 29 oli, 30 o, 31 Mi, 34 oli, 37 oli, 37 ore, 37 ure, 43 ore, 47 ore, 48 o, 49 u, 50 uli, 51 o, 52 oli, 53, 54 (alle drei), 59 ore, 59 uli, 61, 62 o, 63 ore, 67 oli, 78 , 79 li, 79 ure, 83 ore, 115 uli, 120 (beide rechts), 133 o, 135 o, 144 ore, 145 Mi, 145 re, 151 , 156 ure, 157 ore, 162 o, 162 uli, 165 oli, 165 ure, 183 , 182 o, 186 oli, 185 u, 193 ore, 198 oli, 198 uMi, 203 oli, 205 oli, 210 ure, 210 uli, 234/235 (alle vier), 239 , 246 li, 246 Mili, 248 Mili, 248 Mire, 251 uli, 252/253 (groß), 271 oli; **Reinhard-Tierfoto**, Heiligkreuzsteinach-Eiterbach: 155 uMi, 155 Mire, 169 ure, 172 uli, 188 li, 255 o, 259 u, 260 ore; **Reinhard-Tierfoto/Hans Reinhard**, Heiligkreuzsteinach-Eiterbach: 15 oli, 17 o, 22 uli, 26 u, 26 o, 28 uli, 29 uli, 30/31 (groß), 34 ure, 35 Mire, 36 oli, 38 uli, 39 uli, 40 Mi, 41 ure, 47 oli, 63 uli, 80 o, 84 uli, 89 ure, 90 o, 96 (beide), 103 oMi, 120 o, 120 Mi, 121 ure, 123 uli, 127 oli, 127 uMili, 127 ure, 128 (beide), 129 ore, 129 uli, 129 uMili, 129 uMire, 131 uli, 131 ore, 134 oli, 138 unt. Reihe, 1. Bild v. li, 139 unt. Reih, 2. Bild v. li, 139 unt. Reihe, 2. Bild v. re, 139 unt. Reihe, Mi, 140 o, 140 uli, 144 uli, 149 ure, 152 uli, 156 Mi, 158 ure, 184 ore, 184 oli, 187 oli, 189 ure, 191 ure, 192 (beide), 193 ure, 194 o, 197 uli, 199 ore, 204 ure, 204 ore, 205 ure, 206 uli, 207 oli, 209 oli, 209 ure, 210 o, 211 o, 212 uli, 254 uli, 256 , 259 o, 260 oli, 262 Mire, 269 ore, 269 uli; **Reinhard-Tierfoto/Nils Reinhard**, Heiligkreuzsteinach-Eiterbach: 15 ure, 22 o, 47 ure, 49 o, 51 uli, 95 u, 127 ore, 127 uMire, 129 oli, 129 oMili, 129 ure, 119 , 124 o, 141 ore, 147 ore, 147 oli; **Ralf Roppelt**, Ludwigsburg: 30 u, 38 o, 55 o, 166 uli, 167 Mi, 193 oli; **Manfred Ruckszio**, Taunusstein: 41 uli, 56 li, 77 oli, 77 ure, 79 Mli, 79 re, 79 Mire, 83 ure, 108 u, 126 u, 139 ob. Reihe, 1. Bild v. li, 174 o, 176 Mi, 178 ure, 183 uli, 183 uMi, 185 o, 197 ore, 199 ure, 200 oMi, 200 u, 203 ore, 252/253 (alle drei klein); **Bildarchiv Sammer**, Neuenkirchen: 229 uMi; **Walter Schimana**, Deiningen: 243 (alle drei), 246 re; **Martin Schröder**, Offenburg: 18 o, 19 o, 21 u, 25 u, 29 ure, 29 ore; **Folkert Siemens**, Offenburg 158 Mi; **Jügen Stork**, Ohlsbach: 221 Mire; **Friedrich Strauß**, Au/Hallertau: 20 , 94 o, 166/167 (groß), 168 o, 171 o, 172 oli, 213 o, **Syngenta Seeds GmbH**, Kleve: 50 oli, 55 re, 190 ore, 191 o, 195 o, 196 oli, 196 oMi, 199 uli, 198 ure, 200 oli, 201 ure, 207 ore; **Rosenwelt Tantau**, Uetersen: 135 ob. Reihe Mi, 135 ob. Reihe re, 135 unt. Reihe, Mi, 135 unt. Reihe re, 136 1. Bild v. li; **Alice Thinschmdit, Daniel Böswirth**, A-Wien: 241 , 1, 15 u, 18 u, 23 , 26 Mili, 83 oli, 84 Mi, 126 o, 141 oli, 147 Mire, 154 ure; **Annette Timmermann**, Stolpe: 2/3 , 10/11 (groß); **Jürgen Wolff**, Gengenbach: 258 o; **WOLF-Garten GmbH Co. KG**, Betzdorf, Sieg 55 uli; **Xeniel-Dia/Hecker**, Stuttgart: 67 Mi, 74 ore, **Xeniel-Dia/Mögle**, Stuttgart: 12, 65 ure, 66 oli, 67 ore, 73 o; **Xeniel-Dia/Sauer, Hecker:** Stuttgart: 66 ure, 67 uli, 72 uli, 74 Mi; **Xeniel-Dia/Spohn**, Stuttgart: 62 uli, 71 u, 74 oli, 134 oMi;

Mit 73 Farbillustrationen von:
Fabian Hofmann, München: 64 (alle drei); **Reinhild Hofmann**, München: 12/13 (alle vier), 16, 20, 23, 97, 152, 212, 243; **Reinhild Hofmann**, München (Entwurf Gisela Zinkernagel): 169 (beide), 170 (beide); **Folko Kullmann**, Stuttgart 148; **Folko Kullmann** (Entwurf von Walter Schimana) 237 (alle sechs oben); **Wolfgang Lang**, Grafenau 46 (alle drei); 132/133 (alle fünf), 134/135 (alle drei), 171, 172, 213 (beide), 262, 264, 265 Mi, 270; **Horst Lünser**, Berlin: 40, 42, 43, 60, 126, 149, 183, 184, 185, 186, 191, 200, 236 (alle drei unten), 239, 244, 265, 267 o, 268, 271; **MSG/Schick** 119; **Johannes-Christian Rost**, Stuttgart: 61, 256; **Claudia Schick**, Neumarkt/Oberpfalz: 151, 141 (alle drei).

Umschlaggestaltung von eStudio Calamar, Spanien, unter Verwendung von vier Fotos (Vorderseite) von Clematis-Westphal, Prisdorf (links), BKN Strobel GmbH Co. KG (Mitte links), Syngenta Seeds GmbH, Kleve (Mitte rechts) und Ursel Borstell, Essen (rechts) sowie einem Foto (Rückseite) von Ursel Borstell, Essen.

Informationen senden wir Ihnen gerne zu

Bücher · Kalender · Spiele · Experimentierkästen · CDs · Videos
Natur · Garten & Zimmerpflanzen · Heimtiere · Pferde & Reiten · Astronomie · Angeln & Jagd · Eisenbahn & Nutzfahrzeuge · Kinder & Jugend

KOSMOS Postfach 10 60 11
D-70049 Stuttgart
TELEFON +49 (0)711-2191-0
FAX +49 (0)711-2191-422
WEB www.kosmos.de
E-MAIL info@kosmos.de

Erklärungen zu den Pflanzenporträts:
Die meisten Gartenpflanzen wachsen gut auf normalem Gartenboden und kommen mit einem pH-Wert im (schwach) sauren bis (schwach) basischen Bereich zurecht. In den Pflanzenporträts ist der bevorzugte pH-Wert einer Pflanze nur dann angegeben, wenn die Pflanze sich besser in einem anderen pH-Bereich entwickeln würde. Die Blütenfarben sind sortenabhängig, daher können auch Farben auf dem Markt sein, die im Buch nicht genannt werden. Die Blütezeiten sind ebenfalls sorten- sowie klima- bzw. standortabhängig. Die angegebenen Wuchshöhen und -breiten der Pflanzen sind Mittelwerte; sie können je nach Nährstoffgehalt des Bodens variieren. Verschiedene Sorten können deutlich größer oder kleiner wachsen als die Art.

Alle Angaben in diesem Buch sind sorgfältig geprüft und geben den neuesten Wissensstand bei der Veröffentlichung wieder. Da sich das Wissen aber laufend in rascher Folge weiterentwickelt und vergrößert, muss jeder Anwender prüfen, ob die Angaben nicht durch neuere Erkenntnisse überholt sind. Dazu muss er zum Beispiel Beipackzettel zu Dünge-, Pflanzenschutz- bzw. Pflanzenpflegemitteln lesen und genau befolgen sowie Gebrauchsanweisungen und Gesetze beachten.

Die Rechtschreibung der deutschen Pflanzennamen ist nicht eindeutig geregelt. Auch jede Art der Schreibung ist möglich, die Sie sowohl in Fach- als auch in populärwissenschaftlichen Büchern finden werden.

Gedruckt auf chlorfrei gebleichtem Papier

Bibliografische Informationen der Deutschen Bibliothek

Die Deutsche Bibliothek verzeichnet diese Publikation in der Deutschen Nationalbibliografie; detaillierte bibliografische Daten sind im Internet über http://dnb.ddb.de abrufbar.

© 2004, Franckh-Kosmos Verlags GmbH & Co., Stuttgart
Alle Rechte vorbehalten
ISBN 3-440-09627-0
Redaktion und Bildredaktion: Carolin Krank
Grundlayout: eStudio Calamar, Pau
Produktion: Siegfried Fischer
Printed in Slovak Republic/Imprimé en République Slovaquie

Inhalt

Herausgeber und Autoren

Jürgen Wolff, 1947 in Hamburg geboren, ist Herausgeber des vorliegenden Buches und Autor der Kapitel „Gartenpraxis" (außer „Pflanzenschutz", „Unkräuter"), „Rasen", „Gemüsegarten", „Gewächshäuser" und des Jahresarbeitskalenders. Nach dem Soziologiestudium in Hamburg war er mehrere Jahre Ressortleiter beim Hamburger Abendblatt. Seit 1984 ist er in der Redaktion MEIN SCHÖNER GARTEN, die er seit 1995 als Chefredakteur leitet. Er veröffentlichte zahlreiche Bücher, unter anderem als Herausgeber „Die mein schöner Garten Enzyklopädie der Gartenpflanzen" und „Mit mein schöner Garten durchs Jahr".

Angelika Throll, ist Diplom-Gartenbauingenieurin und Herausgeberin dieses Buches. Sie arbeitet seit fast 20 Jahren als Gartenredakteurin und ist als Redaktionsleiterin Garten im KOSMOS-Verlag tätig. Sie veröffentlichte mehrere Bücher, auch als Herausgeberin, zum Beispiel „Die mein schöner Garten Enzyklopädie der Gartenpflanzen".

Ursula Braun-Bernhart, 1958 in Gengenbach geboren, war langjährige Redakteurin bei MEIN SCHÖNER GARTEN und dort für die Bereiche Nutzgarten, Floristik, Gesundheit und Kräuter verantwortlich. Die Autorin hat eine Ausbildung in Heilpflanzenkunde und Phytotherapie und ist heute verantwortliche Redakteurin bei LISA Blumen & Pflanzen. Für dieses Buch verfasste sie die Kapitel „Kräuter" und „Balkon & Terrasse". Im KOSMOS-Verlag sind zahlreiche Bücher von ihr erschienen, darunter „Kräuter & Gewürze" und „Balkon & Terrasse", außerdem ist sie Co-Autorin mehrerer Gartenbücher.

Dr. Helga Buchter-Weisbrodt, wuchs in einem südbadischen Obstbaubetrieb auf. Nach ihrer Promotion am Institut für Obst-, Gemüse- und Weinbau der Universität Hohenheim begann sie 1989 ihre freiberufliche Tätigkeit als Beraterin und Wissenschaftsautorin. Zehn Fachbücher und Hunderte von Artikeln für Fachzeitschriften im Bereich Obst- und Gemüseanbau, Obstverwertung und Nutzgarten stammen aus ihrer Feder. Vorträge, Rundfunkinterviews und Beiträge für das öffentlich-rechtliche Fernsehen zählen ebenfalls zu ihrem Tätigkeitsfeld. Sie verfasste das Kapitel „Obst im Garten".

Dr. Frank Burghause, 1947 in Berlin geboren, studierte von 1967 bis 1978 Biologie, insbesondere Entomologie. Er arbeitete ab 1981 in Mainz im Landespflanzenschutzamt, ab 1983 in der Landesanstalt für Pflanzenbau und Pflanzenschutz und ab 2003 im Dienstleistungszentrum Ländlicher Raum – Rheinhessen – Nahe – Hunsrück. Neben Mitarbeit in der Gartenakademie waren tierische Schaderreger und Biologischer Pflanzenschutz unter Glas Schwerpunkt von Beratungen und Fachartikeln. Er schrieb das Kapitel „Pflanzenschutz im Hausgarten".

Kornelia Friedenauer, 1972 in Mutlangen geboren, studierte Landschaftsarchitektur an der FH Nürtingen und volontierte anschließend bei der Zeitschrift „Mosaik". Sie arbeitet seit 1999 bei MEIN SCHÖNER GARTEN und ist dort inzwischen verantwortliche Redakteurin. Ihre Spezialgebiete sind „Ziergarten", „Gartengestaltung" und „Rosen". Für dieses Buch verfasste Sie das Kapitel „Rosen".

Ulrike Pfeifer, 1971 in Neustadt an der Weinstraße geboren, schrieb die Kapitel „Sommerblumen" sowie „Zwiebel- und Knollenpflanzen". Nach dem Gartenbaustudium in Hannover und Weihenstephan und einer Ausbildung zur Gartencenterleiterin, volontierte sie im Gartenlektorat des KOSMOS-Verlags. Seit 1999 arbeitet sie als Redakteurin für die Zeitschriften MEIN SCHÖNER GARTEN und GARTENSPASS.

Bettina Rehm, 1973 in Bremen geboren, hat nach dem Abitur eine Ausbildung zur Landschaftsgärtnerin gemacht und anschließend von 1996 bis 2000 Landschaftsarchitektur an der Fachhochschule Osnabrück studiert. Es folgte ein zweijähriges Volontariat bei MEIN SCHÖNER GARTEN. Nun betreut sie als Redakteurin die Themen „Ziergarten", „Rosen", „Gartengestaltung" und „Bautechnik". In diesem Buch verfasste Sie das Kapitel über „Gartengestaltung".

Walter Schimana, 1927 in München geboren, hat über 35 Jahre seine Stauden- und Landschaftsgärtnerei mit Schwerpunkt Wassergärten geführt. Zusätzliche Referententätigkeit an der Bildungsstätte für den Deutschen Gartenbau in Grünberg/Hessen. Seit 1991 nur noch freiberufliche Tätigkeit und Schulungen. 2002 wurde er zum Mitglied der Jury der „Entente Floral" – Deutschland berufen. Er ist Autor etlicher Ratgeber und Fachartikel zum Thema Stauden und Wasser im Garten und verfasste in diesem Buch das Kapitel „Wassergarten".

Folkert Siemens, 1970 in Weener/Ostfriesland geboren, studierte nach einer Ausbildung zum Baumschulgärtner Landschaftsarchitektur an der FH Osnabrück. Anschließend arbeitete er freiberuflich als Gartenplaner und als Journalist für verschiedene Publikationen. Seit 2000 ist er als Redakteur bei MEIN SCHÖNER GARTEN tätig. Für dieses Buch schrieb er die Kapitel „Unkräuter im Garten", „Gräser", „Farne", „Kletterpflanzen" sowie „Bäume und Sträucher".

Antje Sommerkamp, 1973 in Wuppertal geboren, hat in dieser Ausgabe das Kapitel „Stauden" verfasst. Nach dem Abitur studierte sie Diplom-Biologie in Tübingen mit den Schwerpunkten Pflanzenphysiologie, Botanik, Mikrobiologie und Geologie. Seit 1998 gehört sie zum Redaktionsteam von MEIN SCHÖNER GARTEN, wo sie nach abgeschlossenem Volontariat als verantwortliche Redakteurin unter anderem die Ressorts „Ziergarten" und „Gartengestaltung" betreut. Für den KOSMOS-Verlag war sie Co-Autorin bei mehreren Gartenbüchern.

Vorwort

Unzählige Gärten habe ich im Laufe meiner Redaktionsjahre besucht. Immer wieder war ich überrascht von den beeindruckenden Erfolgen, mit denen engagierte Hobbygärtner aufwarteten: herrliche, fantasievoll gestaltete Staudenbeete, üppig blühende Kübelpflanzen und verschwenderische Sommerblumenbeete. Das Erfolgsrezept der Freizeitgärtner ist schnell erklärt: Fast alle hatten in Büchern und Fachzeitschriften die Ansprüche ihrer Lieblingspflanzen genau studiert. Nicht immer klappte alles auf Anhieb, und manchmal erwies sich die eine oder andere Wunschpflanze schlicht als ungeeignet für den betreffenden Garten. Aber alle Gartenfreunde, die ich kennen gelernt habe, sind letztendlich zu glücklichen Gärtnern geworden.

Ich bin sicher, dass Sie mit dem vorliegenden Buch die besten Voraussetzungen besitzen, um aus Ihrem Garten ein blühendes Paradies zu machen. Lassen Sie sich von gelegentlichen Misserfolgen nicht entmutigen. Ich wünsche Ihnen viele Erfolgserlebnisse, damit Ihr Traumgarten Realität wird.

„So wächst Ihr Glück" – so lautet unser Motto und dieses Buch vermittelt Ihnen alles, was Sie dazu wissen müssen.

Ob Sie einen Mini-Garten besitzen oder einen Park, ob Sie geringe Gartenkenntnisse besitzen oder bereits ein Gartenprofi sind und ob Sie viel Zeit haben oder wenig.

Wir haben für Sie die Original-Ausgabe des Buches „Mein schöner Garten", das 1 Millionen Leser hatte, vollständig überarbeitet. Jetzt bekommen Sie 25 % mehr Abbildungen, fast 100 % neue Fotos, die neuesten Informationen und 10 Jahren mehr Garten-Erfahrungen – außerdem unsere besten Praxistipps und Empfehlungen für die schönsten Gartenpflanzen.

Umfassend und gut verständlich, gartenerfahren und praxiserprobt: So soll Sie dieses Buch begleiten, so wollen wir Sie informieren.

Kommen Sie mit uns und lassen Sie sich verzaubern von dem unglaublichen Reichtum, den Ihnen Ihr Garten bieten kann.

Ihr

Jürgen Worlitz

Ihre

Angelika Throll

Gartengestaltung

Planung – Grundlage für einen schönen Garten

Wer gerade neu gebaut hat, muss sich mit einem von Bauresten und Erdhügeln übersäten Grundstück herumplagen und fragt sich, wie daraus jemals ein schöner Garten werden soll. Auch die Umgestaltung eines älteren Gartens stellt die Besitzer erst einmal vor einen großen Berg Arbeit. Aber keine Angst: Die Planung eines Gartens ist kein Hexenwerk. Sie brauchen nur ein wenig Zeit, Schritt für Schritt vorzugehen. Zunächst müssen Sie sich darüber klar werden, welche Garten-Ideen Sie verwirklichen möchten. Lassen Sie sich von Gestaltungsvorschlägen in Gartenzeitschriften und -büchern inspirieren. Schauen Sie sich in anderen Hausgärten, aber auch in großen Parkanlagen und Botanischen Gärten um. Denn schließlich lassen sich gelungene Pflanzenkombinationen nicht nur in großflächigen Beeten umsetzen, sondern auch in kleineren Hausgärten.

Nachdem das Haus steht, geht's an die konkrete Gartenplanung.

Wenn Sie dann den Kopf voller Ideen haben, sollten Sie jedoch nicht gleich zu Schaufel und Spaten greifen. Erst müssen Sie sich überlegen, welche Bereiche, zum Beispiel ein Sitzplatz, ein Gemüsebeet oder eine Rasenfläche, wirklich nötig sind und ob Sie genug Platz haben, diese verschiedenen Elemente zu integrieren. Deshalb ist es sinnvoll, zunächst die vorhandenen Grundstücksgegebenheiten in einem Plan festzuhalten.

Bestandsplan

Auf einem Bestandsplan werden das Haus, die Grundstücksgrenzen, Höhenunterschiede und erhaltenswerte Bäume und Sträucher eingezeichnet. Mit einem langen Maßband (20 bis 30 m) können Sie die Entfernungen vor Ort messen. Außerdem kann ein vorhandener Bauplan als Grundlage dienen. Am besten zeichnen Sie den Plan im Maßstab 1:200. Die Umrechnung vom Plan in die wirklichen Größen fällt dann leicht, weil 1 cm im Plan 2 m in natura entspricht. Verwenden Sie Millimeterpapier – darauf lassen sich Abstände und geometrische Formen problemlos einzeichnen. Vergessen Sie nicht die Hauseingänge, die Wasseranschlüsse am Haus und die Lage von Versorgungsleitungen (Wasser, Telefon, Strom, Gas etc.) zu notieren. Zeichnen Sie auch die

Himmelsrichtungen ein, damit Sie wissen, wie der Schattenverlauf im Garten ist. Hässliche Aussichten, die durch einen Sichtschutz verdeckt werden müssen, sollten Sie ebenfalls vermerken. Aber genauso sollten auch reizvolle Aussichten, die nicht verstellt oder zugebaut werden sollten, festgehalten werden.

Diese Zeichnung dient Ihnen nun bei der weiteren Gartenplanung als Grundlage. Um als Nächstes die Wunschbereiche im Garten einzuzeichnen, legen Sie einfach ein Transparentpapier über den Bestandsplan und zeichnen darauf Ihre Vorschläge ein. Ist ein Planungsvorschlag einmal misslungen, können Sie das Transparentpapier einfach wegwerfen und ein neues Blatt auflegen.

Checkliste Bestandsplan

- Grundstücksgrenzen
- Versorgungsleitungen
- Lage des Hauses
- Hauszugänge
- Wasseranschlüsse
- Höhenverhältnisse
- Licht und Schatten
- Sichtschutzmaßnahmen
- Vorhandene Bäume und Sträucher
- Bodenqualität
- Himmelsrichtungen
- Ausblicke

Bestandsplan

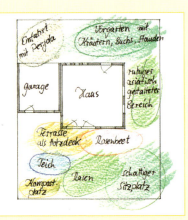

Wunschbereiche

Detailplanung

Um einen Garten perfekt zu planen, sollten Sie sich zunächst in einer Zeichnung die gegebenen Verhältnisse notieren. Dann werden die Wunschbereiche auf dem Grundstück verteilt und erst zum Schluss wird die Gestaltung in der Detailplanung ganz konkret. Im fertigen Traumgarten wurden alle Wünsche erfüllt: Ein formal gestalteter Vorgarten begrüßt die Gäste. Neben dem Haus strahlt ein asiatischer Bereich Ruhe aus, und im großen Gartenteil ist eine Holzterrasse der Familientreffpunkt. Der Kompostplatz wird geschickt durch ein Beet kaschiert, und im hinteren Gartenbereich lädt ein schattiger Sitzplatz unter Bäumen zum Entspannen ein.

Für die spätere Bepflanzungsplanung ist es zweckmäßig, sich einen separaten Plan anzulegen, der nur die Licht- und Bodenverhältnisse beinhaltet. Darauf können Sie sehen, ob eine geplante Pflanzung an einer bestimmten Stelle überhaupt sinnvoll ist. Ein Prachtstaudenbeet wird zum Beispiel nicht im Schlagschatten des Hauses funktionieren.

Kompostplatz und ein Platz für die Mülltonnen gehören zum Beispiel dazu. Notieren Sie alle Wünsche auf einer Liste. Auch ganz konkrete Vorstellungen wie ein bestimmter Hausbaum, ein Weiden-Tipi oder ein romantischer Rosenbogen sollten bereits festgehalten werden. Diese Wünsche können dann in der Detailplanung verwirklicht werden. Jetzt werden aber zunächst die Wunsch-

bereiche in den Plan übertragen. Die exakte Größe der einzelnen Bereiche ist zwar noch nicht so wichtig, aber trotzdem lassen sich die Größenverhältnisse schon abschätzen. Bleibt zum Bespiel für den Wunschbereich „Rasenfläche" weniger als 10 m² Platz, sollten Sie lieber auf andere Bereiche verzichten. Denken Sie schon in diesem Planungsstadium an die Wegeverläufe. Der Kom-

Wunschbereiche

Bevor die konkrete Gartenplanung wirklich beginnt, müssen Sie klären, welche Bereiche und Elemente Ihr Garten haben sollte. Alle Familienmitglieder sollten ihre Wünsche mit einbringen dürfen, da jeder den Garten anders nutzt: Kinder brauchen Platz zum Spielen, Berufstätige können den Garten erst in den Abendstunden nutzen und Rosenliebhaber träumen von einem Rosenbeet. Für große Familien ist eine Terrasse unentbehrlich, auf die viele Stühle und ein großer Tisch Platz finden. Vergessen Sie nicht Bereiche zu berücksichtigen, die zur Standardausrüstung eines jeden Gartens gehören: Vorgarten, Einfahrt,

Der Traumgarten setzt eine gute Planung voraus. Probieren Sie lieber auf dem Papier verschiedene Entwürfe aus, bevor Sie den ersten Spatenstich machen.

Checkliste Wunschbereiche

- Terrasse
- Kompostplatz
- Staudenbeete
- Gartenteich
- Vorgarten
- Einfahrt
- Gemüsebeete
- Gartenhäuschen
- Rasen
- Platz für Mülltonnen
- Sandkasten/Schaukel
- Platz zum Entspannen

posthaufen sollte zum Beispiel mit der Schubkarre erreichbar sein. Probieren Sie nach Herzenslust verschiedene Entwürfe aus. Bis jetzt kosten misslungene Planungen nur Bleistift und Papier.

Detailplanung

Nachdem die Wunschbereiche verteilt wurden, geht's an die Detailplanung. Wegebreite, Sitzplatzgrößen und Accessoires werden konkret eingezeichnet. Jetzt sollten auch die Materialien für Mauern, Zäune, Wege und Plätze ausgewählt werden. Bäume und Sträucher werden mit ihren endgültigen Größen notiert, damit Sie sich vorstellen können, wie Ihr Garten nach einigen Jahren aussieht. Wer auch die Beetgestaltung genau planen möchte, sollte Detailpläne einzelner Beete zeichnen.

Denken Sie daran, dass sich ein Garten ständig weiterentwickelt: Pflanzen werden größer, ein Sandkasten wird überflüssig, weil die Kinder groß geworden sind, oder ein häufig genutzter Trampelpfad muss doch befestigt werden. Heben Sie deshalb Ihre Gartenpläne gut auf, denn auch kleine Umgestaltungen lassen sich am besten auf dem Papier ausprobieren.

Geben Sie Studentenblumen, Sonnenhut und dem filigranen violett blühenden Eisenkraut einen Platz in Terrassennähe.

Die wichtigsten Gartenbereiche

Es gibt Elemente, die jeder Garten bieten sollte: Ein Sitzplatz, schöne Pflanzbeete und auch ein Vorgarten oder eine Rasenfläche gehören dazu. Ein paar der wichtigsten Gartenbereiche haben wir für Sie charakterisiert.

Terrasse

Die Terrasse ist der Treffpunkt für die Familie. Hier wird gegessen, gefeiert oder ein Sonnenbad genommen. Meist liegt die Hauptterrasse an der Südseite des Hauses und kommt viele Stunden am Tag in den Genuss von Sonnenstrahlen. An heißen Sommertagen kann eine Markise, ein Sonnenschirm oder eine berankte Pergola vor der Mittagssonne schützen. Wer die Möglichkeit hat, sollte sich jedoch auch an anderen Hausseiten einen Sitzplatz gönnen: An der Ostseite könnte eine kleine Terrasse zum Frühstück in der Morgensonne einladen. In den Abendstunden lässt sich die untergehende Sonne auf einer westlich gelegenen Terrasse genießen.

Planen Sie Terrassen in einer ausreichenden Größe ein. Wenn ein Tisch und vier bis sechs Stühle Platz finden sollten, ist eine Fläche von 10 bis 12 m² sinnvoll. Ein bisschen mehr Platz wäre schön, denn schließlich wollen auch Kübelpflanzen und Accessoires untergebracht werden.

Welchen Bodenbelag Sie für die Terrasse wählen, hängt vom Stil des Gartens ab. Natursteinplatten passen zum Beispiel gut in Landhausgärten. In mediterran gestalteten Gärten sehen frostfeste, terrakottafarbene Fliesen schön aus. Allgemein gilt, dass sich glatte Oberflächen als Bodenbelag besser eignen als zum Beispiel Flächen mit kleinen Natursteinen, da die Tisch- und Stuhlbeine in den Fugen keinen Halt finden.

Vorgarten

Die Gestaltung des Vorgartens ist nicht ganz einfach: Oft liegt dieser Gartenteil an der Nordseite des Hauses; sonnenhungrige Pflanzen wie Rosen und viele Stauden fühlen sich hier nicht wohl. Außerdem ist der Vorgarten meist nicht groß, so dass nur klein bleibende Pflanzen Platz finden. Und außer den Pflanzen müssen natürlich auch noch der Weg zum Haus, eine Abgrenzung zur Straße und oft die Mülltonnen untergebracht werden.

Auf einer kleinen Gartenfläche fügen sich geometrische Formen gut ein. Rechteckige, runde oder rautenförmige Beete, umrahmt von einer niedrigen Buchsbaumhecke, finden auch in einem nur 2 m breiten Pflanzstreifen Platz. Wer trotzdem lieber organische Formen mag, dem eröffnen sich ebenfalls viele Gestaltungsmöglichkeiten: Sie können zum Beispiel den Weg zum Haus in geschlängelter Form verlaufen lassen. Das sieht interessanter aus als ein schnurgerader Weg. Mit kleinen Granitsteinen lässt sich diese Wegform gut verwirklichen.

Der Vorgarten ist der Übergangsbereich von Ihrer Privatsphäre „Garten" zum öffentlichen Straßenraum. Viele Menschen möchten eine klare Trennung dieser Räume. Hohe Mauern oder ein Maschendrahtzaun engen das Grundstück aber unnötig ein und sehen nicht

Eine von Wildem Wein und Blauregen umrankte Terrasse ist ein schöner Treffpunkt für Familie und Freunde.

Eine gepflegte Rasenfläche gibt dem Garten einen Mittelpunkt und bietet Kindern Platz zum Spielen.

schön aus. Wählen Sie lieber niedrige Hecken, Zäune oder Mauern, die den Vorgarten zwar optisch von der Straße trennen, aber den Blick noch frei lassen. Der Vorgarten ist die Visitenkarte des Hauses – und die sollte rund ums Jahr gut aussehen.

Planen Sie deshalb für jede Jahreszeit einen besonderen Höhepunkt ein: Im Frühjahr können Zwiebelblumen wie Tulpen, Narzissen und Krokusse die Beete schmücken. Im Sommer bereichern halbschatten- bis schattenverträgliche Stauden wie Prachtspieren (*Astilbe*), Glockenblumen (*Campanula*), Nelkenwurz (*Geum*) oder Purpurglöckchen (*Heuchera*) mit ihren Blüten den Vorgarten. Sträucher mit schöner Herbstfärbung sind im Herbst die Höhepunkte, zum Beispiel das nur zirka 1,50 m hoch werdende Geflügelte Pfaffenhütchen (*Euonymus alatus* 'Compac-

tus'), dessen Blätter sich im Herbst leuchtend lilarot verfärben. Im Winter kommen Deko-Elemente wie Steinfiguren besonders gut zur Geltung. Die raureifbedeckten Halme von Seggen (*Carex*) und Ziergräsern sehen im Winter wunderschön aus. Damit Sie dieses Schauspiel erleben können, sollten Sie die Halme erst im Frühjahr kurz vor dem Neuaustrieb zurückschneiden.

Rasenfläche

Eine gepflegte Rasenfläche kann den Mittelpunkt des Gartens bilden. Wenn Sie Kinder haben, sollten Sie nicht auf Rasen verzichten. Wählen Sie spezielle Sport- und Spielrasen-Samenmischungen, damit Sie einen strapazierfähigen Rasen erhalten, dem Fußballspielen und Herumtoben wenig anhaben kann.

Regelmäßiges Mähen, Düngen und Wässern hält den Rasen fit. Rasenkanten aus Klinker-, Natur- oder Betonstein erleichtern Ihnen das Mähen. Im Grunde reicht es, wenn Sie die Steine in einem Sandbett verlegen. Aber ein Unterbau aus Mörtel verhindert, dass Ausläufer bildende Stauden von den umliegenden Beeten in die Rasenfläche wandern. Wer keinen Rasen zum Austoben braucht und sich Mäharbeit ersparen will, der legt sich eine bunte Wiese an, auf der nur Trampelpfade frei gemäht werden.

Platz für bunte Beete

Räumen Sie Pflanzbeeten genug Platz im Garten ein. Denn auch wenn ein Staudenbeet nach der Neuanlage erst kahl aussieht, werden Sie sich wundern, wie schön dicht, und dann auch schnell zu dicht, das Beet in zwei bis drei Jahren ist. Ein Pflanzstreifen, in dem Stauden, Rosen und auch Sträucher ein Zuhause finden, sollte mindestens 2 bis 3 m tief sein. Verlegen Sie ein paar Trittsteine im Beet, das macht die Pflegearbeit etwas leichter.

Wichtig ist, dass Sie bei dem Bepflanzen Ihres Gartens immer die Boden- und Lichtverhältnisse berücksichtigen, da Ihnen nur standortgerecht gesetzte Pflanzen lange Freude bereiten werden.

Der Vorgarten ist die Visitenkarte des Hauses. Schmale Beete können Sie gut mit niedrigen Buchsbaumhecken einfassen. Im Frühjahr blühen hier Tulpen und Zier-Lauch um die Wette.

Platz für Praktisches und Raum zum Träumen

Wasser im Garten

Wasser bereichert jeden Garten, egal ob als Teich, Sprudelstein, Bachlauf oder Springbrunnen. Das Plätschern beruhigt die Sinne.

Gartenteiche sollten Sie an einer tiefer gelegenen Stelle im Garten platzieren, damit sie sich harmonisch in den Garten einfügen. Ferner sollte ein Teich zwar an einem sonnigen Platz entstehen, aber Bereiche der Wasserfläche sollten im Halbschatten liegen.

Wenn Sie einen Naturteich mit unterschiedlich tiefen Wasserzonen und einer vielfältigen Pflanzenwelt haben möchten, sollte der Teich mindestens 6 m² Wasserfläche besitzen. Planen Sie auch eine großzügige Uferzone mit Kies, Findlingen und Pflanzen ein.

Sie haben beim Bau eines Teichs die Wahl zwischen Fertigteichen oder einer Anlage aus weicher Folie. Speziell bei kleineren Teichen sind Fertigteiche praktisch: Die Formen stehen fest und das auf kleinem Raum oft kniffelige Einpassen einer Folie entfällt. Außerdem ist das Einbauen einfach. Folienteiche haben allerdings den Vorteil, dass Sie die Form Ihres Teiches individuell gestalten können.

Nutzen Sie den Aushub vom Teich für einen Hügel am Teichrand, an dem sich ein Bachlauf anschmiegen kann. Schon ein Gefälle von ein bis zwei Prozent reicht für einen Bachlauf. Bei einem stärkeren Gefälle sollten Sie kleine Auffangbecken einbauen, in denen das Wasser angestaut wird.

Fehlt Ihnen der Platz für einen Naturteich, brauchen Sie nicht auf Wasser im Garten zu verzichten. Ein Sprudelstein, ein Springbrunnen oder ein formales Wasserbecken lassen sich schon auf kleinstem Raum realisieren. Auch wenn Sie Ihr Wasserprojekt nicht sofort bei der Neuanlage Ihres Gartens verwirklichen, sollten Sie bereits während der Bodenarbeiten im Garten Rohre für spätere Wasserleitungen verlegen. Sind nämlich

die Pflanzen erst schön eingewachsen, ist es sehr ärgerlich, wenn Sie später Beete wieder umgraben müssten, um die Wasserleitungen zu verlegen.

Platz für Mülltonnen

Müllbehälter sind ein Muss in jedem Haushalt, und wer sie nicht am Haus unterbringen kann, der muss im Garten einen Platz für die Entsorgungstonnen finden. Oft sind es mehrere Tonnen, die geschickt versteckt werden müssen, aber auch gut zugänglich sein sollten. Achten Sie darauf, dass die Tonnen zwar in Hausnähe stehen, aber nicht direkt unter einem Wohnungsfenster. Der Stellplatz für die Tonnen, die Zuwege vom Haus und der Weg vom Müllplatz zur Straße sollten mit einem ebenen

So schön lassen sich Mülltonnen im Garten verstecken: Hinter blau lasierten Holztüren verschwinden die Müllbehälter und das mit einer rosa blühenden Kletterrose berankte Gerüst sieht richtig romantisch aus.

Belag befestigt sein, da sich über Beton- oder Klinkersteine beziehungsweise Steinplatten die schweren Tonnen leichter ziehen lassen als über eine Natursteinfläche mit rauen Steinen und vielen Fugen.

Wie Sie die Müllbehälter verstecken wollen, bleibt ganz Ihrer Fantasie überlassen. Sie können die Tonnen zum Beispiel hinter einer bunt bemalten Holzkonstruktion verschwinden lassen. Schön sehen auch mit Kletterpflanzen berankte Metallgitter aus. Immergrüne Hecken aus Lebensbaum, Scheinzypresse oder Eiben bieten auch im Winter Sichtschutz für die Abfallbehälter. Da der Müll manchmal im Dunkeln herausgebracht wird, sollten Sie unbedingt eine Beleuchtung für Ihre Müllstation einplanen. Praktisch sind Leuchtstrahler mit Bewegungsmelder.

> *Legen Sie einen Gartenteich an einer tiefen Stelle des Gartens an. Ein Teich auf einer Anhöhe sieht leicht unnatürlich aus.*

Nutzgarten

Es muss ja nicht gleich ein riesiges Gemüsebeet sein, aber auf eine kleine „Vitamin-Ecke" im Garten sollten Sie nicht verzichten. An einem sonnigen Platz gedeihen Tomaten, Paprika, Zucchini und andere Gemüsearten gut. Mit niedrigen Buchsbaumhecken geben Sie Ihrem Gemüsebeet einen schönen Rahmen. Betonen Sie mit Stachelbeer- oder Johannisbeerhochstämmchen die Eckpunkte oder die Mitte des Beetes. Vergessen Sie nicht, auch Kräuter einzuplanen. Die klassische Kräuterspirale ist eine Platz sparende Variante, um viele Kräuterarten zu pflanzen. In der am höchsten gelegenen Zone finden sonnenhungrige, trockenheitsliebende mediterrane Kräuter ein Zuhause, zum Beispiel Rosmarin, Lavendel oder Thymian. In der mittleren Zone gedeihen Kräuter wie Zitronenmelisse und Minze. Diese beiden Kräuter neigen dazu, zu wuchern. Setzen Sie die Pflanzen deshalb am besten samt Topf in die Erde. Am Fuß der Kräuterspirale, wo die Erde feuchter ist als in den oberen Bereichen, fühlen sich Brunnenkresse und Sauerampfer wohl. Wer Pflanzen gerne selber aussät oder Tomaten unter Glas anbauen möchte, sollte in seinem Gemüsegarten auch einen Platz für ein kleines Gewächshaus reservieren.

Wer Vitamine im eigenen Garten ernten möchte, sollte auf eine Gemüseecke mit ein paar Obstbäumen nicht verzichten.

Ein Platz zum Entspannen

Gönnen Sie sich im Garten ein kleines, vor fremden Blicken geschütztes Eckchen, das nur Ihnen gehört. Hecken aus Eiben, Hainbuchen oder Rotbuchen können Ihren Lieblingsplatz vom Rest des Gartens abschotten. Achten Sie schon bei der Planung darauf, wie die Lichtverhältnisse an diesem Platz sind. Wenn Sie zum Beispiel den Sitzplatz meistens erst am späten Nachmittag nutzen können, sollten Sie ihn westlich ausrichten, damit Sie noch die Abendsonne genießen können. Planen Sie für Ihre Ruheoase ausreichend Platz ein. Wenn Sie zum Beispiel ein Holzdeck errichten möchten, um darauf einen Liegestuhl und ein Tischchen unterzubringen, sollten Sie bedenken, dass ein Liegstuhl ungefähr eine Breite von 1 m und eine Länge von 2,50 m benötigt. Lassen Sie auch Platz für ein Beet mit Blattschmuckstauden wie Funkien (*Hosta*), Lungenkraut (*Pulmonaria*) oder Purpurglöckchen (*Heuchera*). Die verschiedenen Grüntöne der Blätter strahlen Ruhe aus.

Schirmen Sie Ihre Lieblingsecke mit Hecken vom übrigen Garten ab, damit Sie hier in aller Ruhe entspannen können.

Verschiedene Gartenstile

Gärten lassen sich in verschiedenen Stilen anlegen. Sie haben die Wahl zwischen einem Garten im Romantik-Look, nostalgischem Landhausflair, asiatischen Ruheoasen oder mediterranen Gärten, die Urlaubsstimmung verbreiten. Natürlich gibt es noch weitere Stilrichtungen. Außerdem sind Ihrer Kreativität keine Grenzen gesetzt: Ein Stilmix ist genauso erlaubt wie ein Garten mit grünen Zimmern, die jeweils in einer anderen Stilrichtung eingerichtet sind. Wichtig ist nur, dass die Gartengestaltung auch zum Stil des Hauses passt, damit sich beides zu einer harmonischen Einheit zusammenfügt.

Im Landhausgarten dürfen Pflanzen in den Pflasterfugen wachsen. Ein bisschen „Unordnung" bringt natürlichen Charme in den Garten.

Countrygarten

Viele Stadtmenschen träumen vom Landleben mit frischer Luft, viel Ruhe und idyllischen Gärten. Dieser Traum, wenigstens der vom Landhausgarten, kann auch in der Stadt erfüllt werden. Denn auch ein kleiner Stadtgarten kann das Flair des Landlebens bekommen. Verwenden Sie in Ihrem Countrygarten natürliche Materialien und Accessoires aus dem täglichen Leben: Wege werden mit Kies oder Klinkersteinen befestigt; reich bepflanzte Töpfe aus Ton sind die Hingucker auf der Terrasse und eine ausgediente Zinkkanne ziert die Blumenbeete.

Den Reiz von Landhausgärten macht der Kontrast von geometrisch geformten Beeten zur üppigen Bepflanzung aus. Die Pflanzbeete werden wie in einem Bauerngarten mit niedrigen Buchsbaumhecken eingefasst. In den Flächen tummeln sich Stauden wie Lupinen, Akelei, Stockrosen, Rittersporn, Margeriten, Phlox, Schleierkraut und Nelken. Dazu gesellen sich Einjährige, zum Beispiel Ringelblumen, Tagetes und Kapuzinerkresse. Als größere Gerüstbildner eignen sich Strauchrosen, Hortensien oder Flieder. Obst und Gemüse darf im Countrygarten natür-

Mit ockerfarbenen Wänden, Sukkulenten, Palmen und Kräutern in Töpfen geben Sie Ihrem Garten ein mediterranes Ambiente.

lich auch nicht fehlen: Himbeeren oder Stachelbeeren laden zum Naschen ein. Tomaten, Salat, Paprika, Mangold und Karotten bereichern Ihre Speisekarte. Alle Pflanzen – Stauden, Gemüse, Ziersträucher, Rosen, Kräuter und Sommerblumen – finden im Bauerngarten zu einer bunten Mischung zusammen.

Mediterraner Garten

In mediterranen Gärten erleben Sie Urlaubsflair wie am Mittelmeer. Die Terrasse bekommt mit Kübelpflanzen, zum Beispiel Zitrusbäumchen, Bougain-

villeen, Engelstrompeten, Granatäpfeln und Oleander, ein südliches Ambiente. Verzierte Terrakotta-Gefäße, Rankgitter aus Metall mit einer Rost-Patina und schönes Geschirr mit Olivenzweigen und -früchten versüßen Ihnen den Sommer. Es gibt viele Möglichkeiten, den Sitzplatz mediterran zu gestalten, aber auch in den Gartenbeeten kommt mit den passenden Pflanzen und Materialien Urlaubsstimmung auf. Lassen Sie schmale Kieswege, die von Findlingen eingefasst werden, durch den Garten verlaufen. Frostfeste Amphoren aus Terrakotta, eine Sonnenuhr aus rostigem Metall oder eine mit echtem Wein oder Blauregen berankte Laube passen in mediterrane Gärten. Verwenden Sie als größere Pflanzen Blütensträucher wie Garten-Eibisch (*Hibiscus syriacus*), Tamariske oder gelb blühenden Färber-Ginster (*Genista tinctoria*). Graulaubige Stauden wie Woll-Ziest, Wermut und Currykraut (*Helichrysum*) sowie Lavendel sind ebenfalls ein Muss im südländischen Garten.

Asiatischer Garten

Menschen, für die der Garten ein Ort der Entspannung ist, lieben den asiatischen Gartenstil. Passende Accessoires wie Steinlaternen, Buddhafiguren, Teiche mit Goldfischen und im Bonsaistil geschnittene Buchsbäume und Kiefern geben auch europäischen Gärten fernöstlichen Charme. Klassische asiatische Blütenpflanzen wie Rhododendren, Pfingstrosen und Azaleen gehören ebenso in den Asia-Garten wie Blattschmuckpflanzen, zum Beispiel Farne, Ziergräser, Seggen oder Bambusarten. In asiatischen Gärten werden Landschaftsbilder nachempfunden: Eine geharkte Kiesfläche stellt das Meer dar, in dem Findlinge symbolische Felsen in der Brandung sind. Über Gartenteiche spannen sich kleine Holzbrücken und geschnittene Kiefern erinnern an die Umrisse großer Bäume.

Modern und pflegeleicht

Wer einen pflegeleichten Garten besitzen möchte, der mit wenigen, gezielt gesetzten Accessoires und Pflanzen rund ums Jahr attraktiv ist, wählt den modernen Gartenstil. Den Reiz des modernen Gartens macht die klare Linienführung aus. Beete und Sitzplätze haben geometrische Formen, die sich speziell in kleinen Gärten gut einfügen. Für den Bau von Wegen, Sitzplätzen oder Wasserstellen werden Holz, Glas, Kies und Metall wie Zink oder Edelstahl verwendet. Der in der Gartengestaltung

Die moderne Gartengestaltung lebt von klaren Formen und gezielter Pflanzenverwendung. In diese Fläche wurden nur einige Blütenpflanzen und ein großes Chinaschilf gesetzt.

häufig verpönte Beton kommt in modernen Gärten zu neuen Ehren: Beton-Sitzblöcke in Würfelformen laden am Beetrand zum Verweilen ein und mit einzelnen farbig bemalten Betonmauern können Sie Gartenräume voneinander trennen.

Verwenden Sie in modernen Gärten Pflanzen mit ornamentalen Wuchsformen: Wie grüne Skulpturen können Sie zum Beispiel Pagoden-Hartriegel (*Cornus controversa*), Säulen-Eiche (*Quercus robur* 'Fastiagata Koster') oder die Scheinbuche (*Nothofagus antartica*) einsetzen.

„Weniger ist mehr" – dieses Motto gilt in der Farbgebung eines modernen Gartens. Farbige Accessoires wie bunte Glasnuggets sind zwar erwünscht, und blühende Stauden natürlich auch, aber der Garten sollte nicht kunterbunt werden. Ton-in-Ton-Kombinationen oder nur zwei kontrastierende Farbpaare, wie Violett und Gelb oder Grün und Rot, passen besser in den modernen Trend-Garten.

Ein asiatischer Garten strahlt durch seine Gestaltung Ruhe aus. Hier reichen ein paar Findlinge als Uferschmuck. Ein Roter Schlitz-Ahorn und die schmale Holzbrücke passen gut dazu.

Wellness-Garten

Der beliebte Wellness-Trend ist in den Garten übergeschwappt. Wo anders könnte man besser entspannen und neue Kraft tanken als im eigenen Garten? Vergessen Sie Ihre Alltagssorgen in einem Wellness-Garten mit gemütlichen Sitzplätzen und Vitamin-Ecken mit Obst und Gemüse.

Sport gehört zu einem Wellness-Programm dazu, deshalb sollten Sie auch einen Gartenplatz für Gymnastikübungen oder Ballspiele einplanen. Am besten eignet sich dazu eine Rasenfläche. Mit Hecken oder hohen Stauden können Sie Ihr privates „Fitnesscenter" vor neugierigen Blicken schützen.

Für die gesunde Nahrung sorgt im Wohlfühlgarten eine Vitamin-Ecke mit Obst und Gemüse. Streuen Sie ein paar Sommerblumen und Stauden zwischen das Gemüse. Ringelblumen passen zum Beispiel gut zu Erbsen, Gurke, Kohl oder Karotten. Studentenblumen können in Nachbarschaft zu Buschbohnen, Kartoffeln oder Kohl stehen. Ringelblumen und Studentenblumen blühen nicht nur schön, sondern vertreiben auch schädliche Wurzelälchen (Nematoden) im Boden. Duftende Kräuter dürfen natürlich nicht fehlen. Platzieren Sie Lavendel, Salbei, Basilikum, Schnittlauch, Petersilie & Co. in der Nähe des Hauses, damit Sie beim Kochen schnell ein paar Zweige oder Blättchen zum Würzen ernten können. Ihr Kräutergarten kann in einem sonnigen Beet an der Terrasse Platz finden. Buchsbaumhecken geben dem Beet einen Rahmen. Richten Sie sich auch eine Ecke mit Kräutern ein, die als Tee oder Badezusätze Körper und Seele gut tun. Rosmarin, Eisenkraut, Lavendel und Mutterkraut würden in dieses „Wohlfühl-Beet" passen.

Kräuter, Obst, Gemüse und eine Rasenfläche zum Toben sind in einem Wellness-Garten wichtig, aber das I-Tüpfelchen des Gartens ist ein grünes Zimmer, das ganz allein Ihnen gehört – Ihre persönliche Ruhe-Oase. Das kann zum Beispiel ein Liegestuhl unter einem Apfelbaum oder eine asiatisch gestaltete Ecke sein.

Zum Wellnessgarten passt eine Kräuterecke. Rosmarin, Currykraut, Salbei, Oregano und die Bergminze gedeihen auch prima in Töpfen.

Familiengarten

Im Familiengarten wird gefeiert, gespielt und gemeinsam gegärtnert. Aus den Wünschen und Ansprüchen von Großeltern, Eltern und Kindern einen perfekten Familiengarten zusammenzustellen, setzt Kreativität und eine gute Planung voraus.

Geben Sie Kindern die Möglichkeit, auf Entdeckungstour im Garten zu gehen. Kinder beobachten gerne Tiere, deshalb sollten Sie Igeln, Vögeln oder Insekten ein Zuhause bieten. Mit Stauden wie Astern, Fetthenne, Wiesen-Salbei locken Sie Schmetterlinge an. In abgelegenen Gartenbereichen können Sie aus Steinen und Ästen ein Igelhaus bauen. Stellen Sie auch ein „Insekten-Hotel" aus durchbohrten Holzstücken auf, um Nützlinge wie Wildbienen, Florfliegen und Schlupfwespen anzulocken. Kinder wollen im Garten jedoch nicht nur beobachten, sondern auch toben. In einem kindgerechten Gartenhäuschen können die Kleinen nach Herzenslust spielen und im Sommer sogar übernachten. Legen Sie eine Terrasse mit Tisch und Stühlen im Miniformat an. Daneben kann ein Blumenbeet entstehen, in dem die Kinder selber gärtnern können. In einer perfekten Kinderecke dürfen natürlich eine Schaukel und ein großer Sandkasten nicht fehlen. Wasser fasziniert Kinder. Wenn Sie klei-

In einen Familiengarten gehört auch ein Sandspielplatz. Fassen Sie ihn mit Ringelblumen, Sonnenblumen, Löwenmäulchen und einem Rankgerüst mit der Schwarzäugigen Susanne ein. Eine Felsenbirne spendet Schatten.

Auch Haustiere fühlen sich ein einem Familiengarten wohl.

ne Kinder haben, die noch nicht schwimmen können, sollten Sie aus Sicherheitsgründen aber auf einen Gartenteich verzichten. Vorhandene Teiche sollten eingezäunt werden. Ein Sprudelstein, an dem Wasser herabläuft und zwischen Kieselsteinen versickert, ist ungefährlich für Kinder.

Noch eine wichtige Grundregel für den Familiengarten: Verwenden Sie keine giftigen Pflanzen. Trotzdem sollten Sie Kindern giftige Pflanzen wie Eisenhut, Lebensbaum oder Goldregen zeigen, erklären und sie vor der Gefahr warnen. Das Herzstück des Familiengartens ist ein großer Sitzplatz, an dem sich die Familie zum Essen trifft. Hier wird auch gemeinsam gespielt und gebastelt. Planen Sie also eine ausreichend große Terrasse ein.

Für die ältere Generation werden Aspekte wichtig, die den Garten pflegeleicht machen. Legen Sie für Gemüse, aber auch für Stauden Hochbeete an. So kann man die Pflanzen ohne anstrengendes Bücken pflegen, anschauen, riechen und ertasten. Ältere Menschen sind froh, wenn sie im Garten keine Treppenstufen erklimmen müssen. Bauen Sie, wenn der Platz es erlaubt, lieber Rampen als Treppenanlagen, um Höhenunterschiede zu überbrücken und achten Sie auf breite, ebene Wege.

Was passt besser in einen romantischen Garten als ein Rankbogen mit Kletterrosen, unter dem man hindurchwandeln kann. Buchs und Frauenmantel säumen den Kiesweg.

Romantischer Garten

Wie Dornröschen in Grimms Märchen fühlen Sie sich in einem romantischen Garten. Verwunschene Lauben, die von Kletterrosen erobert werden, laden zum Genießen ein und zarte Pastellfarben bezaubern mit ihrem Charme.

Ein romantischer Garten sollte ruhig ein wenig wild gestaltet sein: Fingerhut darf sich im Beet selber aussäen. Eine mit Wildblumen übersäte Wiese verbreitet eine verträumte Atmosphäre. Und ein Gartenteich mit einer vielfältigen Uferbepflanzung hat natürliches Flair. Schön sehen niedrige Buchsbaumhecken aus, die üppige Staudenbeete mit Glockenblumen, Stockrosen, Schleierkraut und Indianernessel einfassen. Nicht nur die Augen, auch die Nase wird im romantischen Garten verwöhnt, zum Beispiel mit dem fruchtigen Duft der perlmuttfarben blühenden Kletterrose 'New Dawn'. Legen Sie in der Nähe Ihres Lieblingssitzplatzes ein Duftbeet mit Lavendel, Duft-Rosen und Römischer Kamille (*Chamaemelum nobile*) an. Verspielte Deko-Elemente wie ein Sterntalermädchen oder zwei Turteltauben aus Steinguss geben Ihrem Romantik-Garten den letzten Schliff.

Gestaltungstricks

Wenn Sie sich für einen Gartenstil entschieden haben, geht es an die konkrete Planung für Ihr eigenes Grundstück. Die einzelnen Gestaltungselemente müssen an die Gegebenheiten vor Ort angepasst werden. Dabei lassen sich auf langen, schmalen Grundstücksformen andere Elemente realisieren als zum Beispiel auf kurzen, breiten Flächen. Aber mit den richtigen Tricks gelingt Ihnen die Gestaltung jedes Gartens.

Mit Farben gestalten

Die richtige Farbwahl ist das A und O bei der Gartengestaltung, denn mit Farben können Sie verschiedene Stimmungen erzeugen. Kräftige Farben wie Rot, Orange oder Gelb wirken anregend und warm. Ein spätsommerliches Pflanzenbeet mit Stauden-Sommerblumen (*Helianthus*), Montbretien (*Crocosmia*), Sonnenbraut (*Helenium*) und Sonnenauge (*Heliopsis*) leuchtet mit der Herbstsonne um die Wette.

In kleinen Gärten sollten Sie jedoch vorsichtig mit der Verwendung dieser Feuerfarben sein, da sie sich in den Vordergrund drängen und Gartenräume so optisch verkürzen können. Die gegenteilige Wirkung haben Violett- und Blautöne: Sie lassen kleine Gärten größer wirken. Pflanzen Sie also in den hinteren Teil eines kleinen Gartens ein Beet mit Rittersporn, Katzenminze und

Lavendel, um den Garten großzügiger erscheinen zu lassen. In schattigeren Bereichen bringen weiße Blüten von Rhododendren, Geißbart (*Aruncus*) und Prachtspieren (*Astilbe*) mehr Licht. Die hellen Blüten reflektieren die wenigen Lichtstrahlen, die zum Beispiel in den Schatten großer Bäume vordringen können.

Wer einen spannungsreichen Garten haben möchte, sollte sich Beete mit kontrastierenden Blütenfarben anlegen. Komplementärkontraste bilden zum Beispiel Gelb und Violett oder Blau und Orange. Ein Pflanzenarrangement aus blauviolett blühendem Rittersporn und Kugeldisteln mit den orangefarbenen

Blüten des Kreuzkrauts 'Orange Queen' und der Schafgarbe 'Terracotta' passt in fröhliche Familiengärten.

Je nach Gartenstil sollten Sie sich für eine Farbgestaltung entscheiden: Rosa, Weiß und Blau passen schön in romantische Gärten. Violett und Gelb sind typische Blütenfarben des Mittelmeers und asiatische Gärten wirken besonders durch grüne Blattschmuckpflanzen und kräftige Rot- und Rosatöne von Pfingstrosen und Rhododendren.

Blau vermittelt optische Weite. Kleine Gärten wirken durch blau oder violett blühende Pflanzen, wie Glockenblumen oder Rittersporn, größer.

Fröhliche Farben wie Rot, Orange oder Gelb drängen sich optisch in den Vordergrund. Wenn Sie einen Bereich hervorheben möchten, legen Sie dort Beete in diesen Farben an.

Formen und Kontraste

Beachten Sie beim Pflanzen von Stauden und Gehölzen nicht nur Blütenzeitpunkt und -farbe, sondern auch die Blattformen. Beim Zusammenspiel von verschiedenen Blattformen ergeben sich faszinierende Gartenbilder. Kombinieren Sie lange, spitze Blätter, zum Beispiel von Schwertlilien, Montbretien oder Taglilien, mit so großen, runden Blättern, wie sie Mammutblatt, Tafelblatt oder Kreuzkraut tragen.
Auch durch die Kombination von verschiedenen Wegebelägen können Sie im Garten spannende Kontraste erzielen. In modernen Gärten passt beispielsweise ein Weg mit schlichten grauen Betonplatten, der von kleinen quadratischen Basaltsteinen eingefasst wird. In natürlich gestalteten Gärten oder in Familiengärten können Sie Wege anlegen, die Kontraste fürs Auge und für den Tastsinn bieten: Ein Abschnitt kann mit Rindenmulch ausgelegt sein, ein anderer kann mit kleinen Kieselsteinen gepflastert werden und auch Holzbohlen sind für Gartenwege geeignet.

Höhenunterschiede nutzen oder schaffen

Mit Höhenunterschieden im Garten lassen sich tolle Gestaltungsideen verwirklichen. Ein Garten am Hang kann mit Hilfe von Stützmauern in einzelne Stufen aufgeteilt werden. Jede Stufe können Sie anders nutzen. Ein gemütlicher Sitzplatz kann entstehen oder eine „Gemüse-Terrasse".
Durch geschickte Bodenmodellierungen können Sie lange, schmale Gärten optisch verkürzen. Legen Sie im hinte-

Kontrastierende Blattformen wie hier die großen, weichen Blätter des Frauenmantels und die zarten grüngelben Halme der Segge, bringen Spannung in den Garten.

Mit einer geschickten Aufteilung in verschiedene Räume wurde hier der lange, schmale Garten optisch verkürzt. Ins vordere Gartenzimmer leitet ein Wasserbecken über. Man kann auf Natursteinplatten durch ein Kiesbeet spazieren, vorbei an einem Staudenbeet in Weiß und Blau. Der hintere Gartenraum ist der Rose gewidmet. Man betritt ihn durch einen blühenden Rosenbogen.

ren Gartenteil einen Sitzplatz mit mehreren Ebenen an oder schütten Sie einen Wall auf und begrünen Sie diesen. Das Grundstück bekommt so einen markanten Abschluss, der ins Auge fällt und somit in den Vorgrund tritt.
Nutzen Sie den Erdaushub, der bei der Anlage eines Gartenteichs anfällt. An einem kleinen Hügel am Teichrand kann ein verträumter Bachlauf herunterplätschern. In Familiengärten können Sie den Erdaushub auch für kleine Hügel auf der Rasenfläche nutzen. Wenn es bergauf und bergab geht, macht Kindern das Herumtoben im Garten noch mal so viel Spaß.

Besonders gemütlich ist ein abgesenkter Sitzplatz im Garten. Dafür reicht eine Fläche, die nur 50 cm unter dem normalen Geländeniveau liegt und Platz für eine Sitzbank bietet. Bepflanzen Sie den Rand des Senkgartens mit blühenden Stauden.

Neugierig machen

Es sind die liebevollen Kleinigkeiten, die dem Garten eine persönliche Note geben: Platzieren Sie in versteckten Ecken mit Hauswurz oder *Sedum* bepflanzte alte Schuhe. Eine selbst gegossene Bodenplatte aus Beton wird durch die Verzierung mit Glasmurmeln oder bunten Fliesenresten zum Blickfang. Eine ausgediente Zinkwanne sollten Sie nicht wegwerfen, sondern zum Mini-Teich umfunktionieren. Für jeden Gartenstil finden sich passende Accessoires, die Lust auf eine Entdeckungstour durch den Garten machen – schließlich gibt es dort noch weitere Schätze.

Ausgewogene Gestaltung

Manchmal fühlt man sich in einem Garten wohl und weiß gar nicht genau, warum dies so ist. Man empfindet einfach einen Beetaufbau oder die Gestaltung eines Sitzplatzes als harmonisch. Einer gelungenen Gartensituation liegt eine ausgewogene Gestaltung zugrunde. Dazu gehört, dass sich Formen wiederholen, Höhenverhältnisse zueinander passen und Gartenräume klar gegliedert sind.

Harmonie durch Symmetrie

In barocken Parkanlagen, zum Beispiel in Versailles, können Sie die harmonische Wirkung eines symmetrischen Gartenaufbaus bewundern. Links und rechts von Wegen liegen mit Buchsbaum eingerahmte Beete, deren Formen sich wie Spiegelbilder auf beiden Wegseiten wiederholen. Auch geschnittene Figuren aus Eiben finden sich auf beiden Seiten an den gleichen Stellen wieder.

Aber keine Angst, Sie müssen keinen Park besitzen, um eine symmetrische Gestaltung zu verwirklichen. Auch in Hausgärten, sogar in kleinsten Vorgärten, können Sie nach den Regeln der Symmetrie planen. Im Vorgarten dient zum Beispiel ein schmaler Kiesweg als Spiegelachse. Rechts und links vom Weg könnten gleichförmig und einheitlich

bepflanzte Beete mit Buchsbaumeinfassungen entstehen.

Symmetrisch gestalten heißt jedoch nicht, dass Sie Ihren Garten nur in geometrischen Formen anlegen müssen. Auch ein Blumenbeet wirkt harmonischer, wenn es gleichförmig aufgebaut ist. Die Planung eines größeren Pflanzstreifens fällt leichter, wenn Sie sich in der Mitte einen Trennungsstrich vorstellen. Rechts und links von der Mitte verteilen Sie dann dieselben Pflanzenarten in gleicher Art und Weise.

Verwenden Sie geometrische Formen nicht nur einmal, sondern öfters im Garten, wie hier die Buchsbaumkugeln. Solche Wiederholungen wirken schön harmonisch.

Wiederholungen erwünscht

Eine symmetrische Gestaltung wird als harmonisch empfunden, weil sich Formen wiederholen. Auch in Gärten, die nicht symmetrisch aufgebaut sind, soll-

Kleine abgetrennte Räume geben dem Garten mehr Gemütlichkeit. Am schönsten sehen grüne Wände aus Heckenpflanzen wie Hainbuchen oder Eiben aus.

ten Sie deshalb darauf achten, dass sich Formen wiederholen. Verwenden Sie im Garten zum Beispiel nicht nur eine Buchsbaumkugel, sondern gleich mehrere. Kleine Gruppen aus drei oder fünf Kugeln sehen gut aus. Auch Staudenbeete wirken harmonischer, wenn Sie mehrere Stauden zusammensetzen. Astern, Flammenblumen *(Phlox)*, Gemswurz *(Doronicum)* oder das Kaukasus-Vergissmeinnicht werden am besten in Gruppen gepflanzt. Hohe, schlanke Stauden wie Rittersporn, Eisenhut oder

Steppenkerzen *(Eremurus)* können Sie einzeln setzen. Verteilen Sie jedoch mehrere Pflanzen im Beet, damit sich die Formen im Beet öfter wiederfinden.

Passende Höhen

Eine Gartensituation wirkt harmonisch, wenn Höhenverhältnisse zueinander passen. Staffeln Sie ein Staudenbeet zum Beispiel nach der Höhe der Pflanzen von klein nach groß. Kleine Stauden wie Günsel *(Ajuga)* oder polsterartig wachsende Glockenblumen *(Campanula portenschlagiana)* sollten am Beetrand wachsen. In der Mitte stehen mittelhohe Stauden wie Schafgarbe *(Achillea)* oder Katzenminze *(Nepeta)*. Den Hintergrund bilden „Stauden-Riesen" wie Rittersporn oder die Weidenblättrige Sonnenblume *(Helianthus salicifolius)*.

Achten Sie auch darauf, dass Sie die passenden Bäume in Ihrem Garten verwendet. Die Höhe eines Baumes sollte mit der Höhe des Hauses harmonieren. Zu einem niedrigen Einfamilienhaus oder einem Flachdachhaus passen Kleinbäume wie der Kugel-Ahorn *(Acer platanoides* 'Globosum'), die Mehlbeere *(Sorbus aria)* oder ein Zier-Apfel *(Malus)*. Wenn Sie ein zweigeschossiges Haus besitzen, können Sie Bäume von 15 bis 20 m Höhe in Ihren Garten setzen. Vorausgesetzt der Garten ist groß genug für Bäume wie den Walnussbaum *(Juglans regia)*, die Scharlach-Eiche *(Quercus coccinea)* oder die Schwarz-Birke *(Betula nigra)*.

Räume schaffen

Der Garten ist ein Wohnraum im Freien. Damit Ihr grünes Paradies zu einer gemütlichen Freiluft-Wohnung wird, sollten Sie es in verschiedene Räume aufteilen. Die Untergliederung eines Gartens durch Hecken oder Mauern ist ein typisches Stilmittel des englischen Gartens aus dem 20. Jahrhundert. Die Aufteilung in mehrere Räume macht den Garten spannender, da man von einem Standpunkt aus nicht den gesamten Garten einsehen kann.

Egal ob Sie einen kleinen, modern gestalteten Garten oder ein größeres Gartenreich im natürlichen Stil haben, Sie können alle Gärten in Räume aufteilen. In einem Gartenteil kann zum Beispiel ein Wasser-Raum mit einem Naturteich oder einem formalen Wasserbecken entstehen. Sie können ein Farbzimmer mit Pflanzbeeten in Ihrer Lieblingsfarbe anlegen oder für Kinder ein separates Spielzimmer im Grünen einrichten. Ihrer Fantasie sind keine Grenzen gesetzt.

Die grünen Wände können Sie mit geschnittenen Hecken oder frei wachsenden Blütenhecken errichten. Eine Blütenhecke aus Kornelkirsche *(Cornus mas)*, Pracht-Spiere *(Spiraea × vanhouttei)* oder Flieder *(Syringa vulgaris)* passt

Mit symmetrisch angelegten Beeten ordnen Sie den Gartenraum. Niedrige Buchshecken betonen die Beetformen.

gut in natürlich gestaltete Gärten. Sie braucht aber auch mehr Platz als eine geschnittene Hecke. Blickdichte Formhecken, die auch im Winter grün sind, können Sie mit immergrünen Gehölzen wie Lebensbaum *(Thuja)*, Scheinzypresse *(Chamaecyparis)*, Kirschlorbeer *(Prunus laurocerasus)* oder Eibe *(Taxus)* anlegen. Variieren Sie die Höhe der Hecken je nach Belieben. Ein Sitzplatz sollte zum Beispiel eine höhere Rückwand aus einer Eibenhecke bekommen, denn eine schützende Wand im Rücken gibt ein Gefühl von Geborgenheit. Die Seitenwände können Sie jedoch so niedrig schneiden, dass man im Sitzen noch darüberschauen kann, damit man sich nicht eingesperrt fühlt.

Die einzelnen Gartenräume werden mit Rasen- oder Kieswegen verbunden. Auch Natursteinpflaster aus Granit, Sandstein, Porphyr, Basalt sowie Klinkersteine fügen sich gut in Gärten ein. Wenn man diese Wege entlangschreitet, braucht das Auge einen attraktiven Blickfang, an dem es sich festhalten kann. Betonen Sie Sichtachsen zum Beispiel mit nostalgischen Steinfiguren oder einer Gartenbank. Wenn ein Weg an einer Mauer, Hecke oder einem Zaun endet, können Sie ihn optisch mit einem Spiegel oder einem Rankgitter, an dem die Streben perspektivisch verzerrt sind, verlängern. Damit lassen Sie kleine Gärten größer erscheinen.

Setzen Sie an das Ende von Sichtachsen Blickpunkte wie diese Steinfigur. So können Sie das Auge des Betrachters lenken.

Erst bauen, dann pflanzen

Einigen Gartenelementen sollten Sie während der Planung besondere Aufmerksamkeit schenken: Wasserbecken, Sprudelsteine, Teiche, Gartenwege, Pergolen, Pavillons und Gartenhäusschen erfordern baulichen Aufwand und sollten deshalb vor den Pflanzarbeiten fertig gestellt werden. Nichts ist ärgerlicher, als ein eingewachsenes Staudenbeet wieder umgraben zu müssen, nur weil der Stromanschluss für eine Gartenleuchte oder eine Wasserpumpe vergessen wurde und nachträglich verlegt werden muss.

An Pergolen, Rankbögen oder Pavillons können Sie Kletterpflanzen wie Blauregen oder Kletterrosen emporranken lassen. Solche blühenden Dächer wirken sehr romantisch.

Für Wasserspiele wie Sprudelsteine oder Springbrunnen brauchen Sie eine Pumpe und vor allen Dingen eine Wasserzuleitung. Verlegen Sie diese am besten schon vor der Anlage des Gartens.

Legen Sie mögliche Standorte für Pavillons oder andere Bauten fest, auch wenn Sie sie bei der Neuanlage des Gartens erst einmal nicht errichten. Der vorgesehene Platz kann frei bleiben und mit einjährigen Sommerblumen bepflanzt werden. Wenn später ein Stromanschluss oder eine Wasserleitung benötigt wird, sollten Sie vorsorglich Leerrohre in einer frostfreien Tiefe von ungefähr 80 cm verlegen.

Wege im Garten

Erst mit sinnvollen Wegeverläufen machen Sie Ihren Garten nutzbar: Es muss einen Weg von der Straße zum Hauseingang geben. Kompostplatz und Gemüsegarten müssen mit der Schubkarre erreichbar sein und ein großes Staudenbeet kann man erst hautnah erleben, wenn sich ein kleiner Pfad hindurchschlängelt.

Welches Material Sie für die Wege wählen, hängt vom Gestaltungsstil des Gartens und der Hausfassade ab. Zu verklinkerten Häusern passen Wege aus Klinkersteinen optimal. In einen romantischen Garten fügen sich Kieswege oder Wege aus Natursteinpflaster gut ein. Durch einen Naturgarten können Rindenmulchwege führen, die allerdings öfter mal aufgefüllt werden müssen, wenn der Mulch vermodert ist.

Wie breit ein Weg sein muss, hängt von der Nutzung ab. Für kleine Wege, die sich durch Beete schlängeln und auf denen nur eine Person Platz haben muss, reicht

Wählen Sie je nach Geschmack und Art der Benutzung den passenden Wegebelag in Ihrem Garten aus. Auf den abgebildeten Platten kann man zwar gut entlanggehen, aber ein Befahren mit der Schubkarre wird schon schwieriger.

Profitipp

Mit einem Zaun geben Sie Ihrem Garten einen attraktiven Rahmen. Ein schönes Gartentor gehört dazu. Betonen Sie den Grundstückseingang mit einem begrünten Rankbogen. Der Bogen sollte mindestens 2,20 m hoch und 1 m breit sein, damit man ihn bequem passieren kann, auch wenn Kletterpflanzen an ihn emporranken.

eine Breite von 50 cm. Der Weg zum Hauseingang sollte jedoch so breit sein, dass zwei Personen bequem nebeneinander gehen können. Ein solcher Zugangsweg sollte zirka 1,50 m breit sein.

Rankgerüste, Pavillons & Co.

Frei stehende Holz- oder Metallkonstruktionen wie Rankgerüste oder Pergolen müssen standfest sein und ein ausreichendes Fundament bekommen. Errichten Sie deshalb diese Elemente am besten ebenfalls noch vor dem Pflanzen.

Mit Pergolen oder offenen Holz- oder Metallpavillons können Sie Ihren Sitzplatz überdachen. Lassen Sie Rambler-rosen wie 'Bobby James' oder 'Super Dorothy' daran hochwachsen. Im Sommer spenden die Rosen und auch andere Kletterpflanzen wie Blauregen *(Wisteria)* oder kletternde Geißblattarten *(Lonicera × heckrottii* oder *L. caprifolium)* angenehmen Schatten.

Licht ins Dunkle bringen

Wenn die Nacht sich über Ihr Gartenreich senkt, verschwinden Pflanzbeete, Teichanlagen und die schönsten Sitzplätze im Dunkeln und können nicht mehr betrachtet oder genutzt werden. Das muss nicht sein! Eine geschickte Beleuchtung macht Ihren Garten zum nächtlichen Schmuckstück.

Wichtig ist es, mögliche Stolperfallen nachts ausreichend zu beleuchten. Dies sind zum Beispiel Treppen, Wege aus einzelnen Trittplatten oder kleine, geschwungene Wege. Platzieren Sie an diesen Stellen Gartenleuchten, die das Licht nach unten zum Boden hin abgeben, damit man nicht geblendet wird. Im Garten dürfen nur Leuchten verwendet werden, die für den Außenbereich zugelassen sind. Darüber gibt die so genannte Schutzart Auskunft (gekennzeichnet mit „IP" und nachfolgender Nummer). Wählen Sie für den Garten Leuchten, die mindestens die Schutzart IP 43 haben, das bedeutet, dass diese

Gartenleuchten bringen Licht in dunkle Bereiche und müssen unbedingt an Wegen aufgestellt werden, damit diese auch bei Nacht gefahrlos begangen werden können.

Leuchten gegen das Eindringen von grobem Sand und gegen Spitzwasser geschützt sind.

Einen Garten nachts in Licht zu tauchen, heißt nicht, ihn taghell auszuleuchten. Setzen Sie nur einzelne Akzente. Mit Strahlern, die mit Erdspießen im Boden befestigt werden, können Sie dekorative Einzelpflanzen wie einen Fächer-Ahorn oder ein filigranes Ziergras von unten her beleuchten. Sie sorgen so für attraktive Lichtblicke im Garten. Ein kleiner Garten wirkt im Dunkeln schön großzügig, wenn Sie Licht in den hinteren Gartenbereich bringen, indem Sie dort zum Beispiel Lichtspots auf einzelne Bäume oder Sträucher setzen.

Gliedern Sie Gartenhäuschen mit einer kleinen Terrasse sowie ein paar Kübelpflanzen und Accessoires in die Gartengestaltung ein. Ein farbiger Anstrich macht jedes Häuschen zu einem Schmuckstück.

Der Stil des Gartenzauns sollte zum übrigen Garten passen. Ein einfacher, von Wicken berankter Lattenzaun aus Holz kann verträumte Landhausgärten oder natürlich gestaltete Gärten einfassen.

Gestalten mit Pflanzen

Hauptsache: Grün

Pflanzen sind die Hauptdarsteller in einem Garten. Überlegen Sie also gründlich, welchen Arten und Sorten Sie in Ihrem grünen Reich ein Zuhause geben wollen. Ihnen steht im Grunde das ganze Pflanzenrepertoire, das die Natur und die Gärtnereien bieten, zur Verfügung. Oft muss jedoch auf eine Lieblingspflanze verzichtet werden, nämlich dann, wenn die Standortbedingungen für diese Pflanze in Ihrem Garten nicht optimal sind. Verwenden Sie nur Pflanzen, die Sie auch standortgerecht setzen können. Sonnenhungrige Pflanzen wie Rosen oder Lavendel werden nur an einem sonnigen Platz gedeihen und Schattenpflanzen, zum Beispiel Funkien, Lungenkraut *(Pulmonaria)* oder die Silberkerze *(Cimicifuga)*, finden im Halbschatten, beispielsweise unter Bäumen, die besten Lebensbedingungen.

Außer auf die Lichtverhältnisse sollten Sie bei der Pflanzenverwendung auch auf die Bodengegebenheiten achten. Moorbeetpflanzen wie Rhododendren oder die Japanische Lavendelheide *(Pieris japonica)* brauchen humose, saure Erde. Wenn Sie in Ihrem Garten leichten Sandboden haben, können Sie als Sträucher den Garten-Hibiskus *(Hibiscus syriacus)*, die Felsenbirne *(Amelanchier*

Ein traumhaftes Gartenbild: Sommerblumen wie Kosmeen, Stauden, zum Beispiel Sonnenblumen und Phlox sowie Hortensien begleiten den gepflegten Rasenweg.

lamarckii) oder den Sommerflieder *(Buddleja davidii)* setzen.

Bepflanzungsplanung Schritt für Schritt

Wenn Sie die Bepflanzungsplanung für Ihren Garten machen, sollten Sie mit der Verteilung von Bäumen und Sträuchern beginnen, denn Gehölze bilden das grüne Gerüst des Gartens.

▶ Bäume und Sträucher

Denken Sie daran, die endgültigen Kronendurchmesser in den Plan einzuzeichnen. So vermeiden Sie, dass Sie zu große Pflanzen auswählen und außerdem können Sie sich schon jetzt vorstellen, wie Ihr Garten in einigen Jahren aussehen wird. In Baumschulkatalogen und Fachbüchern können Sie Höhe und Breite der Gehölze nachschlagen. Bei Gehölzen ist die richtige Wahl besonders wichtig, weil ein Umpflanzen später nur mit viel Aufwand gelingt. Außerdem würde ein starker Rückschnitt von zu groß gewordenen Pflanzen deren Wuchsform unwiderruflich zerstören.

Mischen Sie immergrüne und Laub abwerfende Pflanzen. Immergrüne bieten auch im Winter Sichtschutz, zum Beispiel durch immergrüne Hecken aus

Eiben, Scheinzypressen oder Kirschlorbeer. Immergrüne Buchsbaumkugeln geben im Winter zwar keinen Sichtschutz, aber sie bringen Grün in den kahlen, winterlichen Garten und sind runde Blickfänge im Blumenbeet. Damit Ihr Garten nach der Blütenpracht des Sommers auch im Herbst attraktiv ist, sollten Sie Gehölze mit schöner Herbstfärbung pflanzen. In Lilarot erstrahlt zum Beispiel das Geflügelte Pfaffenhütchen *(Euonymus alatus)*, Gelb oder Orange verfärben sich die Blätter der Zaubernuss *(Hamamelis mollis)* und der Rot-Ahorn *(Acer rubrum)* leuchtet in Gelb, Orange und Rot.

▶ Rosen, Stauden und Gräser

Nachdem Sie die Gehölze im Garten verteilt haben, können Sie die Blumenbeete mit Stauden, Rosen und Ziergräsern füllen. Beachten Sie, dass unter eingeplanten Bäumen erst in ein paar Jahren Schatten herrscht. Zunächst können Sie auch unter Ebereschen, Ahorn oder Robinien sonnenliebende Stauden setzen. Welche Stauden Sie in Ihrem Garten verwenden können, hängt von den Standortbedingungen, aber auch vom

Viele Blütensträucher, zum Beispiel der Flieder **(Syringa vulgaris)**, *blühen im Frühjahr zusammen mit Tulpen und Vergissmeinnicht.*

Wer nicht so viel Platz im Garten hat und trotzdem nicht auf Bäume verzichten möchte, pflanzt kleine Bäume mit kompakten Kronen wie den Kugel-Ahorn (Acer platanoides 'Globosum').

Stil der Gestaltung ab. So dürfen in einem romantischen Garten Stauden mit pastellfarbenen Blüten nicht fehlen, zum Beispiel rosa blühende Flammenblumen *(Phlox)*, Mohnsorten *(Papaver)* mit zarten Blütenfarben oder rosa blühender Fingerhut. Knallbunt darf es dagegen im Familiengarten zugehen: Die gelben Blüten der Scharfgarbe stehen zum Beispiel neben violetten Blüten der Katzenminze. Damit Blütenfarben zusammen wirken können, müssen die Stauden den gleichen Blütezeitpunkt haben. Kontrollieren Sie dies schon bei der Planung.

Achten Sie immer auf eine gute Höhenstaffelung im Staudenbeet: Die Kleinen nach vorne und die Großen nach hinten. Wenn auch die nebenein- ander stehenden Pflanzen unterschiedliche Höhen haben, ergibt sich eine harmonische Wellenbewegung im Beet. Einem Staudenbeet verleihen Sie mit ein paar eingestreuten Ziergräsern, zum Beispiel mit dem Lampenputzergras *(Pennisetum alopecuroides)* oder dem Raugras *(Stipa calamagrostis)* eine beschwingte Leichtigkeit. Schneiden Sie die Halme erst kurz vor dem Austrieb im nächsten Frühjahr zurück, damit Sie sich im Winter an den mit Raureif gedeckten Ziergräsern erfreuen können. Im Herbst können Sie zwischen den Stauden Blumenzwiebeln verteilen. Im Frühjahr eröffnen dann Traubenhyazinthen, Tulpen, Narzissen und Krokusse die neue Gartensaison.

▸ **Einjährige Pflanzen**
Lassen Sie in den Blumenbeeten Platz für einjährige Sommerblumen. Im Schatten sorgen die roten, weißen oder rosafarbenen Blüten des Fleißigen Lieschens *(Impatiens)* für Farbe. An sonnigen Plätzen können Sie mit orange blühenden Gazanien, gelben Strohblumen *(Helichrysum)* und Goldzweizahn sowie roten Verbenen ein temperamentvolles Blütenfeuerwerk entfachen.

Die Begrünung der Terrasse ist ebenfalls ein Teil der Bepflanzungsplanung. Zaubern Sie mit mediterranen Pflanzen Urlaubsambiente auf Ihren Sitzplatz. Pflegeleichte Kübelpflanzen sind zum Beispiel Oleander, Engelstrompeten

In Form geschnittene Immergrüne wie Buchsbaum, Scheinzypresse, Lebensbaum oder Eibe sind grüne Kunstwerke und geben dem Garten etwas Besonders, auch im Winter.

(Brugmansia), der Enzianstrauch *(Lycianthes rantonnetii)* oder Schmucklilien *(Agapanthus-Hybriden)*. Bevor Sie sich diese Topfpflanzen kaufen, sollten Sie jedoch überlegen, ob Sie den Pflanzen einen Überwinterungsplatz im Haus bieten können – Frost vertragen die Mittelmeer-Schönheiten nämlich nicht.

Funkien (Hosta-Arten) beleben schattige Bereiche im Garten, wie hier an einem kleinen Bachlauf. Leider gehören die großen Blätter dieser Blattschmuckpflanzen zu den Lieblingsspeisen der Schnecken

Höhenstaffelung: Kleinere Stauden wie Sonnenhut stehen vorne. Dahinter folgen mittelhohe Stauden, wie purpurviolett blühender Phlox, und ganz hinten ragen die weißen Blütenkerzen des Hohen Ehrenpreises in die Höhe.

Gartenpraxis

Gartengeräte

Für jeden Handwerker ist es selbstverständlich, dass sein Werkzeug beste Qualität aufweist. Für den Gärtner gilt das gleiche. Mit guten, robusten Gartengeräten geht die Arbeit leichter von der Hand und macht so letztendlich mehr Spaß. Bei stark beanspruchten Gartenwerkzeugen kommt eine teurere, hochwertige Ausführung auf Dauer billiger als ein scheinbar günstiges Sonderangebot.

Diese Gartengeräte erleichtern Ihnen die Gartenarbeit. Von links nach rechts: Rasenmäher, Gartenschlauch, Gießkanne, Heckenschere, Grabegabel, Pflanzschaufel, Rechen, Grubber, Schaufel, Spaten, Kultivator, Reisigbesen, Hacke und Fächerbesen.

Grundausstattung

Spaten Der Spaten ist für jeden Gartenbesitzer unentbehrlich. Man braucht ihn vor allem zum Umgraben und zum Pflanzen. Achten Sie beim Kauf auf eine solide Verbindung von Stiel und Spatenblatt. Je nach Körpergröße gibt es unterschiedliche Ausführungen. Ideal ist die Spatenlänge, wenn der Griff bis zu Ihrer unteren Rippe reicht.

Grabegabel Die Grabegabel weist anstelle eines Blatts kräftige Zinken auf. Praktiker benutzen sie in schweren, lehmigen Böden gern anstelle eines Spatens. Vorteilhaft ist zudem, dass die Regenwürmer im Boden von den Zinken weitgehend geschont werden. Für die Bodenlockerung, als Alternative zum Umgraben, ist dieses Werkzeug bestens geeignet; außerdem kann man es zum Umschichten von Kompost, Umsetzen von Pflanzen und Ausgraben von Wurzelgemüse verwenden.

Schaufel Die Schaufel wird für die Anlage des Gartens benötigt. In der täglichen Praxis braucht man sie zwar nur gelegentlich, dennoch darf sie in keinem Garten fehlen.

Kultivator, Grubber Diese Geräte sind für die Vorbereitung der Beete vor der Aussaat und vor dem Einpflanzen von Stauden und Sommerblumen bestens geeignet. Die gebogenen Zinken sorgen für eine handtiefe Bodenlockerung und Krümelung, ohne das Bodenleben zu stören. In einem Arbeitsgang können Sie damit auch Sand, Kompost oder Steinmehl einarbeiten.

Sauzahn Der Sauzahn ist genau genommen ein Kultivator mit einem einzelnen, kräftigen Zinken. Er wird wie der Kultivator genutzt und ist wegen seiner schmalen Arbeitsbreite vor allem zum Bearbeiten des Bodens zwischen engen Pflanzreihen geeignet – ideal in Gemüsebeeten. Auch Saatrillen lassen sich damit gut ziehen. Biogärtner schwören auf dieses Gerät, weil damit eine besonders schonende Bearbeitung der Beete möglich ist. Er ist bestens für lehmige, schwere Böden geeignet.

Krail Der Krail ähnelt dem Kultivator, hat jedoch im rechten Winkel abgebogene Zinken. Leichte Böden lassen sich damit ausgezeichnet lockern.

Ziehhacke Sie eignet sich ideal zum Jäten von Unkraut auf allen Beeten und sorgt dabei gleichzeitig für eine Lockerung der Bodenoberfläche. Für ausgedehnte Gemüseanbauflächen sollten zwei Ziehhacken mit unterschiedlichen Breiten zur Verfügung stehen, um sich bei der Bodenbearbeitung den jeweiligen Abständen der Pflanzreihen anzupassen. Die Messerkante muss gelegentlich nachgeschliffen werden.

Rechen Die Harke, manchem besser als Rechen bekannt, braucht man zum Glätten des Bodens nach gröberer Bearbeitung; speziell vor jeder Aussaat. Gute Dienste leistet das Gerät auch beim Durchlüften von Rasenflächen.

Scheren Eine Gartenschere ist selbstverständlich. Da sie besonders oft gebraucht wird, sollte beste Qualität

Mit dem Sauzahn wird der Boden gelockert.

Voraussetzung sein. Empfehlenswert ist die Anschaffung unterschiedlicher Scheren für die verschiedenen Arbeitsbereiche. Für den Baumschnitt ohne Leiter gibt es spezielle Scheren mit ausziehbarem Teleskop-Stiel.

Eine Astschere wird benötigt, um Gehölze zu beschneiden. Neuere Modelle mit Getriebetechnik schneiden sogar Äste bis 4 cm Durchmesser. Für die Heckenpflege braucht man eine Heckenschere. Wem bei einer elektrischen Heckenschere das Hantieren mit dem Kabel zu umständlich ist, der ist mit einer Akku-Heckenschere besser bedient; oder man schafft sich ein Gerät mit Benzinmotor an. Sind nur wenige Meter Hecken zu pflegen, genügt eine manuelle Heckenschere.

Freischneider Ein Freischneider mit Benzinmotor wird benötigt, um auf großen Grundstücken Randbereiche zu pflegen.

Schubkarre Die Schubkarre ist nur in sehr kleinen Gärten entbehrlich; ansonsten ein Muss für jeden Gärten. Für die laufenden Pflegearbeiten – Unkraut jäten, Verwelktes abschneiden – benutzt man am besten einfache 12-Liter-Eimer aus Kunststoff.

Bewässerungshilfen Gießkanne und Schlauch dürfen in keinem Garten fehlen, um eine ausreichende Bewässerung der Pflanzen zu gewährleisten.

Besen Zum Kehren der Gartenwege wird ein Besen benötigt.

Weitere Geräte

Kombigeräte sind äußerst praktisch. Sie bestehen häufig aus Ziehhacke und Kultivator. Mit einer knappen Drehung sind sie nach Bedarf zum Lockern des Bodens oder Jäten von Unkraut zu benutzen.

Handgeräte mit kurzem Griff sind eine wichtige Ergänzung der langstieligen Geräte; man braucht sie für alle „Feinarbeiten" im Hocken oder Knien. Sie kommen bei der täglichen Gartenarbeit am häufigsten zum Einsatz und sollten unbedingt einen ergonomisch geformten Griff aufweisen. Neben Handhacke und -kultivator – beide gibt es gleichfalls als praktisches Kombigerät – wird eine Pflanzschaufel, eventuell noch ein Setzholz gebraucht.

Spezielle Geräte für bestimmte Gartenarbeiten, beispielsweise für die Pflege des Rasens, sind in den jeweiligen Kapiteln und Abschnitten beschrieben.

Boden-bearbeitung

Umgraben

Mit dem Spaten beginnt der erste Schritt der Bodenbearbeitung. Egal, ob eine Rasenfläche vorbereitet, Beete für Gehölzpflanzungen, Blumen oder Gemüse neu angelegt werden: Zunächst muss der Boden spatentief umgegraben werden. Nur auf leichten, humusreichen Böden kann auf diese Arbeit verzichtet werden.

Falls der Untergrund stark verdichtet ist, kann sogar zwei Spaten tiefes Umgraben erforderlich sein – das so genannte Rigolen. Dabei wird abschnittsweise nacheinander zunächst die obere Bodenschicht bis in 30 cm Tiefe abgehoben und anschließend die darunter liegende Schicht umgestochen. Wichtig: Die beiden Schichten dürfen nicht vermischt werden. Glücklicherweise ist das schweißtreibende Rigolen nur in Ausnahmefällen erforderlich.

Große Pflanzenteile sollten gehäckselt werden, bevor sie auf den Kompost kommen. Hier sind verschiedene Häckslertypen zu sehen.

Eine Reinigung aller Geräte ist regelmäßig nötig, um ihre Haltbarkeit zu gewährleisten. Offene Metallflächen sollten eingefettet werden.

*Bodenprofil eines guten Humus-
bodens im Garten*

Beim Umgraben werden gleichzeitig
größere Steine und Reste von Wurzelunkräutern entfernt. Die ideale Jahreszeit für diese Arbeit ist der Spätherbst.
Die Erde muss dann lediglich grobschol-
lig umgestochen werden. Das Zerbrö-
seln der Schollen übernimmt im Winter
der Frost.

Der Boden im Herbst

Abgesehen von der Gartenneuanlage
und Umgestaltung einzelner Gartentei-
le, ist regelmäßiges Umgraben nicht
nötig. Man kann die Beete im Herbst mit
Laub abdecken und darüber mit einer
Schicht halbverrottetem Kompost. Im
Laufe der Jahre bildet sich durch stetige
Kompostzufuhr eine leicht zu bearbei-
tende Humusschicht, so dass später
auch nicht mehr umgegraben werden
muss.
Vor allem unter Bäumen und Sträuchern
sowie zwischen Stauden ist die Bodenbedeckung im Herbst sinnvoll. Die
Mulchdecke schützt die Erde vor Witte-
rungseinflüssen, verbessert das Wurzel-
wachstum und trägt zur Humusanreicherung bei.
Zur Bodenlockerung kann anstelle des
Spatens auch die Grabegabel verwendet werden. Dabei sticht man mit den
groben Zinken des Geräts in den Boden
und bewegt die Grabegabel gleichmäßig hin und her.

Bodenbearbeitung im Frühjahr

Bei der Beetbestellung im Frühjahr darf
der Boden nicht mehr umgegraben werden. Bestenfalls benutzt man die Grabegabel in der vorher beschriebenen
Weise. Grobe Reste der winterlichen
Bodenbedeckung werden abgeharkt
und die Erde oberflächlich, maximal
5 cm tief, gelockert. Die für das Pflanzenwachstum so wichtige Winterfeuch-
tigkeit bleibt auf diese Weise erhalten.
Danach muss sich die Erde zunächst
einige Tage lang setzen. Erst unmittelbar vor der Aussaat oder Pflanzung wird
sie noch einmal mit einem Rechen eingeebnet.

Bodenbearbeitung im Sommer

Regelmäßiges, flaches Lockern der
Bodenoberfläche zwischen den Pflanzen ist auf allen Beeten die wichtigste
Pflegemaßnahme. Dabei wird die Erde
durchlüftet, an die Pflanzenwurzeln gelangt mehr Sauerstoff. Außerdem wird
durch Unterbrechen der haarfeinen
Kapillarröhrchen, die das Bodenwasser
nach oben befördern, die Verdunstung
der Bodenfeuchtigkeit eingeschränkt.
Im selben Arbeitsgang kann gleichzeitig
Unkraut entfernt werden. Im Gemüsebeet mit geraden Pflanzreihen lässt sich
diese Arbeit am besten mit einer Ziehhacke erledigen. Im Zierpflanzenbeet ist
die Handhacke mit kurzem Stiel dafür
besser geeignet. Erst wenn die Pflanzen
so weit gewachsen sind, dass die Erde
nicht mehr zu sehen ist, braucht nicht
mehr gehackt zu werden.

Mulchen

Mulchen, das Abdecken nackter Erde
zwischen den Pflanzen, ist vor allem im
Gemüsebeet eine empfehlenswerte
Maßnahme. Die Lebensbedingungen
für Regenwürmer und die zahllosen
Kleinstlebewesen im Boden werden verbessert, die Erde ist vor praller Sonne
ebenso wie vor heftigen Niederschlägen
geschützt, der Humusanteil wird
erhöht, Bodenfeuchtigkeit bleibt länger
erhalten, und das Keimen von Unkrautsamen wird erschwert. Als Mulchmate-

*Mulchen: Das Abdecken der nackten
Erde zwischen den Pflanzen bringt
viele Vorteile.*

rial geeignet sind angewelkter Grasschnitt, gehäckseltes Stroh und jede Art
von zerkleinerten Pflanzenresten.
Die Mulchschicht wird auf schweren
Böden nur dünn, auf leichten, sandigen
Böden etwas großzügiger aufgetragen
und regelmäßig ergänzt.
Vor dem Sommerurlaub darf die Mulchschicht noch etwas dicker ausfallen,
damit die Pflanzen bei Trockenheit besser geschützt sind. Konsequentes Bedecken der Bodenoberfläche macht das
Hacken überflüssig.
Im Frühjahr sollte man jedoch nicht zu
zeitig mit dem Mulchen beginnen,
damit der Boden zunächst ungehindert
von der Sonne erwärmt werden kann.
Grundsätzlich ist das Mulchen auch im
Ziergarten sinnvoll; aus optischen
Gründen wird man sich jedoch auf den
Bereich unter Bäumen und Sträuchern
beschränken.

Bodenverbesserung

Damit sich die Pflanzen im Garten
wunschgemäß entwickeln können, ist
ein guter Boden wichtigste Voraussetzung. Ein hoher Humusgehalt spielt
dabei eine entscheidende Rolle.
Humus besteht aus der abgestorbenen

*Regenwürmer – hilfreiche Garten-
mitarbeiter*

Soll ein Gartenteil neu oder umgestaltet werden, muss umgegraben werden.

Der Grubber ist für die Vorbereitung der Beete vor Aussaat und Pflanzung unentbehrlich.

Blumenbeet, auf das Rindenmulch aufgetragen wurde. Nützlich und schön zugleich.

organischen Substanz pflanzlicher und tierischer Bestandteile. Für die Pflanzen bietet Humus eine dauernd fließende Nährstoffquelle, die ihnen neben Stickstoff auch alle anderen erforderlichen Nährstoffe und Spurenelemente liefert. Außerdem speichert Humus Wasser, das bei Bedarf von den Wurzeln aufgenommen werden kann.

Ein hoher Humuseintrag macht aus ursprünglich unfruchtbaren, leichten Sandböden nutzbare Gartenerde mit ausreichender Wasserhaltefähigkeit. In schweren, tonreichen Böden sorgt Humus für eine bessere Wasser- und Luftdurchlässigkeit.

Zu den Maßnahmen, die der Humusanreicherung dienen, zählt neben dem vorher genannten Mulchen vor allem die ständige Zufuhr von Kompost. Auf ungenutzten Beetflächen wird Gründünger ausgesät. Eine schonende Bodenbearbeitung trägt zur Erhaltung der Humusschicht bei.

Extreme Bodeneigenschaften

Bodenart	Boden-eigenschaft	Nährstoff-gehalt	Verbesserungs-maßnahmen
leicht	sandig, durchlässig, trocken	gering	Einarbeitung von Kompost oder Gesteinsmehlen
schwer	tonig, feucht, oft auch verdichtet	hoch	Einarbeitung von Rindenhumus oder Sand
kalkhaltig	steinig	gering	Einarbeitung von Rindenhumus oder Torf (bei Spezialkulturen)
sauer	torfig, niedriger pH-Wert	gering	Einarbeitung von Branntkalk oder kohlensaurem Kalk

▸ Bodenhilfsstoffe

Eine wichtige, oft übersehene Rolle im Garten spielen so genannte Bodenhilfsstoffe wie Tonmehl und Gesteinsmehl, auch als Tonminerale und Basalt- oder Granitmehl bezeichnet. Diese natürlichen Stoffe, überwiegend Abfallmaterial aus Steinbrüchen oder Basaltwerken, bringen nicht nur reichlich Spurenelemente in den Boden, sondern verbessern auch seine Struktur und Wasserspeicherfähigkeit. Großzügiges Einbringen von Gesteins- und Tonmehlen ist vor allem vorteilhaft, wenn ein Garten auf naturgemäßen Anbau umgestellt werden soll. Später können diese Bodenhilfsstoffe zu jeder Jahreszeit angewendet werden. Da ihre Bestandteile erst im Boden umgesetzt werden, erfolgt die Wirkung langsam, und es besteht zu keiner Zeit die Gefahr einer Überversorgung.

Eine wunderschöne Sommerblumen-pracht setzt gesunden, nährstoff-reichen Boden voraus.

Zu schwerer Boden kann durch die Einarbeitung von Sand verbessert werden.

Für alle überwiegend sandigen, also leichten Böden ist das Verteilen von Tonmehl unbedingt ratsam, weil dadurch die Wasserhaltefähigkeit deutlich erhöht wird.

▸ Torf nur für Spezialkulturen

Die Verwendung von Torf als allgemeinem Bodenverbesserer kann schon allein aus ökologischer Sicht nicht emp-fohlen werden. Ein gezielter, sparsamer Einsatz ist jedoch möglich, wenn beispielsweise der Boden für Rhododendron oder andere Moorbeetpflanzen in einen günstigen Zustand gebracht werden soll. Auch als Bestandteil von Fertigerden für Topfpflanzen und Aus-saaten hat Torf immer noch große Bedeutung. Allerdings gibt es mittlerweile auch schon Topferden, die gänzlich ohne Torf auskommen.

▸ Rindenhumus und andere Substrate

Rindenhumus besteht aus kompostierter Baumrinde und dient der Bodenverbesserung. Hierfür gibt es inzwischen Gütezeichen, die hohe Qualität und Begrenzung von Schadstoffen zusichern, so dass auch die Anwendung im Nutzgarten bedenkenlos möglich ist. Dagegen führt Rindenmulch nicht zur Bodenverbesserung. Die mehr oder weniger groben Rindenstücke werden lediglich zur Abdeckung der Bodenoberfläche benutzt; besonders unter Gehölzen. Eine mindestens 5 cm dicke Schicht aus Rindenmulch mindert die Unkrautbildung. Rindenmulch ist mit Einschränkungen geeignet für Rosenbeete, aber nicht zwischen Stauden und Sommerblumen.

Bodenprobe

1 *Mit senkrechten Spatenstichen wird jeweils 15 bis 20 cm tief eine dünne Erdscheibe ausgestochen. Entscheidend ist die Erde im Wurzelbereich der Pflanzen. Auf dem Rasen entnimmt man die Erde daher in 10 cm Tiefe, auf Gehölzflächen bis 50 cm tief.*

2 *Die Proben werden in einem sauberen Eimer gesammelt und gründlich vermischt.*

3 *Daraus entnimmt man eine Menge von ungefähr 250 g, füllt sie in einen Kunststoffbeutel und schickt sie unter Angabe der geplanten Nutzungsart des Gartenteils an ein Bodenuntersuchungslabor (die Anschriften verschiedener Labors finden Sie im Anhang). Je frischer die Probe dort ankommt, umso genauer und besser sind die Ergebnisse.*

Bodenprobe

Um den Humus- und Nährstoffgehalt des Gartenbodens zu überprüfen und die Pflanzen gezielt versorgen zu können, ist die Analyse von Bodenproben unbedingt empfehlenswert. Das gilt vor allem dann, wenn ein Garten neu angelegt oder über-

Sand, Humus, Lehm (von links nach rechts)

nommen wird, wenn Brachland in Beetflächen umgewandelt wird oder Probleme mit den Pflanzen auftreten, die keine erkennbare Ursache haben. Später sollte die Bodenprobe im Abstand von drei bis fünf Jahren wiederholt werden. Bei der Entnahme von Bodenproben ist besondere Sorgfalt nötig, um Zufallsergebnisse zu vermeiden. Ein günstiger Zeitpunkt ist der Spätherbst oder Spätwinter; in jedem Fall vor dem Verteilen von Dünger oder Kalk. Pro 100 m² Gartenfläche sollten Sie an wenigstens einem Dutzend verschiedenen Stellen kleine Mengen Erde ausgraben.

In größeren Gärten ist es sinnvoll, mehrere getrennte Bodenproben einzuschicken. Für jede Probe sollten Sie die Nutzungsart angeben – beispielsweise Rasen, Gemüse, Obst, Gehölze oder Zierpflanzen –, so dass das Labor gezielte Maßnahmen zur Bodenverbesserung vorschlagen kann.

Die Analyse einer Bodenprobe umfasst gewöhnlich die Bestimmung des Phosphor-, Kalium- und Magnesiumgehalts sowie des pH-Werts. Wenn Sie eine besonders gründliche Analyse möchten, können Sie für einen Mehrpreis auch Spurenelemente bestimmen lassen. Besteht der Verdacht von Schwermetallverunreinigungen, beispielsweise bei einem Garten in unmittelbarer Nähe von Industriegebieten mit erheblichen Emissionen, kann die Bodenprobe auch auf Cadmium, Blei und Zink ausgedehnt werden.

Wichtig: der pH-Wert

Der pH-Wert gibt Auskunft über den Säurewert der Gartenerde. Ein neutraler Boden weist den pH-Wert 7 auf. Ein saurer Boden liegt unter, ein alkalischer Boden über diesem Wert. Der optimale Bereich für einen Gartenboden liegt zwischen schwach sauer und neutral oder schwach basisch.

Der pH-Wert hat entscheidenden Einfluss darauf, ob die im Boden vorhandenen Nährstoffe von der Pflanze aufgenommen werden können. In einer sehr sauren (niedriger pH-Wert) oder stark alkalischen Erde (hoher pH-Wert) liegen viele Nährstoffe an Bodenteilchen fest gebunden vor, so dass sie den Pflanzen trotz ausreichender Düngung nicht zur Verfügung stehen. Ein optimaler pH-Wert ist also für das Pflanzenwachstum lebenswichtig. In schwach saurer bis neutraler Erde können sich auch die Bodenlebewesen am besten entwickeln, ist die Speicherkapazität am günstigsten und die Aufnahme von Schadstoffen am geringsten.

Bestimmen Sie den pH-Wert bzw. den Säuregehalt Ihres Bodens.

▸ pH-Messung

Den pH-Wert kann man mit im Handel erhältlichen Teststäbchen oder Analysetests messen. Exakter ist allerdings die Bestimmung durch ein Bodenlabor. Einen sauren Boden kann man durch Streuen von Kalk in den optimalen Bereich bringen (siehe auch „Düngung", Seite 59 ff.). Ein alkalischer Boden entsteht gewöhnlich durch übermäßiges Ausbringen von Kalk; in diesem Fall wird der Kalksack für die nächsten Jahre nicht mehr gebraucht. Wichtig: Es gibt einige Pflanzen und Pflanzengruppen, die einen speziellen pH-Wert verlangen. Rhododendren, Azaleen, Heidelbeeren und Hortensien beispielsweise lieben sauren Boden. Die speziellen Ansprüche, die von einem normalen Gartenboden abweichen, sind jeweils bei den Pflanzen in den verschiedenen Kapiteln genannt.

Gehäckselter Gehölzschnitt dient zur Bodenabdeckung, verbessert ihn aber nicht.

Ist Ihr Gartenboden zu sauer, so können Sie ihn mit einer Kalkgabe verbessern.

Vermehrung von Pflanzen

Je nach Pflanzenart kann man zwischen verschiedenen Vermehrungsmethoden wählen. Man unterscheidet generative Vermehrung (Aussaat) und vegetative Vermehrung (zum Beispiel Stecklinge, Teilung). Bei der generativen Vermehrung entstehen neue Pflanzen, die sich von der Mutterpflanze zum Teil erheblich unterscheiden können. Bei der vegetativen, ungeschlechtlichen Vermehrung sind die neuen Pflanzen mit der Mutterpflanze identisch.

Vermehrung durch Aussaat

Die eigene Aussaat bietet einen Preisvorteil gegenüber „Fertigpflanzen", in jedem Fall verschafft sie ein Erfolgserlebnis, wenn die selbst herangezogenen Blumen aufblühen oder selbst angezogenes Gemüse geerntet werden kann. Außerdem ist die Vielfalt der angebotenen Sorten größer als das Pflanzensortiment auf dem Markt oder beim Gärtner.
Saatgut und Pflanzenauswahl Die Aussaat ist vor allem im Nutzgarten unerlässlich, denn von Spinat, Möhren oder Radieschen gibt es schließlich keine Jungpflanzen zu kaufen.
Lohnend ist sie auch bei Sommerblumen. Zahlreiche einjährige Blumen und fast alle Zweijährigen lassen sich überraschend leicht aus Samen heranzie-

Wichtige Utensilien für Ihre Aussaat und Vermehrung

hen. Etwas schwieriger ist die Aussaat von Stauden; hier ist ein Frühbeet oder Gewächshaus von Vorteil.
Auch die eigene Anzucht von Zimmer- und Kübelpflanzen, Kakteen oder exotischen Gewächsen ist zumindest einen Versuch wert. Es dauert zwar mitunter mehrere Jahre, bis man einen stattlichen Kaffeebaum, eine kleine Palme oder eine blühende Schmucklilie präsentieren kann – aber immerhin aus eigener „Züchtung".

Saatgut selbst ernten Die vergleichsweise geringen Kosten für gekaufte Saattüten lohnen gewöhnlich kaum den Aufwand eigener Saatgutgewinnung. Generell kann man jedoch ausgereifte Samen ernten, um sie für die Neuaussaat zu nutzen. Praktikabel ist das bei allen Gemüsearten und Kräutern, die im ersten Jahr blühen; weit verbreitet, weil besonders einfach, bei Erbsen und Boh-

Die meisten Sommerblumen und Stauden lassen sich leicht selbst aussäen.

Unmittelbar vor Aussaat oder Pflanzung sollte der Boden eingeebnet werden.

nen. Von den Zierpflanzen sind vor allem Stauden dankbare Objekte der Samengewinnung. Auch Sommerblumen und manche Gehölze lassen sich durch selbst geerntetes Saatgut vermehren. Die Keimquote ist natürlich geringer als bei gekauftem Qualitätssaatgut. Bei den so genannten F_1-Hybriden sind die Samen entweder taub, das heißt, sie keimen nicht, oder die Nachkommen gleichen nicht der Mutterpflanze.

Zierpflanzen, die eine besonders üppige Blütenpracht vorweisen, sollte man ebenso wie die ertragreichsten Nutzpflanzen rechtzeitig kennzeichnen, um sie bevorzugt als Samenlieferanten zu nutzen.

Geerntet wird bei trockenem Wetter; die Samen müssen voll ausgereift sein. Man legt sie zunächst an einem luftigen, regengeschützten Platz zum Trocknen aus. Samenkapseln müssen anschließend gedroschen werden, um die Samen herauszulösen. Bis zur Neusaat bewahrt man die Samenkörner an einer trockenen, nicht zu warmen Stelle (optimal sind 0 bis 15 °C), verschlossen in einem Papier-, Folienbeutel oder Glasgefäß auf.

▸ Direktsaat oder Vorkultur

Die einfachste Methode, Pflanzen aus Samen heranzuziehen, bietet die Direktsaat im Beet. Auf dem sorgfältig vorbereiteten Boden werden die Samen dünn ausgestreut und bis zum Keimen feucht gehalten. Direktsaat ist bei vie-

Horstsaat entlang einer Schnur

len Gemüsearten, bei einigen Kräutern und bei einem Teil der Sommerblumen möglich. Bei der Vorkultur sät man dagegen zunächst in Saatschalen oder Töpfen, ehe die herangewachsenen Jungpflanzen an ihren endgültigen Standort gepflanzt werden.

▸ Direktsaat im Freiland

Der Erfolg dieser Methode hängt entscheidend von einer sorgfältigen Bodenbearbeitung ab. Der Boden sollte schon im Herbst umgegraben werden. Auch die Grunddüngung und das Verteilen von Komposterde erfolgen im Herbst. Im Frühjahr wird der Boden dann nur noch oberflächlich gelockert. Anschließend muss sich die Erde einige Tage setzen, ehe die Fläche noch einmal mit der Harke eingeebnet wird. Im Nutzgarten wird vorwiegend in Reihen gesät, um die spätere Bearbeitung der Beete zu erleichtern. Sommerblumen sät man dagegen breitwürfig. In jedem Fall muss auf einen ausreichenden Abstand zwischen den einzelnen Samenkörnern geachtet werden.

Nach der Aussaat wird die Saatfläche dünn mit Erde bedeckt – Faustregel: doppelt so dick wie das Samenkorn. Meistens genügt es, die Samen mit einer Harke leicht in die Erde einzuarbeiten. Abschließend muss das Beet mit der feinen Düse des Gartenschlauchs oder mit der Gießkanne und aufgesetztem Brausekopf gründlich, aber vorsichtig durchfeuchtet werden. Bis zum Keimen der Saat darf der Boden zu keinem Zeitpunkt austrocknen.

Das Bedecken der Saatfläche mit Folie oder Vlies begünstigt den Keimerfolg: Die Erde ist vor Schlagregen und Austrocknen gleichermaßen geschützt, und die durch den Treibhauseffekt bewirkte Bodenerwärmung trägt zum rascheren Keimen bei.

Nach dem Aufgehen der Saat müssen zu dicht stehende Sämlinge verzogen, also ausgezupft und eventuell in Lücken gesetzt werden. Der endgültige Pflanzenabstand ist auf den Saattüten genannt. Beim Ausdünnen der Sämlinge sollten gleichzeitig keimende Unkräuter entfernt werden.

Um die Aussaat zu erleichtern, werden etliche Pflanzenarten auch als so genannte Pillensamen oder in Saatbändern, -scheiben oder -teppichen angeboten. Dies ist vor allem für Gartenneulinge sehr empfehlenswert.

▸ Anzucht mit Vorkultur (unter Glas)

Die Anzucht von Pflanzen, für die eine Vorkultur nötig ist, gelingt am besten im

Säen Sie ruhig auch einmal selbst geerntetes Saatgut aus (hier Tagetes, Studentenblume).

Aussaat und Pflanzung von Jungpflanzen (hier Gemüse) direkt ins vorbereitete Beet

Saatbänder erleichtern die Aussaat im Gemüsebeet.

Ein Saatrillenzieher sorgt für gleichmäßigen Abstand.

Frühbeet oder im Gewächshaus. Meistens wird man sich jedoch mit einem Platz auf der Fensterbank begnügen müssen. Das funktioniert auch – vorausgesetzt, das Fenster ist ausreichend hell (möglichst Südseite) und die Aussaat erfolgt nicht vor Ende Februar. Im Notfall kann man auch mit speziellen Pflanzenleuchten für die erforderliche Lichtintensität sorgen. Zum Keimen ist eine Temperatur von 15 bis 20 °C notwendig. Bei sehr wärmebedürftigen Pflanzen, vielen Exoten beispielsweise, sollte die Temperatur noch etwas höher, bei Gemüse darf sie gewöhnlich etwas niedriger sein. Mit einem Erdthermometer kann man die Temperatur überprüfen.

Hilfsmittel für Vorkultur Praktisch sind Saatschalen aus stabilem Kunststoff mit Wasserabzugslöchern im Boden. Für die Zimmerkultur gibt es dazu passende Wasserauffangschalen. Saatkistchen aus Holz sind nicht zu empfehlen.

Dickere Samenkörner, beispielsweise von Gurken oder Kürbissen, können gleich in Einzeltöpfe, Topfplatten, Torftöpfe, Torfquelltabletten oder Erdpresstöpfe gelegt werden.

Kapuzinerkresse-Sämlinge in Torfquell-Töpfen

Aussaat am Fenster

1 *Aussaatgefäß mit Erde füllen und flach andrücken. Samen gleichmäßig verteilen.*

2 *Mit Erde übersieben und andrücken.*

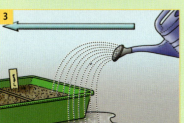

3 *Vorsichtig angießen.*

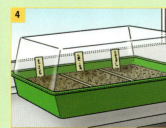

4 *Anzuchtschale mit einem durchsichtigen Deckel oder einer Folie abdecken. Warm und hell (keine direkte Sonne) aufstellen.*

Gewöhnliche Blumenerde ist für die Anzucht ungeeignet, da sie vorgedüngt ist. Auch reiner Torf ist unbrauchbar. Am zuverlässigsten gelingt die Anzucht in so genannter Aussaaterde, die man fertig abgepackt im Gartenfachhandel kaufen kann.

Aussaatpraxis bei Vorkultur Die Saatschalen und Anzuchttöpfe werden bis knapp unter den Rand mit Erde gefüllt. Die Erde danach glätten, festdrücken und mit Wasser überbrausen; Samenkörner gleichmäßig verteilen. Die Saattüte (oder eine genickte Pappe) hält man zwischen Daumen und Mittelfinger und klopft mit dem Zeigefinger leicht darauf – dann rollen die Samen einzeln aus der Tüte. Der Abstand zwischen den Saatkörnern sollte ungefähr 1 cm betragen; bei groben Samen mehr, bei feinen weniger. Zuletzt hauchdünn mit Erde oder Sand abdecken, mit dem Handrücken oder einem Brettchen festdrücken und noch einmal vorsichtig überbrausen.

Um das typische, feuchtwarme Treibhausklima zu erzielen, in der sich die

der Regel ist das Pikieren drei bis fünf Wochen nach der Aussaat nötig; am besten dann, wenn sich nach den Keimblättern die ersten „richtigen" Blätter bilden.
Mit einem Pikierstab oder einem Holzstiel holt man die Pflänzchen vorsichtig aus der Erde und setzt sie in die neuen Gefäße. Wenn man sie vorher noch einmal überbraust, haftet die Erde beim Herausheben besser an den Wurzeln. Lange Wurzelfäden werden mit einer Schere leicht eingekürzt. Nach dem Umsetzen wird die Erde noch etwas angedrückt, damit die pikierten Pflanzen sicher stehen, und schließlich wieder fein überbraust.

Saat am besten entwickelt, deckt man die Gefäße mit einer durchsichtigen Folie oder Glasscheibe an. Minigewächshäuser für die Fensterbank weisen passende Hauben auf. Aussaaten in Einzeltöpfen kann man auch mit einem größeren Einmachglas abdecken. In kühlen Räumen können auch Zimmergewächshäuser mit eingebauter Heizung oder Wärmeplatten beziehungsweise -matten verwendet werden, um für die nötige Bodenwärme zu sorgen. Nach erfolgreicher Keimung kann die Temperatur etwas abgesenkt werden. Die Abdeckung wird dann ein wenig angehoben und ein bis zwei Wochen später ganz entfernt. In der Anfangszeit

Jetzt wird vereinzelt: Die Pflanzen brauchen mehr Platz.

muss lediglich kontrolliert werden, ob die Erde noch ausreichend feucht ist. Erst mit zunehmendem Wachstum ist regelmäßiges Gießen nötig. Achten Sie auf ausreichende Helligkeit.

▸ **Pikieren (Vereinzeln)**
Pflanzen mit langer Vorkultur müssen einmal, einige wenige, beispielsweise Pelargonien und Petunien, sogar zweimal pikiert werden, ehe sie an ihren endgültigen Standort kommen. Das Umsetzen in größere Gefäße oder Einzeltöpfe ist nötig, damit die Sämlinge mehr Platz für ihre Wurzeln finden. In

▸ **Licht- und Dunkelkeimer**
Bei einigen Pflanzenarten ist auf den Saattüten vermerkt, dass es sich um so genannte Lichtkeimer handelt; das gilt zum Beispiel für Gazanien, Fleißige Lieschen, Fingerhut, Nelken und viele Kräuter. Sie dürfen nach der Aussaat nicht mit Erde bedeckt, sondern nur angedrückt werden. Wann man grundsätzlich mit allen sehr feinen Samen so verfährt, kann man nichts falsch machen. Im Gegensatz dazu gibt es auch Dunkelkeimer. Bekannteste Vertreter sind Stiefmütterchen und Vergissmeinnicht. Hier muss die Aussaat mit Erde abgedeckt werden, um sie vor zu viel Sonnenlicht zu schützen.

Der Fingerhut (Digitalis) gehört zu den Lichtkeimern.

Zu den Kaltkeimern zählt der Eisenhut (Aconitum).

▸ Kaltkeimer

Eine Besonderheit stellen die Kaltkeimer dar, mitunter auch Frostkeimer genannt. Dazu zählen überwiegend Gebirgsstauden, deren Heimatstandorte längere Zeit schneebedeckt sind; beispielsweise Eisenhut, Glockenblume und Christrose. Man sät sie normal in Töpfen und Schalen aus, allerdings schon im Herbst, und stellt die Gefäße im Freien auf. Sie brauchen wenigstens drei bis vier Wochen lang wechselnde Temperaturen zwischen –5 und +5 °C, ehe sie wieder hereingeholt und bei etwa 15 °C Wärme zum Keimen gebracht werden. Der Umgang mit Kaltkeimern ist schwierig und für Anfänger wenig empfehlenswert.

▸ Minisetzlinge

Noch recht neu im Angebot sind Mini-Setzlinge, die einen kompakten Wurzelballen von kaum mehr als Fingerhutgröße aufweisen. Sie werden zunächst in Einzeltöpfe gepflanzt. Nach vier bis sechs Wochen haben sie die Größe normaler Jungpflanzen erreicht und können im Beet oder in Pflanzschalen und Balkonkästen ausgepflanzt werden.

Andere Vermehrungsarten

Neben der Aussaat, der generativen Vermehrung, gibt es auch die vegetative Vermehrung, zum Beispiel durch Teilung oder Stecklinge. Sie ist in den meisten Fällen leicht zu praktizieren und erfordert keine besonderen Hilfsmittel.

▸ Teilung

Durch Teilung lassen sich im Hausgarten vor allem Stauden auf höchst einfache Weise vermehren; ebenso viele Küchenkräuter wie Schnittlauch, Oregano, Thymian oder Salbei. Dabei wird der Wurzelballen von mehrtriebigen Pflanzen mit einem Messer oder Spaten in Einzelstücke aufgeteilt. Jedes Stück muss mindestens einen Trieb und Wurzeln aufweisen, damit die Pflanze erfolgreich weiterwächst.
Der günstigste Zeitpunkt für die Teilung ist im Frühjahr oder Herbst. Stauden werden in der Regel nach der Blüte geteilt; Herbstblüher erst im folgenden Frühjahr. Man gräbt den Wurzelballen aus und befreit ihn grob von Erdresten.

Teilung von Stauden mit zwei Grabegabeln (auch mit Spaten möglich)

Oft fällt er dabei schon in Einzelstücke auseinander, sonst wird ein wenig nachgeholfen oder man sticht mit dem Spaten einfach ein Stück ab.
Vor dem erneuten Einpflanzen – möglichst an einer anderen Stelle im Garten – kürzt man die Wurzeln ein. Für die Teilungsaktion wählt man möglichst die Morgen- oder Abendstunden eines trüben Tages. Pflanzen im vollen Wachstum sollten schnellstens wieder in die Erde kommen. In jedem Fall muss danach kräftig gewässert werden.

▸ Stecklinge

Bei dieser ebenfalls einfachen Vermehrungsart steckt man einen wurzellosen Teil der Pflanze in die Erde, damit sich Wurzeln bilden und so eine neue Pflanze heranwächst. Die bekanntesten Objekte der Stecklingsvermehrung sind Pelargonien und Fuchsien. Aber auch viele Zimmer- und Kübelpflanzen, Stauden und Gehölze sowie Kräuter lassen sich auf diese Weise „vervielfältigen". Das ist wörtlich zu nehmen, denn bei der vegetativen Vermehrung weisen die Nachkommen dieselben Eigenschaften auf wie die Mutterpflanze. Man wählt deshalb möglichst blühfreudige, kräftige Gewächse aus, um davon neue Pflanzen heranzuziehen.

Zeitpunkt Die beste Zeit für die Stecklingsvermehrung ist das Frühjahr; generell kann aber zu jeder Jahreszeit, mit Ausnahme der lichtarmen Monate November bis Januar, gesteckt werden.

Schritt für Schritt Als Vermehrungssubstrat verwendet man Aussaaterde oder eine Mischung aus Torf und Sand, als Gefäße kommen Saatschalen oder Töpfe in Frage. Unter das Substrat soll-

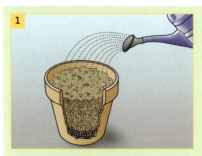

Stecklingsvermehrung

1. *Substrat in einen kleinen Topf füllen und gut anfeuchten.*
2. *Ein kleines Pflanzloch bohren und die Stecklinge so in die Erde stecken, dass die Blätter direkt über der Erde stehen, leicht andrücken.*
3. *Nach dem Angießen eine durchsichtige Folie oder einen Anzuchtkasten über die Stecklinge stülpen, warm und schattig stellen. Sobald die Stecklinge angewachsen sind, Folie oder Deckel lüften, heller stellen.*
4. *Das Umtopfen der Stecklinge erfolgt, sobald die Pflänzchen vermehrt neue Blätter bilden.*

Profitipp

Achten Sie bei der Verwendung von Vermehrungsbeeten oder Minigewächshäusern darauf, dass die Blattspitzen der jungen Pflänzchen die Abdeckung nicht berühren dürfen, sonst besteht Fäulnisgefahr.

ten Sie noch eine Dränageschicht aus Kieselsteinen oder Tonscherben einfüllen. Mit einem scharfen Messer schneidet man von ausgereiften, aber noch nicht verholzten Triebspitzen fingerlange Stecklinge. Der Schnitt erfolgt etwa 0,5 cm unterhalb eines Blattknotens. Die unteren Blätter, Blüten und Knospen werden entfernt. Von großblättrigen Pflanzen sollten die Blätter eingekürzt werden, um die Verdunstungsfläche zu verkleinern.

Die Stecklinge drückt man in der vorher gut durchfeuchteten Erde fest. Am wichtigsten ist in den folgenden Wochen eine hohe Luftfeuchtigkeit. Solange die Stecklinge noch keine eigenen Wurzeln aufweisen, muss die Verdunstung über die Blätter weitgehend eingeschränkt werden. Die Gefäße stellt man daher ins Frühbeet oder Gewächshaus. Auf der Fensterbank oder im Freien brauchen sie eine lichtdurchlässige Abdeckung; eine Folie, Glasscheibe oder ein übergestülptes Glasgefäß. Ideal sind so genannte Vermehrungsbeete oder Minigewächshäuser, wie sie für die Aussaat am Zimmerfenster angeboten werden. Zwischendurch werden die Stecklinge kontrolliert und bei Bedarf mit Wasser besprüht. Vier bis sechs Wochen dauert es, bis sich an den Schnittstellen der Stiele zunächst Kallus bildet und schließlich feine Wurzeln

Einige Kräuter, wie Rosmarin, lassen sich gut durch Stecklinge vermehren.

wachsen. Die Abdeckung wird schrittweise angehoben und kann schließlich ganz entfernt werden.

Wenn sehr dicht gesteckt wurde, muss rechtzeitig in Einzeltöpfe umgepflanzt werden, damit die Wurzeln nicht ineinander wachsen. Sobald sich ein gut durchwurzelter Ballen gebildet hat, kann nach dem Abhärten (siehe Seite 45) im Garten ausgepflanzt werden.

Die Bewurzelung klappt nicht immer hundertprozentig. Man schneidet deshalb stets mehrere Stecklinge, so dass Ausfälle nicht ins Gewicht fallen. Manche Gewächse sind problemlos zu bewurzeln, andere zeigen eine geringe Erfolgsquote, Bei „schwierigen" Pflanzen, beispielsweise *Citrus*-Gewächsen, ist es hilfreich, die Stiele vor dem Stecken in Bewurzelungspulver zu tauchen. Bei Pflanzen mit hohlen Stängeln wie Rittersporn müssen als Stecklinge junge, höchstens 5 cm lange Triebe geschnitten werden.

▸ Steckhölzer

Die Steckholzvermehrung ist vor allem bei zahlreichen Zier- und Beerenobststräuchern bewährt. Man schneidet im Spätherbst oder zeitigen Frühjahr verholzte, einjährige Triebe von je 15 bis 30 cm Länge. Jeder Steckling sollte mindestens zwei Triebknospen (Augen) aufweisen. Der obere Schnitt erfolgt über einem Auge, der untere Schnitt unterhalb eines Auges. Herbst-Steckhölzer werden in einem Eimer mit feuchtem Sand eingeschlagen und in einem frost-

Steckhölzer von Beerenobst

freien Raum überwintert. Im Frühjahr werden die Steckhölzer in lockere, humusreiche Erde gesetzt und zwar so tief, dass nur die obere Knospe herausschaut (oder auch die beiden oberen Knospen). Bis zum Herbst haben sich neue Wurzeln gebildet, und es kann am vorgesehenen Standort gepflanzt werden.

▸ Vermehrung durch Absenker

Die Vermehrung durch Absenker ist bei zahlreichen Sträuchern, auch Beerenobstgehölzen, und vor allem beim Rhododendron üblich und leicht auszuführen.

Ein Zweig aus dem unteren Bereich der Pflanze wird ausgewählt – dies- oder letztjährig, gesund, kräftig, lang und

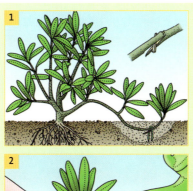

Einfach und schnell: oberirdische Ausläufer

Die Erdbeere ist für diese Vermehrungsart das beste Beispiel. Sie bildet oberirdische „Sprosse", die sich ganz von selbst bewurzeln. Schon ab Ende Juli können die ersten Pflänzchen so viele Wurzeln entwickelt haben, dass man sie problemlos abtrennen, ausgraben und an einem anderen Platz neu setzen kann. Markieren Sie sich während der Ernte die besten Erdbeerpflanzen und nehmen Sie nur von diesen die Jungpflanzen für ihr nächstes Erdbeerbeet. Weitere bekannte Beispiele für diese Vermehrungsart sind Hauswurz und Kriechender Günsel.

biegsam. Der Zweig wird zum Boden heruntergebogen und mit einer zugeschnittenen Astgabel oder U-Draht festgeklemmt. An der Stelle, wo er die Erde berührt, wird der Zweig entlaubt und an der Unterseite auf einer Länge von 3 bis 4 cm flach eingeschnitten. In den Einschnitt klemmt man einen schmalen Stein, damit er offen bleibt, deckt die Schnittstelle mit Erde und Torf oder Anzuchterde ab und klopft sie gut fest. Der Spross wird an einem Stab befestigt. In der frostfreien Zeit sollte der Boden feucht gehalten werden. Wenn sich Wurzeln gebildet haben, wird der Spross von der Mutterpflanze getrennt – die Wurzeln und Äste werden eingekürzt – und neu eingepflanzt.
Am besten führt man den Schnitt der Wurzeln im Frühjahr aus. Bis zum Herbst haben sich dann ausreichend neue Wurzeln gebildet. Der Bewurzelungsbereich darf in dieser Zeit nicht austrocknen. Das Abtrennen von der Mutterpflanze sollte aber erst im darauf folgenden Frühjahr oder Herbst erfolgen.

Diese gesunden Wurzeln garantieren (fast) ein sicheres Anwachsen.

Pflanzung

Pflanzzeiten

Die günstigsten Pflanzzeiten für die verschiedenen Gartengewächse sind recht unterschiedlich, wobei auch die regionalen Klimabedingungen eine Rolle spielen. In rauen Lagen und auf schweren Böden sollte nicht zu früh im Jahr und im Herbst auf keinen Fall zu spät gepflanzt werden.
Die meisten einjährigen Blumen, zu denen auch fast alle Balkonblumen zählen, sind nicht frosthart und sollten deshalb erst nach den Eisheiligen (nach dem 15. Mai) ausgepflanzt werden. Zweijährige Blumen werden im Spätsommer oder auch im Frühjahr gepflanzt. Für Stauden liegt die beste Pflanzzeit zwischen März und Mitte Mai sowie zwischen Ende August und spätestens Anfang November – wobei die Frühjahrspflanzung vorzuziehen ist. Winterharte Blumenzwiebeln kommen zwischen September und November in die Erde – je früher, desto besser. Nicht winterharte Knollen- und Zwiebelgewächse wie Dahlien, Gladiolen oder *Canna* pflanzt man ab Anfang Mai. Beim Setzen von Gemüsejungpflanzen unterscheidet man zwischen Arten, die leichte Fröste vertragen (zum Beispiel Kohl und Salate) und im März/April ins Beet kommen, und frostempfindlichen Arten wie Tomaten und Gurken, die erst nach den Eisheiligen gepflanzt werden.

Bei den Gehölzen ist ein Teil der Vegetationsruhe gleichzeitig die Pflanzzeit: Laub abwerfende Gehölze einschließlich Rosen dürfen von Mitte Oktober bis Ende November sowie im März und April gepflanzt werden. Robuste Arten kann man sogar während des ganzen Winters pflanzen, sofern der Boden nicht gefroren ist.
Für Koniferen ist von Ende August bis Oktober und wieder von März bis April die beste Pflanzzeit. Immergrüne Laubgehölze einschließlich der Rhododendren pflanzt man von September bis Oktober sowie von März bis April. Der optimale Zeitraum und spezielle Pflanzhinweise für die jeweiligen Pflanzengruppen sind in den betreffenden Kapiteln genannt.

▶ **Abhärten von selbst gezogenen Pflanzen**
Bevor selbst herangezogene Jungpflanzen ins Beet kommen, müssen sie abgehärtet werden. Da sie unter Glas

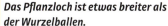
Das Pflanzloch ist etwas breiter als der Wurzelballen.

An diesen Stützen lassen sich Tomaten gut festbinden.

vor den UV-Strahlen der Sonne geschützt sind, würden sie bei abruptem Umzug an die pralle Sonne Blattverbrennungen erleiden. Man stellt sie daher wenigstens zwei bis drei Tage lang an einer sonnengeschützten Stelle im Freien auf, ehe sie an ihren endgültigen Standort gepflanzt werden.

Pflanzpraxis

Je sorgfältiger die Bodenvorbereitung erfolgt, desto mehr Freude werden Sie später an Ihren Pflanzen haben. Das betrifft vor allem Dauerpflanzungen von Stauden oder Gehölzen, bei denen sich Versäumnisse später schwer ausgleichen lassen.
Bei großflächigen Pflanzungen und bei der Neuanlage von Beeten muss die gesamte Fläche umgegraben werden und zwar für hochwachsende Stauden und für Gehölze bis 50 cm tief. Um einzelne Gewächse zu pflanzen, müssen die Pflanzlöcher entsprechend tief ausgehoben werden. Wenn der Boden in der Sohle des Pflanzlochs verfestigt ist, muss hier zusätzlich mit einer Grabegabel gelockert werden.
Da sich Wurzeln nicht nur nach unten, sondern auch nach den Seiten ausbreiten, ist für einen ausreichenden Durchmesser der Pflanzmulde zu sorgen. Sie sollte generell mindestens doppelt so

Obstbäume werden genauso tief gepflanzt, wie sie im Topf standen.

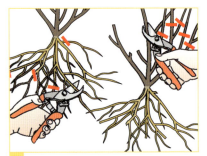

Wurzelnackte Pflanzen – Sträucher ohne Erdballen – werden bei der Pflanzung um ungefähr ein Drittel ihrer Zweiglänge eingekürzt: Die Pflanzen treiben dann buschiger und besser aus.

Wurzelnackte Pflanzen setzt man zwischen Ende Oktober und Mitte April, wenn der Boden frostfrei ist. Die Pflanzung erfolgt genauso wie bei Containerpflanzen (siehe rechts).

Containerpflanzen können das ganze Jahr über gesetzt werden. Achten Sie auf ein ausreichend großes Pflanzloch. Füllen Sie es bis leicht über den Wurzelballen mit Erde auf. Gut festtreten und wässern.

groß wie der Wurzelballen sein. Schwere Böden kann man durch Zugabe von Sand durchlässiger machen. Zur Bodenverbesserung wird Kompost, ersatzweise Rindenhumus, flach eingearbeitet. Stützstäbe müssen stets mit der Vorbereitung der Pflanzstelle in den Boden gerammt werden.

Bevor die Pflanzen in die Erde kommen, müssen sie durchdringend gewässert werden. Pflanzen mit offenen Wurzeln ohne Topf oder Erdballen stellt man zunächst mehrere Stunden lang in einen Eimer mit Wasser, damit sich die Wurzeln vollsaugen können. Auch Ballenware sollte zunächst in ein Gefäß mit Wasser gestellt werden. Gerade bei Gehölzen ist diese Maßnahme lebenswichtig.

Die Pflanzen dürfen nur so tief in die Erde gesetzt werden, wie sie vorher im Topf oder in der Baumschule standen (Ausnahmen sind direkt bei den Pflanzen beschrieben).

Vor allem bei veredelten Gehölzen wie Obstbäumen spielt die richtige Pflanztiefe eine entscheidende Rolle: Die Veredlungsstelle muss bei Obst oberhalb

Profitipp

Wenn Pflanzen nach dem Kauf nicht sofort gesetzt werden können, schlägt man sie an einer schattigen Stelle schräg in die Erde ein. Rosen und andere Sträucher lassen sich auf diese Weise sogar überwintern, falls das Einpflanzen durch vorzeitigen Frost verhindert wurde.

der Bodenoberfläche liegen. Die Wurzeln sollten möglichst senkrecht in den Boden kommen und nicht umgebogen werden. Zu lange Wurzeln werden eingekürzt, abgefaulte und geknickte Wurzelteile abgeschnitten. Töpfe oder Folienumhüllungen werden vor dem Einpflanzen entfernt. Wurzelballen mit Ballentuch hebt man zunächst in das Pflanzloch, entknotet das Tuch und zieht es vorsichtig unter dem Wurzelballen weg.

Nach dem Auffüllen wird die Erde um die Pflanzen gut angedrückt; bei Gehölzen wird zusätzlich ein Gießrand geformt. Schließlich wird mit kräftigem Wasserstrahl – ohne Gießbrause – gründlich gewässert. Dabei wird die Erde an die Wurzeln geschlämmt, so dass keine Hohlräume bleiben. Auf das Angießen darf auch bei Regen nicht verzichtet werden. Wenn das Wasser versickert ist, lockert man abschließend die Bodenoberfläche rund um die gesetzten Pflanzen. Nur beim Legen von Blumenzwiebeln oder Knollen entfällt das Angießen.

Pflanzzeitpunkt Alle Pflanzarbeiten sollten nach Möglichkeit bei bedecktem Himmel und wenig Wind, am besten bei regnerischem Wetter vorgenommen werden. An sonnigen Tagen wird frühmorgens oder abends gepflanzt. Bei anhaltender Trockenheit muss das Angießen nach einigen Tagen wiederholt werden. In jedem Fall ist in den ersten Wochen nach der Pflanzung auf ausreichende Bewässerung zu achten. Bis sich genügend neue Wurzeln gebildet haben, trägt gelegentliches Überbrausen dazu bei, die Verdunstung von Wasser über die Blätter zu vermindern.

Bewässerung

Es ist keineswegs gleichgültig, zu welcher Tageszeit den Pflanzen Wasser gegeben wird. Am günstigsten sind die frühen Morgenstunden. In der warmen Jahreszeit von Mai bis August ist die Bodenoberfläche zu dieser Zeit noch kühl, so dass kein Verdunstungsverlust auftritt. Das Wässern der Beete wirkt dann wie eine Fortsetzung des natürlichen nächtlichen Taus. Im Laufe des Vormittags ist das Laub bereits wieder getrocknet, die Wurzeln haben sich mit Wasser vollgesaugt, und die Pflanzen sind bestens gegen starke Sonne gewappnet.

Wenn nur abends Zeit zum Wässern bleibt, ist nach heißen Tagen die Bodenoberfläche noch erwärmt und ein Teil des Gießwassers verdunstet ungenutzt. Bleiben die Blätter ständig über Nacht feucht, wird das Entstehen von Pilzkrankheiten gefördert; das gilt besonders für empfindliche Pflanzen wie Rosen, Rittersporn und Herbstastern, aber auch für Tomatenpflanzen. Beim Wässern in den Abendstunden sollte deshalb möglichst nur der Bodenbereich gegossen werden.

Klar, dass Gartenschlauch und Gießkanne möglichst nicht während der Mittagshitze in Aktion treten sollten. Hohe Temperaturen lassen eine erhebliche Menge des Sprühstahls schon in der Luft verdampfen, ein weiterer Teil verdunstet auf dem erhitzten Boden. Nachteilig ist zudem, dass die Wassertropfen auf Pflanzen mit empfindlichen Blättern in praller Sonne wie kleine Brenngläser wirken und zu Verbrennungen führen

Wer Gießkannen liebt, kommt beim heutigen Angebot bestimmt auf seine Kosten.

Gemüse braucht in der Regel viel Wasser, um die gewünschten Erträge zu bringen.

können. Die vermeintliche Erfrischung für die Pflanzen bringt ihnen eher Schaden als Nutzen. Falls die Pflanzen zu vertrocknen drohen und Soforthilfe nötig ist, sollte möglichst nur der Wurzelbereich befeuchtet werden, ohne dabei die Blätter zu benetzen. Überhaupt sollte auf den Beeten möglichst dort gewässert werden, wo es am nötigsten ist: unmittelbar im Wurzelbereich der Pflanzen. Anstelle der verbreiteten Schlauchspritze, mit der man einen eindrucksvollen Sprühstrahl erzeugt – meistens mit viel zu starkem Druck –, verwendet man besser einen

Über die Blüten sollte nicht gegossen werden, sondern direkt auf die Erde.

Dieser nützliche Wagen macht Schluss mit dem lästigen Gartenschlauch-Salat.

Bewässerungssysteme, die direkt in den Boden verlegt werden, erleichtern das regelmäßige Gießen.

so genannten Gießstab. Mit der sanften Brause am langen Rohr kann man bequem und gezielt den Boden durchfeuchten, ohne unbedingt die Blätter zu treffen.

Ausgiebiges Wässern

Der häufigste Fehler bei der Wasserversorgung der Pflanzen besteht darin, dass sie einerseits zu oft, andererseits in zu geringen Teilmengen erfolgt. Auch in Trockenperioden sollte keineswegs täglich ein bisschen, sondern besser im Abstand von mehreren Tagen jeweils ausgiebig gewässert werden. Den Pflanzen nützt es wenig, wenn lediglich die Bodenoberfläche befeuchtet wird.

Profitipp

Wie oft gewässert werden muss, hängt natürlich vom Wetter, aber auch von der Bodenbeschaffenheit ab. Ein leichter Sandboden trocknet erheblich schneller aus als ein schwerer Lehmboden. In Trockenperioden muss hier schon bald erneut gegossen werden, während ein überwiegend lehmig-toniger Gartenboden eine hohe Speicherkapazität aufweist und selbst bei Hitze einen Zeitraum bis zu einer Woche ohne Wassernachschub überstehen kann. Durch Zugaben von Tonmehl und eine regelmäßige Kompostversorgung lässt sich die Speicherfähigkeit eines Sandbodens erhöhen.

Dann breiten sich ihre Wurzeln auch nur in dem Bereich aus, wo sie feuchte Erde vorfinden: dicht unter der Bodenoberfläche. Bleibt der Wassernachschub in Trockenzeiten auch nur kurzfristig aus, dann sind die kurzen Wurzeln nicht in der Lage, Wasser aus tieferen Bodenschichten zu ziehen. Gründliches Wässern bewirkt, dass auch die tieferen Schichten durchfeuchtet werden und die Pflanzen ihre Wurzeln sozusagen nach unten schicken. Die obere Bodendecke kann dann getrost trocken werden, weil die Wurzeln weiter unten immer noch ausreichend versorgt werden.

Wenn die Bodenoberfläche trocken ist, bedeutet das daher nicht zwangsläufig, dass gewässert werden muss. Sticht man mit dem Spaten in die Erde und drückt sie ein wenig auseinander, dann lässt sich genau feststellen, ob die Erde in Wurzeltiefe noch genügend Feuchtigkeit aufweist.

Klar, dass neu gesetzte Pflanzen, die noch keine ausreichende Wurzelmasse aufweisen, in der Anfangszeit häufiger gegossen werden müssen als Dauerbewohner. Hier ist ausnahmsweise das Überbrausen ratsam, weil sie auch über ihre Blätter Wasser aufnehmen. Erst wenn der Bestand so weit zusammengewachsen ist, dass der Boden von ihrem Laub beschattet ist, können die Gießintervalle verlängert werden. Bei neu gesetzten Gehölzen, erst recht bei Nadelgehölzen, muss in Trockenperioden noch über mehrere Monate zusätzlich gewässert werden. Und natürlich sind flach wurzelnde Gewächse, wie die meisten Sommerblumen, eher von Trockenheit bedroht als solche mit tief reichenden Wurzeln, wie beispielsweise Rosen.

Aussaaten stellen einen Sonderfall dar. Sie müssen bei Trockenheit täglich befeuchtet werden, damit die Saat bis zum Keimen zu keiner Zeit austrocknet. Gleichzeitig darf man sie nur zurückhaltend überbrausen, damit die Samenkörner nicht weggeschwemmt werden.

Wassermenge

Über die erforderliche Wassermenge besteht oft Unklarheit. Wenn Sie den Inhalt einer 10-l-Gießkanne auf einem Quadratmeter Bodenfläche verteilen, dann erscheint das fast zu viel des Guten. Tatsächlich ist die doppelte bis dreifache Menge nötig, um die Gartenerde gründlich zu durchfeuchten. Ein normaler, trockener Boden wird von 10 l Wasser 10 cm tief befeuchtet, von 20 l 20 cm tief und von 30 l 30 cm tief. Da die Pflanzen eine durchschnittliche Wurzellänge von 15 bis 30 cm aufweisen, sollte die Erde auch bis zu dieser Tiefe befeuchtet werden, um den Pflanzen optimale Bedingungen zum Wachsen zu verschaffen. Das bedeutet also eine durchschnittliche Wassermenge von 15 bis 30 l/m².

Um zu kontrollieren, ob natürliche Niederschläge ausreichend waren oder

Einmal hacken spart zweimal gießen.

zusätzlich gegossen werden muss, ist das Aufstellen eines schlichten Regenmessers sinnvoll. Der trichterförmige Messbehälter zeigt auf einen Blick, wie viel Regen gefallen ist. 1 mm Wasser entspricht einer Menge von 1 l Regenwasser pro 1 m² Bodenfläche.

Bodenfeuchtigkeit erhalten

Hacken und Mulchen sind die wirksamsten Pflegemaßnahmen, um die Bodenfeuchtigkeit länger zu erhalten. Wie im Kapitel „Bodenbearbeitung" beschrieben (siehe Seite 34), wird durch das Lockern der Bodenoberfläche das Aufsteigen des Bodenwassers und damit die Verdunstung der Feuchtigkeit vermindert.

„Einmal hacken spart zweimal gießen" – diese alte Gärtnerregel hat noch immer Gültigkeit. Ebenso lässt sich durch Mulchen, das Bedecken nackter Erde zwischen den Pflanzen, der Feuchtigkeitsverlust einschränken. Eine dicke Mulchschicht auf allen Beeten ist vor allem dann sehr empfehlenswert, wenn der Garten für einige Zeit sich selbst überlassen werden muss, beispielsweise in der Urlaubszeit.

Pflanzen im Topf sind auf regelmäßige Wassergaben angewiesen.

Bei den meisten Viereckregnern kann man sowohl Sprengbreite als auch Reichweite genau einstellen.

Gießen von Topfpflanzen

Für die Kübelpflanzen und Balkonkästen gelten die Bewässerungstipps nur mit Einschränkung. Je kleiner die Pflanzgefäße sind, desto häufiger muss gegossen werden; an einem vollsonnigen Standort und bei großer Hitze sogar zweimal täglich. Hier ist die gute alte Gießkanne immer noch unentbehrlich. Nach Gebrauch sollte sie gleich wieder aufgefüllt werden, um abgestandenes, leicht erwärmtes Wasser zur Verfügung zu haben.

Problematisch ist in jedem Fall die Wasserversorgung bei längerer Abwesenheit. Stellt man die Gefäße im Schatten auf, bleiben die Wurzeln länger feucht. Andernfalls hilft nur die nachfolgend beschriebene Tröpfchenbewässerung – oder ein freundlicher Nachbar.

Bewässerungshilfen

Das Wässern der Pflanzen zählt zwar zu den durchaus angenehmen Gartenarbeiten, kann aber bei der Versorgung einer größeren Fläche zu einer zeitaufwändigen Angelegenheit werden. Dass ein Gartenschlauch gegenüber der Gießkanne Erleichterung bringt, muss hier nicht ausdrücklich erwähnt werden. Das Repertoire an Bewässerungshilfen umfasst noch anderes, sinnvolles Zubehör.

▶ Rasensprenger

Ein Rasensprenger, in der Fachsprache Regner genannt, ist keineswegs nur zur Wasserversorgung des Rasens tauglich. Der Fachhandel bietet neben den üblichen Regnern, die kreisrunde oder quadratische Flächen erreichen, variable Sprühdüsen an, die eine exakte Bewässerung der vorgesehenen Fläche ermöglichen, ohne dass beispielsweise auf Wegen unnötig Wasser vergeudet wird.

Ebenso können Bewässerungsschläuche verlegt werden; als Sprühschlauch oder in der Wasser sparenden Ausführung als Sickerschlauch.

▶ Bewässerungssysteme

Bewässerungssysteme bestehen aus Kunststoffschläuchen, die über einzelne, an beliebiger Stelle einsteckbare Düsen Wasser versprühen. Es gibt sie wahlweise für eine mobile Verlegung mit flexiblen Schläuchen oder mit halbstarren Wasserleitungen für dauerhafte Installation. Dabei wird das Leitungssystem ungefähr 50 cm unter der Bodenoberfläche verlegt; beim Aufdrehen des Wasserhahns fahren die Sprühköpfe selbsttätig heraus und anschließend wieder nach unten, so dass sie diskret versteckt sind. Vor dem Winter muss das restliche Wasser an der tiefsten Stelle abgelassen werden.

Tröpfchenbewässerung Besonders sparsam im Umgang mit dem kostbaren Nass ist die Tröpfchenbewässerung. Damit werden einzeln stehende Pflanzen im Zier- oder Nutzgarten sowie Gehölze und Topfpflanzen auf höchst ökonomische Weise versorgt.

Die einzelnen Tropfstellen lassen sich für jede Pflanze individuell einstellen. Der entscheidende Vorteil gegenüber Sprühdüsen besteht darin, dass kaum Wasser verdunstet, weil nur ein kleines Stück der Bodenoberfläche befeuchtet wird. Die Tröpfchenbewässerung ist auch für das Gewächshaus und generell für alle Pflanzen in Töpfen, Kübeln und Balkonkästen bestens geeignet.

Die Wasserzufuhr kann bei allen Bewässerungssystemen auch halb- oder vollautomatisch gesteuert werden. Als Zubehör gibt es spezielle „Wasseruhren", die am Wasserhahn befestigt werden und die Zufuhr nach der vorher eingestellten Zeitdauer oder Wassermenge unterbrechen.

Bewässerungscomputer Oder man verwendet batterie- oder solarbetriebene Bewässerungscomputer, mit denen sich Zeitpunkt und Dauer der Bewässerung exakt programmieren lassen. Wird die Elektronik mit einem Feuchtesensor kombiniert, der die Bodenfeuchtigkeit misst, dann wird der natürliche Niederschlag berücksichtigt und nur bei tatsächlichem Bedarf gewässert. Die Elektronik ermöglicht auch bei längerer

Erfahrene Gärtner wollen auf einen Regenmesser nicht verzichten.

Viel gießen – wenig gießen?

Es gibt große Unterschiede, was den Wasserbedarf von Gartenpflanzen angeht, die unter anderem mit der Blattform und -struktur zusammenhängen. Pflanzen mit großen, weichen Blättern, wie zum Beispiel Engelstrompete, Hortensie und Sonnenblume, brauchen sehr viel Wasser, ebenso schnell wachsende Gemüse wie die Zucchini (siehe Bild). Einen mittleren Wasserbedarf haben viele Sommerblumen und Stauden, wie Spinnenblumen (siehe Bild), Schmuckkörbchen, Zinnien oder Astilben. Wenig Wasser benötigen ältere Gehölze und viele Kräuter (siehe Bild: Dill) sowie Pflanzen mit dickfleischigen oder kleinen Blättern, wie Fette Henne, Akelei, Stockrosen oder die Schleifenblume.

Abwesenheit der Gartenbesitzer eine gezielte Bewässerung.

Regenwassernutzung

Regenwasser ist nicht nur kostenlos, sondern auch hinsichtlich der Pflanzenverträglichkeit noch besser geeignet als das in manchen Gegenden sehr harte Leitungswasser. Beim Auffangen der natürlichen Niederschläge in Regentonnen oder anderen Behältern muss allerdings dafür gesorgt werden, dass der erste Guss nach einer Trockenperiode nicht verwendet wird. Dieser „First flush" ist nämlich keineswegs von natürlicher Reinheit, sondern häufig durch Luftschadstoffe reichlich belastet. Im Regenfallrohr wird deshalb eine spezielle Regenwasserklappe installiert. Erst wenn die Schmutzpartikel weitgehend von der Dachfläche abgespült worden sind – je nach Regenintensität nach 15 bis 30 Minuten –, wird die Klappe ausgestellt und das Regenwasser in das Gießwasser-Auffanggefäß geleitet. Von Spezialfirmen werden mittlerweile auch Fallrohrfilter angeboten, die selbsttätig funktionieren.

Lohnend wird die Regenwassernutzung vor allem dann, wenn ausreichend große Sammelbehälter zur Verfügung stehen. Das kann eine im Boden versenkte Zisterne oder als Ideallösung eine komplette Regenwasser-Nutzungsanlage im Keller des Wohnhauses sein. Sie erlaubt gleichzeitig die Nutzung als Brauchwasser im Haus. Achten Sie darauf, dass die Regentonne oben stets abgedeckt ist, damit sie nicht zum Eiablageplatz von Mücken wird.

Brunnenwasser

In Gegenden, wo der Grundwasserstand keine allzu tiefen Bohrlöcher erfordert, kann auch eigenes Brunnenwasser gefördert werden. Für eine Handpumpe, die auch noch recht dekorativ ist, braucht in den meisten Fällen keine spezielle Genehmigung eingeholt zu werden (trotzdem vorher in der Gemeinde anfragen!); wohl aber für Elektropumpen zur Grundwasserförderung. Da die Qualität von Brunnenwasser höchst unterschiedlich und nicht immer für die Pflanzen geeignet ist, empfiehlt sich eine vorherige Wasseranalyse.

Düngung

Warum düngen?

Alle Pflanzen brauchen zum Wachsen Nährstoffe, die sie im Boden vorfinden und über ihre Wurzeln aufnehmen. Da der Vorrat an Nährstoffen begrenzt ist, müssen sie in irgendeiner Form dem Boden zurückgegeben werden. Regelmäßige Kompostgaben tragen dazu bei. In einem Naturgarten reicht das meistens schon. Aber im Zier- und Nutzgarten geht es nicht ohne zusätzliche Düngung : Rosen und Prachtstauden sollen üppig blühen, Sommerblumen einen ununterbrochenen Blütenflor bilden, der Rasen ein attraktives Bild abgeben. Kompost steht nicht immer in ausreichender Menge und zur richtigen Zeit zur Verfügung – also muss der Boden auf andere Weise Nährstoffe erhalten. Für alle Gewächse in Pflanzgefäßen ist ohnehin regelmäßiges Düngen nötig, weil ihr Nährstoffvorrat auf Grund des geringen Erdvolumens begrenzt ist.

Reichhaltige und gesunde Gemüseernte erfordert ausgewogene Düngung.

oder Mangan. Stickstoff fördert – vereinfacht ausgedrückt – das Wachstum der Triebe und Blätter, Phosphor die Blüten- und Fruchtbildung, und Kali stärkt das Zellgewebe, also Zweige und Stängel. Dem Kalk kommt eine Sonderstellung zu: Er wirkt nicht direkt düngend, sondern macht die Nährstoffe im Boden für die Pflanzen verfügbar.

Die wichtigsten Nährstoffe

Zu den Hauptnährstoffen, die Pflanzen zum Leben brauchen, zählen Stickstoff, Phosphor (Phosphorsäure) und Kalium (Kali); in geringerem Maß auch Magnesium und Kalzium bzw. Kalk. Dazu kommen Spurenelemente wie Eisen, Bor

Nährstoffmangel

Symptome	Fehlender Nährstoff	Düngertyp
kümmerlicher Wuchs, grüngelbe Blätter	N – Stickstoff	Volldünger (organische und mineralische); Hornspäne, Rizinusschrot, Kalkammonsalpeter
kleine, bläulich rote Blätter, nur wenige Blüten	P – Phosphor	Volldünger (organische und mineralische), Thomassulfat
kränklicher Wuchs, verwelkte Blätter	K – Kalium	Volldünger (organische) und z. T. Kaliumsulfat

In einem gesunden Gartenboden leben unzählige Organismen, wie Regenwürmer, Insekten, Pilze und Bakterien.

Eisenmangel: Die Blätter haben sich hellgrün bis gelb verfärbt, die Blattadern bleiben dunkelgrün.

Im Gartenfachhandel gibt es eine reichliche Auswahl an Düngern.

Universaldünger für (fast) alles

Angeboten werden vorwiegend Universaldünger, auch Mehrnährstoff-, Voll- oder Mischdünger genannt. Sie sind gleichermaßen für den Zier- und Nutzgarten geeignet und enthalten alle notwendigen Nährstoffe und Spurenelemente in einem ausgewogenen Verhältnis.

Die Zusammensetzung variiert bei den verschiedenen Herstellern; sie ist auf der Packung angegeben. Häufig sind nur Abkürzungen genannt, wobei N für Stickstoff, P für Phosphor, K für Kali und Mg für Magnesium steht. Nach ihren Hauptbestandteilen werden Universaldünger deshalb auch als N-P-K-Dünger bezeichnet. Wenn beispielsweise als Nährstoffgehalt 12-6-8-2 angegeben ist, dann heißt das, dass der Dünger 12 % Stickstoff, 6 % Phosphor, 8 % Kali und außerdem 2 % Magnesium enthält.

Spezialdünger

Die Angaben über den Nährstoffanteil sind wichtig, weil die Gartenpflanzen für eine optimale Versorgung unterschiedliche Teilmengen benötigen. Für den Rasen zum Beispiel ist ein hoher Stickstoffgehalt erforderlich, um vor allem das Blattwachstum zu fördern. Ein Spezial-Rasendünger erfüllt diese Voraussetzungen; mit einem Universaldünger wäre ein Teil der Nährstoffe vergeudet.

Auch für die anderen Gartengewächse werden in zunehmendem Maß Spezialdünger angeboten: Rosen-, Erdbeer-, Tomaten-, Tannen-, Buchs-, Rhododendron- oder Hortensiendünger, um nur einige zu nennen. Damit lassen sich die entsprechenden Pflanzengruppen bestens versorgen. Auch wenn Sie einen Universaldünger bevorzugen, sollten zumindest Rasenflächen und Rhododendrendünger einen entsprechenden Spezialdünger erhalten.

Eine weitere Variante stellen Flüssigdünger dar. Sie sind vor allem für die Versorgung von Kübel- und Balkonpflanzen sinnvoll und werden zusammen mit dem Gießwasser verabreicht. Für alle Pflanzgefäße kann als Alternative auch so genannter Depotdünger verwendet werden. Er wird vor dem Einpflanzen unter die Erde gemischt und sorgt für eine kontinuierliche Nährstoffabgabe über mehrere Monate.

Richten Sie sich bei der Ausbringung des Düngers nach den Angaben auf der Packung.

Bei Sträuchern reicht es in der Regel aus, sie im Frühjahr mit Kompost zu versorgen.

Kalk

Das jährliche Kalken aller Beetflächen, das in vielen Gärten immer noch zu beobachten ist, sollten Sie auf keinen Fall nachahmen. Die Auswertung von Bodenuntersuchungen in Haus- und Kleingärten zeigt, dass die meisten mit Kalk überversorgt sind, also einen zu hohen pH-Wert aufweisen. Ein pH-Wert im neutralen bis schwachsauren Bereich ist jedoch wichtig, damit die Nährstoffe von den Pflanzen vollständig aufgenommen werden können (siehe auch Seite 37). Kalk sollte deshalb nur dann gestreut werden, wenn der Bodentest einen zu niedrigen pH-Wert, also einen sauren Boden anzeigt. Wenn erforderlich, wird in der Regel im Winter oder Spätwinter – auch auf eine Schneedecke – Kalk gestreut; aber niemals zusammen mit anderen Düngern. Üblich ist die Verwendung von kohlensaurem Kalk, Branntkalk oder Algenkalk; letzterer enthält zudem reichlich Spurenelemente. Selbst bei erheblichem Kalkmangel darf nur dünn gestreut werden; besser ist die Verteilung der Gesamtmenge über einen Zeitraum von zwei bis drei Jahren.

Zahlreiche Dünger enthalten bereits eine erhebliche Menge Kalk; am höchsten ist der Kalkanteil bei Peru-Guano, Thomasmehl und bei Holzasche.

Mineralische Dünger

Mineraldünger bestehen sowohl aus chemischen Verbindungen als auch aus natürlichen Stoffen. Der enthaltene Stickstoff wird zum Teil aus Luftstickstoff gewonnen, Kali und Phosphor aus Naturablagerungen gefördert. Am bekanntesten ist Blaukorn. Mineraldünger sind wasserlöslich, manche werden auch als Flüssigdünger angeboten. Die aufgelösten Nährstoffe gelangen über die Wurzeln direkt in die Pflanzen. Die Wirkung erfolgt daher schnell, der Erfolg der Düngung ist sozusagen sichtbar. Dieser Vorteil kann allerdings leicht zum Nachteil werden, denn die Pflanzen nehmen diese Nährlösung vollständig auf – oft mehr, als sie brauchen. Die Folge sind aufgeschwemmte Zellen, und das macht die Pflanzen anfälliger für Krankheiten.

Einzelnährstoffdünger

Obstgehölze müssen nur auf sehr armen Böden gedüngt werden, um hohe Erträge zu bringen.

Für eine gezielte Versorgung des Gartens bietet der Handel neben den Volldüngern auch Einzelnährstoffdünger an. Bei den meisten dieser Dünger erfordert die Anwendung einige Erfahrung im Umgang mit den Pflanzen, zumindest aber eine Bodenanalyse. Dünger mit einem sehr hohen Stickstoffanteil sind beispielsweise Hornspäne und Hornmehl. Andere Stickstoffdünger wie schwefelsaures Ammoniak oder Harnstoff sind nur unter Vorbehalt für den Hausgarten geeignet, da sie bei unsachgemäßer Anwendung leicht zu einer Überdüngung führen. Das gilt noch mehr für Kalkstickstoff, der zunächst als Unkrautvernichter wirkt, ehe der Stickstoff freigesetzt wird. Zu den Phosphordüngern zählen Thomasmehl und Superphosphat. Einen hohen Phosphorgehalt weisen außerdem Knochenmehl und Peru-Guano (Vogelausscheidungen) auf. Reine Kalidünger sind Patentkali und Kaliumsulfat. Magnesiumdünger wie Bittersalz und Kieserit braucht man vorwiegend für Nadelgehölze.

Die Ausbringung des Düngers kann auch mit Hilfe eines Streuwagens erfolgen.

Mineraldünger enthalten durchweg höhere Nährstoffanteile als organische Dünger und sind im Vergleich meistens preiswerter. Da oft „nach Gefühl" gedüngt wird, ist die Gefahr einer Überdüngung und einer Auswaschung des Stickstoffs ins Grundwasser leichter gegeben. Gleichwohl können Mineraldünger bei zurückhaltender Verwendung empfohlen werden. Der Einsatz ist immer dann sinnvoll, wenn gerade eine rasche Wirkung erwünscht ist. Zum Beispiel im Frühjahr, wenn kühle Bodentemperaturen die Wirkung organischer Dünger vermindern. Oder im Laufe der Saison bei der so genannten Kopfdüngung, die den Pflanzen einen Wachstumsschub verschafft.

Bei einer ausschließlichen Verwendung von Mineraldünger kann es allerdings im Laufe der Jahre zu einer Humusverarmung kommen. Eine gleichzeitige, großzügige Versorgung mit Kompost ist daher unbedingte Voraussetzung. Wenn neben Kompost organische und mineralische Dünger nebeneinander zur Anwendung kommen, sind die Beete optimal versorgt.

Blütenpracht bekommt man nur auf Böden, die ausreichend mit Nährstoffen versorgt sind.

Organische Dünger

Für Gartenneulinge ist die Vielfalt unterschiedlicher Düngerarten schon kompliziert genug. Die zusätzliche Aufteilung in organische, mineralische und organisch-mineralische Dünger stiftet oft vollends Verwirrung.

Gemeint ist damit die unterschiedliche Herkunft der Düngerbestandteile. Organische Dünger werden in der Hauptsache aus natürlichen Stoffen tierischen oder pflanzlichen Ursprungs herge-

Organische Dünger: 1. Hornspäne, 2. käuflicher Dünger, 3. Geflügelmist

stellt. Zu den weiteren Bestandteilen gehört getrockneter Tiermist von Rindern, Hühnern und anderem Geflügel; hier ist vor allem Guano zu nennen. Der typische Geruch solcher Dünger weist auf den Ursprung hin. Auch Soja- und Rhizinusschrot zählen gelegentlich zu den Bestandteilen organischer Dünger. In ländlichen Gegenden kann man außerdem frischen Stallmist bekommen. Er enthält alle notwendigen Nährstoffe, sollte aber nur im Spätherbst, besser jedoch erst dann auf den Beeten verteilt werden, wenn er mindestens ein halbes Jahr lang kompostiert wurde. Geeignet ist vor allem Pferdemist; Schweinemist kommt schon wegen des starken Geruchs nicht in Betracht. Grundsätzlich kann auch Mist aus Schaf-, Ziegen- oder Kaninchenställen verwendet werden, aber stets auf dem Umweg über den Komposthaufen. Der Kompost aus Garten- und Küchenabfällen gehört gleichfalls zu den organischen Düngern. Sein Nährstoffgehalt schwankt, je nach verwendetem Ausgangsmaterial. Durchschnittlich enthält er jeweils 0,5 % Stickstoff und Kali sowie 0,2 % Phosphor. Wenn viele Küchenabfälle, Ernterückstände und Grasschnitt kompostiert werden, ist der Stickstoffanteil höher. Bei konsequenter Kompostanwendung ist also eine Grunddüngung im Garten bereits gegeben. Die auf den Düngerpackungen empfohlenen Mengen können daher getrost reduziert werden. Auch Pflanzenjauchen, beispielsweise aus Brennnesseln, zählen zu den

So lässt sich Dünger leicht dosieren und ausbringen.

Nährstoffbedarf von Gemüse

Die Gemüsearten teilt man je nach Nährstoffbedarf in drei Gruppen ein.

1 **Schwachzehrer: Feldsalat, Erbse, Radieschen**
2 **Mittelzehrer: Lauch, Möhre, Kohlrabi, Spinat**
3 **Starkzehrer: Blumenkohl, Kürbis, Paprika, Zucchini**

organischen Düngern. Ihre Bereitung und Anwendung ist im Kapitel „Brühen und Jauchen" beschrieben (siehe Seite 76).

Organische Dünger können nicht direkt von den Pflanzen verwertet werden. Die darin enthaltenen Nährstoffe müssen zuerst durch Wasser und die im Boden vorhandenen Säuren, vor allem aber durch die Bodenorganismen für die Pflanzen verfügbar gemacht werden. Die Wirkung erfolgt daher vergleichsweise langsam und ist auch von der Bodentemperatur abhängig, hält aber lange an. So kann es beispielsweise bei Hornspänen zwei bis drei Jahre dauern, ehe sie vollständig im Boden umgesetzt sind. Feiner gemahlen, als Hornmehl, erfolgt die Wirkung rascher.

Alle organischen Dünger können für sämtliche Kulturen im Garten verwendet werden. Eine Überdüngung ist nur bei erheblicher Überschreitung der von den Herstellern empfohlenen Aufwandmengen möglich. Da sie zudem nur schwer im Boden ausgewaschen werden, kann man sie als umweltfreundliche Dünger bezeichnen.

Da organische Dünger wesentlich zur Bodenbelebung beitragen, sind sie für den naturgemäßen Anbau besonders wertvoll. Für Biogärtner ist ihre ausschließliche Verwendung eine Selbstverständlichkeit.

Düngerpraxis

Zum Erfolgsrezept eines Gartens, in dem die Pflanzen wenig anfällig für Krankheiten und Schädlingsbefall sind, zählt eine ausgewogene Düngung. Das heißt in der Praxis, dass die Pflanzen genügend Nährstoffe erhalten, aber keinesfalls überdüngt werden. Wann und wie viel gedüngt werden soll, hängt in

Profitipp

In organisch-mineralischen Düngern sind bei sachgerechter Anwendung die Vorteile von organischen und mineralischen Düngern vereinigt. Mineralische Anteile sorgen für eine rasche Nährstoffversorgung, organische Bestandteile für eine lang anhaltende Wirkung.

erster Linie von den jeweiligen Pflanzen ab und ist in den einzelnen Pflanzenkapiteln beschrieben. Generell lässt sich sagen, dass im Frühjahr auf den Beeten ein stickstoffbetonter Dünger erforderlich ist, um das Pflanzenwachstum zu fördern. Im Sommer wird für die Blütenentwicklung im Ziergarten und die Fruchtbildung im Nutzgarten ein phosphorbetonter Dünger benötigt, während im Herbst zur allgemeinen Stärkung ein hoher Kalianteil wichtig ist. Eine Norm gibt es jedoch nicht. In der Praxis erfolgt meistens die Grunddüngung im Frühjahr mit organischem Dünger, während für die spätere Kopfdüngung zur gezielten Nährstoffversorgung ein mineralischer oder organisch-mineralischer Dünger bevorzugt wird.

Die Düngermenge hängt natürlich auch vom Bodenzustand ab. Die auf den Packungen angegebenen Mengen stellen stets nur Richtwerte dar. Bei reichlicher Kompostverwendung müssen sie unterschritten werden. Exakte Empfehlungen für alle Gärten können auch deshalb nicht gegeben werden, weil jeder Gartenboden anders ist. Bevor Sie Dünger kaufen, sollten deshalb unbedingt Bodenproben entnommen und im Untersuchungslabor analysiert werden. Mit der Analyse erhalten Sie eine spezielle Düngeempfehlung für Ihren Gartenboden.

Oft stellt sich bei einer Bodenanalyse heraus, dass beispielsweise gar kein Phosphor nötig ist, weil dieser Nährstoff reichlich im Boden vorhanden ist. Phosphor wird ebenso wie Kali im Boden gespeichert. Wurde in der Vergangenheit regelmäßig Volldünger verwendet, dann ist der Gehalt an Phosphor und Kali in der Regel ausreichend; eher sogar zu hoch. Stickstoff kann nicht vom Boden gespeichert werden, so dass dieser wichtige Nährstoff in jedem Fall ergänzt werden muss.

Etwa zwei bis vier Wochen vor dem Aussaat- oder Pflanztermin sollte der Dünger auf der vorgesehenen Fläche ausgebracht werden. Man harkt ihn in die oberste Bodenschicht ein; am besten, wenn die Erde feucht oder Regen zu erwarten ist. Andernfalls wird anschließend gewässert. Gründliches Wässern ist vor allem bei Mineraldüngern nötig, um ein „Verbrennen" der Pflanzen durch die Düngesalze zu vermeiden. Dabei wird den Pflanzen durch die Nährstoffkonzentration Wasser entzogen, und als Folge trocknen sie aus.

Gründüngung

Eine besonders einfache Methode der Bodenverbesserung und Düngung stellt die Aussaat von Gründüngungspflan-

Profitipp

Die als Gründüngungspflanze ausgesäte Phazelia lässt man wegen ihrer attraktiven blauen, Bienen anlockenden Blüten gern aufblühen.

zen dar. Sie lässt sich auf allen freien Bodenflächen anwenden – entweder im zeitigen Frühjahr, bevor die Beete bestellt werden, oder im Spätsommer und Frühherbst, wenn die Beete abgeräumt sind.

Vor allem im Nutzgarten bietet die Gründüngung eine ideale Ergänzung zu anderen Bodenverbesserungsmaßnahmen; hier vor allem im Spätsommer, wenn die ersten Beete abgeerntet sind, aber als „Lückenbüßer" auch zu jeder anderen Jahreszeit. Ebenso können Gründüngungspflanzen unter Gehölzflächen und auf den Baumscheiben von Obstgehölzen ausgesät werden. Auf Sommerblumenbeeten überbrücken sie die Zeit vom Frühjahr bis zum Pflanztermin Mitte Mai, und auch bei der Neuanlage einer Rasenfläche ist es sinnvoll, zunächst Gründünger auszusäen. Erst recht gilt das für Baugrundstücke. Als Pionierpflanzen übernehmen sie hier eine wichtige Aufgabe, um einen von

**Lieblings-Gründüngungspflanze:
Phacelia *oder Bienenfreund***

**Sammelt Stickstoff im Boden:
die Lupine**

Baufahrzeugen verwüsteten Boden wieder in Ordnung zu bringen.

Die Gründüngung bringt für den Garten gleich mehrere Vorteile: Der Boden wird beschattet, das Austrocknen der Erde ebenso verhindert wie das Abtragen der Humusschicht durch starke Niederschläge oder Wind. Die Wurzeln lockern und durchlüften den Boden, zum Teil erschließen sie auch Nährstoffe aus tieferen Bodenschichten. Außerdem wird das Keimen von Unkrautsamen unterdrückt. Eine zusätzlich düngende Wirkung weisen die zur Familie der Schmetterlingsblütler (Leguminosen) zählenden Gründüngerpflanzen auf. Dazu gehören einige Kleearten wie Gelb-, Stein-, Inkarnat- und Perserklee, Platterbsen, Lupinen, Wicken und Esparsette; außerdem die gewöhnlichen Erbsen und Bohnen. Diese Pflanzen können mit Hilfe von speziellen Bakterien Stickstoff aus der Luft fixieren.

Andere Gründüngerarten, die „nur" bodenverbessernd wirken, sind Gelbsenf, Raps, Hafer, Ölrettich, Buchweizen und Phazelia. Gelbsenf ist vor allem deshalb empfehlenswert, weil er ungemein schnell wächst; schon eine Woche nach der Aussaat ist die Erde mit einem grünen Teppich bedeckt. Allerdings darf Gelbsenf ebenso wie Winterraps und Ölrettich nicht dort ausgesät werden, wo vorher oder nachher Kohl angebaut wurde oder wird. Da beide Pflanzenarten zur Familie der Kreuzblütler gehören, können arttypische Krankheiten übertragen werden. Häufig werden auch Mischungen verschiedener Gründüngersaaten angeboten.

Ein großer Teil der Gründüngerpflanzen ist nicht winterhart. Sie erfrieren beim ersten mehr oder weniger kräftigen Frost. Im Frühjahr brauchen die weitgehend verrotteten Reste dann nur noch untergehackt zu werden. Zu den winterharten Arten zählen Gelb-, Inkarnat- und Steinklee, Esparsette, Winterraps, Winterwicken und Serradella. Sie bilden im Winter eine schützende Decke für den Boden und werden im Frühjahr untergehackt. In der Regel lässt man die Gründüngerpflanzen nicht zum Blühen kommen; so ist ihre bodenverbessernde Wirkung höher. Bei den Leguminosen sollten die Wurzeln im Boden bleiben, damit der angesammelte Stickstoff den nächsten Pflanzen zur Verfügung steht.

Ist die Miete voll, muss sie abgedeckt werden.

Kompost

Humuserde aus Abfällen

Einen Komposthaufen findet man in den meisten Gärten. Leider wird er oft nur als Sammelstelle für Gartenabfälle angesehen. Bei richtiger Kompostierung entsteht daraus wertvolle Humuserde. Und dieser Stoff ist das Beste, was Sie Ihren Gartenpflanzen bieten können.

Kompostplatz

Als Standort für die Kompostierung sollte eine windgeschützte, abgeschirmte Gartenecke gewählt werden. Der Sichtschutz sollte gleichzeitig für Schatten sorgen; in voller Sonne könnte das Kompostmaterial leicht austrocknen. Geeignet ist ein Platz hinter einer Gruppe von Heckensträuchern oder im Schatten einer Baumkrone. Der Weg zum Kompostplatz und auch die Arbeitsfläche werden großzügig mit Platten ausgelegt. Das ist wichtig, damit man bei jedem Wetter die Küchenabfälle hinbringen kann – und zwar möglichst trockenen Fußes. Die Fläche, auf der das Kompostmaterial lagert, muss dagegen unbedingt Bodenkontakt aufweisen. Denn Regenwürmer und die anderen Bodenlebewesen, die an der Abfallverarbeitung beteiligt sind, müssen sich

bei starkem Frost in die Erde zurückziehen können. Verfestigter Boden wird vorher mit einer Grabegabel gelockert. Die Abfälle können in einer so genannten Miete oder in einem Kompostsilo verrotten. Für eine Miete braucht man keine Hilfsmittel; die Abfälle werden einfach übereinander geschichtet. Dabei spielt es keine entscheidende Rolle, welche Form die Miete aufweist; sie sollte allerdings nicht viel höher als 1,50 m werden. Im Idealfall sollen wenigstens drei Mieten oder Silos vorhanden sein: In der ersten Abteilung wird das Abfallmaterial gesammelt, in der zweiten verrottet das zuletzt aufgeschichtete Material, und in der dritten kann fertige Komposterde jederzeit entnommen werden.

Komposterde – vollständig verrotteter Kompost

Je größer der Garten, desto mehr Kompostabteilungen werden angelegt und auch gebraucht. Wenn beispielsweise im Herbst viel Laub anfällt, können die Blätter in einer Extramiete zu Lauberde verarbeitet werden – ideal für Rhododendron und andere Moorbeetpflanzen. Man darf deshalb nicht zu geizig bei der Zuteilung der Gartenfläche für den Kompostplatz sein. Auch für das spätere Umsetzen und eventuelles Sieben ist reichlich Platz vonnöten.

▸ Kompostsilos

Anstelle von Mieten werden zunehmend Kompostbehälter verwendet. Die klassische Bauart besteht aus kräftigen Rundhölzern oder Halbhölzern, die sich zum Umsetzen oder Entnehmen des Komposts leicht entfernen lassen. Andere weisen einen Rahmen aus verzinktem Stahl auf, mit einzeln herausnehmbaren, starken Brettern an den Seiten. Geeignet sind auch Behälter aus stabilen, verzinkten Eisengittern. Solche Kompostsilos sind stets oben und unten offen.

Selbst gebautes Silo Wer den Eigenbau vorzieht, muss entweder druckimprägniertes Holz verwenden oder mit einem pflanzenverträglichen Holzschutzmittel für gute Haltbarkeit sorgen. Mindestens eine Wand des Silos muss herausnehmbar sein. Die Bretter oder Balken sollten ausreichende Abstände aufweisen, damit eine Belüftung des verrottenden Abfallmaterials gewährleistet ist. Aus demselben Grund sind für gemauerte Kompostsilos Lochziegel vorzuziehen, oder man lässt zwischen den Mauersteinen Lücken.

Kunststoffsilo Empfehlenswert sind Kompostsilos aus Recycling-Kunststoff. Sie sind oben geschlossen, mit einer

Laubkompost lässt sich gut für die Bodenverbesserung von Moorbeetpflanzen verwenden.

Klappe zum Einfüllen des Materials. In der Praxis eignen sich am besten Silos in konischer Form: unten breiter als oben. Wenn das Abfallmaterial verrottet ist, zieht man den Behälter einfach nach oben weg.

In Ausführungen als Thermokomposter sind die Seitenwände mit Hartschaum isoliert oder doppelwandig ausgeführt. Diese Wärmedämmung sorgt dafür, dass der Verrottungsprozess auch bei kühlen Außentemperaturen weitergeht und so die Verrottungsdauer verkürzt wird. Geschlossene Kompostsilos sind besonders vorteilhaft für die Verwertung von Küchenabfällen, weil dadurch unliebsame Gäste wie Mäuse oder gar Ratten fern gehalten werden. Für offene Silos empfiehlt sich schwarze Folie oder eine dicke Laubschicht als Abdeckung.

Kompostmaterial

Gartenabfall Aus dem Garten sind alle Abfälle pflanzlichen Ursprungs zum Kompostieren geeignet: Gehölzschnitt, Laub, Grasschnitt und sämtliche Pflanzenteile von der Blüte bis zur Wurzel einschließlich Erdresten.

Pflanzliche Haushaltsreste Aus dem Haushalt kommen Gemüsereste wie Kartoffelschalen und Kohlstrünke, Obstreste, Grünabfälle, Schnittblumen, zerdrückte Eierschalen, Kaffeesatz, Teeblätter und Zellstoffpapier hinzu.

Weniger oder ungeeignetes Material aus dem Haushalt Ungeeignet für die Kompostierung sind Metall, Glas, Por-

Verschiedene Kompostsilos: Für sehr kleine Gärten sind die geschlossenen (rechts) geeignet.

Vorteile regelmäßiger Kompostgaben

- Verbesserung der Bodenstruktur
- Förderung der Bodenlebewesen
- Lagerung von Nährstoffen und Spurenelementen sowie bedarfsgerechte Abgabe an die Pflanzen
- Stabilisierung des Säurewerts (pH-Wert) des Bodens im neutralen Bereich
- Speicherung von Wasser
- Schnelle, höhere Bodenerwärmung
- Festlegung von Schadstoffen im Boden, so dass sie nicht von den Pflanzen aufgenommen werden (wichtig im Nutzgarten)
- Erhöhung der Widerstandsfähigkeit aller Pflanzen gegen Krankheiten und Schädlinge

zellan, sämtliche Kunststoffarten; außerdem Steine, Knochen, harte Nussschalen.

Für manche Abfallstoffe gelten Einschränkungen. Zeitungen und Pappe verrotten besser, wenn man sie vorher in Wasser einweicht. Größere Mengen kommen in die Papiersammeltonne; auch Hochglanzpapier von Illustrierten und Prospekten ist hier besser aufgehoben. Steinkohlenasche darf wegen möglicher Schwermetallreste nicht kompostiert werden; wohl aber Holzasche, sofern sie von unbehandeltem Holz stammt.

Die Schalen von gespritzten Zitrusfrüchten und verschimmeltes Brot dürfen nur dann auf den Kompost, wenn sie gut untergemischt werden und schnelle Verrottung gewährleistet ist; in der kalten Jahreszeit wirft man sie besser in den Mülleimer. Dagegen sind die Schalen anderer gespritzter Früchte, auch von Bananen, gut kompostierbar. Denn Rückstände von Pestiziden auf Pflanzen werden wie die natürlichen Giftstoffe, die in manchen Pflanzen enthalten sind, im Verrottungsprozess abgebaut. Allerdings verzögern sie die Verrottung kurzzeitig, weil ein Teil der zersetzenden Lebewesen abstirbt.

Unkräuter Nicht geeignet sind blühende oder Samen tragende Unkräuter. Bei optimaler Kompostierung sterben zwar die meisten Unkrautsamen ab, wenn die Pflanzen in der Mitte des Kompostmaterials platziert werden, wo die Verrottungstemperatur am höchsten ist, aber zur Sicherheit gehören solche Pflanzen besser in die Mülltonne.

Kranke Pflanzenteile Gleiches gilt für Pflanzen, die von Krankheiten oder Schädlingen befallen sind. Besonders robust sind Bodenpilze, die Erreger von Tulpenfeuer und Kohlhernie, sodass befallene Pflanzen auf jeden Fall in den

Sorgen Sie dafür, dass möglichst nur gesunde organische Abfälle auf den Kompost kommen.

Mülleimer gehören. Auch welkekranke Astern und Tomaten sowie Pflanzen, die ein watteartiges Pilzgeflecht aufweisen (*Sklerotinia*-Stengelfäule), kommen in den Müll.

Laub Laub kann problemlos unter die übrigen Gartenabfälle gemischt werden; möglichst in feuchtem Zustand.

Kürbispflanzen wissen die Nährstoffe, die ein Kompost bietet, zu schätzen.

Komposterde wird natürlich auch von Obstbäumen geliebt.

Kompost – richtig aufgesetzt

Alle Abfälle müssen gut zerkleinert und durchmischt werden. Das fördert die Verrottung. Ganz unten kommt grobes Schnittgut, damit überschüssiges Wasser ablaufen kann. Darauf schichtet man gut vermischt feines feuchtes und grobes trockenes Material. Bei der Kompostierung von Rasenschnitt sollte etwas Gehölzschnitt dazugemischt werden. Kompost darf weder zu nass noch zu trocken sein. Der Kompost hat den richtigen Feuchtigkeitsgehalt, wenn

er sich wie ein feuchter Schwamm anfühlt.
Denken Sie zum Schluss auch an eine Abdeckung zum Schutz vor starkem Regen.

Allein die Blätter von Eichen und Nussbäumen verrotten schwer und erfordern eine Sonderbehandlung. Sie sollten vorher gehäckselt und stets mit anderen Laubarten und Gartenabfällen vermischt werden. Man kann sie auch zu einem Extrakomposthaufen aufschichten und, nach ein- bis zweimaligem Umschichten, ein Jahr später als Laubkompost für die gezielte Bodenverbesserung von Moorbeetpflanzen verwenden.

Kompostbereitung

Damit die Kompostierung zuverlässig gelingt, sind zwei Dinge wichtig:
1. Das Material muss gut vermischt sein – also grobe, trockene Abfälle (Reisig, Heckenschnitt) stets zusammen mit feuchten, feineren Abfällen (Grasschnitt, frische Pflanzenteile) aufschichten.
2. Der Kompost darf nicht zu nass, aber auch nicht zu trocken sein – nach einer

Faustregel soll er „feucht wie ein ausgedrückter Schwamm" sein.
In der Praxis können Sie die Abfälle so aufschichten, wie sie gerade anfallen. Einseitigkeiten sind freilich zu vermeiden. Wenn Sie beispielsweise den Rasen gemäht haben, darf das Schnittgut nicht einfach auf den Komposthaufen gekippt, sondern muss unter die anderen Abfälle verteilt werden. Sehr große Pflanzenteile, zum Beispiel Gehölzschnitt, sollten zunächst zerkleinert oder – noch besser – gehäckselt werden. Küchenabfälle bedeckt man stets mit anderem Material.
Durch sorgfältiges Mischen unterschiedlich strukturierter Abfälle gelangt ausreichend Sauerstoff in den Kompost, und eine Geruchsbelästigung wird mit Sicherheit vermieden. Wenn der Kompost stinkt, kommt nicht genügend Sauerstoff heran; die Abfälle verfaulen, statt zu verrotten. Nachträgliches Vermischen mit der Handhacke oder Grabegabel sorgt sehr schnell für Abhilfe. Auch das Streuen von Steinmehl min-

dert Geruchsbildung – und verbessert gleichzeitig die Kompostqualität.
Die Abfälle können stattdessen auch zunächst gesammelt werden, ehe man sie zu einem Komposthaufen aufschichtet. Der Mehraufwand bringt Vorteile, weil dadurch eine besonders sorgfältige Vermischung des unterschiedlichen Materials möglich ist. Das Bestreuen der einzelnen Schichten mit Kalk, wie es oft empfohlen wird, ist überflüssig, denn Kompost weist bei geeigneter Zusammensetzung stets einen neutralen pH-Wert auf. Zum Schluss wird die Kompostmiete mit einer dicken Laubschicht und Erde abgedeckt. Dadurch kann genügend Regenwasser eindringen, ohne das Material vollständig zu durchnässen. Beim Abdecken mit Folie ist darauf zu achten, dass der Kompost nicht zu trocken wird.

▶ Der Verrottungsprozess
Die Umwandlung der Abfälle in Humus geschieht von selbst; genauer gesagt, durch die Arbeit unzähliger Lebewesen. Die meisten sind so winzig, dass sie nicht zu erkennen sind. Das Werk von Bakterien und Pilzen, die als erste auftreten, wird auch so deutlich: Ihre Tätigkeit erzeugt eine Temperaturerhöhung des Abfallmaterials bis auf 50 oder 60 °C. Nach dieser etwa zehntägigen „Abbauphase" fällt die Temperatur auf ungefähr 35 °C, und andere Kleinstlebewesen führen das Werk weiter. Weitere zwei Wochen später geht die Temperatur weiter zurück, und es folgen etwas größere Tierchen wie Tausendfüßer, Asseln, Springschwänze, Larven, Käfer und schließlich auch Mistwürmer. Diese Kompostwürmer, die im Gegensatz zu den bekannten rötlich grauen Regenwürmern eine rote Färbung auf-

Der reife Kompost wird gesiebt...

...bevor er auf die Beete kommt.

weisen und kürzer sind, leisten hier einen überaus wichtigen Beitrag zur Abfallverwertung und Bereitung hochwertiger Humuserde. Man kann sie auch kaufen und im Kompost aussetzen, aber gewöhnlich erscheinen sie von selbst.

Wenn zum ersten Mal kompostiert wird, ist die Verwendung eines so genannten Kompostbeschleunigers möglich. Er besteht weitgehend aus organischen Düngern und getrockneten Kräutern, die den Verrottungsprozess schneller in Gang bringen. Stattdessen kann man auch Hornmehl und Kräuter wie Kamille, Löwenzahn, Schafgarbe, Baldrian und Brennnesseln hinzugeben. Später genügt es, das neu angesetzte Abfallmaterial mit ein paar Schaufeln halbverrottetem Kompost zu „impfen".

Kompostanwendung

Drei bis neun Monate dauert es, bis der Kompost ausgereift ist und verwendet werden kann. In der warmen Jahreszeit geht es schnell, im Winter ruht der Verrottungsprozess weitgehend. Nach einem Jahr verringert sich der Nährstoffgehalt allmählich. Der Kompost wirkt dann nur noch strukturverbessernd auf den Boden.

Damit auch das Material im Randbereich restlos verrottet, kann der fertige Kompost noch einmal umgeschichtet werden, wobei die äußeren Bestandteile nach innen kommen. Wurde der Kompost beispielsweise im Herbst angesetzt, dann sollte im Frühjahr umgesetzt werden. Man kann sich diese Arbeit sparen, wenn bei der Entnahme das nicht verrottete Material einfach auf den nächsten Komposthaufen geworfen wird.

Das oft empfohlene Sieben ist sinnvoll, aber nur dann zwingend nötig, wenn Sie Saatbeete herrichten oder Kübelpflanzenerde mischen möchten.

Wenn sich Mistwürmer und Springschwänze als letzte in den Boden zurückgezogen haben, kann der Kompost verwendet werden. Er ist dann krümelig, von schwarzer Färbung und riecht angenehm frisch. Brauner, faseriger Kompost ist noch nicht vollständig verrottet und darf deshalb nur im

Kompost kann auch während der Wachstumsperiode zwischen die Pflanzen gegeben werden.

Herbst auf abgeräumten Beeten ausgebracht werden.

Die günstigste Wirkung ergibt Kompost im Frühjahr. Aber ebenso kann er zu jeder anderen Jahreszeit verteilt werden. Man streut ihn einfach dünn über die Erde. Das Einarbeiten in den Boden ist gar nicht nötig – keinesfalls darf Kompost untergegraben werden. Wählen Sie für das Ausbringen im Garten einen Tag mit bedecktem Himmel. Schließlich handelt es sich nicht um tote Materie, sondern um Humus mit höchst lebendigen Kleinstlebewesen darin. In der prallen Sonne würden sie sofort absterben und der Kompost würde einen großen Teil seiner Wirkung verlieren.

Fertigkompost
Fertigkompost
Fertigkompost
Fertigkompost

Kompostieren leicht gemacht

Achten Sie beim Ansetzen des Kompostes auf eine gute Mischung von grobem und feinem sowie feuchtem und trockenem Material. Dies kann in Mieten mit und ohne Belüftung oder in Kompostbehältern erfolgen. Fertige Komposterde kann gesiebt und gemischt zur Bodenverbesserung oder Düngung verwendet werden.

Pflanzenschutz im Hausgarten

Der zeitgemäße, ökologisch orientierte Pflanzenschutz beinhaltet alle bekannten Verfahren, die zum Ziel haben, den Einsatz chemischer, umweltbelastender Mittel auf das Minimum zu reduzieren. Am besten ist es natürlich, wenn der Pflanzenschutz überflüssig ist. Gezielte Pflanzenschutzmaßnahmen bringen in der Regel den größten Nutzen, doch man kann auch hierbei leicht Fehler machen. Deshalb ist vor allem ein gründliches Wissen über die Schädlinge und Krankheiten notwendig, das man sich bei der regionalen Beratung erfahrener Gärtner oder des Pflanzenschutzdienstes oder durch Nachschlagen in Fachbüchern erwerben kann.

Vorbeugende Maßnahmen

▶ **Anbau- und Pflegemaßnahmen**

Anbau- und Pflegemaßnahmen wirken sich deutlich auf den Gesundheitszustand der Pflanzen aus.
Standortansprüche Die ausgewählten Pflanzen müssen für den jeweiligen

Bei geringem Abstand sterben die unteren Äste der Gehölze ab, was durch rechtzeitiges Auslichten verhindert werden kann.

Standort geeignet sein. Das spielt besonders bei Gehölzen eine herausragende Rolle: saurer oder kalkreicher Boden, sonnige oder schattige Lage und eine möglichst gute Wasserversorgung. So ist der Rhododendron in Schottland auf sauren, moorigen Böden ein Unkraut, während er in kalkhaltigen kontinentalen Gebieten nur schwer am Leben zu erhalten ist. Die Züchtung hat in den letzten Jahren auch kalktolerante Sorten (auf Inkarho-Unterlagen) geschaffen, trotzdem sind eine große Pflanzgrube mit Torf, viel Wasser, ein Schattenbaum gegen Mittagssonne und ein kleiner Teich davor in ungünstigen Lagen erforderlich, um die Luftfeuchte zu erhöhen.
Es wirkt sich zudem positiv aus, wenn der Boden vor Saat oder Pflanzung tiefgründig gelockert und seine Struktur durch Humus oder Kompost verbessert wird. Auch die weitere Bodenbearbeitung dient der verbesserten Durchlüftung, der Förderung des Wasserhaltevermögens sowie der Aktivierung des Bodenlebens.
Pflanzabstand Stehen die Pflanzen zu dicht, führt dies oft zu hoher und lang anhaltender Luftfeuchte, die den Befall durch Krankheiten wie Feuerbrand, Falschen Mehltau oder Grauschimmel deutlich fördert. Insbesondere bei Randbepflanzungen mit Nadelgehölzen führt ein zu geringer Abstand zum vor-

Schönes, frisches, ungespritztes Gemüse ist das Ideal, aber im Garten muss man manchmal Kompromisse schließen.

zeitigen Absterben der unteren Äste. Viele Randbepflanzungen mit Fichten oder Lebensbäumen zeigen dies deutlich, denn es fällt schwer, die kleinen Bäume am Anfang weit genug zu setzen oder später die überzähligen schönen, gesunden Pflanzen herauszunehmen. Eine dichte Randbepflanzung oder hohe Hecke führt im ganzen Garten zu einer erhöhten Luftfeuchtigkeit. Dadurch wird die Entwicklung vieler Pilze, Pflanzenschädlinge und sogar von Parasiten wie Zecken gefördert.
Der Wunsch, schnell einen repräsentativen Garten zu haben, verleitet oft dazu, viel zu große Bäume zu pflanzen. Das ist nicht nur sehr aufwändig und teuer, sondern diese Pflanzen sind auch für viele Schädlinge attraktiver und brauchen lange, bis sie sich etabliert haben. Ist dann noch eine Ersatzpflanzung nötig, überholen oft kleine, schnell anwachsende Jungbäume die verpflanzten Veteranen.

▶ **Düngung**

Eine harmonische Ernährung der Gartenpflanzen beugt Mangelkrankheiten vor (siehe Seite 51 ff.). Die Beurteilung durch ein Bodenuntersuchungslabor ist hier hilfreich. Nach drei bis fünf Jahren

sollte eine erneute Untersuchung erfolgen.
Ein Überfluss an Stickstoff begünstigt zahlreiche Krankheitserreger und verweichlicht die Kulturpflanzen. Deshalb sollte auch mit „biologischer" (organischer) Düngung sparsam umgegangen werden. Viele Gartenböden sind mit Phosphor überversorgt! Ein Überschuss an Kalium erhöht dagegen in vielen Fällen die Widerstandsfähigkeit gegen Schadpilze. Mit Kalkdünger schafft man in saurem Boden ein neutrales oder schwach alkalisches Milieu, das vielen Bodenpilzen überhaupt nicht zusagt. Schwefelsaures Ammoniak (Ammoniumsulfat) wirkt als „saurer" Dünger einem Kalküberschuss entgegen, der meist eine Magnesium- und Eisenblockade verursacht und dadurch zu Blattvergilbungen führt.

▶ Mischkultur und Fruchtwechsel

Der wiederholte Anbau einer Pflanzenart auf demselben Platz kann zu Mangelerscheinungen aufgrund von einseitigem Nährstoffentzug sowie zur Übervermehrung von Schädlingen füh-

ren. Auch im Garten sollte regelmäßig ein Fruchtwechsel stattfinden.
Viele Pflanzen entziehen ihrer Umgebung bestimmte Stoffe oder geben Abwehrstoffe ab. Unter Walnussbäumen, Kastanien oder Magnolien wachsen deshalb kaum andere Pflanzen! Im Gemüsebau sind die Nachbarschafts-

Eine richtig abgestimmte Mischkultur stärkt die Pflanzen und führt zu vermindertem Schädlingsbefall.

wirkungen am genauesten bekannt und gegenseitige Förderung und Abwehr von Schädlingen durch Mischkultur ist in entsprechenden Anbauplänen festgelegt (siehe Tabelle auf Seite 75).

Die Tamariske braucht einen Standort mit viel Sonne. Sie verträgt kalkhaltigen Boden und auch vorübergehende Trockenheit. Anders als ...

... der Rhododendron, der in saurem, feuchtem Boden gedeiht und unter starker Sonne leidet. Die beiden können daher nicht zusammen stehen.

▸ Sortenwahl

Durch Auswahl einer dem Standort angepassten Art oder Sorte erhält die Kulturpflanze optimale Wachstumsbedingungen und einen zufriedenen Gärtner. Das Gespräch mit einem erfahrenen Gärtner sowie ein Blick in ältere Nachbargärten und in die Umgebung des Standortes hilft am besten weiter. Die einzelnen Sorten unterscheiden sich in ihrer Anfälligkeit und Widerstandsfähigkeit gegenüber Krankheiten und Schädlingen. Keine Sorte ist aber gegen alle möglichen Schaderreger resistent! Es werden allerdings zunehmend weniger empfindliche Pflanzen und Samen angeboten. Achten Sie auf Hinweise in Gärtnereien, Gartencentern oder auch in Versandkatalogen.

Physikalisch-mechanische Bekämpfungsmaßnahmen

Die physikalisch-mechanischen Bekämpfungsmaßnahmen erfahren eine ausgesprochene Renaissance, nachdem sie durch die Erfolge der bequemen Pflanzenschutzmittel einige Jahrzehnte in den Hintergrund gedrängt wurden.

▸ Rückschnitt und Vernichtung

Befallene Pflanzen oder Pflanzenteile zurückzuschneiden und zu vernichten, ist bewährt, wenn von ihnen eine Ansteckungsgefahr ausgeht. Ist man sich nicht sicher, ob der Schaderreger bei der Kompostierung abstirbt, ist die Beseitigung via Mülleimer besser. Auch in naturbelassenen Gärten sind kranke Pflanzenteile generell aus dem Garten zu entfernen, wenn eine Heilungsmöglichkeit nicht bekannt ist.

▸ Vertreibung

Knisternde und spiegelnde Plastikbänder verscheuchen schädigende Vögel wenigstens für kurze Zeit. Die angepriesenen elektronischen Lauterzeuger zur Vertreibung sind ihre Leistung bisher schuldig geblieben.

▸ Kalken

Das traditionelle Kalken der Rinde von Obst- und Ziergehölzen verhindert durch Reflektion die Aufwärmung durch Wintersonne und beugt Frostschäden (Aufplatzen der Rinde) deutlich vor, tötet aber auch dort überwinternde Nützlinge.

▸ Seifen und Öle

Auch die Wirkung von Ölformulierungen und Neutralseifen beruht auf physikalischen Prinzipien, da sie Schädlingsstadien mit einem Film überziehen, der den Gasaustausch verhindert. Nur die getroffenen Schadorganismen werden beeinträchtigt.

▸ Leimringe

Ganz gleich, ob selbst gebastelt aus mit nicht trocknendem Raupenleim bestrichener Folie oder als Fertigprodukt – Leimringe um die Stämme von Obstbäumen wirken am besten gegen die stummelflügeligen Weibchen der Frostspanner. Die Rinde darunter wird glatt

2 *Sind einzelne Pflanzen auf einem Beet oder einzelne Triebe an einer Pflanze stark befallen, ist es das Günstigste, die Pflanzen oder den Trieb zu entfernen. Die Insekten oder Pilze können sich nicht weiter ausbreiten und in der Regel entwickeln sich stark befallene Pflanzenorgane nur ungenügend weiter. So kann man den Einsatz von Pflanzenschutzmitteln sparen.*

1 *Schneckenzäune sind eine gute Möglichkeit, die Tiere von empfindlichen Kulturen wie Salat oder Erdbeeren abzuhalten. Doch um die Wirkung auszunutzen, muss man vorher die Schnecken innerhalb der Barriere wegfangen. Will man kein Schneckenkorn einsetzen, sollten Bretter oder Dachziegel ausgelegt werden und die Schnecken darunter abgesammelt werden.*

3 *Kirschfruchtfliegen werden von gelben beleimten Tafeln angelockt, auf denen sie dann festkleben. Behängt man kleinere isoliert stehende Süßkirschenbäume mit sechs bis zehn Gelbtafeln wird die Zahl der vermadeten Früchte verringert. Ist der Baum sehr groß ist der Erfolg geringer. Die Fallen müssen hängen, bevor die Kirschen gelb werden.*

Speziell feinmaschige Kultur-schutznetze haben sich im Gemüse-, Obst- und Weinbau wirklich hervorragend bewährt. Sie sind zwar nicht billig, doch da sie wiederverwendbar sind, lohnt sich die Anschaffung. In vielen Fällen sind sie die einzige Abwehrmöglichkeit gegen Schädlinge im Garten. Sie können auch im Sommer eingesetzt werden, da sie die Wärme nicht so halten wie Folien oder Vliese. Achten Sie darauf, die Netze auszubringen, bevor mit den Schädlingen gerechnet wird.

gekratzt, damit die Schädlinge sie nicht „unterwandern".

▸ Wellpappenringe
Aufwandernde Apfelwicklerraupen sammeln und verpuppen sich in den Wellpappringen, die um den Baumstamm gelegt wurden. Die Ringe werden dann abgenommen und entsorgt.

▸ Absammeln
Das Absammeln von Schnecken oder Ohrwürmern aus ihren Tagesverstecken oder das nächtliche Einsammeln von Dickmaulrüsslern oder Eulenraupen bei Taschenlampenlicht klingt altmodisch, ist aber wirkungsvoll.

Selbstgebastelte Fallen für Pheromonköder haben im Gegensatz zu käuflichen keine überprüfte Wirkung.

▸ Gelb-Tafeln
Mit Gelb-Fallen werden Kirschfruchtfliegen weggefangen.

▸ Schneckenfallen
Mit Bier gefüllte Becher sind bewährte Schneckenfallen, können aber auch Fresser aus den Nachbargärten anlocken.

Biotechnische Bekämpfungsverfahren

Als biotechnische Verfahren werden technische Maßnahmen verstanden, bei denen man sich biologischer Eigenarten des Schaderregers zu seiner Ausschaltung bedient. Im Obst- und Weinbau finden verstärkt synthetisch hergestellte Sexuallockstoffe (Pheromone) weiblicher Schmetterlinge Anwendung, mit denen entweder der Flugzeitpunkt der Schädlingsmännchen bestimmt wird (um den Bekämpfungstermin zur gezielten Bekämpfung der Weibchen zu erhalten) oder mit dem die Männchen total verwirrt werden und ihre Weibchen nicht finden. Es kommt so zu keiner Paarung. Zur erfolgreichen Verwirrung darf der Befall allerdings nur gering sein und es müssen größere Flächen mit einbezogen werden.

Biologische Schädlingsbekämpfung

Die biologische Schädlingsbekämpfung ist durch gesteigertes Umweltbewusstsein erwünscht und im Garten durch den Schutz der natürlich vorkommenden Nützlinge zu erreichen. Sparsamer, bedachter und räumlich begrenzter Einsatz von Pflanzenschutzmitteln sowie die Erhaltung der Lebensgrundlagen der natürlich vorkommenden Nützlinge helfen hier. Jedoch muss man bei dieser Methode einen manchmal nicht unbeträchtlichen Befall zulassen, bis die Regulation durch Nutzorganismen greift. Erprobte biologische Verfahren richten sich gegen einige tierische Schaderreger und gegen einige Bodenpilze. Bewährt hat sich die Spritzung von verschiedenen *Bacillus-thuringiensis*-Präparaten gegen junge Schmetterlingsraupen, kleine Kartoffelkäfer- und Mückenlarven. Verschiedene räuberi-

Hübsche Vogelscheuchen sind zwar dekorativ, sind aber weniger wirkungsvoll als sich bewegende Metallbänder.

sche Fadenwürmer (Nematoden) werden gegen Bodenschädlinge wie Dickmaulrüssler, Gartenlaubkäfer-Engerlinge, Trauermücken oder Tipulalarven eingesetzt. An Einzelpflanzen haben sich auch Florfliegenlarven gegen Blatt- und Schildläuse sowie Raubmilben gegen Spinnmilben bewährt. Die im Gartenfachhandel vertriebenen Räuber und Parasiten gegen Thripse, Blattläuse, Schmierläuse, Weiße Fliege und Spinnmilben haben sich im Unter-Glas-Anbau und zum Teil auch in Wintergärten und an Zimmerpflanzen bewährt. Doch ist für den Erfolg das Wissen um die Ansprüche der Nützlinge sehr wichtig. Gegen den Apfelwickler kann man sowohl biologisch wirkende Granuloseviren spritzen als auch im Handel erhältliche Schlupfwespen (*Tri-*

Diese Netze halten Vögel ab; es gibt auch noch viel feinere, die Motten und sogar Gemüsefliegen von der Eiablage abhalten.

Kröten sind nicht gerade schön, aber nützlich. Sie vertilgen viele schädliche Insektenlarven und Schnecken.

chogramma) freilassen. Die Nützlingsproduzenten geben telefonisch wichtige Hinweise zum Nützlingseinsatz.

Chemische Bekämpfung

Im Haus- und Kleingarten dürfen nur Pflanzenschutzmittel eingesetzt werden, die ausdrücklich für diesen Bereich zugelassen sind. Der Einsatz darf nur in den auf der Packung aufgelisteten Indikationen (Schadorganismus und befallene Pflanze) erfolgen. Durch diese Regelung können einige Schadorganismen im Garten nicht chemisch bekämpft werden. Die fachgerechte Anwendung von Pflanzenschutzmitteln setzt voraus, dass die auf der Packung aufgedruckte Anwendungsvorschrift mit ihren vielfältigen Auflagen und Vorsichtsmaßnahmen strikt eingehalten wird. Bei Obst und Gemüse muss besonders die Wartezeit (Ausbringung bis Ernte) beachtet werden.
Der Einsatz von Pflanzenschutzmitteln soll nur als letzte Möglichkeit angesehen werden. In Zweifelsfällen und bei allen fachlichen Fragen geben die Dienststellen des amtlichen Pflanzenschutzdienstes Auskunft (siehe Adressen, Seite 272 f.).

Tiere als Nützlinge im Garten

Jeder Gärtner hat seine eigene Vorstellung von „seinem schönen Garten", irgendwo zwischen modisch dekorativem Ambiente und purer Natur. Doch kaum zeigt die Lieblingsrose die ersten Knospen, so wird sie zum Tummelplatz einer Blattlauskolonie. Der gerade

gepflanzte Salat mundet über Nacht den Schnecken. Da wird der Wunsch nach schneller Abhilfe, ja Rache wach. Der Griff zur Chemie ist einfach, bequem und wirkt auf den ersten Blick. Mit wachsendem Umweltbewusstsein gerät diese Methode in Verruf. Viele Menschen genießen ihr Gemüse lieber ungespritzt. Außerdem werden durch chemische Mittel auch viele Nützlinge – Verbündete des Gärtners im Kampf gegen die Plagegeister – gestört, verscheucht oder gar getötet. Ihren Nutzen erkennt man erst, wenn sie aus irgendeinem Grund fehlen. Beim Gartenbesitzer ist ein gerüttelt Maß an Geduld gefordert, denn die natürliche Regulation dauert länger. „Schnellschüsse" richten oft mehr Schaden als sie nützen. Während Schlupfwespen meist nur eine Schädlingsart angehen, sind die Räuber wie Marienkäfer, Spinnen, Flor- und Schwebfliegenlarven nicht so wählerisch. Doch treten die Schädlinge meist häufiger auf und werden so auch vorwiegend gefangen. Die Nützlingsschonung bei der Auswahl der Methoden oder Pflanzenschutzmittel ist oberstes Gebot im Garten.

▸ **Nützliche Säugetiere, Vögel und Amphibien**
Zu den Nützlingen gehören einige größere Gesellen mit Fell oder Gefieder, wie Igel, Maulwürfe und Spitzmäuse, die unter anderem Schnecken, Würmer, Raupen, Insekten und Engerlinge fressen. Auch Blindschleichen, Kröten und Frösche tun sich an Schnecken, Würmern und Insekten gütlich. Wiesel sind die Hauptfeinde der Wühlmaus. Vögel fangen zur Fütterung ihrer Jungen riesige Mengen an Insekten, Raupen und anderem Getier. Doch brauchen diese Tiere in der Regel mehrere Gärten als Revier zum Überleben. Sie tragen die Grundlast, können sich aber rasant zunehmenden Schädlingszahlen nicht schnell genug anpassen.

▸ **Nützliche Insekten**
Eine riesige Helferschar stellen besonders die Insekten dar. Viele Käferarten und ihre Larven ernähren sich von Maden, Raupen, Puppen, kleineren Insekten und Schnecken. Dass Marienkäfer und ihre Larven unter den Blattläusen aufräumen, ist bekannt. Dies tun allerdings auch die kleinen

orangefarbenen Larven der räuberischen Gallmücken und die weißlichen, bräunlichen oder grünen Larven einiger Schwebfliegenarten. Winzige Schlupfwespen sind wichtige Blattlausparasiten. Die Blattlauslöwen, Larven der zierlichen Florfliege, mögen nicht nur Blattläuse, sondern auch Schild- und Blutläuse sowie Spinnmilben. Und Raubwanzen fallen über Spinnmilben, Blattläuse und andere Lästlinge her. Auch Spinnentiere gehören zu den Freunden des Gärtners. Netzspinnen fangen neben Fliegen und Mücken noch viele Blattläuse und Thripse. Weberknechte leben von kleinen Schnecken. Raubmilben saugen alles aus, was nicht viel größer ist als sie selbst, insbesondere Spinnmilben.

▸ **Voraussetzungen für Nützlinge im Garten**
Wer möchte, dass Nützlinge in seinem Garten die Zahl der Schädlinge möglichst niedrig halten, muss zwei Voraussetzungen erfüllen: Erstens muss man

Wenn die Schwebfliegen, deren Larven Blattläuse fressen, Nektar finden, legen sie genügend Eier in Blattlauskolonien.

Der Igel als eifriger Helfer gegen die Schnecken

Marienkäfer sind sehr wirksame Blattlausräuber, doch legen sie Eier nur in Läusekolonien ab.

Lebensräume für die Nützlinge schaffen und zweitens Freund und Feind als solche erkennen. Um einen „staubsauger-gepflegten" Garten machen Igel & Co. einen Bogen. Laub- und Reisighaufen können an geschützten Stellen, zum Beispiel unter Sträuchern, liegen bleiben. Sie dienen willkommenen Gästen, wie Igeln, Spitzmäusen und allerhand Nutzinsekten, als Unterschlupf und Überwinterungsmöglichkeit. Wiesel und kleine Reptilien fühlen sich in locker geschichteten Steinhaufen wohl. Hecken und Beeren tragende Gehölze bieten Vögeln Nistmöglichkeiten und Nahrungsangebot. Einige Vogelarten, wie Meisen, Kleiber und Rotschwänzchen, lassen sich gern in Nistkästen nieder. Erdkröten und Frösche freuen sich über Wasserstellen und eine feuchte Uferzone mit dichter Bepflanzung. Doch um für größere Nützlinge gute Bedingungen zu schaffen, muss man einen großen Garten haben oder sich mit mehreren Nachbarn absprechen. Insekten haben kleinere Lebensräume,

sind also auch in kleineren Gärten, ja sogar auf dem Balkon oder im Wintergarten heimisch zu machen. Wichtig sind Nahrung, Lebensraum und Unterschlupf. Sie fühlen sich in geschützten, ungestörten Winkeln mit reichlich Gras- und Krautwuchs wohl. Erwachsene Schlupfwespen und Schwebfliegen werden von Pflanzen angezogen, die ihnen Pollen und Nektar bieten: zum Beispiel Doldenblütler, wie Wiesenkerbel, Wilde Möhre, Dill und Petersilie sowie Phacelia oder Korbblütler, beispielsweise die Ringelblume. Florfliegen und Marienkäfer überwintern gern in kühlen Schuppen, auf dem Dachboden oder in Gartenhäusern. Dort sollte man sie in Ruhe lassen, bis sie im zeitigen Frühjahr wieder ins Freie fliegen. Im Handel werden Hummel- und Hornissenkästen, Überwinterungsquartiere für Florfliegen und verschiedenste Nisthilfen für Wildbienen angeboten. Aber mit etwas Geschick kann man sich auch Ähnliches selber basteln.
Wer Nützlinge beobachtet, schützt und fördert und außerdem akzeptiert, dass man doch das eine oder andere mit der Tierwelt teilen muss, leistet einen wichtigen Beitrag zur Erhaltung der Artenvielfalt und zum ökologischen Gleichgewicht in der Natur – und im eigenen Garten. Nur wenn man weiß, wie Larven und Puppen von den bekannten Marienkäfern aussehen und sie nicht als Schädlinge bekämpft, ist die Chance gegeben, dass die Nützlinge die Blatt- oder Schildläuse wegputzen.

Die Larven der Marienkäfer leben auch von Blattläusen. Leider halten viele Gärtner sie fälschlich für Schädlinge.

Viren

Pflanzenviren sind so klein, dass man sie im Lichtmikroskop nicht sehen kann. Sie haben keinen eigenen Stoffwechsel. Eine direkte Bekämpfung ist nicht möglich. Viren werden oft durch saugende Insekten (beispielsweise Blattläuse)

Blattlauslöwen oder Florfliegenlarven saugen unerbittlich Blattläuse und kleinere Insektenlarven aus.

oder mit Schnittwerkzeugen von kranken auf gesunde Pflanzen übertragen. Sie verursachen einen missgestalteten Wuchs oder beeinflussen die Blatt- und Blütenfärbung (Mosaikscheckung, Rotfärbung, muster- oder flächenhafte Vergilbung). An Pflaumen, Pfirsichen und Nektarinen tritt oft die Scharka auf, die zu ringförmigen Blattaufhellungen und schrumpligen sauren Früchten führt. Im Handel vertriebenes Saat- und Pflanzgut ist weitgehend virusfrei. Das Ausschalten virusübertragender Insekten schützt vor Befall anderer Pflanzen. Erkrankte Pflanzen, insbesondere neben gesunden, sollen umgehend entfernt werden (Achtung: nicht auf den Kompost!).

Bakterien

Nur wenige Bakterien befallen Pflanzen. Sie sind aber nicht nur Parasiten, sondern können auch an toter pflanzlicher Substanz im Garten überdauern. Eine Bekämpfung ist vorbeugend nur in Form von gesundem Saatgut und durch die Wahl resistenter Sorten möglich. Bei Gehölzen müssen Wunden, die als Infektionspforten dienen können, verhindert werden. Befallene Pflanzenteile oder Pflanzen müssen möglichst rasch entfernt, verbrannt oder in den Müll gesteckt werden.
Sorgfältige Wundpflege und Kupferspritzungen im Herbst und Frühjahr verhindern den Rindenbrand am Steinobst. Die Feuerbrandkrankheit an Birne, Quitte, Weißdorn und *Cotoneaster* färbt die Blätter vom Stiel her dunkel und lässt sie vertrocknen. Ganze Triebe sterben

ab und die Spitzen krümmen sich krückstockartig. Kranke Gehölze müssen an Ort und Stelle vernichtet werden. Feuerbrand ist meldepflichtig.

Schadpilze

Schadpilze sind chlorophyllfreie Organismen, die auf den Pflanzen, in oder zwischen den Pflanzenzellen leben. Obwohl man als Hobbygärtner meint, es gäbe sehr viele schädliche Pilze, so schädigen doch nur wenige unsere Gartenpflanzen. Einige Pilzarten sind zwangsweise oder gelegentliche Parasiten, die dann die Wirtspflanzen schädigen. Ihre Fortpflanzung geschieht in der Regel mit staubkleinen Vermehrungskörpern (Sporen), die vom Wind verbreitet werden, oder durch so genannte Dauerkörper, die über Jahre im Boden verbleiben.

▸ Bodenpilze
Knollen-, Stamm- und Stängelgrundfäulen, Wurzelverbräunung oder -fäule bei Pflanzen werden durch Bodenpilze hervorgerufen. Ihre Fortpflanzung erfolgt durch Sporen oder mit Dauerkörpern, die Befallsstellen im Garten für Jahre verseuchen können. Kranke Pflanzen muss man beseitigen (nicht auf dem Kompost!). Deshalb sollte Anzucht und Vermehrung nur in entseuchter Erde erfolgen (am besten aus dem Gartenfachhandel); der Standort darf nicht zu nass oder kühl sein. Düngen Sie zurückhaltend, die Nährstoffe aus dem Substrat reichen meist aus.

▸ Welkepilze
Diese Pilze befallen vom Boden aus Gemüse- und Zierpflanzen oder Gehölze. Das Pilzgeflecht verstopft das Gefäßsystem der Wirtspflanzen. Es gibt keine Bekämpfungsmöglichkeit, groß-

Die schwarzen Flecken des Sternruß-
taus können nur durch unanfällige
Rosen-Sorten oder regelmäßige
Behandlungen vermieden werden.

Echte Mehltaupilze bilden ein weißli-
ches Pilzgeflecht auf den Blättern
oder Knospen, die dann nicht mehr
wachsen (hier Rosen).

zügiges Abschneiden der welkenden Pflanzenteile von Gehölzen reicht nur selten aus. Verstärktes Wässern und eine mäßige Stickstoffgabe nach einer solchen Aktion erzeugen bei den Pflanzen häufig einen Wachstumsstoß, der zur Selbstheilung führen kann. Die kranken Pflanzen müssen möglichst schnell über den Müll beseitigt werden. Bodenlockerung, gute Wasserversorgung und stickstoffarme Ernährung vermindern die Befallswahrscheinlichkeit.

▶ Blattfleckenpilze

Sie gelten häufig als „Schwächeparasiten" an Pflanzen. Ihre Infektionen kommen meist nur zum Zuge, wenn die Pflanzen durch widrige Umstände, wie Kälte, Nährstoffmangel, einseitige Düngung, fehlendes Licht, Staunässe oder Trockenheit, ohnehin schon geschwächt sind. Auch die Saug- und Bissstellen von Schädlingen dienen diesen Pilzen als Eingangspforten. Beim Gemüse treten Möhrenschwärze, Brennfleckenkrankheit der Bohne oder Gurke, *Cercospora*-Blattflecken an Roten Beten, Kraut- und Braunfäule der Tomate, Blattfleckenkrankheit an Sellerie, Papierflecken an Porree auf. Die Bekämpfung erfolgt vorbeugend durch Wahl widerstandsfähiger Sorten und artgerechte Kulturbedingungen. Der Einsatz spezieller Blattflecken-Fungizide ist möglich.

▶ Echte Mehltaupilze

Echte Mehltaupilze infizieren besonders stark bei großen Tagestemperaturunterschieden, wenn tagsüber warme Temperaturen vorherrschen („Schönwetterpilze") und sich nachts Tau bildet. Sie fliegen als Sporen an, bleiben auf Blättern oder Trieben haften und wachsen bei Blattnässe zum Pilzgeflecht aus. Mit speziellen Pilzfäden saugen sie die Nährstoffe aus der befallenen Pflanze. Echter Mehltau sitzt meist abwaschbar auf der Oberseite von Blättern oder Trieben.

Die häufigsten Echten Mehltaupilze im Garten sind an Weinrebe, Apfel, Stachelbeere, Gurke, Möhre, Rosen, Begonien und Mahonien. Sie sind auf die jeweilige Pflanzenart spezialisiert und wechseln nicht auf andere Pflanzenarten (Mehltau am Apfelbaum ist also keine Gefahr für die Rosen!). Die einfachste Bekämpfung erfolgt durch Rückschnitt befallener Triebe. Spezielle Mehltau-Fungizide wirken nur gegen Echte Mehltaupilze!

▶ Falsche Mehltaupilze

Diese Pilze dringen mit ihrem Geflecht vollständig in die Blätter ein und leben von deren Nährstoffen. An der Blattoberseite sieht man nur Aufhellungen, die den Befallsstellen mit einem grauweißen Pilzrasen auf den Blattuntersei-

Besonders der Essigbaum leidet
unter Verticillium, einem Welkepilz.
Die befallenen Äste welken völlig ab.

Der Birnengitterrost lebt auf unterschiedlichen Wirten. Auf den Birnenblättern hängen unter den gelbbraunen Flecken Sporenträger.

An Juniperus *(Wacholder-Arten) bilden sich das gelbe Pilzgewebe und Sporen des Birnengitterrostes direkt aus dem Holz.*

ten entsprechen. Die Gefahr eines Neubefalls und einer Ausbreitung sind bei längeren Blattnässeperioden und hoher Luftfeuchte gegeben. Deshalb überbraust man befallsgefährdete Pflanzen nicht und wässert nur morgens oder mittags, damit die Pflanzen abtrocknen können. Im Garten kommt der Falsche Mehltau an der Weinrebe, Tabak und an zahlreichen Gemüsepflanzen (Feldsalat, Kohl, Rettich, Salat, Schwarzwurzel, Spinat, Zwiebel) vor.

▸ **Rußtaupilze**
Hierbei handelt es sich um verschiedene Pilzarten, deren Sporen auf den klebrigen Ausscheidungen saugender Insekten (zum Beispiel auf dem Honigtau der Blattläuse) haften bleiben und schließlich zu einem schwarzschmierigen Pilzgeflecht auswachsen. Diese „Verdunklung" der Blattoberfläche beeinträchtigt die Assimilation der Blätter und kann auch zu Absterbeerscheinungen führen. Das Abwaschen des Pilzbelages und vor allem auch die Bekämpfung der blattsaugenden Insekten hilft zum Beispiel bei befallenen Rhododendronblättern, den Stoffwechsel zu steigern.

▸ **Rostpilze**
Von rostfarbigen, staubförmigen Sporen, die auf der Blattunterseite befallener Pflanzen in warzenähnlichen Lagern (Pusteln) in großer Zahl produziert werden, haben die Rostpilze ihren Namen erhalten. Die Pilze leben im Innern der Pflanze und können sie schließlich abtöten. Die meisten Rostpilze sind auf eine Pflanzenart spezialisiert, zum Beispiel auf Bohne, Porree, Spargel, Rose, Löwenmaul, Pelargonie oder Stockrose.
An Obst- und Ziergehölzen schädigen besonders wirtswechselnde Rostpilze;

Botrytis-Pilze überziehen die Früchte und Blätter (hier Erdbeeren) mit einem grauen Geflecht und lassen sie vertrocknen.

Schwarze Flecken auf Äpfeln und Blättern werden vom Apfelschorf verursacht, der kühle und feuchte Witterung benötigt.

sie benötigen zur Vollendung ihrer Entwicklung einen Zwischenaufenthalt auf einer anderen Pflanzenart: Birnengitterrost wird zum Wacholderzweigrost, der Johannisbeersäulenrost zum Blasenrost an Weymouths- oder Zirbelkiefern und der Fuchsienrost wechselt zu den verwandten Waldweidenröschen. Eine Bekämpfung erfolgt durch Rückschnitt befallener Triebe. Eine zurückhaltende Düngung vermindert den Befall. Bei wirtswechselnden Rostarten sollte man möglicht nur einen der Wirte pflanzen und sich dabei auch mit dem Nachbarn absprechen. Spezielle Rostfungizide gibt es für Gemüse und Zierpflanzen.

▸ Schadpilze an Obstfrüchten

Einige Schadpilze an Obstpflanzen bilden im zeitigen Frühjahr unzählige Sporen aus, die, vom Wind verbreitet, in die Obstblüten gelangen. Sie keimen dort aus, dringen in die sich bildende Frucht ein und zerstören sie. Bei Grauschimmel (Botrytis) an Erdbeeren werden durch Unterlegen von Stroh Spritzinfektionen vermieden. Blütespritzungen mit Spezialfungizid sind möglich.
Blüten- und Zweigspitzen-Monilia an Aprikosen und Sauerkirschen sowie Narren- oder Taschenkrankheit der Hauszwetsche bekommt man durch Rückschnitt befallener Zweige und Früchte in den Griff. Zur Bekämpfung all dieser Krankheiten muss ein Spezialfungizid während der Blütezeit der Gehölze gespritzt werden.
Fruchtmonilia an Äpfeln geht von befallenen Früchten aus. Deshalb die Fruchtmumien gründlich aufsammeln und in den Müll geben.
Die Kräuselkrankheit des Pfirsichs dringt vom überwinternden Pilzgeflecht beim ersten Knospenschwellen in Blatt- und Blütenanlagen ein. Gelbfleischige Pfirsichsorten und Nektarinen sind besonders anfällig. Eine Spritzung ist beim ersten Knospenschwellen im Februar/März erfolgversprechend.
Schorf an Apfel, Birne und Feuerdorn befällt zunächst das Laub im zeitigen Frühjahr und führt zu Blattflecken. Von dort entsteht der Fruchtbefall. Die Schorfanfälligkeit der einzelnen Fruchtsorten ist sehr unterschiedlich, deshalb sollte man in niederschlagsreichen oder luftfeuchten Lagen wenig anfällige oder schorfresistente Sorten

Fadenwürmer (Nematoden) leben im Boden. Einige schädigen Pflanzen, andere werden zur biologischen Bekämpfung genützt.

wählen, sonst sind jährlich mehrfach fungizide Maßnahmen erforderlich.

▸ Hut- und Holzpilze

Hexenringe sind sich von einem Zentrum ausbreitende Hutpilze, die an abgestorbenen Pflanzenteilen im Boden zum Beispiel von Rasenflächen leben. Das Pilzgeflecht wächst unterirdisch strahlenförmig und bildet im Rasen zahlreiche, kreisförmig angeordnete Fruchtkörper. Der Rasen kümmert meist über dem von den Pilzen durchwucherten Boden. Die Bekämpfung erfolgt durch Lüftung des Rasens (Vertikutieren mit Streuen von Rieselsand) und anschließender Düngung mit schwefelsaurem Ammoniak (Ammoniumsulfat). Aus Bäumen und Sträuchern wachsende „Schwämme" (Holzpilze) sind nicht zu bekämpfen. Sie zersetzen die Holzteile und vermindern die Stabilität der Gehölze.

Tierische Schaderreger

Pflanzenfresser werden von den Gärtnern als Schädlinge bezeichnet, wenn sie sich an den Gartenpflanzen entwickeln. Räuberische Insekten nennt man Nützlinge, wenn sie von den Schädlingen leben. Die Einstufung als „Nützling" oder „Schädling" wird vom Menschen bestimmt. Die weitaus meisten Pflanzenfresser leben ausschließlich an einer Pflanzenart, wenige leben an mehreren, meist verwandten Arten und nur einzelne an vielen Pflanzenarten. Die vielen Formen sind für den Gartenfreund kaum zu überblicken.

▸ Fadenwürmer oder Älchen

Nematoden sind fadenförmige, etwa 1 mm lange Würmer, von denen zirka

1 Million pro m² Boden für die Bodenfruchtbarkeit sorgen. Einige wenige Arten haben sich auf Pflanzen spezialisiert. Das oberirdisch an der Pflanze lebende Erdbeerälchen verursacht verkürzte Blätter und Blütenstiele sowie kleine Früchte. Die Vernichtung kranker Pflanzen und ein neuer Standort für neue Pflanzen kann helfen. Die Markenpflanzen des Fachhandels sind nematodenfrei!

▸ Nacktschnecken

Diese Schnecken raspeln Pflanzenteile ab und verursachen in feuchten Gegenden oder niederschlagsreichen Jahren große Schäden. Man unterscheidet die graubraunen kleinen Ackerschnecken, die sich tagsüber im Boden unter den Pflanzen aufhalten, und die meist roten größeren Wegschnecken, die sich am Tage in benachbarte Hecken zurückziehen. Oft genügt das Auslegen von Steinen oder Brettchen und das Absammeln der Schädlinge, die sich tagsüber dort verstecken. Schneckenkörner mit Eisen-Phosphat sind sehr wirkungsvoll und schädigen andere Tiere nicht.
Die Bekämpfung mit Bierfallen ist wirkungsvoll, lockt aber auch die Schnecken der Nachbargärten an, die sich dann zu den Fallen durchfressen. In Gärten können auch Gehäuseschnecken Schäden verursachen, sie sind noch schwerer zu bekämpfen.

▸ Tausendfüßer

Von diesen Insekten schädigt der bis 1 cm lange, ockerfarbene und auf jedem Segment beidseitig mit hellroten Punk-

Winzige Spinnmilben überziehen bei warmer Witterung mit ihrem Gewebe häufig welkende Triebspitzen.

Feuerwanzen leben an Linden und Malven. Sie sind lästig, wenn sie sich auf Wegen und Hauswänden sonnen.

Die Rhododendronzikade ist von Norden eingewandert, saugt an Blättern und kann einen Pilz auf Knospen übertragen.

ten gekennzeichnete Getüpfelte Tausendfuß oder Erdbeertausendfüßer. Auf Stroh lagernde Früchte werden weniger angegriffen. Eine Randfurche mit Branntkalk oder kohlensaurem Kalk als Barriere vermindert die Zuwanderung.

▸ Milben

Besonders Spinnmilben und Gallmilben sind im Garten von Bedeutung.

Spinnmilben Die ungefähr 0,5 mm großen, roten bis grünbraunen Spinnmilben saugen vor allem auf den Blattunterseiten von Obst- und Ziergehölzen (Rote Spinne), Nadelgehölzen oder Gemüse- und Zierpflanzen (Bohnenspinnmilbe). Im Garten wird die Zahl der Spinnmilben in der Regel durch Raubmilben klein gehalten. Besonders an Rosen, Oleander oder *Datura* kann es bei Trockenheit und an sonnigen Standorten aber zu Massenvermehrung und Schäden kommen (Bild Seite 71). Im Hausgarten hilft der Einsatz von Ölen oder Blattglanzmitteln. Im Gewächshaus und an Zimmerpflanzen mit ausreichender Luftfeuchte ist die biologische Bekämpfung mit käuflichen Raubmilben erfolgreich.

Gallmilben Gallmilben sind nur 0,2 mm groß und verursachen zu Kugeln missgestaltete Knospen an Johannisbeeren und Haseln, nicht ausreifende Teilfrüchtchen bei Brom- und Himbeeren, Blattpocken an Rebe, Walnuss, Birne und Eberesche, Blattgallen an Zwetschgen, Linden, Ahorn und vielen anderen

Gehölzen. Die Bekämpfung mit Schwefelpräparaten ist am erfolgreichsten. Möglichst frühzeitiger Rückschnitt und Vernichtung befallener Pflanzenteile helfen ebenfalls.

▸ Insekten

Nur wenige der mehr als 800.000 Insektenarten sind schädlich. Die meisten Insekten leben von Pflanzen, die nicht landwirtschaftlich genutzt werden, viele sind als Räuber ausgesprochen nützlich und werden sogar zur biologischen Bekämpfung eingesetzt.

Beißende Insekten, wie Raupen, Heuschrecken und Käfer, fressen äußerlich an den Pflanzen, während saugende Insekten, wie Blattläuse, Wanzen, Zikaden und Schildläuse, den Saft aus der Pflanze saugen.

Einige verleben einen großen Teil ihres Lebens in Pflanzenorganen: in der Wurzel, im Stängel, in den Blättern und Blüten oder auch in den Früchten.

Thripse Blasenfüße sind 1 bis 2 mm lange, länglich schlanke Insekten mit Fransenflügeln, auch als „Gewitterwürmchen" bekannt. Sie saugen einzelne Blatt- und Blütenzellen aus. Mehrere Arten leben im Gewächshaus und an Zimmerpflanzen. Das Aufhängen von blauen oder gelben Leimfallen und Einsprühen mit Blattglanzmitteln dezimiert sie. Im Garten verursacht der Gladiolenthrips Blattschäden und verkrüppelte, stecken bleibende Blüten an Gladiolen. Mittel gegen saugende Insekten können hier helfen.

Saftsauger Wanzen, Zikaden und Pflanzenläuse saugen Saft aus den Leitungsbahnen der Pflanzen. Ihre Nahrung enthält Kohlenhydrate im Überfluss und nur wenig Eiweiß, deshalb scheiden sie große Mengen zuckerhaltigen Kotes aus. Einige Saftsauger fliegen auf „gelb" und werden mit Gelbschalen, Gelbtafeln oder beleimten Farbfallen gefangen. Es gibt spezielle Insektizide gegen saugende Insekten.

Thripse saugen einzelne Pflanzenzellen aus, zum Beispiel an Lauch, Gladiolen und Erbsen.

Viele graubereifte Jungläuse und eine schwarze erwachsene Blattlaus saugen an diesem Blatt.

Zikaden Zikaden sind bis 10 mm lange, springende Insekten, deren Flügel in Ruhestellung dachförmig auf dem Rücken liegen. Einige Larven leben in Schaumnestern (Kuckucksspeichel). Im Garten ist die aus Amerika eingeschleppte, 1 cm lange, schlanke, grünrot längs gestreifte Rhododendrenzikade schädlich. Die Saugschäden sind unbedeutend, doch überträgt sie einen Pilz, der Knospensterben verursacht.

Blattsauger oder Blattflöhe Diese Insekten sind 2 bis 4 mm lang, können gut springen und halten ihre klaren Flügel in Ruhe dachförmig auf dem Rücken. Sie bilden viel „Honigtau". Apfelblattsauger, Birnblattsauger, Buchsbaumblattfloh und Möhrenblattfloh sind in den Gärten zu finden.

Blattläuse Die Entwicklung der Blattläuse verläuft in komplizierten Zyklen mit vielen Generationen im Jahr, in denen sich geflügelte und ungeflügelte Stadien, Jungfernzeugung und zweigeschlechtliche Fortpflanzung sowie lebend gebärende oder eierlegende Tiere abwechseln. Sie sind meist grün, gelb oder schwarz und können in kürzester Zeit Pflanzen dicht besiedeln.

Besonders stark gedüngte oder kranke Pflanzen werden von Blattläusen bevorzugt. Die weitaus meisten der etwa 850 Blattlausarten in Mitteleuropa leben spezialisiert an einzelnen Wildpflanzenarten, nur wenige von ihnen stören uns: beispielsweise Erdbeerlaus, Gurkenlaus, Erbsenlaus, Möhrenlaus, mehlige Apfelblattlaus oder Rosenläuse. Oft wechseln sie zwischen dem holzigen Haupt- und dem krautigen Nebenwirt, zum Beispiel Apfellaus (Wegerich), Birnenlaus (Gräser), Kirschenlaus (Ehrenpreis), Kohlläuse (Kreuzblütler).

Eine häufige Blattlaus und bedeutender Schädling an Zierpflanzen ist die Grüne Pfirsichblattlaus, mit mehr als 400 Sommer-Wirtsarten. Sie überwintert in milden Wintern als Laus im Freien, besonders aber unter Glas oder als frosthartes „Winterei" an Pfirsich und Traubenkirsche.

Die Schwarze Bohnenlaus überwintert an Schneeball, Schneebeere und Pfaffenhütchen. Der Schaden, der durch Übertragung von Viruskrankheiten verursacht wird, ist meist schlimmer als der, der durch das Saugen der Pflanzensäfte entsteht.

Die Fichtenröhrenlaus verursacht im Garten Nadelfall an verschiedenen Fichtenarten, vor allem an Blaufichte. Sie saugt immer im unteren Bereich an Vorjahrestrieben. Dort ist die Bekämpfung sinnvoll. Zahlreiche Arten von Woll- und Gallläusen fallen durch weiße Wachsausscheidungen auf, die auf den Nadeln von Fichten, Lärchen oder Douglasien wie Schneeflocken erscheinen.

Die Bekämpfung der Blattläuse erfolgt mit Mitteln gegen saugende Insekten, Kaliseifenpräparaten, gelben Farbfallen, auch einfach mit Wasser, eventuell mit Netzmittelzusatz.

Schildläuse Diese Läuse sind nur als Larven (0,2 mm) beweglich, sitzen als erwachsene Läuse fest, geschützt unter verschieden geformten Schilden, vor allem an Zier- und Obstgehölzen und Topfpflanzen unter Glas. Seit 1998 verbreitet sich die „Wollige Napfschildlaus" besonders an Ahorn, Rosskastanie und Linde vom Rheinland aus über Deutschland. Die befallenen Baumstämme zeigen einen weißen Überzug. Viele Schlupfwespen und einige Marienkäfer leben von den Pflanzensaugern. Im Hausgarten werden Schildläuse meist mit Ölen bekämpft.

Weiße Fliege Die Weißen Fliegen oder Mottenschildläuse sind 1 bis 2 mm groß und durch Wachsstaub schneeweiß. Die älteren Larven sind durch eine Wachsschicht geschützt und deshalb schwer bekämpfbar. Die Kohlmottenschildlaus schädigt durch Saftentzug und verschmutzt durch klebrigen Kot den Kohl. Der Hauptschädiger unter Glas bei Zierpflanzen und Paprika, Tomaten und Gurken ist die „Weiße Fliege". Sie dringt im Sommer auch in die Gärten ein und schädigt Fuchsien. Die Larven bekämpft man mit Ölen als Spritzmittel oder mit Sprays.

Wanzen Sie saugen gern an Blattanlagen von Obst-, Gemüse- und Zierpflanzen. Mit ihrem kräftigen Saugrüssel verursachen sie Stichwunden, die später nach der Blattentfaltung als Lochmuster erscheinen (*Datura* und Johannisbeere). Die Platanennetzwanze besiedelt in den Städten die Straßen- und Parkbäume, sticht auch Passanten und verschmutzt parkende Autos. Feuerwanzen sind unschädliche Samensauger, bevorzugt an Linden, Malven und Ahorn!

Ohrwürmer Ohrwürmer können an Obst, Gemüse und Zierpflanzen Fraßschäden verursachen, wenn ihre Vorzugsnahrung „Blattläuse" zur Neige geht. So können Nützlinge zu Schädlin-

Im Sommer legen die Blattläuse keine Eier, sondern es werden lebende Jungläuse in großer Zahl geboren.

Der Fraß der winzigen Raupen der Rosskastanien-Miniermotte verursacht Flecken und lässt die Blätter absterben.

Die Raupen der Gespinstmotten fressen im Frühjahr an Büschen und überziehen diese mit weißem Gespinst.

gen werden! Mit Ohrwurmquartieren, in denen sich die Ohrwürmer tagsüber gern verstecken, werden sie weggefangen.

Blattwespen Die Larven der Blattwespen schädigen vor allem junge Früchte und das Laub von Obst- und Ziergehölzen: Apfel- und Pflaumensägewespe, Kirschblattwespe, Stachelbeerblattwespe und Gespinstblattwespe. Gezielte Bekämpfung ist nur in Befallslagen bei mehrjährigem Auftreten sinnvoll.

Wespen Wespen, an sich nützlich, fressen an reifenden Früchten. Sie können mit speziellen Fangflaschen gefangen werden, die zur Hälfte mit gärendem verdünntem Obstsaft gefüllt und in die Obstgehölze gehängt werden.

Ameisen Sie stören im Garten mehr als sie schaden. Die moderne Bekämpfung bedient sich Köderdosen, aus denen die Arbeiterinnen sich die wirkstoffbeladene Nahrung holen und an die Brut verfüttern.

Käfer Die artenreichste Insektenordnung mit zahlreichen schädlichen Arten, die an Pflanzen ober- und unterirdischen Schadfraß verursachen, bilden die Käfer. Drahtwürmer (Larven harmloser Schnellkäfer), Engerlinge vom Mai-, Juni- oder Julikäfer und Larven des Dickmaulrüsslers befressen Wurzeln vieler Gartenpflanzen. Die Larven des Dickmaulrüsslers und des Julikäfers sind biologisch mit räuberischen Nematoden zu bekämpfen.

Blatt- und Rüsselkäfer (Lilienhähnchen, Schneeballblattkäfer, Kartoffelkäfer, Kohlerdflöhe oder Grünrüssler) verursachen Blattschäden, die von Lochfraß bis zu Kahlfraß reichen. Die Larven des Haselnussbohrers entwickeln sich geschützt in Haselnüssen, die des Kohlgallenrüsslers in angeschwollenen Wurzelteilen von Kohl. Käfer und ihre Larven können mit „gegen beißende Insekten" zugelassenen Präparaten bekämpft werden.

Schmetterlinge Diese Insekten schädigen nur im Larvenstadium als „Raupen". Viele Arten haben sich ausschließlich auf eine Wirtspflanze spezialisiert und können dann auch gezielt mit biotechnischen oder chemischen Verfahren bekämpft werden. Apfelwickler, Fruchtschalenwickler, Pflaumenwickler, Rindenwickler, Traubenwickler, Miniermotten, Gespinstmotten und Frostspanner

Woll- oder Schmierläuse saugen an den Blättern und Trieben. Sie sind mit weißen Wachsfäden weitgehend bedeckt.

Neben den Dickmaulrüsslern, die außen am Blatt fressen, haben Wanzenstiche Löcher im Blatt verursacht.

Pilzliche und tierische Schaderreger an Zierpflanzen

Verhinderung oder Bekämpfung — **Pflege** (Kultur, Düngung, Sortenwahl); **biotechnisch** (Schnitt, Beseitigung (Müll), Absammeln, Oberflächenmittel, Farbfallen); **biologisch** (Bacillus, Nützlinge, Pflanzliche Mittel); **chemisch** (Spezialmittel)

Krankheiten, Schädlinge	Kultur	Düngung	Sortenwahl	Schnitt	Beseitigung (Müll)	Absammeln	Oberflächenmittel	Farbfallen	Bacillus	Nützlinge	Pflanzliche Mittel	Spezialmittel
Zierpflanzen												
Bodenpilze	●		●		●					●		
Blattfleckenpilze	●	●	●									●
Echter Mehltau				●	●		●					●
Falscher Mehltau			●		●							●
Grauschimmel	●	●			●	●						●
Rostpilze					●							●
Rasen, Rosen, Rabatten												
Spinnmilben	●	●					●			●	●	●
Thripse							●	●				●
Blattwanzen											●	●
Blattläuse/Zikaden							●			●	●	●
Weiße Fliege							●	●			●	●
Schildläuse							●	●			●	●
Raupen						●					●	●
Käfer/-larven						●			●		●	●
Bodeninsekten	●					●				●		●
Fliegen-/Mückenlarven						●						●
Laub- und Nadelgehölze												
Gallmilben				●								●
Spinnmilben	●						●				●	●
Woll-/Schmierläuse	●	●					●				●	●
Schildläuse				●			●				●	●
Blattläuse/Zikaden										●	●	●
Raupen						●			●	●	●	●
Käferlarven						●						●

sind die wichtigsten Schädlinge im Obstbau. Kohl- und Erdeulen, Kohlschabe, Kohlweißling und Erbsenwickler fressen an Gemüsepflanzen. Die Kastanienminiermotte wird am besten bekämpft, indem man das herunterfallende Laub wegharkt und abgedeckt kompostiert.

Bewährt hat sich die biologische Bekämpfung von Schmetterlingsraupen mit *Bacillus thuringiensis* (außer Eulenraupen).

Mücken und Fliegen Sie verursachen überwiegend während der Larvenstadien Schaden. Larven der Trauermücken, Pilzmücken, Haarmücken und Schnauzenmücken fressen an Wurzeln und schädigen im Rasen. Eine biologische Bekämpfung mit räuberischen Fadenwürmern wird noch erprobt.

Die Larve der Kirschfruchtfliege lebt in Kirschen, die der Spargelfliege, Kohlfliege, Bohnenfliege, Selleriefliege, Möhrenfliege und Zwiebelfliege als so genannte „Gemüsefliegen" in den jeweiligen Kulturen. Kirschfruchtfliegen fliegen auf gelbe Leimtafeln, während die Gemüsefliegen durch Kulturschutznetze abgewehrt werden müssen.

▸ **Pflanzenschädigende Wirbeltiere**
In Gärten kommt es immer wieder zu Schäden durch Nager: Wühlmaus und Feldmaus, die mehr oder minder große Ausfälle an Obst- und Gemüsepflanzen verursachen, werden mit Fallen, Wirkstoffködern oder Begasungsmitteln erfolgreich bekämpft.

Trotz des Knospen- und Fruchtfraßes dürfen Vögel in keinem Fall verfolgt, gefangen oder getötet werden. Fruchtschädigungen werden durch abschreckende Plastikbänder oder Kulturschutznetze verhindert.

Die gekrümmten Engerlinge des Gartenlaubkäfers fressen im Boden an den Wurzeln von Gräsern und Stauden.

Die Made der Lauchminierfliege wandert in den Zwiebelblättern nach unten und zerfrisst die Zwiebel.

Wühlmäuse nagen über Winter oft unbemerkt die weichen Obstbaumwurzeln zu einem Kegel ab. Die Bäume sterben ab.

Brühen und Jauchen

Durch Pflanzenauszüge lassen sich vorbeugender Pflanzenschutz und Pflanzenpflege auf umweltschonende Weise praktizieren. Kräuterbrühen und -jauchen aktivieren das Bodenleben, versorgen Pflanzen mit wirksamen Nährstoffen und stärken sie gegen Schädlinge und Krankheiten.

Die Unsicherheit bei der Zubereitung und Handhabung von Brühen und Jauchen ist allerdings sehr groß. Aber sowohl Geruchsbildung als auch Arbeitsaufwand halten sich in Grenzen. Einzige Voraussetzung für ein erfolgreiches Ergebnis ist Ausdauer. Denn da sich die Wirkstoffe der Auszüge verflüchtigen und rasch vollständig abbauen, müssen Brühen und Jauchen während der Vegetationsperiode immer wieder von neuem ausgebracht werden.

Zubereitungsformen

Unterschieden werden Jauchen und Brühen in erster Linie durch die Art der Zubereitung.

Jauche wird mit kaltem Wasser angesetzt und muss vor Gebrauch ein bis zwei Wochen (je nach Witterung) stehen bleiben, bis sie fertig ist.

Brühen sind dagegen schneller verfügbar. Zerkleinerte Kräuter werden einen Tag lang in kaltem Wasser angesetzt und anschließend gekocht. Nach dem Abkühlen und Abseihen ist der Flüssigdünger bereits verwendbar. Es ist empfehlenswert, Brühen je nach Bedarf in kleinen Mengen herzustellen und sofort zu verbrauchen. Brühen beginnen sehr schnell zu gären und sind dann wie Jauche zu behandeln.

Bei den Gefäßen ist darauf zu achten, dass sie aus Holz, umweltverträglichen Kunststoffen oder aus Steingut sind. Ungeeignet sind dagegen Metallbehälter.

▸ Zubereitung einer Jauche

Die entsprechenden Pflanzenteile werden mit einer Schere oder einem Messer zerkleinert und locker in ein Gefäß aus Holz, Kunststoff oder Steingut gegeben und anschließend mit Wasser aufgegossen. Zur Verringerung der Geruchsbildung kann man jeweils eine Hand voll Lehmerde und Gesteinsmehl hineinstreuen und alles gut vermischen. Das Gefäß muss luftdurchlässig abgedeckt werden. Damit der Sauerstoff auch gut zirkulieren kann, sollte man täglich ein- bis zweimal kräftig umrühren. Spätestens nach zwei, drei Tagen kommt der Gärprozess in Gang, das Ganze beginnt zu schäumen. Bei allzu starkem Geruch hilft eine weitere Hand voll Steinmehl. Der Reifungsprozess ist in der Regel nach zehn bis 20 Tagen abgeschlossen. Bei kalter Witterung dauert es etwas länger.

Profitipp

Grundrezept für eine Brühe:
1 kg Frischkraut
(oder 150 g Trockenkraut)
werden in 10 l Wasser gegeben.

Die fertige Jauche ist dunkel, schäumt nicht mehr und riecht nicht mehr so streng. Die abgesiebte Flüssigkeit wird 1:20 mit Wasser verdünnt ausgebracht, am besten frühmorgens oder abends bei bedecktem Himmel. Um Verbrennungen zu vermeiden, sollten Sie nicht die ganze Pflanze damit duschen, sondern nur den Wurzelbereich. Verdünnen Sie die Jauche stärker, wenn Sie sie zur Blattdüngung einsetzen wollen, und sprühen Sie sie über die betreffenden Pflanzen. Was an Pflanzenresten übrigbleibt, kommt auf den Kompost oder wird zum Mulchen verwendet.

▸ Zubereitung einer Brühe

Zerkleinerte frische Kräuter oder Trockenkräuter werden einen Tag lang in kaltem Wasser angesetzt. Danach lässt man alles eine knappe halbe Stunde köcheln und zugedeckt erkalten. Nach dem Abseihen wird die Brühe 1:10 mit Wasser verdünnt und auf Boden sowie Pflanzen gespritzt. Brühen sind milder als Jauchen und eignen sich zur Blattdüngung. Sie beugen Krankheiten vor und können zur Schädlingsbekämpfung eingesetzt werden.

Brennnesseljauche: Brennnesselpflanzen werden klein geschnitten ...

... und anschließend mit kaltem Wasser übergossen.

*Beinwell (Symphytum officinale)
fördert das Pflanzenwachstum.*

*Kamillenblüten und -blätter stärken
die Pflanzengesundheit.*

▶ **Die wichtigsten Kräuter
zur Brühen- und Jauchen-
herstellung:**

Acker-Schachtelhalm Diese auch als
Zinnkraut bekannt Pflanze ist reich an
Mineralstoffen, Spurenelementen und
Kieselsäure. Sowohl Brühe als auch Jau-
che wirken vorbeugend und direkt
gegen Pilzkrankheiten sowie Schädlin-
ge wie Spinnmilben (Rote Spinne) und
Lauchmotten.

Beinwell und Comfrey Sie zeichnen
sich besonders durch einen hohen Stickstoffgehalt aus, der das Wachstum der
Pflanzen fördert, pflegend und kräfti-
gend wirkt.

Brennnessel Die Brennnessel gilt
durch ihren Reichtum an Eisen, Spurenelementen, Phosphor, Stickstoff, Vitami-
nen und Enzymen als Allroundtalent
und lässt sich gut mit Acker-Schachtelhalm ansetzen. Brennnesseljauche und
-brühe werden zur Düngung, Pflege
sowie Vorbeugung gegen Blattläuse
und Spinnmilben eingesetzt.

Farnkraut Wurmfarn empfiehlt sich
bei Befall von Schild-, Schmier-, Blatt-
und Blutläusen, hilft bei Rost, ist kali-
umreich und dadurch idealer Dünger.
Mit Brühe des ebenfalls stark kalium-
haltigen Rainfarns lassen sich Schädlinge wie Läuse, Lauchmotten, Erdbeerblü-
tenstecher, Brombeermilben, Himbeer-
käfer, Kohlerdflöhe und Weiße Fliegen
abwehren. Sie ist auch ein probates
Mittel bei Rost und Mehltau. Wichtig:
Rainfarnauszüge nur sparsam verwenden und nicht regelmäßig ausbringen,
da sonst das Bodenleben in Mitleiden-
schaft geraten kann.

Schafgarbe Pflanzenstärkend und
pilzhemmend wirkt Schafgarbenbrühe.
Ihre Inhaltsstoffe sind ätherische Öle,
Bitter- und Gerbstoffe, Kalium und Kieselsäure.

Zwiebelgewächse Knoblauch,
Zwiebel, Schnittlauch werden am
besten zu gleichen Teilen (jeweils
500 g Frischmasse auf 10 l Wasser) ver-
goren. Die Jauche beugt Bakterien vor,
vertreibt Milben sowie Blattläuse und
hilft bei der Bekämpfung von Pilzkrankheiten wie Tomatenfäule, Grauschimmel oder Kräuselkrankheit.

Kräuter für Brühen und Jauchen

Botanischer Name	Deutscher Name	Verwendete Pflanzenteile	Erntemonat
Achillea millefolium	Schafgarbe	Blüten	Juni bis September
Allium cepa	Zwiebel	gesamte Pflanze	Juni bis August
Allium sativum	Knoblauch	gesamte Pflanze	Juli bis Oktober
Allium schoenoprasum	Schnittlauch	Blätter	Mai bis Oktober
Artemisia absinthium	Wermut	Blätter	Juni bis August
Calendula officinalis	Ringelblume	gesamte Pflanze	Juni bis Oktober
Chamomilla recutita	Kamille	Blüten, Kraut	Juni bis August
Dyropteris filix-mas	Farnkraut	Blätter	Juni bis Juli
Equisetum arvense	Acker-Schachtelhalm	gesamte Pflanze	Juni bis August
Mentha × piperita	Pfefferminze	Blüten, Blätter	Juni bis August
Salvia officinalis	Garten-Salbei	gesamte Pflanze	Juni bis Juli
Symphytum officinale	Beinwell	Blätter, Stiele	April bis September
Symphytum peregrinum	Comfrey	Blätter, Stiele	April bis September
Taraxacum officinale	Löwenzahn	Blüten, Blätter	April bis Mai
Thymus vulgaris	Garten-Thymian	gesamte Pflanze	Mai bis August
Urtica dioica	Große Brennnessel	gesamte Pflanze	April bis September
Valeriana officinalis	Gemeiner Baldrian	Blüten	Juni bis August

*Wurmfarn (Dryopteris filix-mas)
kann gegen Schild-, Schmier- und
Blutläuse eingesetzt werden.*

Unkräuter im Garten

Die Unkräuter erinnern den Gärtner immer wieder aufs Neue daran, dass der Garten ein Stück Natur ist. Nach einem längeren Urlaub stellt man oft mit Schrecken fest, dass die Natur mit aller Macht versucht, den Garten zurückzuerobern: In den Staudenbeeten breitet sich der Giersch aus, im Gemüsebeet stehen Franzosenkraut und Vogelmiere und rund um den Kompost erfreuen sich Brennnessel und Kletten-Labkraut bester Gesundheit. Erst nach ein paar Stunden Hacken und Jäten hat man wieder Hoffnung, dass ein Umzug nicht die einzige Möglichkeit ist, wieder zu einem gepflegten Garten zu kommen.

Alle Un-(erwünschten) Kräuter haben eines gemeinsam: einen kaum zu bändigenden Ausbreitungsdrang. Allerdings haben sie unterschiedliche Überlebensstrategien entwickelt.

Samenunkräuter

Die Gruppe der so genannten Samenunkräuter kommt nur wenige Wochen nach der Keimung zur Blüte und produziert dabei große Mengen Samen. Diese sind selbst dann noch keimfähig, wenn sie Jahrzehnte unter der Erde verbracht haben und durch das Umgraben des Bodens schließlich wieder nach oben gelangen. Mit diesen Unkräutern haben vor allem Gemüsegärtner ein Problem, denn Samenunkräuter sind meist ausgesprochene Sonnenanbeter und haben sich auf die Besiedelung offener Böden spezialisiert, wie sie im Nutzgarten vorherrschen.

▸ **Bekämpfung**
Die beste Bekämpfungsmethode ist das regelmäßige Hacken der Beete: Die Unkräuter haben keine Chance, zur Blüte zu kommen und mit der Zeit wird der Aufwuchs spärlicher. Wenn Sie Ihren Gemüsegarten regelmäßig umgraben, holen Sie allerdings immer wieder neue Samen an die Erdoberfläche. Daher ist es sinnvoller, die abgeernteten Beete den Winter über mit Gartenabfällen abzudecken und den Boden im Frühjahr nur mit einem Sauzahn zu lockern. Bewährt hat sich auch die Einsaat einer

Gründüngung nach der Ernte: Pflanzen wie Gelbsenf oder Phacelia wachsen sehr schnell und decken den Boden mit ihren Blättern vollständig ab, so dass kaum ein Unkraut durchkommt. Außerdem lockern sie mit ihren tief gehenden Wurzeln den Untergrund.

Wurzelunkräuter

Der Schrecken jedes Gärtners sind die so genannten Wurzelunkräuter. Ihre unterirdischen Organe sind in der Lage, Nährstoffe zu speichern und haben genug Energie für mehrere neue Austriebe, wenn der erste der Hacke zum Opfer gefallen ist. Besonders unangenehm sind Ausläufer bildende Wurzelunkräuter wie Giersch oder Quecke. Der Giersch bevorzugt halbschattige bis schattige Standorte auf humus- und nährstoffreichen Böden. Deshalb wird er vor allem im Ziergarten unter Gehölzen und zwischen Schattenstauden zum Problem. Die Quecke dagegen ist eher ein Rohbodenbesiedler und bevorzugt sandige, lockere Substrate. Sie macht mit ihren langen Ausläufern vor allem Gemüsegärtnern zu schaffen.

▸ **Bekämpfung**
Bei allen Wurzelunkräutern gilt: Steter Tropfen höhlt den Stein. Wenn Sie die Pflanzen immer wieder abhacken, ist ihre Wuchskraft irgendwann erschöpft.
Roden Wollen Sie ein neues Staudenbeet anlegen, sollten Sie sich die Mühe machen, die Wurzelunkräuter mit einer Grabegabel gründlich zu roden – schließlich müssen sich die Stauden über mehrere Jahre ungestört entwickeln können. Auf sandigen Böden ist das Roden kein Problem: Besonders der Giersch lässt sich hier leicht entfernen, weil er dicht unter der Oberfläche wurzelt. Ein häufiger Fehler ist das Fräsen von Böden, die mit Wurzelunkräutern bewachsen sind. Das Wurzelgeflecht wird in viele kleine Teile zerhackt, und jedes Wurzelstück ist in der Lage, sich zu regenerieren und eine neue Pflanze zu bilden.
Mulchen Eine bequeme Methode zur Unkrautunterdrückung ist das Abde-

Im Gemüsegarten eignet sich bei guter Nährstoffversorgung Stroh als Mulchmaterial gegen Unkrautwuchs.

cken einer Fläche mit schwarzer Mulchfolie. Nach einem Jahr ist selbst der hartnäckige Giersch an Lichtmangel zugrunde gegangen. Bei der Neuanlage eines Gartens oder der Umgestaltung von Teilbereichen sollten Sie daher diese Möglichkeit nutzen. Neben herkömmlicher Folie gibt es im Fachhandel mittlerweile auch biologisch abbaubares Material, das aus Maisstärke hergestellt wird.

Auch die gute alte Wellpappe leistet bei der Unkrautunterdrückung gute Dienste und verrottet rückstandslos. Im Staudenbeet ist kompostierte Rinde das ideale Mulchmaterial. Sie entzieht dem Boden nicht so viel Stickstoff, wie der unbehandelte Rindenmulch, lässt aber trotzdem kaum Unkraut durch. Die Schicht sollte mindestens 10 cm dick sein, um Wirkung zu zeigen.
Bodendecker Pfiffigen Gärtnern gelingt es sogar, das Unkraut mit geeigneten, besonders dichtwüchsigen Bodendeckern zu unterdrücken. Bewährt haben sich unter anderem Beinwell (*Symphytum grandiflorum*), Golderdbeere (*Waldsteinia ternata*), Balkan-Storchschnabel (*Geranium macrorrhizum*), Ysander (*Pachysandra terminalis*) und Efeu.
Umgraben Ackerwinde und Schachtelhalm zählen zu den Wurzelunkräutern, die mit den herkömmlichen Methoden kaum zu bekämpfen sind. Sie wurzeln

Unkräuter und ihre Bekämpfung

Deutscher Name Botanischer Name	Vorkommen	Ausbreitung vorwiegend durch	Bekämpfung
Giersch *Aegopodium podagraria*	meist im Ziergarten; humose, nährstoffreiche Böden im Halbschatten	unterirdische Ausläufer	Roden, Hacken, Abdecken mit Pappe oder Mulchfolie, Herbizide
Gemeine Quecke *Agropyron repens*	Zier- und Nutzgarten; mäßig nährstoffreiche, lockere Böden	unterirdische Ausläufer	Roden, Hacken, Abdecken mit Pappe oder Mulchfolie, Herbizide
Gemeine Melde *Atriplex patula*	meist im Nutzgarten; mäßig nährstoffreiche, neutrale bis kalkhaltige Böden	Samen	regelmäßiges Hacken, Mulchen
Acker-Winde *Convolvulus arvensis*	Zier- und Nutzgarten; nährstoffreiche, kalkhaltige Lehmböden	Pfahlwurzel mit Ausläufern	tiefgründige Bodenlockerung, Hacken, Herbizide
Acker-Schachtelhalm *Equisetum arvense*	Zier- und Nutzgarten; feuchte, verdichtete Sand- und Lehmböden	tiefreichende Ausläufer	tiefgründige Bodenlockerung, Hacken, Herbizide
Franzosenkraut *Galinsoga parviflora*	vorwiegend im Nutzgarten; frische, nährstoffreiche Böden	Samen	regelmäßiges Hacken, Mulchen
Vogel-Knöterich *Polygonum aviculare*	Nutzgarten, Pflasterfugen; mäßig trockene bis frische Sandböden; trittfest	Samen	Hacken, Mulchen, Auskratzen oder Abflammen (nur auf Pflasterflächen)
Kriechender Hahnenfuß *Ranunculus repens*	Nutz- und Ziergarten; lehmige, feuchte Böden	oberirdische Ausläufer	Roden, Hacken, Bodenlockerung, Herbizide, Abdecken mit Pappe oder Mulchfolie
Vogelmiere *Stellaria media*	meist im Nutzgarten; lockere, nährstoffreiche Böden	Samen, wurzelnde Bodentriebe	regelmäßiges Hacken, Mulchen
Große Brennnessel *Urtica dioica*	Nutz- und Ziergarten, Kompostplatz; lockere stickstoffreiche Böden	Samen, stark verzweigter, holziger Wurzelstock	Roden, Hacken, Abdecken

Melde

Acker-Schachtelhalm

Franzosenkraut

Vogelmiere

extrem tief und ihre Triebe reißen beim Jäten sofort ab. Beide Arten fühlen sich vor allem auf Böden wohl, die im Untergrund feucht und verdichtet sind. Wenn die Unkräuter in Ihrem Garten auf begrenztem Raum vorkommen, sollten Sie sich die Mühe machen, diesen Bereich tiefgründig zu lockern. Durch zwei bis drei Spaten tiefes Umgraben beseitigen Sie die Bodenverdichtungen und die lästigen Pflanzen verschwinden mit der Zeit.

Abflammen Wenn sich das Unkraut in den Fugen der gepflasterten Gartenwege breit macht, können Sie es mit Abflammgeräten erfolgreich bekämpfen. Entsprechende Geräte sind mit Gaskartusche oder elektrischer Heizspirale erhältlich. Wichtig ist, dass Sie bereits die Jungpflanzen der Unkräuter erfassen. Ältere Pflanzen sind schon so tief eingewurzelt, dass der Hitzeschock sie nicht vollständig abtötet. In Stauden-

beeten oder auf unbefestigten Wegen sollten Sie diese Geräte nicht einsetzen, da sonst viele nützliche Tiere geschädigt werden.

Herbizide Die chemische Unkrautbekämpfung sollte zwar immer der letzte Ausweg sein, sie ist in schwerwiegenden Fällen aber manchmal unumgänglich. Das bekannteste Herbizid enthält den Wirkstoff Glyphosate. Es wirkt gegen fast alle Unkräuter und -gräser und tötet auch die Wurzeln ab. Auf Rasenflächen setzt man Mittel mit den Wirkstoffen MCPA und Dicamba ein. Sie beseitigen ausschließlich zweikeimblättrige Unkräuter und verschonen die Gräser. Recht umweltverträglich ist Essigsäure als Wirkstoff. Sie verätzt aber nur oberirdische Pflanzenteile. Gelegentlich wird auch Salz als Hausmittel empfohlen – besonders gegen den tief wurzelnden Löwenzahn. Davon ist aber dringend abzuraten, da Koch-

salz das Bodenleben und die Pflanzen in der Umgebung sehr stark schädigt. Wichtig ist, dass Sie alle Herbizide exakt nach Gebrauchsanweisung dosieren und anwenden.

Dichtwüchsige Bodendecker wie die Golderdbeere (Waldsteinia ternata) sind im Ziergarten ein wirkungsvoller Schutz vor ungebetenen Gästen.

Ziergarten

Sommerblumen

Sommerblumen blühen nur eine Saison, aber so üppig und bunt, dass sie Ihren Garten in kurzer Zeit in ein einziges Blütenmeer verzaubern. Das Angebot der pflegeleichten Sommerblüher ist riesig. Ob als Rabattenschmuck, in Kombination mit frühlingsblühenden Zwiebelblumen oder ausdauernden Stauden – mit den vielseitigen Sommerblühern lassen sich jedes Jahr aufs Neue kreative Blütenfeste inszenieren.

Die Mehrheit der kurzlebigen Sommerblumen stellen die klassischen Einjährigen wie Zinnien (*Zinnia elegans*), Löwenmäulchen (*Antirrhinum majus*) oder Studentenblumen (*Tagetes*-Hybriden). Sie wachsen im Frühling heran, blühen, fruchten und sterben in unserem Klima im selben Jahr wieder ab. Die zweite Gruppe der Sommerblumen bilden die so genannten Zweijährigen. Dazu gehören zum Beispiel Vergissmeinnicht (*Myosotis*-Hybriden), Bart-Nelke (*Dianthus barbatus*) oder Goldlack (*Erysimum cheiri*). Ihr Lebenszyklus zieht sich über zwei Vegetationsperioden. Im Gegensatz zu den einjährigen Sommerblumen findet die Aussaat der Zweijährigen erst im Sommer statt. Die Jungpflanzen überwintern und kommen im Frühjahr des zweiten Jahres zur Blüte.

Sommerblumen-Aussaat

▸ **Vorkultur unter Glas**

In Gärtnereien vorgezogene Jungpflanzen sind schnell und einfach gekauft. Doch wer einmal das spannende Heranwachsen und Aufblühen selbst gezogener Sommerblumen erlebt hat, wird auf den Spaß der gärtnerischen Kinderstube kaum noch verzichten wollen. Zudem bietet die Selbstaussaat den Vorteil, dass Sie Ihren Garten mit ausgefallenen Sorten schmücken können, die als Jungpflanzen gar nicht oder nur in Raritätengärtnereien zu bekommen sind. Wichtigste Voraussetzung für die erfolgreiche Aussaat ist ein heller Platz auf der Fensterbank, Wärme, hohe Luftfeuchte und ausreichend Geduld. Ideale Sommerblumen-Kandidaten für die Vorkultur unter Glas sind beispielsweise Spinnenblumen (*Cleome spinosa*), Löwenmäulchen, Zier-Tabak (*Nicotiana × sanderae*), Sommerastern (*Callistephus chinensis*) oder Zinnien.

So wird richtig ausgesät Als Grundausstattung für eine erfolgreiche Pflanzenanzucht benötigen Sie neben dem Saatgut eine Aussaatschale, Anzucht-

erde, ein Holzbrettchen, eine transparente Abdeckung wie Klarsichtfolie, eine Abdeckhaube aus Kunststoff oder eine Glasscheibe sowie einen Wasserzerstäuber, Etiketten und einen wasserfesten Stift. Als Aussaatgefäß eignen sich auch Torfpresstöpfe oder alte Eierkartons. Wichtig ist vor allem ein guter Wasserabfluss zum Schutz vor Staunässe. Füllen Sie nun die Aussaatschale bis etwa 3 cm unter den Rand mit Erde auf. Das Substrat mit dem Holzbrettchen leicht andrücken, anschließend die Samen gleichmäßig ausstreuen. Decken Sie die Saat mit einer dünnen Schicht Erde ab. Mit einer Sprühflasche wird die Aussaat gleichmäßig, aber nicht zu nass, befeuchtet. Saatschalen etikettieren. Zum Schluss sorgt eine transparente Abdeckung für das richtige Klima. Um eine ausreichende Belüftung zu sichern, Folie mit Löchern versehen beziehungsweise bei der Glas- oder Kunststoffabdeckung einen kleinen Spalt lassen.

Pikieren Zeigen sich die ersten Laubblätter, werden die Sämlinge pikiert, das heißt in größere Pflanzgefäße vereinzelt. Dazu mit Hilfe eines Holzstäbchens die Keimlinge vorsichtig aus der Pflanzschale herausnehmen und in einen mit frischer Blumenerde gefüllten Topf umsetzen. Pflänzchen leicht andrücken und angießen.

Sobald die letzten Nachtfröste vorbei sind, kann die Sommerblumenaufzucht an Ort und Stelle ins Freie gepflanzt werden.

▸ **Direktaussaat**

Anspruchslose Sommerblumen mit kurzer Keimzeit wie Sonnenblumen (*Heli-*

Schöne Blütenkulisse aus bunten Stockrosen, rosafarbenen Kosmeen und gelb blühendem Sonnenhut

Ton-in-Ton: Verbenen, Löwenmäulchen, Begonien, Gazanien und Margeriten

Größenverhältnisse beachten: Hochwüchsige Pflanzen wachsen hinten, niedrige werden nach vorne gesetzt.

anthus annuus), Kapuzinerkresse (*Tropaeolum*-Hybriden), Schleierkraut (*Gypsophila elegans*) oder Ringelblumen (*Calendula officinalis*) benötigen keine Vorkultur und können im Frühjahr direkt an Ort und Stelle gesät werden. Auf diese Weise sparen Sie sich die aufwändige Anzucht im Haus. Von Nachteil ist allerdings die spätere Blütezeit der direkt ins Freie ausgesäten Pflanzen. **So gelingt die Direktaussaat** Zunächst den Boden vor der Aussaat gut lockern und mit einem Rechen glattharken. Dann das Saatgut in Reihen oder breitwürfig ausbringen. Samen dünn mit Erde bedecken, anschließend vorsichtig mit einer feinen Brause angießen. Das Saatbeet bis zum Erscheinen der ersten Keimblätter gut feucht halten. Stehen die Keimlinge später zu dicht, werden die Sommerblumen auf ausreichend Abstand vereinzelt.

Gestaltung mit Sommerblumen

▸ **Pflanzung**

Mitte Mai können auch die empfindlichsten Sommerblumen ins Freie gepflanzt werden. Unter Glas vorgezogene Pflanzen sollten Sie schonend ans rauere Klima im Blumenbeet gewöhnen, indem Sie die Töpfe zunächst für

ein paar Tage an einen absonnigen, windgeschützten Platz ins Freie stellen. Kriterium Nummer eins für gutes Anwachsen und Gedeihen ist der richtige Standort. Achten Sie vor dem Pflanzenkauf auf die unterschiedlichen Ansprüche der Sommerblumen. Während Zinnien beispielsweise sehr wärmeliebend sind und volle Sonne benötigen, entwickeln Ringelblumen auch noch in halbschattigen Lagen einen reichen Blütenflor.
Bereiten Sie die Beete so vor, dass die Erde fein krümelig und locker ist. Humusarme Böden werden mit nährstoffreichem Kompost aufgebessert. Bei buschig wachsenden Sommerblumen wie Spinnenblumen gilt es, von Anfang an genügend Abstand zwischen den Dauerblühern zu halten. Daher empfiehlt es sich, zunächst vor der Pflanzung die einzelnen Töpfe auf der ausgewählten Beetfläche zu verteilen. Die ausgetopften Pflanzen anschließend gut in der Erde andrücken und kräftig wässern.

▸ **Die Kleinsten nach vorne**
Ein harmonisches Blütenbild entsteht dann, wenn Sie neben den verschiedenen Standortansprüchen der Pflanzen von Anfang an auch die unterschiedlichen Wuchshöhen der Sommerblumen beachten.
Flach wachsender Duftsteinrich (*Lobularia maritima*), Kapuzinerkresse oder niedrige Bart-Nelken (*Dianthus barbatus*) eignen sich als bodendeckende

Lückenfüller ideal in Staudenbeeten. Sommerblumen-Riesen wie die Tithonie (*Tithonia rotundifolia*), Sonnenblumen, hoher Ziertabak, Südamerikanisches Eisenkraut (*Verbena bonariensis*) oder Spinnenblumen machen im Beethintergrund eine ausgezeichnete Figur.

▸ **Kombination mit Stauden**
Viele der Ein- und Zweijährigen sind wunderschöne Nachbarn von Beetstauden. Während sie im Frühsommer per-

Starker Kontrast: rosafarbene Kosmee, sonnengelbe Tagetes, goldgelber Sonnenhut und Ringelblumen

Robuste Sommerblumen

Deutscher Name *Botanischer Name*	Aussaat	Blütemonat	Wuchshöhe (cm)	Standort
Ringelblume *Calendula officinalis*	Direktsaat ab März	Mai bis September	30 bis 50	sonnig
Spanisches Gänseblümchen *Erigeron karvinskianus*	Vorkultur unter Glas ab März	Mai bis Oktober	20 bis 30	sonnig bis halbschattig
Sonnenblume *Helianthus annuus*	Direktsaat ab April	Juli bis September	130 bis 300	sonnig
Schleifenblume *Iberis amara, I. umbellata*	Direktsaat ab März	Mai bis August	20 bis 40	sonnig
Rauer Sonnenhut *Rudbeckia hirta*	Vorkultur unter Glas ab Februar/März	August bis Oktober	30 bis 80	sonnig
Mehl-Salbei *Salvia farinacea*	Vorkultur unter Glas ab März	Juni bis Oktober	40 bis 80	sonnig bis halbschattig
Studentenblume *Tagetes*-Hybriden	Vorkultur unter Glas ab März	Juni bis Oktober	20 bis 100	sonnig

fekt die blütenlose Zeit der Stauden überbrücken, unterstützen sie später die Farbenpracht der ausdauernden Sommerblüher und bringen durch Ton-in-Ton-Kombinationen oder kontrastreiche Akzente das ganze Beet zum Leuchten. Probieren Sie jedes Jahr neue Kombinationen aus. Bewährte Stauden-Partner sind zum Beispiel einjähriger Salbei (*Salvia*-Arten), Sonnenhut (*Rudbeckia hirta*) oder Kosmeen (*Cosmos bipinnatus*).

▶ Rosenbegleiter
Auch Rosen schmückt die Gesellschaft von Sommerblumen. Duftiges Schleierkraut, zartes Spanisches Gänseblümchen (*Erigeron karvinskianus*) oder einjähriger Rittersporn (*Consolida ajacis*) sind ideale Rosen-Nachbarn.

Saatgut für die nächste Saison (hier Ringelblumen)

Preiswert und kinderleicht: Anzucht von Sommerblumen im eigenen Garten

▶ Starkes Team: Sommerblumen & Zwiebelpflanzen
Ein dichter Blütenteppich aus bunten Sommerblumen und attraktiven Zwiebelpflanzen zieht alle Blicke auf sich. Die sommerblühenden Zwiebelblumen wie Montbretien (*Crocosmia*), Lilien, Dahlien und Gladiolen lassen sich mit verschiedenen Sommerblühern zu schönen Blütenbildern ergänzen. Langstieligen Exemplaren wie Zier-Lauch (*Allium*), Kaiserkronen (*Fritillaria imperialis*), Tulpen, Hyazinthen oder Narzissen steht ein größerer Abstand im Blütenmeer der einjährigen Sommerblüher hervorragend. Der bunte Mix hat zudem den Vorteil, dass nach dem großen Zwiebelblumen-Blütenrausch absterbende Blätter elegant im Sommerblumenflor verschwinden. Setzen Sie niedrige Zwiebelblumen wie Krokusse, Traubenhyazinthen (*Muscari*) oder Märzenbecher (*Leucojum vernum*) im Herbst zu Tuffs zusammen in die Erde. Schöne Kombinationsbeispiele: Tulpen und Goldlack, Narzissen/Tulpen und Vergissmeinnicht, Traubenhyazinthen/

Tausendschön (*Bellis perennis*)/Horn-Veilchen (*Viola cornuta*) und Vergissmeinnicht.

▶ Wirkung der Blütenfarben
Bei der Gestaltung eines Sommerblumenbeetes spielt vor allem der gezielte Einsatz harmonischer Farbkombinationen eine große Rolle. Ob dezent pastellfarben oder lieber kontrastreich, jede Blütenfarbe strahlt eine besondere Wirkung aus. Eine Mischung aus rosafarbenen Blüten, vielleicht noch kombiniert mit Weiß, wirkt romantisch verspielt. Warme Orangetöne stehen für Geborgenheit, gelb blühende Sommerblumen garantieren auch bei grauem Himmel fröhliche Stimmung. Entspannung rufen vor allem blau blühende Farbnuancen hervor, wohingegen feuriges Rot den temperamentvollen Farbton verkörpert. Wenn Sie sich nicht entscheiden können – setzen Sie auf Ihre Lieblingsfarben. Wichtig: Beachten Sie bei der Farbzusammenstellung eine möglichst gleich lange Blühdauer der ausgewählten Sommerblumen.

Profitipp

Wenn Sie Ihr Haus gerne mit frischen Blüten schmücken, pflanzen Sie dankbare Schnittblumen wie einjährigen Sonnenhut, Zinnien, Löwenmäulchen oder Jungfer im Grünen (*Nigella damascena*). Wichtig: Blütenstiele schräg anschneiden und das Vasenwasser täglich wechseln.

Ein Gießstab ist besonders praktisch, weil man mit ihm im Stehen gießen kann.

Frisch im Garten gepflückt, halten Sommerblumensträuße besonders lange. Wichtig: Vasenwasser täglich wechseln.

Sommerblumenpflege

Um die Blühwilligkeit der Sommerblumen bis in den Herbst hinein zu erhalten, gilt es ein paar wichtige Pflegetipps zu beachten: Gießen Sie die Pflanzen regelmäßig morgens, möglichst an der Basis, so dass das Wasser direkt an die Wurzeln gelangt. Auch eine ausreichende Nährstoffzufuhr muss gewährleistet sein. Damit die kurzlebigen Sommerblüher optimal versorgt sind, reichert man den Standort bereits zur Pflanzung mit reifem Kompost an und ergänzt die Nährstoffversorgung durch mineralischen Dünger oder Flüssigdüngergaben. Ebenfalls nicht zu vergessen ist das Ausputzen verblühter Triebe. Das erhöht nicht nur den Zierwert der Pflanzen, sondern regt die Sommerblüher auch zu neuer Blütenbildung an. Sind die Stöcke gänzlich verblüht, schneidet man die Pflanzen etwa um ein Drittel zurück, um eine Nachblüte zu fördern. Hochwüchsige Einjährige wie Zier-Tabak oder Kosmeen sind für eine Stütze dankbar. Kontrollieren Sie Stiele und Blätter außerdem regelmäßig auf Krankheiten und Schädlingsbefall. Betroffene Pflanzenstellen sofort ausbrechen und über den Hausmüll entfernen.

Sommerblumen, die sich leicht selbst aussäen

Deutscher Name Botanischer Name	Blütemonat	Wuchshöhe (cm)	Standort
Kornblume *Centaurea cyanus*	Mai bis August	20 bis 90	sonnig
Kosmee *Cosmos bipinnatus*	Mai bis August	80 bis 150	sonnig
Goldlack *Erysimum cheiri*	April bis Juni	25 bis 75	sonnig
Kalifornischer Goldmohn *Eschscholzia californica*	Juni bis September	20 bis 60	sonnig
Bechermalve *Lavatera trimestris*	Juli bis September	60 bis 120	sonnig
Duftsteinrich *Lobularia maritima*	Mai bis August	10 bis 30	sonnig
Vergissmeinnicht *Myosotis sylvatica*	März bis Juni	15 bis 35	sonnig bis halbschattig
Jungfer im Grünen *Nigella damascena*	Juni bis August	40 bis 50	sonnig
Kapuzinerkresse *Tropaeolum*-Hybriden	Juli bis Oktober	30 bis 200	sonnig

Die Bechermalve ist eine robuste Sommerblume. Im Garten sät sie sich leicht selbst wieder aus.

Ein- und zweijährige Sommerblumen im Porträt

Leberbalsam
Ageratum houstonianum

▸ **Blüte**
hellblau bis violettblau, purpurrot, weiß; von Mai bis November
▸ **Wuchs**
kompakt buschig, dicht verzweigt; 15 bis 35 cm hoch, 20 bis 30 cm breit

Leberbalsam

▸ **Standort**
sonnig bis halbschattig; Boden frisch bis feucht, durchlässig, sandig-humos
▸ **Pflanzabstand**
20 bis 25 cm
▸ **Wasserbedarf**
mittel bis hoch
▸ **Nährstoffbedarf**
mittel bis hoch
▸ **Wichtige Infos**
leicht und schnell zu pflegen, auch für kleine Gärten sowie für Töpfe und Kästen geeignet, ungewöhnliche Blüten

Stockrose
Alcea rosea

▸ **Blüte**
Farbvariationen in Gelb, Rosa, Rot, Purpur und Weiß, einfach bis gefüllt; von Juli bis September
▸ **Wuchs**
straff aufrecht; 200 bis 250 cm hoch, 60 bis 80 cm breit

Stockrose, Sorte 'Nigra'

▸ **Standort**
sonnig; Boden mäßig trocken bis frisch, durchlässig, sandig-lehmig
▸ **Pflanzabstand**
50 bis 80 cm
▸ **Wasserbedarf**
wenig
▸ **Nährstoffbedarf**
mittel bis hoch
▸ **Wichtige Infos**
zweijährig; Verblühtes regelmäßig entfernen; Malvenrost

Löwenmäulchen
Antirrhinum majus

▸ **Blüte**
Farbvariationen in Gelb, Rosa, Rot oder Weiß; von Juli bis Oktober
▸ **Wuchs**
buschig, aufrecht; 25 bis 100 cm hoch, 15 bis 60 cm breit

▸ **Standort**
sonnig; Boden mäßig trocken bis frisch, durchlässig, sandig-humos
▸ **Pflanzabstand**
15 bis 25 cm
▸ **Wasserbedarf**
wenig
▸ **Nährstoffbedarf**
mittel bis hoch
▸ **Wichtige Infos**
leicht und schnell zu pflegen, niedrig wachsende Sorten auch für Töpfe und Kästen geeignet

Eis-Begonie
Begonia-Cultivars Semperflorens-Gruppe

▸ **Blüte**
Farbvariationen in Rosa, Rot und Weiß; von April bis Oktober
▸ **Wuchs**
kompakt buschig; 20 bis

Eis-Begonie

30 cm hoch, 10 bis 20 cm breit
▸ **Standort**
sonnig bis halbschattig; Boden frisch, durchlässig, humos
▸ **Pflanzabstand**
20 cm
▸ **Wasserbedarf**
mittel
▸ **Nährstoffbedarf**
mittel bis hoch
▸ **Wichtige Infos**
schöner, eifriger Dauerblüher, auch für kleine Gärten geeignet

Maßliebchen
Bellis perennis

▸ **Blüte**
weiß bis weißrosa, einfach bis gefüllt; je nach Sorte von März bis September
▸ **Wuchs**
10 bis 20 cm hoch, 10 bis 20 cm breit
▸ **Standort**
sonnig bis halbschattig; Boden frisch, durchlässig

Löwenmäulchen

Maßliebchen

▸ **Pflanzabstand**
15 bis 20 cm
▸ **Wasserbedarf**
mittel
▸ **Nährstoffbedarf**
mittel
▸ **Wichtige Infos**
leicht zu pflegen, dankbare Pflanze auch für Balkon und Terrasse

Ringelblume
Calendula officinalis

▸ **Blüte**
Farbvariationen in Gelb, Orange, einfach bis gefüllt; von Mai bis September
▸ **Wuchs**
aufrecht; 30 bis 50 cm hoch, 25 bis 40 cm breit
▸ **Standort**
sonnig; Boden frisch, durchlässig, sandig-lehmig
▸ **Pflanzabstand**
20 bis 25 cm
▸ **Wasserbedarf**
mittel
▸ **Nährstoffbedarf**
mittel
▸ **Wichtige Infos**
leicht und schnell zu pflegen, auch für kleine Gärten geeignet

Sommeraster
Callistephus chinensis

▸ **Blüte**
Farbvariationen in Gelb, Rot, Rosa, Violett und Weiß, einfach oder gefüllt; von Juli bis Oktober
▸ **Wuchs**
aufrecht bis ausladend; 20 bis 70 cm hoch, 20 bis 50 cm breit
▸ **Standort**
sonnig; Boden frisch, durchlässig, sandig-humos

Sommeraster

▸ **Pflanzabstand**
20 bis 30 cm
▸ **Wasserbedarf**
mittel
▸ **Nährstoffbedarf**
mittel bis hoch
▸ **Wichtige Infos**
leicht und schnell zu pflegen, auch für Töpfe und Kästen geeignet, Standort jährlich wechseln

Kornblume
Centaurea cyanus

▸ **Blüte**
weiß, blau, rosa, filigran; von Mai bis August
▸ **Wuchs**
aufrecht; 20 bis 90 cm hoch, 15 bis 20 cm breit
▸ **Standort**
sonnig; Boden mäßig trocken bis frisch, durchlässig
▸ **Pflanzabstand**
20 bis 25 cm
▸ **Wasserbedarf**
wenig
▸ **Nährstoffbedarf**
wenig
▸ **Wichtige Infos**
pflegeleicht, frühzeitiges Entspitzen fördert buschigen Wuchs

Spinnenblume
Cleome spinosa

▸ **Blüte**
weiß, rosa, rot und violett, filigran; von Juli bis Oktober
▸ **Wuchs**
aufrecht; 90 bis 150 cm hoch, 30 bis 50 cm breit

Spinnenblume

▸ **Standort**
sonnig; Boden frisch, durchlässig, sandig-humos
▸ **Pflanzabstand**
40 bis 60 cm
▸ **Wasserbedarf**
mittel
▸ **Nährstoffbedarf**
hoch
▸ **Wichtige Infos**
leicht zu pflegen, Duftpflanze, niedrige Sorten auch für Töpfe und Kästen geeignet, Stutzen der Jungpflanzen fördert schönen buschigen Wuchs

Schmuckkörbchen
Cosmos bipinnatus

▸ **Blüte**
Farbvariationen in Karminrot, Rosa, Weiß; von Mai bis August
▸ **Wuchs**
aufrecht, stark verzweigt; 80 bis 150 cm hoch, 50 cm breit
▸ **Standort**
sonnig; Boden frisch, durchlässig, sandig-humos
▸ **Pflanzabstand**
20 bis 30 cm
▸ **Wasserbedarf**
mittel

Ringelblume

Kornblume

Schmuckkörbchen

▸ **Nährstoffbedarf**
mittel bis hoch
▸ **Wichtige Infos**
grazile Blütenpracht, pflegeleicht, lockt Bienen und
Schmetterlinge an

Bart-Nelke
Dianthus barbatus

▸ **Blüte**
purpurviolett, rosa, rot oder
weiß; von Juni bis August
▸ **Wuchs**
buschig, aufrecht;
40 bis 60 cm hoch,
20 bis 30 cm breit
▸ **Standort**
sonnig; Boden frisch, durchlässig, sandig-lehmig
▸ **Pflanzabstand**
25 bis 30 cm
▸ **Wasserbedarf**
mittel

▸ **Nährstoffbedarf**
mittel bis hoch
▸ **Wichtige Infos**
zweijährig, leicht zu pflegen,
Duftpflanze

Roter Fingerhut
Digitalis purpurea

▸ **Blüte**
purpurrot, rosa, gelb, weiß;
von Juni bis August
▸ **Wuchs**
straff aufrecht;
80 bis 150 cm hoch,
60 bis 70 cm breit
▸ **Standort**
sonnig bis halbschattig;
Boden frisch, durchlässig,
humos
▸ **Pflanzabstand**
30 bis 50 cm
▸ **Wasserbedarf**
mittel

▸ **Nährstoffbedarf**
mittel
▸ **Wichtige Infos**
zweijährig, leicht und schnell
zu pflegen, giftig; wird wie
eine Staude verwendet, da er
sich selbst wieder aussät

Goldlack
Erysimum cheiri

▸ **Blüte**
leuchtend gelborange; von
April bis Juni
▸ **Wuchs**
buschig, aufrecht; 30 bis
80 cm hoch, 30 bis 40 cm
breit
▸ **Standort**
sonnig; Boden mäßig trocken
bis frisch, durchlässig, sandig-humos
▸ **Pflanzabstand**
20 bis 30 cm
▸ **Wasserbedarf**
wenig

▸ **Nährstoffbedarf**
mittel
▸ **Wichtige Infos**
zweijährig, Duftpflanze;
leicht zu pflegen; auch für
Töpfe und Kästen geeignet,
mäßig frosthart

Goldmohn
Eschscholzia californica

▸ **Blüte**
Farbvariationen in Gelb,
Orange, Rot, Weiß,
mohnartig;
von Juni bis September
▸ **Wuchs**
locker; 20 bis 60 cm hoch,
15 bis 30 cm breit
▸ **Standort**
sonnig; Boden mäßig tro-
cken, durchlässig
▸ **Pflanzabstand**
20 cm
▸ **Wasserbedarf**
wenig

Fingerhut

Goldmohn

▸ **Nährstoffbedarf**
wenig
▸ **Wichtige Infos**
einfach zu pflegen, auch für
Balkon und Terrasse geeignet

Mittagsgold
Gazania rigens

▸ **Blüte**
leuchtend orange;
von Mai bis Oktober
▸ **Wuchs**
flach wachsend bis buschig,
aufrecht; 20 bis 50 cm hoch,
30 bis 50 cm breit
▸ **Standort**
sonnig; Boden mäßig trocken
bis frisch, durchlässig,
sandig-humos
▸ **Pflanzabstand**
20 bis 30 cm

▸ **Wasserbedarf**
wenig
▸ **Nährstoffbedarf**
mittel bis hoch
▸ **Wichtige Infos**
leicht und schnell zu pflegen,
auch für kleine Gärten
sowie Töpfe und Kästen
geeignet

Sonnenblume
Helianthus annuus

▸ **Blüte**
gelb, orange, rotbraun,
gefüllt, einfach, groß; von Juli
bis September
▸ **Wuchs**
straff aufrecht;
130 bis 300 cm hoch
▸ **Standort**
sonnig;
Boden frisch bis feucht,
durchlässig,
sandig-lehmig
▸ **Pflanzabstand**
30 bis 40 cm
▸ **Wasserbedarf**
mittel bis hoch
▸ **Nährstoffbedarf**
hoch
▸ **Wichtige Infos**
leicht zu pflegen,
lockt Bienen an,
eventuell Stützpfahl nötig

Sonnenblume

Strohblume
Helichrysum bracteatum

▸ **Blüte**
gelb, rosa, rot, weiß; von Mai
bis Oktober
▸ **Wuchs**
aufrecht; 35 bis 100 cm hoch,
30 bis 50 cm breit
▸ **Standort**
sonnig; Boden frisch bis
feucht, durchlässig, sandig-
humos
▸ **Pflanzabstand**
30 cm
▸ **Wasserbedarf**
mittel bis hoch
▸ **Nährstoffbedarf**
mittel

▸ **Wichtige Infos**
Trockenblume, pflegeleicht;
auch für Töpfe und Kästen
geeignet

Doldige Schleifen-blume
Iberis umbellata

▸ **Blüte**
weiß, lavendelblau,
karminrosa, purpurrosa;
von Mai bis August
▸ **Wuchs**
kompakt buschig bis Polster
bildend;
15 bis 30 cm hoch,
20 bis 25 cm breit
▸ **Standort**
sonnig; Boden mäßig trocken

Mittagsgold 'New Magic'

Strohblume

bis frisch, durchlässig, sandig-humos
▸ **Pflanzabstand**
20 cm
▸ **Wasserbedarf**
wenig
▸ **Nährstoffbedarf**
mittel
▸ **Wichtige Infos**
leicht und schnell zu pflegen; auch für kleine Gärten sowie Töpfe und Kästen geeignet, Steingartenpflanze; lockt Insekten an

Bechermalve
Lavatera trimestris

▸ **Blüte**
rosa, dunkelrot bis weiß; von Juli bis September
▸ **Wuchs**
buschig, aufrecht; 60 bis 120 cm hoch, 40 bis 60 cm breit
▸ **Standort**
sonnig; Boden mäßig trocken bis frisch, durchlässig, sandig-lehmig
▸ **Pflanzabstand**
50 bis 100 cm

▸ **Wasserbedarf**
wenig
▸ **Nährstoffbedarf**
hoch
▸ **Wichtige Infos**
pflegeleicht, dekorative Blüten

Duftsteinrich
Lobularia maritima

▸ **Blüte**
hellrosa bis purpurrosa und weiß; von Mai bis August
▸ **Wuchs**
kompakt buschig bis polsterartig; 10 bis 30 cm hoch, 20 bis 30 cm breit
▸ **Standort**
sonnig; Boden mäßig trocken bis frisch, durchlässig, sandig-humos
▸ **Pflanzabstand**
20 bis 25 cm
▸ **Wasserbedarf**
mittel
▸ **Nährstoffbedarf**
mittel bis hoch
▸ **Wichtige Infos**
schnell zu pflegen; auch für Beeteinfassungen sowie

Duftsteinrich

Töpfe und Kästen geeignet; süßer Duft

Levkoje
Matthiola incana

▸ **Blüte**
Farbvariationen in Hellrosa, Purpur, Violett oder Weiß, Blau oder Zartgelb, teilweise gefüllt blühend; von Mai bis Juli
▸ **Wuchs**
aufrecht; 40 bis 80 cm hoch, 20 bis 40 cm breit
▸ **Standort**
sonnig; Boden frisch, durch-

lässig, sandig-humos
▸ **Pflanzabstand**
20 bis 30 cm
▸ **Wasserbedarf**
mittel
▸ **Nährstoffbedarf**
mittel bis hoch
▸ **Wichtige Infos**
leicht und schnell zu pflegen; Duftpflanze, auch für Balkon und Terrasse geeignet; Verblühtes zurückschneiden

Vergissmeinnicht
Myosotis sylvatica

▸ **Blüte**
rosa, weiß, blau bis hellblau; von März bis Juni
▸ **Wuchs**
aufrecht bis kompakt buschig; 15 bis 30 cm hoch, 20 cm breit
▸ **Standort**
sonnig bis halbschattig; Boden frisch bis feucht, durchlässig, humos
▸ **Pflanzabstand**
20 cm

Bechermalve

Levkoje

Vergissmeinnicht

▸ **Wasserbedarf**
mittel bis hoch

▸ **Nährstoffbedarf**
wenig bis mittel

▸ **Wichtige Infos**
zweijährig; dankbare, pflegeleichte Pflanze; auch für kleine Gärten sowie Töpfe und
Kästen geeignet, schön in
Steingärten

Ziertabak
Nicotiana alata

▸ **Blüte**
grünlich gelb, weiß, rot, rosarot, trichterförmig; von Mai
bis September

▸ **Wuchs**
aufrecht, Rosetten bildend;
30 bis 120 cm hoch, 20 bis
40 cm breit

▸ **Standort**
sonnig; Boden mäßig trocken
bis frisch, durchlässig,
humos

▸ **Pflanzabstand**
30 cm

▸ **Wasserbedarf**
wenig

▸ **Nährstoffbedarf**
hoch

▸ **Wichtige Infos**
leicht und schnell zu pflegen,
für kleine Gärten geeignet;
Duftpflanze; kann auch in
Töpfen und Kästen gepflegt
werden

Jungfer im Grünen, Schwarzkümmel
Nigella damascena

▸ **Blüte**
hellblau bis himmelblau
oder dunkelviolett, weiß,
rosa; von Juni bis August

▸ **Wuchs**
aufrecht;
40 bis 50 cm hoch,
20 bis 25 cm breit

▸ **Standort**
sonnig; Boden mäßig trocken
bis frisch, durchlässig

▸ **Pflanzabstand**
20 bis 30 cm

▸ **Wasserbedarf**
wenig

▸ **Nährstoffbedarf**
mittel bis hoch

▸ **Wichtige Infos**
leicht und schnell zu pflegen;
auch für kleine Gärten
sowie Töpfe und Kästen
geeignet, sät sich leicht
selbst aus

Gewöhnliche Nachtkerze
Oenothera biennis

▸ **Blüte**
blassgelb bis dunkelgelb; von
Juni bis September

▸ **Wuchs**
aufrecht; 50 bis 100 cm hoch,
40 bis 60 cm breit

▸ **Standort**
sonnig; Boden mäßig trocken
bis frisch, durchlässig

▸ **Pflanzabstand**
25 bis 30 cm

▸ **Wasserbedarf**
wenig

Gewöhnliche Nachtkerze

▸ **Nährstoffbedarf**
mittel

▸ **Wichtige Infos**
zweijährig; schnell zu pflegen, duftet in den Abend-
stunden

Klatschmohn
Papaver rhoeas

▸ **Blüte**
scharlachrot; von Mai bis Juli

▸ **Wuchs**
aufrecht; 30 bis 90 cm hoch,
20 bis 30 cm breit

Klatschmohn

▸ **Standort**
sonnig; Boden mäßig trocken
bis frisch, durchlässig

▸ **Pflanzabstand**
30 cm

▸ **Wasserbedarf**
wenig

▸ **Nährstoffbedarf**
mittel

▸ **Wichtige Infos**
auffallende Blüten, einfach
zu pflegen, auch für kleine
Gärten geeignet

Rauer Sonnenhut
Rudbeckia hirta

▸ **Blüte**
hellgelb bis goldgelb,
rotbraun; von August bis
Oktober

▸ **Wuchs**
aufrecht, verzweigt; 30 bis
80 cm hoch, 30 bis 50 cm
breit

▸ **Standort**
sonnig; Boden frisch bis
feucht, sandig-lehmig, lehmig

▸ **Pflanzabstand**
60 bis 80 cm

Ziertabak

Jungfer im Grünen

Rauer Sonnenhut

▸ **Wasserbedarf**
mittel bis hoch
▸ **Nährstoffbedarf**
mittel bis hoch
▸ **Wichtige Infos**
weithin sichtbare Blüten-
pracht, leicht zu pflegen,
auch für kleine Gärten geeignet

▸ **Wasserbedarf**
mittel bis hoch
▸ **Nährstoffbedarf**
hoch
▸ **Wichtige Infos**
einfach zu pflegen; auch für
Balkon und Terrasse, Blattschmuckpflanze in vielen
Variationen

Mutterkraut 'Goldball'

▸ **Wasserbedarf**
mittel
▸ **Nährstoffbedarf**
mittel bis hoch
▸ **Wichtige Infos**
pflegeleicht, Klassiker,
Duftpflanze, auch für kleine
Gärten sowie zur Beet-
einfassung; für Töpfe und
Kästen geeignet

▸ **Nährstoffbedarf**
mittel bis hoch
▸ **Wichtige Infos**
leicht und schnell zu pflegen,
auch für kleine Gärten sowie
Töpfe und Kästen geeignet;
schön in Steingärten

Buntnessel
*Solenostemon
scutellarioides*

▸ **Blüte**
hellviolett oder weiß;
uni bis bunt gemustert;
Sommer bis Herbst
▸ **Wuchs**
buschig, aufrecht; 30 bis
60 cm hoch, 30 bis 60 cm breit
▸ **Standort**
sonnig bis halbschattig;
Boden frisch bis feucht,
durchlässig, humos
▸ **Pflanzabstand**
25 bis 35 cm

Kleine Studenten-
blume
Tagetes patula

▸ **Blüte**
gelb, orange bis rotbraun
oder zweifarbig, einfach;
von April bis September
▸ **Wuchs**
buschig, aufrecht, kompakt
wachsend; 15 bis 50 cm hoch,
15 bis 30 cm breit
▸ **Standort**
sonnig; Boden frisch, durchlässig
▸ **Pflanzabstand**
15 bis 20 cm

Mutterkraut
Tanacetum parthenium

▸ **Blüte**
weiß; von Juni bis September
▸ **Wuchs**
buschig, aufrecht, bildet
Horste; 40 bis 60 cm hoch,
20 bis 30 cm breit
▸ **Standort**
sonnig; Boden frisch, durchlässig, sandig-lehmig
▸ **Pflanzabstand**
20 bis 25 cm
▸ **Wasserbedarf**
mittel

Kapuzinerkresse
Tropaeolum majus

▸ **Blüte**
hellgelb, orange, rot;
von Juni bis September
▸ **Wuchs**
kletternd bis kriechend;
150 bis 300 cm hoch
▸ **Standort**
sonnig bis halbschattig;
Boden frisch bis feucht,
fruchtbar, durchlässig
▸ **Pflanzabstand**
20 bis 30 cm
▸ **Wasserbedarf**
mittel bis hoch
▸ **Nährstoffbedarf**
hoch

Buntnessel

Studentenblume 'Disco Red'

Kapuzinerkresse

Stiefmütterchen

▸ **Wichtige Infos**
pflegeleichte Sommerblume, auch für kleine Gärten sowie Balkon und Terrasse geeignet, schön in Ampeln

▸ **Wichtige Infos**
leicht zu pflegen, auch für kleine Gärten sowie Töpfe und Kästen geeignet, schön in Ampeln

▸ **Wichtige Infos**
zweijährig; Klassiker, schnell zu pflegen, auch für kleine Gärten sowie Töpfe und Kästen geeignet, gut in Steingärten

40 bis 100 cm hoch, 20 bis 30 cm breit
▸ **Standort**
sonnig; Boden frisch, durchlässig, sandig-humos
▸ **Pflanzabstand**
20 bis 30 cm
▸ **Wasserbedarf**
mittel
▸ **Nährstoffbedarf**
mittel bis hoch
▸ **Wichtige Infos**
Verblühtes regelmäßig entfernen, leicht und schnell zu pflegen, auch für kleine Gärten sowie für Balkon und Terrasse geeignet

Verbene, Eisenkraut
Verbena-Cultivars

▸ **Blüte**
Farbvariationen in Rosa, Rot, Violett und Weiß; von Mai bis Oktober
▸ **Wuchs**
niederliegend bis kriechend oder überhängend; 20 bis 40 cm hoch, 30 bis 40 cm breit
▸ **Standort**
sonnig;
Boden mäßig trocken bis frisch, durchlässig
▸ **Pflanzabstand**
20 bis 30
▸ **Wasserbedarf**
gleichmäßig feucht halten
▸ **Nährstoffbedarf**
hoch

Stiefmütterchen
Viola × wittrockiana

▸ **Blüte**
Farbvariationen in Blau, Gelb, Orange, Rosa, Rot, Violett, Weiß; von Februar bis Juni
▸ **Wuchs**
kompakt buschig, bildet Horste; 20 bis 25 cm hoch, 20 bis 25 cm breit
▸ **Standort**
sonnig bis halbschattig; Boden frisch, durchlässig, sandig-lehmig
▸ **Pflanzabstand**
15 bis 20 cm
▸ **Wasserbedarf**
mittel
▸ **Nährstoffbedarf**
mittel

Zinnie
Zinnia elegans

▸ **Blüte**
Farbvariationen in Weiß, Rosa, Lachs, Gelb, Rot, Orange;
einfach und gefüllt; von Juni bis August
▸ **Wuchs**
buschig, aufrecht;

Zinnie

Weitere attraktive Sommerblumen

Deutscher Name *Botanischer Name*	Blütenfarbe	Blütezeit	Höhe (cm)	Standort	Tipps
Marien-Glockenblume *Campanula medium*	blau, rosa, violett, weiß	Mai bis Juli	60 bis 90	sonnig bis halbschattig	pflegeleicht, grazile Blütenpracht
Rittersporn *Consolida ajacis*	Farbvariationen in Rosa, Lila, Blau und Weiß	Juni bis September	bis 110	sonnig	pflegeleicht
Sommer-Schleierkraut *Gypsophila elegans*	weiß bis hellrosa	Juli bis August	50 bis 60	sonnig	pflegeleicht, für Einsteiger, für Töpfe und Kästen
Rizinus, Wunderbaum *Ricinus communis*	grünlich gelb	Juli bis September	150 bis 300	sonnig	pflegeleicht, auffallende Früchte
Mexikanische Sonnenblume *Tithonia rotundifolia*	orange	August bis Oktober	120 bis 200	sonnig	pflegeleicht, für Einsteiger

Stauden

Wer ein Beet oder einen ganzen Garten anlegen möchte, wird früher oder später die Bekanntschaft mit einer Pflanzengruppe machen, die jeden Garten zu etwas ganz Besonderem macht: die Stauden. Eines ihrer wichtigsten Merkmale ist ihre Ausdauer. Während viele andere Gartenpflanzen wie die einjährigen Sommerblumen nach einer Saison „verbraucht" sind, kommen Stauden, einmal am richtigen Standort gepflanzt, jedes Frühjahr wieder. Manche Arten wie die beliebten Pfingstrosen werden über 70 Jahre alt!

Die meisten Stauden treiben jedes Jahr neu aus dem Erdreich, entwickeln sich zu prächtig blühenden Pflanzen, bis sie im Herbst anfangen zu welken und sich mit Beginn des ersten Frostes wieder in den Boden zurückziehen. In ihren unterirdischen Pflanzenteilen speichern sie die Energie für den Neuaustrieb im Frühjahr. Sie werden von Jahr zu Jahr schöner und üppiger. Anders als bei Bäumen oder Sträuchern bleiben ihre Triebe stets weich und biegsam und verholzen nicht.

Wer sich in der Gärtnerei oder im Gartencenter in der Staudenabteilung umschaut, wird von der Menge beeindruckt sein, denn das Angebot ist riesengroß. Da gibt es Polster bildende, niedrige Bodendecker wie das gelbe Steinkraut (*Alyssum saxatile*) oder das Blaukissen (*Aubrieta*) neben meterhohen Solitärstauden für den Hintergrund wie die Königskerze (*Verbascum*), aber auch viele mittelhohe Begleitstauden wie Mädchenauge (*Coreopsis grandiflorum*), Frauenmantel (*Alchemilla mollis*) oder Katzenminze (*Nepeta* × *fassenii*). Neben ihrer Wuchshöhe unterscheiden sich Stauden auch in der Blütezeit. Die einen eröffnen im Frühjahr mit ihren Blüten die Gartensaison, bevor sie von sommerblühenden Arten abgelöst und die Herbstblüher schmücken den Garten bis in den Winter hinein.

Nicht alle Arten haben den gleichen Anspruch an ihren Standort und beim Kauf hilft uns auch dieser Aspekt weiter. So gibt es Arten, die am liebsten in voller Sonne gedeihen und andere, die sich nur an einem schattigen Plätzchen wohl fühlen. Wieder andere kommen mit trockenem Boden zurecht, im

Gegensatz zu denen, die einen feuchten, sumpfigen Untergrund wünschen. Je nach Bedingung und Lage des Gartenbereichs, der bepflanzt werden soll, wählt man die entsprechenden Stauden aus.

Der richtige Standort

▶ **Stauden für die Sonne**

Die größte Auswahl an Arten und Sorten haben Sie, wenn Ihr Beet in der Sonne liegt. Die Sonnenanbeter fühlen sich hier am wohlsten, wenn der Boden tiefgründig, locker, durchlässig und nährstoffreich ist. Neben allen Grundfarben in sämtlichen Nuancen gibt es zwei- oder dreifarbige Sorten und eine ganze Reihe von Pastelltönen. Sonnenstauden haben das ganze Jahr etwas zu bieten: Den Frühling begrüßen neben Steinkraut und Blaukissen die weiße Schlei-

Mit Staudenbeeten lässt sich der Garten raffiniert gestalten. Ob entlang eines Weges, als Hingucker mitten auf der Rasenfläche oder als Seitenstreifen vor dem Haus – wählen Sie Pflanzen mit verschiedenen Blütezeiten, damit das ganze Jahr über etwas blüht

fenblume (*Iberis*), die violette Küchenschelle (*Pulsatilla vulgaris*) oder die gelbe Gämswurz (*Doronicum caucasicum*). Auf der Sommerbühne dürfen Flammenblume (*Phlox*), Schafgarbe (*Achillea millefolium*), Mädchenauge (*Coreopsis verticillata*) oder Spornblume (*Centranthus ruber*) nicht fehlen. Im Spätsommer trumpft das Staudenbeet noch einmal auf, wenn Sie sich für die Fetthenne (*Sedum telephium*) entschieden haben. Sie ist willkommener Nektarspender für Schmetterlinge und Bienen. Auch Sonnenhut (*Rudbeckia*) und Herbst-Aster blühen bis in den Oktober hinein.

Viele Stauden machen auch im Topf eine gute Figur. Katzenminze, Salbei und Thymian können jahrelang im Topf gedeihen.

Stauden im Topf

Wer auch auf Terrasse und Balkon nicht auf Stauden verzichten möchte, pflanzt sie einfach in Töpfe. Alles was sie brauchen, ist ein ausreichend großes Gefäß mit Abzugsloch, Blähton als Dränageschicht am Topfboden und gute Gartenerde, vermischt mit Langzeitdünger. Für den Topf sind fast alle Stauden geeignet. Eine Ausnahme sind Arten, die Ausläufer bilden, wie Goldnessel oder Bleiwurz.

Stauden für den Schatten

Nicht jede Ecke im Garten wird von der Sonne verwöhnt und manchmal beschatten hohe Bäume oder umgebende Häuser sogar den ganzen Garten. Zum Glück gibt es Stauden, die genau diese Bedingungen lieben, um sich zu prächtigen Blütenschönheiten zu entwickeln. Wie die Sonnenstauden bevorzugen sie lockeren und nährstoffreichen Boden. Die meisten Schattenstauden sind von Natur aus an etwas feuchteren Boden gewöhnt – sorgen Sie also vor allem in Beeten, in denen sich die Sonne doch hin und wieder blicken lässt, für genügend Bodenfeuchte. Helle, weniger intensive, dafür aber wunderschöne Pastellfarben findet man bei den meisten Schattenstauden. Vor allem in dunklen Ecken sorgen die hellen Blüten für Abwechslung. Eine weitere Besonderheit vieler Schattenschönheiten liegt in ihren Blättern: Funkien (Hosta), Purpurglöckchen (*Heuchera*) oder Bergenie (*Bergenia*) warten mit großem, je nach Sorte verschieden gezeichnetem Blattwerk auf. Wichtig für schattigere Gartenbereiche: Sie sollten rund ums Jahr attraktiv sein. Im Frühling sorgen Buschwindröschen (*Anemona nemorosa*), Leberblümchen (*Hepatica*) oder Vergissmeinnicht (*Myosotis*) für Lichtblicke. Sie werden von Elfenblume (*Epimedium*), Tränendem Herz (*Dicentra*), Akelei (*Aquilegia*), Fingerhut (*Digitalis*), Nelkenwurz (*Geum*), Storchschnabel (*Geranium*) oder Salomonssiegel (*Polygonatum*) abgelöst. Bis in den Herbst hinein erfreuen uns der stattliche, blaue Eisenhut (*Aco-*

nitum) oder die Oktober-Silberkerze (*Cimicifuga simplex*).

Zu feucht oder zu trocken?

Jeder Garten hat Bereiche, in denen einfach nichts wachsen will. Vor allem an Hanggärten bilden sich in den unteren Bereichen Senken, die sich mit Wasser füllen und den Boden völlig durchnässen. Für extrem feuchte Standorte gibt es Spezialisten unter den Stauden, die sich auch in der Feuchtzone am Teichrand wohl fühlen: Pflanzen Sie hier rosa oder weißes Mädesüß (*Filipendula*), Blut-Weiderich (*Lythrum salicania*), Sumpf-Wolfsmilch (*Euphorbia palustris*), Sumpfdotterblume (*Caltha palustris*) oder Greiskraut (*Ligularia*). Dank ihrer verschiedenen Blütezeiten finden sich auch hier für jede Jahreszeit die passenden Vertreter. Genau gegenteilige Bedingungen findet man bei sandigen, steinigen Böden in voller Sonne. Hier sind anspruchslose Hungerkünstler gefragt: Schafgarbe (*Achillea*), Färberkamille (*Anthemis tinctoria*), Steppenkerze (*Eremurus*), Fackellilie (*Kniphofia*), Katzenminze (*Nepeta*), Fetthenne (*Sedum*) oder Königskerze (*Verbascum*) sind nur einige der vielseitigen Spezialisten, die extrem trockene Standorte mit ihren Blüten in bunte Oasen verwandeln.

> *Extrem trockene Standorte verlangen nach Stauden-Spezialisten. Mit Trockenheit kommen Steppenkerze* (Eremurus robustus), *Fackellilien* (Kniphofia), *Lilien* (Lilium-*Hybriden) und Katzenminze* (Nepeta) *bestens aus.*

Stauden richtig kombinieren

Wer ein Beet anlegt, sollte der Versuchung widerstehen, einfach draufloszupflanzen. Gut geplante Beete bleiben für Jahre attraktiv und müssen kaum verändert werden. Die erste Entscheidung für die Wahl Ihrer Pflanzen nimmt Ihnen der jeweilige Standort ab: Für ein schattiges Beet kommen nur Schattenstauden, in voller Sonne nur Sonnenanbeter infrage. Jetzt gilt es, dem Beet den gewünschten Charakter zu geben.

▸ Farbkombinationen

Gezielte Farbwirkungen erhält man, indem man so genannte Komplementärfarben, Farben, die sich im Farbkreis gegenüberstehen, nebeneinander setzt. So wirken blaue Blüten fantastisch neben orangen Blüten, Violett wirkt neben Gelb am schönsten und Rot kommt zwischen grünen Tönen bestens zur Geltung. Etwas ruhiger und weniger aufdringlich ist ein Beet aus zarten Pastellfarben. Im Trend sind außerdem Beete, die Ton-in-Ton gepflanzt werden. Blaue Beete sorgen für Fernwirkung und sind ideal für kleine Gärten. Gelbe Beete sind für lange, schmale Gärten genau richtig, denn sie täuschen Nähe vor. Rot sorgt im Garten für Temperament.

▸ Wuchshöhe

Meistens legt man ein Beet vor einer Erhöhung, wie zum Beispiel einem Zaun, einer Hauswand, einer Mauer

> **Funkien** (Hosta), **Astilben und Hortensien** (Hydrangea) *sind die richtigen Partner für schattige Gartenecken. Blattschmuckpflanzen wie die Funkien, aber auch verschiedene Farne, sind willkommene Blickfänge im Beet.*

Staudenpraxis

Wer Stauden von Anfang an richtig pflanzt, hat lange Zeit viel Freude und wenig Arbeit. Pflanzen Sie ein Stauden-beet nach einem vorher angefertigten Pflanzplan. Legen Sie für jede Staude den genauen Platz im Beet sowie deren Anzahl fest. Das Staudenbeet entsteht dann Schritt für Schritt.

▸ **Bodenvorbereitung**

Wollen Sie das Beet auf einer Rasenflä-che anlegen, heben Sie zuerst mit dem Spaten die Rasensoden ab, bevor Sie den Boden lockern. Auf einer bestehen-den Beetfläche sollten Sie den verdich-teten Untergrund ebenfalls tiefgründig (30 bis 40 cm) mit einer Grabegabel lockern. Verbessern Sie schweren Boden mit Sand, leichten Boden mit Kompost und Lehmboden. Arbeiten Sie in jedem Fall reifen Kompost und gute Gartener-de in den Boden ein. Für Staudenbeete empfiehlt es sich, gleich bei der Anlage des Beetes Langzeitdünger in Form von Düngekugeln nach Dosierungsanlei-tung in den Boden einzuarbeiten.

oder am Gehölzrand, an. Achten Sie hier darauf, dass Sie hochwüchsige Arten in den Hintergrund setzen, mittelhohe in die Mitte und platzieren Sie die klein-sten Arten in den vorderen Reihen. In einer frei stehenden Rabatte pflanzt man die höchsten Stauden in die Mitte, die Begleitstauden rechts und links davon und in der vordersten Reihe fin-den die niedrigen Stauden ihren Platz.

Am Teichrand gedeihen Stauden, die feuchten Boden mögen. Dazu gehö-ren Goldfelberich (Lysimachia punc-tata), Blutweiderich (Lythrum sali-caria) oder Mädesüß (Filipendula).

werden statt großer, artenreicher Ra-batten auch kleine Kombinationen aus nicht mehr als drei verschiedenen Arten. Auch hier sollten pro Art mindestens zwei bis drei Stauden verwendet wer-den. Ideal ist eine Mischung aus hohen, mittelhohen und niedrigen Stauden, die einen harmonischen Dreiklang bilden.

▸ **Kombination von Stauden mit Sommerblumen und Gehölzen**

Sommerblumen und Stauden sind bei neu angelegten Beeten ideale Partner, denn die Einjährigen schließen die Lücken, wenn die Stauden noch klein sind. Aber auch später sorgen sie in den Blühpausen der Stauden für Farbe. Wer viel Platz hat, kann ein Beet nach Vor-bild der englischen Mixed Border pflan-zen. Hier findet man außer Sommerblu-men auch kleine Gehölze wie Fingerkraut (*Potentilla*), Spiere (*Spiraea japonica*) oder Hochstämmchen wie Kätzchenweide als Staudenbegleiter.

▸ **Die richtige Anzahl**

Stauden kommen am besten zur Gel-tung, wenn man mindestens drei Stück derselben Art nebeneinander pflanzt. Nur hohe Solitärstauden kann man als Blickfang einzeln pflanzen. Faustregel: Pro Quadratmeter 2 bis 3 hohe Stauden oder 5 bis 7 mittelhohe Stauden oder 10 bis 12 Bodendecker. Immer beliebter

▸ **Pflanzung**

Bevor gepflanzt wird, verteilen Sie die Stauden im Topf auf der Beetfläche, um das Gesamtbild zu prüfen und gegebe-nenfalls noch ändern zu können. Tauchen Sie den Erdballen der Stauden mitsamt Pflanztopf vor dem Einsetzen in den Boden in einen Eimer Wasser, bis keine Luftblasen mehr aufsteigen. So erhalten die Wurzeln die nötige Feuchtigkeit. Graben Sie mit einer Handschaufel ein Pflanzloch, das etwas größer ist als der Wurzelballen, setzen Sie die Staude ein und drücken Sie die Erde ringsherum fest. Nach dem Pflanzen jede Staude kräftig gießen. Das Beet in den näch-sten Tagen gleichmäßig feucht halten.

In der Sonne lassen sich traumhafte Kombinationen pflanzen. Hier ist Rittersporn eindrucksvoller Rosen-kavalier. Achten Sie beim Kombinie-ren stets darauf, dass die Blütenfar-ben miteinander harmonieren.

▸ **Pflege**

Richtig gießen Nur an heißen Som-mertagen, wenn der Regen tagelang ausbleibt und der Boden bis in 5 bis 10 cm Tiefe ausgetrocknet ist, muss gegossen werden. Richtlinie: 20 l/m². Wichtig: Gießen Sie am besten frühmorgens oder spätabends, jedoch nicht in der Mit-tagshitze. Gießen Sie stets von unten, denn so vermeiden Sie Pilzkrankheiten und Verbrennungen durch Wasser auf den Blättern.

Düngen Arbeiten Sie jedes Jahr im Herbst oder Frühjahr Kompost in den Boden rund um die Stauden ein. Eine Alternative sind organische Dünger aus dem Handel, die sich langsam zersetzen und das Bodenleben fördern. Zusätzlich sorgt mineralischer Langzeitdünger, den Sie im Frühjahr in den Boden einarbeiten, besonders auf magerem Boden für gleichmäßige Nährstoffzufuhr. Schnell wirkende Dünger bei akuten Mangelerscheinungen sind Flüssigdünger. Nach August nicht mehr düngen, da dies die Winterhärte der Stauden mindern kann.

Rückschnitt Wenn die Gartensaison vorbei ist, können Sie die Stauden bodennah abschneiden, entweder im Spätherbst oder im Frühjahr. Der Herbstschnitt hat den Vorteil, dass sich die Stauden leichter zurückschneiden lassen, bevor der Winter sie weich und matschig gemacht hat. Außerdem kommt jetzt kein Neuaustrieb des Frühjahrs der Schere in die Quere. Schneiden Sie die Stauden jedoch erst im Frühjahr zurück, können Sie sich an manchen schmucken Samenständen auch im Winter freuen.

Stauden stützen Hohe Stauden wie Rittersporn, Sonnenhut, Schafgarbe oder Pfingstrosen müssen gegebenenfalls mit einem Stab gestützt werden, damit sie nicht umkippen und abbrechen.

Charmantes Trio: Bewährt haben sich Stauden im Dreiklang. Hier ergänzen sich Pracht-Storchschnabel (Geranium × magnificum), Garten-Lupine (Lupinus-Hybride) und Zier-Lauch (Allium) perfekt!

Schritt für Schritt zum Traumbeet

1 Nach sorgfältiger Pflanzenwahl und gründlicher Bodenvorbereitung verteilen Sie die Stauden zunächst mitsamt Topf auf dem Beet, um einen ersten Eindruck zu erhalten. Umstellungen des Pflanzplans sind jetzt noch möglich.

2 Wässern Sie die Erdballen in den Töpfen anschließend gründlich in einem Eimer Wasser, bis keine Luftblasen mehr aufsteigen.

3 Lockern Sie den Wurzelballen jeder Pflanze, nachdem Sie diese aus dem Topf geholt haben und lockern Sie auch den Boden im Pflanzloch. Setzen Sie die Pflanze so tief ein, wie sie im Topf gestanden hat.

Die Erde muss fest angedrückt werden.

4 Zum Schluss Gießen nicht vergessen. Die Erde sollte vor allem in den ersten Tagen nicht austrocknen, damit alle Pflanzen gut einwurzeln.

5 Es dauert ein bis zwei Jahre, bis das Beet schön eingewachsen ist und üppig blüht.

Verblühtes abschneiden

Werden verwelkte Blüten regelmäßig abgeschnitten, bilden Stauden neue Knospen nach und blühen dadurch länger. Stauden wie Rittersporn, Feinstrahlaster, Phlox oder Lupine blühen im Herbst ein zweites Mal, wenn Sie die Stängel nach der Blüte bis auf 10 cm über dem Boden abschneiden.

Pflanzenschutz Der größte Feind der Stauden sind Schnecken, vor allem beim Neuaustrieb im Frühjahr. Schützen Sie die Pflanzen durch Absammeln, Schneckenzaun oder Schneckenkorn. Es gibt auch Stauden, die Schnecken verschmähen, zum Beispiel Frauenmantel, Purpurglöckchen, Astilben oder Bergenien. Gegen Blattläuse haben sich Brennnesseljauche, Schmierseifenlösung oder biologische Mittel aus dem Handel bewährt. Auch gegen Rostpilze, Echten und Falschen Mehltau sowie Blattflecken gibt es spezielle Präparate. Schneiden Sie befallene Pflanzenteile sofort ab und entfernen Sie sie aus dem Beet!

Winterschutz Das wichtigste Merkmal, das Stauden auszeichnet, ist ihre Winterhärte. Staunässe oder Trockenheit machen ihnen im Winter mehr zu schaffen als die Kälte. Staunässe vermeiden Sie durch durchlässigen Boden oder mit einer Dränageschicht. Gegen Austrocknung hilft eine dicke Laubdecke und Fichtenreisig, das im Herbst über die Stauden gelegt wird.

▶ Vermehrung

Die einfachste Art, Stauden zu vermehren ist die Teilung. Stauden, die im Frühjahr oder Frühsommer blühen, teilt man nach der Blüte. Alle anderen werden im Frühjahr geteilt. Graben Sie die Pflanzen tiefgründig aus. Bei großen Horsten sticht man mit dem Spaten gleichgroße Teile ab und pflanzt diese neu ein. Kleinere Exemplare lassen sich mit der Hand auseinanderziehen. Nicht geteilt werden Lupine oder Akelei. Letztere vermehrt sich im Garten selbst durch Samen. Dieser Art der Vermehrung können Sie auch gezielt nachhelfen, indem Sie verwelkte

Schützen Sie Ihre Stauden im Beet mit einer dicken Laubschicht am Boden vor Frostschäden, aber vor allem auch vor Austrocknung des Wurzelballens. Die Laubschicht bewahrt die Feuchtigkeit im Boden.

Blüten bis zur Samenreifung an der Pflanze belassen. Ausgesät wird in Pflanzschalen im Haus. Achtung: Stauden wie Eisenhut oder Glockenblume brauchen zur Keimung eine Kälteeinwirkung und werden im Herbst draußen in Schalen ausgesät. Nelken oder Rittersporn vermehrt man über Trieb-Stecklinge. Dazu werden 5 bis 10 cm lange Teilstücke aus den Trieben geschnitten, die in Anzuchterde im Haus bei hoher Luftfeuchtigkeit bewurzeln und später ausgepflanzt werden. Ähnlich erfolgt die Vermehrung bei Tränendem Herz oder Königskerze, nur werden die Stecklinge hier aus den Wurzeln gewonnen.

Graben Sie die Pflanze samt Wurzelballen aus. Kleine Stauden lassen sich einfach per Hand auseinanderziehen, größere Horste teilt ein Spaten. Die Teilstücke möglichst sofort wieder einpflanzen.

Achten Sie beim Einpflanzen der gewonnen Pflanzen auf gute Bodenqualität, insbesondere, wenn sie an einen neuen Standort gesetzt werden. Nach dem Pflanzen kräftig gießen.

Stauden im Porträt

Hohe Garbe
Achillea filipendulina

▸ **Blüte**
goldgelb; von Juni bis September

▸ **Wuchs**
buschig, aufrecht;
100 bis 120 cm hoch,
50 cm breit

▸ **Standort**
sonnig; Boden mäßig trocken bis frisch, durchlässig, sandig-lehmig

▸ **Pflanzabstand**
40 bis 50 cm

▸ **Wasserbedarf**
wenig bis mittel, nur bei mehrtägiger Trockenheit gießen

▸ **Nährstoffbedarf**
mittel bis hoch

▸ **Vermehrung**
Aussaat, Teilung

▸ **Wichtige Infos**
leicht und schnell zu pflegen, Rückschnitt nach Blüte fördert Nachblüte

▸ **Sortenbeispiele**
'Coronation Gold' – leuchtend gelb, bewährte Sorte; 'Parker Variety'– gelb, unverwüstlich, für Trockengestecke; 'Feuerland – rot, schöne Farbpalette, weil Sorte im Verblühen zu Rosa verblasst

Blauer Eisenhut
Aconitum napellus

▸ **Blüte**
blauviolett; von Juli bis August

▸ **Wuchs**
straff aufrecht; 100 bis 120 cm hoch, 30 bis 40 cm breit

▸ **Standort**
sonnig bis halbschattig; Boden frisch bis feucht, humos, nährstoffreich, sandig-lehmig

Heimischer Eisenhut

▸ **Pflanzabstand**
40 cm

▸ **Wasserbedarf**
mittel

▸ **Nährstoffbedarf**
hoch

▸ **Vermehrung**
Aussaat, Teilung

▸ **Wichtige Infos**
leicht und schnell zu pflegen, alle Pflanzenteile giftig

▸ **Sorten und Arten**
auch weiße Sorten wie 'Gletschereis'; *A. carmichaelii*, Herbst-Eisenhut – Spätblüher, lilablau

Frühlings-Adonisröschen
Adonis vernalis

▸ **Blüte**
goldgelb; von April bis Mai

▸ **Wuchs**
buschig;
20 bis 30 cm hoch, 20 cm breit

▸ **Standort**
sonnig; Boden sommertrocken, durchlässig, sandig-kiesig; pH-Wert: schwach basisch bis basisch

Frühlings-Adonisröschen

▸ **Pflanzabstand**
30 cm

▸ **Wasserbedarf**
sehr wenig bis wenig

▸ **Nährstoffbedarf**
mittel

▸ **Vermehrung**
Aussaat, Teilung

▸ **Wichtige Infos**
für kleine Gärten und Steingärten geeignet

▸ **Sortenbeispiele**
'Beninadeshiko', Fukujukai, 'Fukuro'

Kriechender Günsel
Ajuga reptans

▸ **Blüte**
blauviolett;
von Mai bis Juni

▸ **Wuchs**
bildet Polster, wächst schnell; 15 bis 20 cm hoch, 60 bis 90 cm breit

▸ **Standort**
sonnig bis halbschattig; Boden frisch bis feucht, sandig-humos, sandig-lehmig

▸ **Pflanzabstand**
20 bis 30 cm

▸ **Wasserbedarf**
mittel bis hoch

▸ **Nährstoffbedarf**
mittel bis hoch

▸ **Vermehrung**
Aussaat, Teilung

▸ **Wichtige Infos**
leicht und schnell zu pflegen, auch für Gräber; Einfassungspflanze

Hohe Garbe

Kriechender Günsel

▸ **Sortenbeispiele**
'Atropurpurea' – Form mit rotem Laub

Großblättriger Frauenmantel
Alchemilla mollis

▸ **Blüte**
grünlich gelb; von Juni bis Juli

▸ **Wuchs**
halbkugelig oder rundlich, wächst schnell; 40 bis 50 cm hoch, 60 bis 80 cm breit

▸ **Standort**
sonnig bis halbschattig; Boden frisch bis feucht, sandig-humos, sandig-lehmig

▸ **Pflanzabstand**
30 bis 50 cm

▸ **Wasserbedarf**
mittel bis hoch

▸ **Nährstoffbedarf**
mittel

▸ **Vermehrung**
Aussaat, Teilung

▸ **Wichtige Infos**
leicht und schnell zu pflegen; für kleine Gärten,

für schattigere Plätze und für Gräber geeignet; als Bodendecker und Einfassungspflanze verwendbar

▸ **Sortenbeispiele**
'Robusta', 'Auslese'

Gewöhnliches Berg-Steinkraut
Alyssum montanum

▸ **Blüte**
hellgelb; von April bis Juni

▸ **Wuchs**
niederliegend bis buschig aufrecht; 5 bis 20 cm hoch, 50 cm breit

▸ **Standort**
sonnig; Boden trocken bis mittel, durchlässige Dränage, sandig-kiesig

▸ **Pflanzabstand**
30 bis 40 cm

▸ **Wasserbedarf**
sehr wenig bis wenig

▸ **Nährstoffbedarf**
wenig

▸ **Vermehrung**
Aussaat, Stecklinge

Gewöhnliches Berg-Steinkraut

▸ **Wichtige Infos**
pflegeleichte Staude; für kleine Gärten geeignet, kann in Töpfen und Kästen gepflegt werden; auch für Steingärten, Trockenmauern und als Einfassungspflanze im Garten verwendbar

▸ **Sortenbeispiel**
'Berggold' – goldgelb mit niederliegenden Stängeln

Japanische Herbst-Anemone
Anemone hupehensis

▸ **Blüte**
rosa; von August bis Sept.

▸ **Wuchs**
buschig, aufrecht; 40 bis 80 cm hoch, 40 bis 50 cm breit

▸ **Standort**
sonnig bis halbschattig; Boden frisch durchlässig, sandig-lehmig

▸ **Pflanzabstand**
30 bis 40 cm

▸ **Wasserbedarf**
mittel

▸ **Nährstoffbedarf**
mittel

▸ **Vermehrung**
Aussaat, Teilung

▸ **Wichtige Infos**
leicht und schnell zu pflegen

▸ **Sortenbeispiele**
'Septembercharme' – rosa, 100 cm; 'Splendens' – violett-rosa, 80 cm

Akelei
Aquilegia caerulea

▸ **Blüte**
blau, violett; von Mai bis Juni

▸ **Wuchs**
aufrecht; 30 bis 60 cm hoch, 30 cm breit

▸ **Standort**
sonnig bis halbschattig; Boden frisch durchlässig, sandig-humos

▸ **Pflanzabstand**
25 bis 30 cm

▸ **Wasserbedarf**
nur bei mehrtägiger Trockenheit gießen

▸ **Nährstoffbedarf**
mittel

▸ **Vermehrung**
Aussaat

Großblättriger Frauenmantel

Akelei

▸ **Sortenbeispiele**
viele Sorten und Hybriden in roten, rosa, violetten, blauen Farben und Weiß

Gewöhnliche Grasnelke
Armeria maritima

▸ **Blüte**
rosa; von Mai bis Juni

▸ **Wuchs**
kompakt buschig bis Polster bildend; 20 bis 30 cm hoch, 20 bis 25 cm breit

Gewöhnliche Grasnelke

▸ **Standort**
sonnig; Boden trocken bis frisch, durchlässig

▸ **Pflanzabstand**
20 bis 25 cm

▸ **Wasserbedarf**
sehr wenig bis mittel

▸ **Nährstoffbedarf**
mittel

▸ **Vermehrung**
Aussaat, Teilung

▸ **Wichtige Infos**
kann in Töpfen und Kästen gepflegt werden; besonders für Steingärten, Trockenmauern und als Einfassungspflanze

▸ **Sortenbeispiele**
'Alba' – weiß; 'Schöne von Fellbach' – lilarosa

Wald-Geißbart
Aruncus dioicus

▸ **Blüte**
weiß; von Juni bis Juli

▸ **Wuchs**
buschig, aufrecht; 150 bis 200 cm hoch, 90 bis 150 cm breit

Geißbart

▸ **Standort**
halbschattig bis schattig; Boden frisch durchlässig

▸ **Pflanzabstand**
100 cm

▸ **Wasserbedarf**
mittel

▸ **Nährstoffbedarf**
mittel bis hoch

▸ **Vermehrung**
Aussaat, Teilung

▸ **Wichtige Infos**
braucht viel Platz; auch für schattige Plätze

Kissen-Aster
Aster dumosus

▸ **Blüte**
hellviolett; von September bis Oktober

▸ **Wuchs**
kompakt buschig bis rundlich; 20 bis 40 cm hoch, 20 bis 30 cm breit

▸ **Standort**
sonnig; Boden mäßig trocken bis frisch, durchlässig

▸ **Pflanzabstand**
30 cm

▸ **Wasserbedarf**
wenig bis mittel

▸ **Nährstoffbedarf**
hoch

▸ **Vermehrung**
Aussaat, Stecklinge, Teilung

▸ **Wichtige Infos**
kann in Töpfen und Kästen gepflegt werden, auch für Steingärten und als Einfassungspflanze

▸ **Sortenbeispiele**
zahlreiche Sorten; *A.-Dumosus*-Hybride 'Prof. Anton Kippenberg' – blauviolett, halb gefüllt; 'Kassel' – karminrot, halb gefüllt

Raublatt-Aster
Aster novae-angliae

▸ **Blüte**
rosa, rot, rotviolett; von September bis Oktober

▸ **Wuchs**
aufrecht, bildet Horste; 100 bis 150 cm hoch, 60 cm breit

▸ **Standort**
sonnig; Boden frisch, durchlässig

▸ **Pflanzabstand**
70 bis 90 cm

▸ **Wasserbedarf**
mittel

▸ **Nährstoffbedarf**
hoch

▸ **Vermehrung**
Aussaat, Stecklinge, Teilung

▸ **Sortenbeispiele**
'Andenken an Alma Pötschke' – lachsrot bis tiefrosa, 'Herbstschnee' – weiß, 'Rosa Sieger' – rosa

Astilbe
Astilbe × arendsii

▸ **Blüte**
violettrosa; von Juli bis September

▸ **Wuchs**
buschig, aufrecht, bildet Horste; 80 bis 100 cm hoch, 60 bis 70 cm breit

▸ **Standort**
sonnig bis halbschattig; Boden frisch durchlässig; pH-Wert: sauer bis schwach sauer

▸ **Pflanzabstand**
40 bis 50 cm

▸ **Wasserbedarf**
mittel

▸ **Nährstoffbedarf**
mittel bis hoch

▸ **Vermehrung**
Teilung

▸ **Wichtige Infos**
leicht und schnell zu pflegen; auch für schattige Plätze

Garten-Astilbe

Kissen-Aster

Raublatt-Aster 'Rosa Sieger'

▸ **Arten und Sorten-
beispiele**
frühe Blüher – *Astilbe japonica*-Gruppe: 'Europa',
'Deutschland'; mittlere
Blüher – *Astilbe arendsii*-
Gruppe: 'Brautschleier';
späte Blüher – *Astilbe chinensis*-Gruppe: 'Pumila'

Blaukissen
Aubrieta × cultorum

▸ **Blüte**
Farbvariationen in Blau, Kar-
min, Purpur, Rosa, Violett
und Weiß; von April bis Mai
▸ **Wuchs**
flach Polster bildend; 8 bis
12 cm hoch, 50 bis 150 cm
breit
▸ **Standort**
sonnig; Boden mäßig trocken
bis frisch, durchlässig
▸ **Pflanzabstand**
30 cm
▸ **Wasserbedarf**
wenig bis mittel
▸ **Nährstoffbedarf**
mittel bis hoch
▸ **Vermehrung**
Stecklinge, Teilung

▸ **Wichtige Infos**
leicht und schnell zu pflegen,
für kleine Gärten sowie Töpfe
geeignet, auch für Stein-
gärten und Trockenmauern;
Grabbepflanzung

Altai-Bergenie
Bergenia cordifolia

▸ **Blüte**
rosa; von April bis Mai
▸ **Wuchs**
breit wachsend bis krie-
chend; 40 bis 50 cm hoch,
50 bis 60 cm breit
▸ **Standort**
sonnig bis halbschattig;
Boden frisch, durchlässig
▸ **Pflanzabstand**
30 bis 40 cm
▸ **Wasserbedarf**
mittel
▸ **Nährstoffbedarf**
mittel bis hoch
▸ **Vermehrung**
Aussaat, Teilung
▸ **Wichtige Infos**
einfach zu pflegen, für kleine
Gärten, Gräber und schatti-
gere Plätze geeignet; schöne
Blattfärbung im Herbst; auch

Altai-Bergenie

als Bodendecker und Einfas-
sungspflanze verwendbar
▸ **Sortenbeispiele**
'Abendglocken' – karminrot,
'Beethoven' – weiß, rosa
überhaucht

Großblättriges Kaukasus-Vergissmeinnicht
Brunnera macrophylla

▸ **Blüte**
blau; von (März) April bis Juli
▸ **Wuchs**
buschig, bildet Horste; 35 bis
50 cm hoch, 30 bis 40 cm
breit

▸ **Standort**
sonnig bis schattig (in der
Sonne, wenn der Boden
dauerfeucht ist); Boden
frisch bis feucht, lehmig,
durchlässig
▸ **Pflanzabstand**
30 bis 40 cm
▸ **Wasserbedarf**
mittel bis hoch
▸ **Nährstoffbedarf**
mittel bis hoch
▸ **Vermehrung**
Aussaat, Teilung
▸ **Wichtige Infos**
pflegeleicht; auch für schattigere Plätze geeignet
▸ **Sortenbeispiel**
'Blaukuppel' – blau, 80 cm

Blaukissen 'Royal Violett'

Großblättriges Kaukasus-Vergissmeinnicht

Pfirsichblättrige Glockenblume
Campanula persicifolia

▸ **Blüte**
violettblau; von Juni bis Juli

▸ **Wuchs**
aufrecht, bildet Horste;
60 bis 80 cm hoch,
30 bis 40 cm breit

▸ **Standort**
sonnig; Boden mäßig trocken
bis frisch, durchlässig,
sandig-lehmig

▸ **Pflanzabstand**
25 bis 35 cm

▸ **Wasserbedarf**
wenig bis mittel

▸ **Nährstoffbedarf**
mittel

▸ **Vermehrung**
Aussaat, Teilung

▸ **Arten und Sorten**
C. persicifolia fo. *nitida*
(Zwergform) – in verschie-
denen Blautönen und Weiß;
es gibt zahlreiche empfeh-
lenswerte Glockenblumen-
arten wie *C. carpatica*
(Karpaten-Glockenblume),
C. cochleariifolia
(Zwerg-Glockenblume),
C. punctata (Japanische
Glockenblume)

Dalmatiner Glockenblume
Campanula portenschlagiana

▸ **Blüte**
violett; von Juni bis Juli,
Nachblüte im September
(selten)

▸ **Wuchs**
bildet lockere Polster,
kompakt und wächst schnell;
10 bis 20 cm hoch,
40 bis 50 cm breit

▸ **Standort**
sonnig bis halbschattig;
Boden frisch bis feucht,
durchlässig

▸ **Pflanzabstand**
20 bis 30 cm

▸ **Wasserbedarf**
mittel bis hoch

Pfirsichblättrige Glockenblume

▸ **Nährstoffbedarf**
wenig

▸ **Vermehrung**
Aussaat, Teilung

▸ **Wichtige Infos**
kann in Töpfen und Kästen
gepflegt werden, für Steingärten, Gräber und als Einfassungspflanze

Berg-Flocken-blume
Centaurea montana

▸ **Blüte**
blau; Sorten auch in Weiß,
Rosa; von Mai bis Juli

▸ **Wuchs**
buschig, aufrecht, bildet
Horste; 30 bis 50 cm hoch,
40 bis 60 cm breit

▸ **Standort**
sonnig bis halbschattig;
Boden mäßig trocken bis
frisch, durchlässig, sandig-
lehmig

▸ **Pflanzabstand**
30 cm

▸ **Wasserbedarf**
wenig bis mittel

▸ **Nährstoffbedarf**
mittel bis hoch

Flockenblume

▸ **Vermehrung**
Aussaat, Teilung

▸ **Weitere Art**
C. dealbata, Flockenblume

Oktober-Silber-kerze
Cimicifuga simplex

▸ **Blüte**
weiß; von September bis
Oktober

▸ **Wuchs**
straff aufrecht,
bildet Horste;
110 bis 140 cm hoch,
60 bis 70 cm breit

▸ **Standort**
halbschattig; Boden frisch
durchlässig, humos

▸ **Pflanzabstand**
80 bis 100 cm

▸ **Wasserbedarf**
mittel

▸ **Nährstoffbedarf**
mittel bis hoch

▸ **Vermehrung**
Aussaat, Teilung

▸ **Wichtige Infos**
auch für schattigere Plätze;
Höhepunkt im herbstlichen
Garten vor Gehölzen

▸ **Sortenbeispiele**
'Armleuchter' – weiß; 'Braun-
laub' – dunkles Laub

Maiglöckchen
Convallaria majalis

▸ **Blüte**
weiß; im Mai

Maiglöckchen

▸ **Wuchs**
aufrecht, bildet Horste,
neigt zum Wuchern;
20 bis 30 cm hoch,
30 cm breit

▸ **Standort**
halbschattig; Boden frisch
durchlässig, humos

▸ **Pflanzabstand**
25 cm

▸ **Wasserbedarf**
mittel

▸ **Nährstoffbedarf**
mittel

▸ **Vermehrung**
Teilung

▸ **Wichtige Infos**
giftig; auch für schattigere
Plätze und Steingärten;
Duftpflanze

▸ **Sortenbeispiele**
'Pleniflora' – weiß gefüllt;
'Rosea' – rosa

Großblumiges Mädchenauge
Coreopsis grandiflora

▸ **Blüte**
gelb; von Juni bis August

Großblumiges Mädchenauge

▸ **Wuchs**
buschig, aufrecht, bildet
Horste; 50 bis 80 cm hoch,
50 cm breit
▸ **Standort**
sonnig; Boden frisch durchlässig, sandig-lehmig
▸ **Pflanzabstand**
35 cm
▸ **Wasserbedarf**
mittel
▸ **Nährstoffbedarf**
mittel
▸ **Vermehrung**
Aussaat, Teilung
▸ **Wichtige Infos**
pflegeleicht, kann in Töpfen
und Kästen gezogen werden;
Verblühtes regelmäßig entfernen, Dauerblüher
▸ **Sortenbeispiele**
'Early Sunrise' – goldgelb,
halb gefüllt, 'Schnittgold' –
groß, goldgelb

Lerchensporn
Corydalis solida

▸ **Blüte**
rosa, rötlich, lila, weiß, bläu-
lich; von März bis April
▸ **Wuchs**
kompakt buschig; 20 bis
30 cm hoch, 20 bis 40 cm
breit
▸ **Standort**
halbschattig; Boden frisch
bis feucht, durchlässig,
humos
▸ **Pflanzabstand**
25 bis 30 cm

▸ **Wasserbedarf**
mittel bis hoch
▸ **Nährstoffbedarf**
mittel
▸ **Vermehrung**
Aussaat, Teilung
▸ **Wichtige Infos**
leicht und schnell zu pflegen;
für kleine Gärten, schattige
Plätze und Steingärten
geeignet, als Bodendecker
und Einfassungspflanze verwendbar
▸ **Sortenbeispiele**
'George Baker', 'Nymphenburg'

Rittersporn
Delphinium × *cultorum*
Belladonna-Gruppe

▸ **Blüte**
Farbvariationen in Blau, Violett und Weiß; von Juni bis
Oktober
▸ **Wuchs**
aufrecht, bildet Horste; 90
bis 120 cm hoch, 60 cm breit
▸ **Standort**
sonnig; Boden frisch durchlässig, sandig-lehmig
▸ **Pflanzabstand**
50 cm
▸ **Wasserbedarf**
mittel
▸ **Nährstoffbedarf**
hoch
▸ **Vermehrung**
Teilung
▸ **Wichtige Infos**
leicht und schnell zu pflegen,
für kleine Gärten geeignet

Heide-Nelke

▸ **Arten und Sorten-**
beispiele
weit verbreitet sind auch die
Elatum-Hybriden ('Abend-
leuchten', 'Finsteraarhorn')
sowie die *Pacific*-Gruppe
('Galahad' – weiß; 'King
Arthur' – violett)

Heide-Nelke
Dianthus deltoides

▸ **Blüte**
dunkelrosa; von Juni bis
August
▸ **Wuchs**
bildet lockere Polster, wächst
kompakt; 15 bis 20 cm hoch,
30 cm breit
▸ **Standort**
sonnig; Boden mäßig trocken
bis frisch, durchlässig,
sandig-kiesig
▸ **Pflanzabstand**
20 bis 30 cm

▸ **Wasserbedarf**
wenig bis mittel
▸ **Nährstoffbedarf**
sehr wenig
▸ **Vermehrung**
Aussaat, Teilung
▸ **Wichtige Infos**
leicht und schnell zu pflegen,
für kleine Gärten, Stein-
gärten, Trockenmauern und
Gräber; kann in Töpfen
und Kästen gepflegt werden;
Einfassungspflanze

Feder-Nelke
Dianthus plumarius

▸ **Blüte**
weiß, rosa; von Juni bis Juli
▸ **Wuchs**
breit aufrecht bis niederliegend;
20 bis 30 cm hoch,
30 bis 40 cm breit
▸ **Standort**
sonnig; Boden frisch durchlässig, sandig-lehmig;
pH-Wert: schwach basisch
bis basisch
▸ **Pflanzabstand**
35 cm
▸ **Wasserbedarf**
mittel
▸ **Nährstoffbedarf**
mittel bis hoch
▸ **Vermehrung**
Aussaat, Stecklinge, Teilung
▸ **Wichtige Infos**
leicht und schnell zu pflegen,
geeignet für kleine Gärten
▸ **Sortenbeispiele**
'Albus Plenus', 'Doris'

Rittersporn

Feder-Nelke

Tränendes Herz
Dicentra spectabilis

▸ **Blüte**
rot mit Weiß, außerdem
Reinweiß; von Mai bis Juni
▸ **Wuchs**
buschig überhängend; 70 bis
100 cm hoch, 60 bis 80 cm
breit
▸ **Standort**
sonnig bis halbschattig;
Boden frisch durchlässig,
humos
▸ **Pflanzabstand**
50 bis 60 cm
▸ **Wasserbedarf**
mittel
▸ **Nährstoffbedarf**
mittel bis hoch
▸ **Vermehrung**
Aussaat, Teilung
▸ **Wichtige Infos**
leicht und schnell zu pflegen,
für kleine Gärten und schattigere Plätze geeignet; zieht
nach der Blüte komplett ein
▸ **Sortenbeispiel**
'Alba'– weiße „Herzblüten"

Tränendes Herz

▸ **Standort**
halbschattig bis schattig;
Boden mäßig trocken bis
frisch, durchlässig, humos
▸ **Pflanzabstand**
30 bis 40 cm
▸ **Wasserbedarf**
wenig bis mittel – keine
Staunässe
▸ **Nährstoffbedarf**
mittel
▸ **Vermehrung**
Aussaat
▸ **Wichtige Infos**
pflegeleicht, geeignet für
kleine Gärten; giftig

▸ **Standort**
sonnig bis halbschattig;
Boden frisch sandig-lehmig
▸ **Pflanzabstand**
30 cm
▸ **Wasserbedarf**
mittel
▸ **Nährstoffbedarf**
mittel
▸ **Vermehrung**
Aussaat, Teilung
▸ **Wichtige Infos**
schnell zu pflegen,
für kleine Gärten geeignet;
schöner Frühlingsblüher

▸ **Standort**
sonnig; Boden frisch sandig-
lehmig, lehmig
▸ **Pflanzabstand**
30 bis 40 cm
▸ **Wasserbedarf**
mittel
▸ **Nährstoffbedarf**
mittel
▸ **Vermehrung**
Aussaat, Teilung
▸ **Sortenbeispiele**
'Alba' – weiß, grün über-
haucht, 'Magnus' – rot, große Blüten

Balkan-Kugeldistel
Echinops bannaticus

▸ **Blüte**
blau; von Juli bis September
▸ **Wuchs**
buschig, aufrecht, bildet
Horste; 80 bis 160 cm hoch,
60 cm breit
▸ **Standort**
sonnig; Boden frisch durchlässig, sandig-lehmig

Großblütiger Fingerhut
Digitalis grandiflora

▸ **Blüte**
hellgelb bis schwefelgelb;
von Juli bis August
▸ **Wuchs**
straff aufrecht,
bildet Horste;
50 bis 90 cm hoch,
40 bis 50 cm breit

Kaukasus-Gemswurz
Doronicum orientale

▸ **Blüte**
gelb; von April bis Mai
▸ **Wuchs**
breit buschig, bildet Horste;
30 bis 40 cm hoch,
60 bis 90 cm breit

Roter Sonnenhut
Echinacea purpurea

▸ **Blüte**
weinrot mit dunkler Mitte;
von Juli bis September
▸ **Wuchs**
straff aufrecht,
bildet Horste;
80 bis 100 cm hoch,
60 cm breit

Balkan-Kugeldistel

Kaukasus-Gemswurz

Roter Sonnenhut

▸ **Pflanzabstand**
60 bis 70 cm
▸ **Wasserbedarf**
mittel
▸ **Nährstoffbedarf**
mittel bis hoch
▸ **Vermehrung**
Aussaat, Teilung
▸ **Wichtige Infos**
leicht und schnell zu pflegen
▸ **Sortenbeispiele**
'Blue Globe', 'Blue Glow'

Großblumige Elfenblume
Epimedium grandiflorum

▸ **Blüte**
weiß; von April bis Mai
▸ **Wuchs**
kompakt buschig, bildet
Horste; 20 bis 25 cm hoch,
20 cm breit

Zierliche Elfenblume 'Niveum'

▸ **Standort**
halbschattig; Boden frisch
bis feucht, durchlässig,
humos
▸ **Pflanzabstand**
30 cm
▸ **Wasserbedarf**
mittel bis hoch
▸ **Nährstoffbedarf**
mittel
▸ **Vermehrung**
Aussaat, Teilung
▸ **Wichtige Infos**
auch für schattigere Plätze
und Steingärten, guter
Bodendecker
▸ **Weitere Art**
Zierliche Elfenblume,
E. × youngianum

Feinstrahlaster, Berufkraut
Erigeron speciosus

▸ **Blüte**
blau, rosa, rot, violett und
weiß, einfach und gefüllt;
von Juni bis August, zweite
Blüte im Herbst
▸ **Wuchs**
buschig, aufrecht, bildet
Horste; 60 bis 70 cm hoch,
40 bis 50 cm breit

Feinstrahlaster

▸ **Standort**
sonnig; Boden frisch durch-
lässig, sandig-lehmig
▸ **Pflanzabstand**
30 bis 40 cm
▸ **Wasserbedarf**
mittel
▸ **Nährstoffbedarf**
mittel bis hoch
▸ **Vermehrung**
Stecklinge
▸ **Wichtige Infos**
leicht und schnell zu pflegen
▸ **Sortenbeispiele**
'Rotes Meer' – tief dunkelrot,
'Sommerneuschnee' – weiß

Edeldistel
Eryngium alpinum

▸ **Blüte**
blauviolett; von Juli bis
August
▸ **Wuchs**
aufrecht, bildet Horste;
60 bis 80 cm hoch, 40 bis
50 cm breit

▸ **Standort**
sonnig; Boden frisch durch-
lässig, sandig-lehmig; pH-
Wert: schwach basisch bis
basisch
▸ **Pflanzabstand**
50 cm
▸ **Wasserbedarf**
mittel
▸ **Nährstoffbedarf**
hoch
▸ **Vermehrung**
Aussaat
▸ **Sortenbeispiel**
'Blue Star'

Kleines Mädesüß
Filipendula vulgaris

▸ **Blüte**
weiß; von Juni bis Juli
▸ **Wuchs**
locker aufrecht, bildet
Horste; 40 bis 60 cm hoch,
40 bis 50 cm breit
▸ **Standort**
sonnig, halbschattig; Boden
mäßig trocken bis frisch,
durchlässig
▸ **Pflanzabstand**
30 bis 40 cm
▸ **Wasserbedarf**
wenig bis mittel, beim Aus-
trieb viel
▸ **Nährstoffbedarf**
wenig
▸ **Vermehrung**
Aussaat, Teilung
▸ **Wichtige Infos**
leicht und schnell zu pflegen;
Duftpflanze
▸ **Sortenbeispiel**
'Plena'

Kleines Mädesüß

Kokardenblume
Gaillardia-Hybriden

▸ **Blüte**
je nach Sorte gelb, orange,
rot; von Juli bis September
▸ **Wuchs**
buschig, aufrecht, bildet
Horste; 30 bis 70 cm hoch,
40 bis 50 cm breit
▸ **Standort**
sonnig; Boden frisch durchlässig, sandig-lehmig
▸ **Pflanzabstand**
30 bis 40 cm
▸ **Wasserbedarf**
mittel
▸ **Nährstoffbedarf**
mittel bis hoch
▸ **Vermehrung**
Teilung
▸ **Wichtige Infos**
leicht und schnell zu pflegen

Kokardenblume 'Fackelschein'

▸ **Sortenbeispiele**
'Fackelschein' – dunkelrot,
gelbe Spitzen, 'Kobold' – rot,
gelb gerandet, Zwergform

Großblumiger Frühlings-Enzian
Gentiana acaulis

▸ **Blüte**
violettblau (auch weiß);
von Mai bis Juni
▸ **Wuchs**
kompakt kissenförmig;
8 bis 15 cm hoch,
20 bis 30 cm breit

Großblumiger Frühlings-Enzian

▸ **Standort**
sonnig bis halbschattig;
Boden frisch durchlässig,
sandig-lehmig; pH-Wert:
neutral bis basisch
▸ **Pflanzabstand**
10 bis 20 cm
▸ **Wasserbedarf**
mittel
▸ **Nährstoffbedarf**
mittel
▸ **Vermehrung**
Aussaat, Teilung
▸ **Wichtige Infos**
geeignet für kleine Gärten;
Duftpflanze; kann in Töpfen
und Kästen gepflegt werden,
auch für Steingärten
▸ **Weitere Arten**
G. septemfida var. *lagodechiana*, Sommer-Enzian – für
Steingärten und Einfassungen, *Gentiana sino-ornata*,
Chinesischer Herbst-Enzian
– der sauren Boden braucht

Balkan-Storchschnabel
Geranium macrorrhizum

▸ **Blüte**
purpurrot; von Mai bis Juli

Balkan-Storchschnabel

▸ **Wuchs**
breit aufrecht; 25 bis 30 cm
hoch, 50 bis 60 cm breit
▸ **Standort**
sonnig bis halbschattig;
Boden mäßig trocken bis
frisch, durchlässig, humos
▸ **Pflanzabstand**
30 cm
▸ **Wasserbedarf**
wenig bis mittel
▸ **Nährstoffbedarf**
sehr wenig
▸ **Vermehrung**
Aussaat, Teilung
▸ **Wichtige Infos**
leicht und schnell zu pflegen;
für kleine Gärten geeignet,
auch für schattigere Plätze,
Steingärten und als Bodendecker verwendbar
▸ **Weitere Arten**
viele schöne Arten wie *G. endresssii* (Pyrenäen-Storchschnabel), *G. himalayense*
(Himalaja-Storchschnabel
und G. sanguineum (Blut-Storchschnabel)

Pracht-Storchschnabel
Geranium × magnificum

▸ **Blüte**
blauviolett; von Juni bis Juli
▸ **Wuchs**
buschig, aufrecht, bildet
Horste; 40 bis 60 cm hoch,
60 cm breit
▸ **Standort**
sonnig bis halbschattig;
Boden frisch durchlässig,
humos
▸ **Pflanzabstand**
30 bis 50 cm

▸ **Wasserbedarf**
mittel
▸ **Nährstoffbedarf**
mittel bis hoch
▸ **Vermehrung**
Teilung
▸ **Wichtige Infos**
leicht und schnell zu pflegen;
auch für schattigere Plätze
▸ **Sortenbeispiel**
'Rosemoor'

Garten-Nelkenwurz
Geum coccineum

▸ **Blüte**
ziegelrot; von Mai bis Juli

Garten-Nelkenwurz

▸ **Wuchs**
aufrecht, bildet Horste;
30 bis 50 cm hoch, 30 cm
breit
▸ **Standort**
sonnig bis halbschattig;
Boden mäßig frisch; durchlässig, nicht zu nass
▸ **Pflanzabstand**
20 bis 30 cm
▸ **Wasserbedarf**
mittel

▸ **Nährstoffbedarf**
mittel
▸ **Vermehrung**
Aussaat, Teilung
▸ **Wichtige Infos**
leicht und schnell zu pflegen,
für kleine Gärten und auch
für Steingärten geeignet

Teppich-Schleierkraut
Gypsophila repens

▸ **Blüte**
weiß; von Mai bis Juli
▸ **Wuchs**
kompakt bis niederliegend;
15 bis 25 cm hoch, 30 bis
50 cm breit
▸ **Standort**
sonnig; Boden mäßig trocken
bis frisch, durchlässig, sandig-kiesig; eher kühl
▸ **Pflanzabstand**
20 bis 30 cm
▸ **Wasserbedarf**
wenig bis mittel
▸ **Nährstoffbedarf**
sehr wenig
▸ **Vermehrung**
Aussaat, Stecklinge, Teilung
▸ **Wichtige Infos**
leicht und schnell zu pflegen,
für kleine Gärten geeignet,
kann in Töpfen und Kästen
gepflegt werden, auch für
Steingärten und als Einfassungspflanze
▸ **Sortenbeispiele**
'Alba' – weiß, 'Rosenschleier'
– rosa, gefüllt

Pracht-Storchschnabel

Sonnenbraut
Helenium-Sorten

▸ **Blüte**
gelb, kupferrot, orange, rot;
von Juni bis September
▸ **Wuchs**
aufrecht, bildet Horste; 70 bis
120 cm hoch, 50 bis 60 cm
breit
▸ **Standort**
sonnig; Boden mäßig trocken
bis frisch, sandig-lehmig

Sonnenbraut 'Kupferzwerg'

▸ **Pflanzabstand**
60 bis 80 cm
▸ **Wasserbedarf**
wenig bis mittel
▸ **Nährstoffbedarf**
hoch
▸ **Vermehrung**
Stecklinge
▸ **Wichtige Infos**
leicht und schnell zu pflegen,
giftig
▸ **Sortenbeispiele**
'Baudirektor Linne' – rot mit
brauner Scheibe, 'Kugelson-
ne' – gelb mit gelber Scheibe
'Waltraut' – goldbraun

Sonnenröschen
Helianthemum-
Hybriden

▸ **Blüte**
Farbvariationen in Gelb,
Rosa, Rot und Weiß; von Mai
bis Juli
▸ **Wuchs**
kompakt buschig, bildet
Horste; 15 bis 25 cm – sorten-

abhängig auch höher,
30 bis 40 cm breit
▸ **Standort**
sonnig; Boden mäßig trocken
bis frisch, durchlässig, sandig-kiesig
▸ **Pflanzabstand**
20 bis 30 cm
▸ **Wasserbedarf**
wenig bis mittel
▸ **Nährstoffbedarf**
mittel
▸ **Vermehrung**
Stecklinge

Sonnenauge 'Sommersonne'

▸ **Wichtige Infos**
leicht und schnell zu pflegen
▸ **Sortenbeispiele**
'Goldgefieder' – goldgelb,
gefüllt; 'Venus' – goldorange,
gute Schnittsorte

Christrose
Helleborus niger

▸ **Blüte**
weiß bis rosa überlaufen;
von März bis April
▸ **Wuchs**
kompakt buschig, bildet
Horste; 25 bis 30 cm hoch,
40 bis 50 cm breit
▸ **Standort**
halbschattig; Boden frisch
durchlässig, sandig-humos;
pH-Wert: schwach basisch
bis basisch
▸ **Pflanzabstand**
30 bis 40 cm
▸ **Wasserbedarf**
mittel
▸ **Nährstoffbedarf**
hoch

Christrose

Sonnenröschen 'Rubin'

▸ **Wichtige Infos**
leicht und schnell zu pflegen,
geeignet für kleine Gärten,
kann in Töpfen und Kästen
gepflegt werden, auch für
Steingärten und Trocken-
mauern

Sonnenauge
Heliopsis helianthoides
var. *scabra*

▸ **Blüte**
Gelb- und Orangetöne, je
nach Sorte gefüllt oder ungefüllt; von Juli bis September
▸ **Wuchs**
buschig, aufrecht, bildet
Horste; 60 bis 150 cm hoch,
50 bis 60 cm breit
▸ **Standort**
sonnig; Boden frisch sandig-
lehmig, sandig-humos
▸ **Pflanzabstand**
60 bis 70 cm
▸ **Wasserbedarf**
mittel
▸ **Nährstoffbedarf**
hoch
▸ **Vermehrung**
Teilung

▸ **Vermehrung**
Aussaat, Teilung
▸ **Wichtige Infos**
für Fortgeschrittene,
für kleine Gärten geeignet,
auch für schattigere Plätze,
Steingärten, geschützter
Standort
▸ **Sortenbeispiel**
'Praecox' – weiß, 25 cm

Taglilien
Hemerocallis-Hybriden

▸ **Blüte**
Farbvariationen in Gelb,
Orange, Rosa und Rot; von
Juni bis September
▸ **Wuchs**
breit buschig bis über-
hängend, bildet Horste;
50 bis 60 cm hoch,
50 cm breit
▸ **Standort**
sonnig; Boden frisch
sandig-humos,
sandig-lehmig
▸ **Pflanzabstand**
50 bis 70 cm
▸ **Wasserbedarf**
mittel
▸ **Nährstoffbedarf**
hoch
▸ **Vermehrung**
Teilung
▸ **Wichtige Infos**
leicht und schnell zu pflegen,
für kleine Gärten gut geeignet
▸ **Sorten**
zahlreiche Formen, ständig
verbesserte Sorten

Edles Leberblümchen
Hepatica nobilis

- **Blüte**
hellblau; von März bis April
- **Wuchs**
kompakt, bildet Horste; 10 bis 15 cm hoch, 15 bis 20 cm breit
- **Standort**
halbschattig; Boden frisch, durchlässig, humos; pH-Wert: neutral bis basisch
- **Pflanzabstand**
20 cm
- **Wasserbedarf**
mittel
- **Nährstoffbedarf**
hoch
- **Vermehrung**
Aussaat, Teilung

Edles Leberblümchen 'Alba'

- **Wichtige Infos**
für kleine Gärten geeignet; auch für schattigere Plätze, Steingärten und als Einfassungspflanze
- **Sortenbeispiele**
'Alba' – weiß; 'Rubra' – rosa-rot

Purpurglöckchen
Heuchera-Gartensorten

- **Blüte**
je nach Sorte weiß, rosa, rot; von Juni bis Juli

Purpurglöckchen

- **Wuchs**
kompakt buschig, bildet Horste; 50 bis 80 cm hoch, 20 bis 30 cm breit
- **Standort**
halbschattig; Boden frisch, sandig-humos, sandig-lehmig
- **Pflanzabstand**
30 bis 40 cm
- **Wasserbedarf**
mittel
- **Nährstoffbedarf**
mittel bis hoch
- **Vermehrung**
Teilung

- **Weitere Arten**
Heuchera brizoides 'Gracilli-na' – lachsrosa, 50 cm; *Heuchera micrantha* – weiß, Blattschmuck, 50 cm (Bild)

Funkie
Hosta-Sorten

- **Blüte**
violett; von Juli bis August
- **Wuchs**
rundlich buschig bis überhängend, bildet Horste; 50 bis 80 cm hoch, 60 bis 100 cm breit
- **Standort**
halbschattig; Boden frisch bis feucht, sandig-humos, humos
- **Pflanzabstand**
50 bis 70 cm
- **Wasserbedarf**
mittel bis hoch
- **Nährstoffbedarf**
mittel bis hoch
- **Vermehrung**
Teilung
- **Wichtige Infos**
Blattschmuckpflanze; auch für schattigere Plätze; kann in Töpfen und Kästen gepflegt werden
- **Arten**
riesiges Angebot; gute Gartenarten sind zum Beispiel *H. lancifolia* (Lanzen-Funkie) und *H. sieboldiana* (Blaublatt-Funkie)

Immergrüne Schleifenblume
Iberis sempervirens

- **Blüte**
weiß; von April bis Juni
- **Wuchs**
kompakt polsterförmig; 20 bis 30 cm hoch, 50 bis 60 cm breit
- **Standort**
sonnig; Boden trocken bis frisch, durchlässig
- **Pflanzabstand**
20 bis 30 cm
- **Wasserbedarf**
sehr wenig bis mittel
- **Nährstoffbedarf**
mittel
- **Vermehrung**
Aussaat, Stecklinge

Immergrüne Schleifenblume

- **Wichtige Infos**
leicht und schnell zu pflegen, für kleine Gärten geeignet, Duftpflanze, vor allem für Steingärten, Trockenmauern und als Einfassungspflanze

Taglilie

Funkie

Zwerg-Alant
Inula ensifolia

▸ **Blüte**
goldgelb;
von Juli bis August
▸ **Wuchs**
kompakt buschig;
30 bis 40 cm hoch,
30 bis 40 cm breit
▸ **Standort**
sonnig; Boden trocken bis
frisch, durchlässig, tiefgründig
▸ **Pflanzabstand**
30 cm
▸ **Wasserbedarf**
sehr wenig bis mittel
▸ **Nährstoffbedarf**
mittel
▸ **Vermehrung**
Aussaat, Stecklinge, Teilung
▸ **Wichtige Infos**
leicht und schnell zu pflegen;
für kleine Gärten sowie für
Steingärten und Trocken-
mauern geeignet
▸ **Sortenbeispiele**
'Compacta', 'Goldammer'

Deutsche Schwertlilie
Iris germanica

▸ **Blüte**
violett, braune Schlundade-
rung und gelblicher Bart; von
Mai bis Juni
▸ **Wuchs**
aufrecht, rhizombildend;
70 bis 80 cm hoch,
20 bis 30 cm breit
▸ **Standort**
sonnig; Boden trocken bis
frisch, durchlässig, sandig-
lehmig
▸ **Pflanzabstand**
30 bis 40 cm
▸ **Wasserbedarf**
wenig bis mittel
▸ **Nährstoffbedarf**
hoch
▸ **Vermehrung**
Teilung
▸ **Wichtige Infos**
leicht und schnell zu pflegen;
Verblühtes sofort entfernen

Deutsche Schwertlilie

▸ **Gruppen**
Barbata-Elatior-Gruppe
(Hohe Bart-Iris); *Barbata-
Media*-Gruppe (Mittelhohe
Bart-Iris); *Barbata-Nana*-
Gruppe (Zwerg-Iris), jeweils
mit zahlreichen Sorten in
vielen Farben von Weiß über
Gelb, Orange und Rosa bis
Tiefviolett

Fackellilie
Kniphofia-Gartensorten

▸ **Blüte**
je nach Sorte creme, gelb,
orange, rot; von Juli bis September
▸ **Wuchs**
straff aufrecht, bildet Horste;
bis 100 cm hoch, 50 bis 60 cm
breit
▸ **Standort**
sonnig; Boden mäßig trocken
bis frisch, durchlässig, gute
Drainage
▸ **Pflanzabstand**
40 bis 50 cm

Fackellilie 'Royal Standard'

▸ **Wasserbedarf**
wenig bis mittel
▸ **Nährstoffbedarf**
mittel
▸ **Vermehrung**
Teilung
▸ **Wichtige Infos**
verträgt keine Staunässe

Taubnessel
Lamium maculatum

▸ **Blüte**
weiß, purpur;
von Mai bis Juni
▸ **Wuchs**
breit flach wachsend, wächst
schnell; 20 bis 30 cm hoch,
50 und mehr cm breit

Taubnessel

▸ **Standort**
halbschattig bis schattig;
Boden frisch, anspruchslos
▸ **Pflanzabstand**
30 bis 40 cm
▸ **Wasserbedarf**
mittel
▸ **Nährstoffbedarf**
mittel
▸ **Vermehrung**
Aussaat, Stecklinge
▸ **Wichtige Infos**
auch für schattige Plätze
und Gräber, vor allem als
Bodendecker und Ein-
fassungspflanze verwend-
bar; breitet sich schnell aus
▸ **Weitere Art**
Lamium galeobaolon, Gold-
nessel

Schopf-Lavendel
Lavandula stoechas

▸ **Blüte**
dunkel purpurrot; von Juli bis
Oktober
▸ **Wuchs**
buschig, aufrecht; bis 60 cm
hoch, 20 bis 30 cm breit
▸ **Standort**
sonnig; Boden mäßig trocken
durchlässig
▸ **Pflanzabstand**
30 cm

Schopf-Lavendel

▸ **Wasserbedarf**
wenig
▸ **Nährstoffbedarf**
mittel
▸ **Vermehrung**
Stecklinge
▸ **Wichtige Infos**
für kleine Gärten geeignet,
kann in Töpfen und Kästen
gepflegt werden; Duftpflanze; mäßig frosthart – Winterschutz erforderlich
▸ **Sortenbeispiel**
'Red Kew' – purpurrot

Garten-Margerite
Leucanthemum maximum

▸ **Blüte**
weiß, einfach oder gefüllt;
von Juli bis August
▸ **Wuchs**
buschig, aufrecht, bildet
Horste; 60 bis 100 cm hoch,
50 bis 60 cm breit
▸ **Standort**
sonnig; Boden frisch fruchtbar, sandig-lehmig

Garten-Margerite 'Christine Hagemann'

▸ **Pflanzabstand**
30 bis 40 cm
▸ **Wasserbedarf**
mittel
▸ **Nährstoffbedarf**
mittel bis hoch
▸ **Vermehrung**
Aussaat, Teilung
▸ **Sortenbeispiele**
'Christine Hagemann' –
reinweiß, gefüllt; 'Harry
Pötschke' – gute Schnittsorte

Ährige Pracht-scharte
Liatris spicata

▸ **Blüte**
purpurviolett; von Juli bis
September
▸ **Wuchs**
straff aufrecht, bildet Horste;
60 bis 120 cm hoch, 40 bis
60 cm breit
▸ **Standort**
voll sonnig; Boden mäßig

trocken durchlässig,
sandig-lehmig
▸ **Pflanzabstand**
25 cm
▸ **Wasserbedarf**
wenig
▸ **Nährstoffbedarf**
mittel bis hoch
▸ **Vermehrung**
Aussaat, Teilung

Kreuzkraut
Ligularia dentata

▸ **Blüte**
goldgelb; von August bis
September
▸ **Wuchs**
buschig, aufrecht, bildet
Horste; 100 bis 150 cm hoch,
60 bis 90 cm breit
▸ **Standort**
halbschattig; Boden frisch
bis feucht, sandig-humos,
sandig-lehmig; auch für stei-
nige Böden

▸ **Pflanzabstand**
70 cm
▸ **Wasserbedarf**
mittel bis hoch
▸ **Nährstoffbedarf**
mittel bis hoch
▸ **Vermehrung**
Aussaat, Teilung
▸ **Wichtige Infos**
leicht und schnell zu pflegen;
auch für schattigere Plätze
▸ **Sorten und Arten**
'Desdemona' – orangegelb,
dunkel purpurnes Laub;
'Sommergold' – leuchtend
gelb; *Ligularia przwalskii*,
Kerzen-Ligularie

Stauden-Lein
Linum perenne

▸ **Blüte**
hellblau; von Juni bis August
▸ **Wuchs**
aufrecht, bildet Horste;
30 bis 60 cm hoch,
10 bis 30 cm breit

Stauden-Lein

▸ **Standort**
sonnig; Boden mäßig
trocken, durchlässig
▸ **Pflanzabstand**
30 cm
▸ **Wasserbedarf**
wenig
▸ **Nährstoffbedarf**
sehr wenig
▸ **Vermehrung**
Aussaat, Stecklinge
▸ **Wichtige Infos**
leicht und schnell zu pflegen;
auch für kleine Gärten und
Steingärten geeignet

Garten-Lupine
*Lupinus-Polyphyllus-
Gruppe*

▸ **Blüte**
sortenabhängig; von Juni bis
Juli
▸ **Wuchs**
straff aufrecht; 80 bis 100 cm
hoch, 60 cm breit
▸ **Standort**
sonnig; Boden frisch tiefgründig, sandig-lehmig;
pH-Wert: sauer bis schwach
sauer
▸ **Pflanzabstand**
50 bis 60 cm
▸ **Wasserbedarf**
mittel
▸ **Nährstoffbedarf**
wenig bis mittel
▸ **Vermehrung**
Aussaat, Stecklinge
▸ **Wichtige Infos**
leicht und schnell zu pflegen,
Rückschnitt nach der Blüte
▸ **Sortenbeispiele**
'Kastellan' – blauweiß,
80 cm; 'Kronleuchter' – gelb,
80 cm

Gewöhnliche Pechnelke
Lychnis viscaria

▸ **Blüte**
karminrosa; von Mai bis Juli
▸ **Wuchs**
locker aufrecht, bildet
Horste; 40 bis 50 cm hoch,
30 bis 40 cm breit

Ährige Prachtscharte

Kreuzkraut

Gewöhnliche Pechnelke

▸ **Standort**
sonnig; Boden mäßig trocken bis frisch, durchlässig, nährstoffreich; sandig-lehmig
▸ **Pflanzabstand**
30 cm
▸ **Wasserbedarf**
wenig bis mittel
▸ **Nährstoffbedarf**
mittel
▸ **Vermehrung**
Aussaat, Stecklinge, Teilung
▸ **Wichtige Infos**
leicht und schnell zu pflegen; für kleine Gärten geeignet
▸ **Weitere Art**
L. flos-cuculi, Kuckucks-Lichtnelke – liebt feuchte Wiesen und Teichnähe

Gold-Felberich
Lysimachia punctata

▸ **Blüte**
leuchtend gelb bis goldgelb; von Juni bis August
▸ **Wuchs**
buschig, aufrecht, bildet Horste; 60 bis 80 cm hoch, 40 bis 60 cm breit

▸ **Standort**
sonnig bis halbschattig; Boden frisch bis feucht, anpassungsfähig
▸ **Pflanzabstand**
30 bis 40 cm
▸ **Wasserbedarf**
mittel bis hoch
▸ **Nährstoffbedarf**
mittel bis hoch
▸ **Vermehrung**
Aussaat, Stecklinge, Teilung
▸ **Wichtige Infos**
leicht und schnell zu pflegen; auch für schattigere Plätze; breitet sich stark aus

Blut-Weiderich
Lythrum salicaria

▸ **Blüte**
violettrosa; von Juli bis August
▸ **Wuchs**
straff aufrecht, bildet Horste; 100 bis 120 cm hoch, 40 bis 60 cm breit

Blut-Weiderich

▸ **Standort**
sonnig; Boden frisch bis feucht, humos, sandig-lehmig
▸ **Pflanzabstand**
40 bis 60 cm
▸ **Wasserbedarf**
mittel bis hoch
▸ **Nährstoffbedarf**
mittel
▸ **Vermehrung**
Aussaat, Teilung
▸ **Wichtige Infos**
leicht und schnell zu pflegen
▸ **Sorten**
viele Formen in Rosa- und Lilatönen

Indianernessel
Monarda-Hybriden

▸ **Blüte**
weiß, rosa, rot; von Juli bis September
▸ **Wuchs**
buschig, aufrecht, bildet Horste; 70 bis 90 cm hoch, 40 bis 50 cm breit
▸ **Standort**
sonnig; Boden frisch, durchlässig, sandig-lehmig bis lehmig; nährstoffreich

Indianernessel 'Blaustrumpf'

▸ **Pflanzabstand**
40 bis 50 cm
▸ **Wasserbedarf**
mittel
▸ **Nährstoffbedarf**
mittel bis hoch
▸ **Vermehrung**
Stecklinge, Teilung
▸ **Wichtige Infos**
leicht und schnell zu pflegen
▸ **Sortenbeispiele**
'Cambridge Scarlet' – rot; 'Schneewittchen' – weiß

Gewöhnliches Sumpf-Vergissmeinnicht
Myosotis scorpioides (syn. M. palustris)

▸ **Blüte**
violettblau; von Mai bis September
▸ **Wuchs**
kompakt kissenförmig; 30 bis 40 cm hoch, 20 bis 30 cm breit
▸ **Standort**
sonnig bis halbschattig; Boden feucht bis sumpfig, humos
▸ **Pflanzabstand**
30 cm
▸ **Wasserbedarf**
hoch bis überdurchschnittlich hoch
▸ **Nährstoffbedarf**
mittel bis hoch
▸ **Vermehrung**
Aussaat, Teilung
▸ **Wichtige Infos**
geeignet für kleine Gärten; breitet sich aus
▸ **Sortenbeispiele**
'Alba' – weiß; 'Thüringen' – dunkelblau

Blaue Katzenminze
Nepeta × faassenii

▸ **Blüte**
violettblau; von Juni bis September
▸ **Wuchs**
kompakt buschig, bildet Horste; 25 bis 35 cm hoch, 20 bis 30 cm breit

Katzenminze

Gold-Felberich

▸ **Standort**
sonnig; Boden mäßig trocken bis frisch, durchlässig
▸ **Pflanzabstand**
30 cm
▸ **Wasserbedarf**
wenig bis mittel
▸ **Nährstoffbedarf**
wenig
▸ **Vermehrung**
Aussaat, Stecklinge, Teilung
▸ **Wichtige Infos**
leicht und schnell zu pflegen; kann in Töpfen und Kästen gepflegt werden, auch für Steingärten; Duftpflanze

Chinesische Pfingstrose

Bronzeblatt-Nachtkerze
Oenothera tetragona

▸ **Blüte**
hellgelb; von Juni bis August
▸ **Wuchs**
aufrecht; 40 bis 60 cm hoch, 30 cm breit
▸ **Standort**
sonnig; Boden frisch anspruchslos, durchlässig
▸ **Pflanzabstand**
30 cm
▸ **Wasserbedarf**
mittel
▸ **Nährstoffbedarf**
mittel
▸ **Wichtige Infos**
leicht und schnell zu pflegen; für kleine Gärten geeignet; Duftpflanze
▸ **Arten und Sorten-beispiele**
'Hohes Licht'; 'Fyruerkeri' – gelb, 40 cm, Knospe rot

Chinesische Pfingstrose
Paeonia-Lactiflora-Sorten

▸ **Blüte**
weiß, gelb, rosa, rot; gefüllt oder einfach; von Mai bis Juni
▸ **Wuchs**
buschig, aufrecht, bildet Horste; 50 bis 100 cm hoch, 50 bis 70 cm breit

▸ **Standort**
sonnig; Boden mäßig trocken bis frisch, durchlässig, sehr nährstoffreich
▸ **Pflanzabstand**
80 bis 100 cm
▸ **Wasserbedarf**
wenig bis mittel
▸ **Nährstoffbedarf**
hoch
▸ **Vermehrung**
Aussaat, Teilung
▸ **Wichtige Infos**
leicht und schnell zu pflegen; nicht umpflanzen

Orientalischer Mohn
Papaver orientale

▸ **Blüte**
leuchtend rot; von Mai bis Juni
▸ **Wuchs**
buschig, aufrecht; 60 bis 80 cm hoch, 60 bis 90 cm breit
▸ **Standort**
sonnig; Boden trocken bis frisch, durchlässig

Orientalischer Mohn

▸ **Pflanzabstand**
60 bis 80 cm
▸ **Wasserbedarf**
sehr wenig bis mittel
▸ **Nährstoffbedarf**
mittel
▸ **Vermehrung**
Aussaat, Teilung
▸ **Wichtige Infos**
leicht und schnell zu pflegen
▸ **Arten und Sorten-beispiele**
'Catherina' – lachsrosa; 'Sturmfackel' – rot, 50 cm

Bartfaden
Penstemon barbatus

▸ **Blüte**
scharlachrot; von Juni bis September
▸ **Wuchs**
straff aufrecht, bildet Horste; 80 bis 100 cm hoch, 30 bis 50 cm breit
▸ **Standort**
sonnig; Boden frisch fruchtbar, durchlässig, humos, gute Dränage
▸ **Pflanzabstand**
30 bis 40 cm
▸ **Wasserbedarf**
mittel
▸ **Nährstoffbedarf**
hoch
▸ **Vermehrung**
Aussaat, Stecklinge
▸ **Wichtige Infos**
leicht und schnell zu pflegen; mäßig frosthart – Winterschutz (Reisig) nötig

Bartfaden, hier Penstemon-Hybride 'White Better', *siehe Seite 117*

Hohe Flammen-blume
Phlox paniculata

▸ **Blüte**
orangerosa, purpur, rosa, rot, violett, weiß; von Juli bis Oktober
▸ **Wuchs**
aufrecht, bildet Horste; 80 bis 120 cm hoch, 60 bis 100 cm breit
▸ **Standort**
sonnig bis halbschattig; Boden frisch sandig-humos, sandig-lehmig, mineralstoffreich
▸ **Pflanzabstand**
60 bis 80 cm
▸ **Wasserbedarf**
mittel
▸ **Nährstoffbedarf**
hoch
▸ **Vermehrung**
Stecklinge, Teilung
▸ **Wichtige Infos**
leicht und schnell zu pflegen; Blüten nach dem Verblühen entfernen

Hohe Flammenblume 'Flamingo'

▸ **Arten**
P. douglasii, Teppich-Phlox – bleibt klein; *P. maculata*, Wiesen-Phlox – höhere Art, reich blühend; *P. subulata*, Kissen-Phlox – für Steingärten und Trockenmauern

Lampionblume
Physalis alkekengi

▸ **Blüte**
cremegelb bis cremeweiß; von Juli bis August; orange-rote Früchte im September

▸ **Wuchs**
buschig, aufrecht; 60 bis 80 cm hoch, 60 bis 90 cm breit

▸ **Standort**
sonnig bis halbschattig; Boden frisch durchlässig, nährstoffreich; pH-Wert: schwach basisch

▸ **Pflanzabstand**
30 bis 40 cm

▸ **Wasserbedarf**
mittel

▸ **Nährstoffbedarf**
mittel

▸ **Vermehrung**
Aussaat, Stecklinge, Teilung

▸ **Wichtige Infos**
leicht und schnell zu pflegen; wuchernder Flächendecker

Lampionblume mit Früchten

Gelenkblume
Physostegia virginiana

▸ **Blüte**
fliederrosa bis dunkelpurpur; von Juli bis September

▸ **Wuchs**
buschig, aufrecht, bildet Horste; 90 bis 120 cm hoch, 50 bis 70 cm breit

Gelenkblume

▸ **Standort**
sonnig bis halbschattig; Boden frisch bis feucht, durchlässig, kühl

▸ **Pflanzabstand**
30 bis 40 cm

▸ **Wasserbedarf**
mittel bis hoch

▸ **Nährstoffbedarf**
mittel

▸ **Vermehrung**
Aussaat, Stecklinge, Teilung

▸ **Wichtige Infos**
leicht und schnell zu pflegen

Jakobsleiter
Polemonium caeruleum

▸ **Blüte**
hellblau, auch weiße Sorten; von Juni bis Juli

▸ **Wuchs**
buschig, aufrecht, bildet Horste; 50 bis 90 cm hoch, 30 bis 40 cm breit

▸ **Standort**
sonnig, halbschattig; Boden frisch bis feucht, durchlässig, sandig-lehmig

Jakobsleiter

▸ **Pflanzabstand**
40 bis 50 cm

▸ **Wasserbedarf**
mittel bis hoch

▸ **Nährstoffbedarf**
mittel

▸ **Vermehrung**
Aussaat, Teilung

▸ **Wichtige Infos**
leicht und schnell zu pflegen; für kleine Gärten geeignet

Großer Salomonssiegel
Polygonatum biflorum

▸ **Blüte**
weiß; von April bis Juni

▸ **Wuchs**
aufrecht bis überhängend, bildet Horste; 80 bis 150 cm hoch, 50 bis 60 cm breit

▸ **Standort**
halbschattig bis schattig; Boden frisch, durchlässig, humos

▸ **Pflanzabstand**
40 bis 50 cm

▸ **Wasserbedarf**
mittel

▸ **Nährstoffbedarf**
hoch

▸ **Vermehrung**
Aussaat, Teilung

▸ **Wichtige Infos**
auch für schattige Plätze

Etagen-Primel
Primula bulleyana

▸ **Blüte**
orangegelb; von Juni bis August

▸ **Wuchs**
aufrecht, bildet Horste; 40 bis 60 cm hoch, 40 bis 60 cm breit

▸ **Standort**
halbschattig; Boden frisch bis feucht, sandig-lehmig, humos

▸ **Pflanzabstand**
30 cm

▸ **Wasserbedarf**
mittel bis hoch

▸ **Nährstoffbedarf**
wenig

▸ **Vermehrung**
Teilung

Etagen-Primel

▸ **Wichtige Infos**
leicht und schnell zu pflegen; für schattige Plätze

▸ **Weitere Arten**
Primula-Vulgaris-Hybriden, außerdem *P. rosea* (Rosen-Primel) und *Primula-Juliae*-Hybriden (Teppich-Primel)

Gewöhnliche Küchenschelle
Pulsatilla vulgaris

▸ **Blüte**
violett; von März bis April

▸ **Wuchs**
buschig, bildet Horste; 20 bis 25 cm hoch, 20 cm breit

▸ **Standort**
sonnig; Boden mäßig trocken bis frisch, durchlässig, sandig-lehmig

▸ **Pflanzabstand**
30 cm

▸ **Wasserbedarf**
wenig bis mittel

▸ **Nährstoffbedarf**
sehr wenig

▸ **Vermehrung**
Aussaat, Teilung

Gewöhnliche Küchenschelle

Prächtiger Sonnenhut 'Goldsturm'

▸ **Wichtige Infos**
leicht und schnell zu pflegen;
für kleine Gärten und für
Steingärten geeignet

Fiederblättriges Schaublatt
Rodgersia pinnata

▸ **Blüte**
weiß; von Juni bis Juli
▸ **Wuchs**
aufrecht, bildet Horste;
90 bis 120 cm hoch,
60 bis 80 cm breit
▸ **Standort**
halbschattig;
Boden frisch bis feucht, sandig-humos, sandig-lehmig,
gute Dränage;
▸ **Pflanzabstand**
70 bis 90 cm
▸ **Wasserbedarf**
mittel bis hoch, vor Staunässe schützen
▸ **Nährstoffbedarf**
hoch
▸ **Vermehrung**
Aussaat, Teilung

▸ **Wichtige Infos**
braucht viel Platz;
auch für schattigere Plätze;
Rarität
▸ **Weitere Arten**
Rodgersia aesculifolia, Kas-
tanienblättriges Schaublatt;
Rodgersia podophylla,
Gestieltblättriges Schaublatt

Prächtiger Sonnenhut
Rudbeckia fulgida var.
sullviantii 'Goldsturm'

▸ **Blüte**
goldgelb; von August bis
Oktober
▸ **Wuchs**
buschig, aufrecht, bildet
Horste; 50 bis 60 cm hoch,
40 cm breit
▸ **Standort**
sonnig; Boden frisch bis
feucht, sandig-lehmig,
lehmig
▸ **Pflanzabstand**
60 bis 80 cm

▸ **Wasserbedarf**
mittel bis hoch
▸ **Nährstoffbedarf**
mittel bis hoch
▸ **Vermehrung**
Teilung
▸ **Wichtige Infos**
leicht und schnell zu pflegen;
für kleine Gärten geeignet

Sternmoos
Sagina subulata

▸ **Blüte**
weiß; von Mai bis Juni
▸ **Wuchs**
Polster bildend, wächst kompakt; 2 bis 3 cm hoch, 30 bis
40 cm breit

Sternmoos

▸ **Standort**
sonnig; Boden mäßig trocken
bis frisch, darf nie ganz austrocknen, Heideboden,
durchlässig
▸ **Pflanzabstand**
20 bis 25 cm
▸ **Wasserbedarf**
wenig bis mittel
▸ **Nährstoffbedarf**
wenig
▸ **Vermehrung**
Aussaat, Teilung

▸ **Wichtige Infos**
leicht und schnell zu pflegen;
für kleine Gärten geeignet,
trittverträglicher Flächendecker; für Steingärten und
Gräber; als Einfassungs-
pflanze
▸ **Sortenbeispiel**
'Aurea' – sehr schönes Laub,
hellgrün gelblich gefärbt

Steppen-Salbei
Salvia nemorosa

▸ **Blüte**
violett bis violettblau, auf bis
zu 20 cm langen Ähren; von
Juni bis August
▸ **Wuchs**
buschig, aufrecht; 50 bis
70 cm hoch, 30 bis 50 cm breit
▸ **Standort**
sonnig; Boden frisch durchlässig
▸ **Pflanzabstand**
30 cm
▸ **Wasserbedarf**
mittel
▸ **Nährstoffbedarf**
mittel bis hoch

Kastanienblättriges Schaublatt

Mehl-Salbei

▶ **Vermehrung**
Aussaat, Teilung
▶ **Wichtige Infos**
leicht und schnell zu pflegen;
für kleine Gärten geeignet,
kann in Töpfen und Kästen
gepflegt werden; für Steingärten
▶ **Sorten und Arten**
'Blaukugel' – hellviolett,
40 cm; 'Ostfriesland' – dunkelviolett, 40 cm, *Salvia fari-
nacea*, Mehl-Salbei – nicht
frosthart (Bild Seite 115)

Echtes Seifenkraut
Saponaria officinalis

▶ **Blüte**
hellrosa; von Juni bis September
▶ **Wuchs**
locker aufrecht; 40 bis 50 cm
hoch, 30 bis 50 cm breit
▶ **Standort**
sonnig; Boden frisch durchlässig, sandig-humos
▶ **Pflanzabstand**
30 cm
▶ **Wasserbedarf**
mittel
▶ **Nährstoffbedarf**
mittel bis hoch
▶ **Vermehrung**
Aussaat, Stecklinge, Teilung
▶ **Wichtige Infos**
leicht und schnell zu pflegen;
für kleine Gärten und Steingärten geeignet

Echtes Seifenkraut

Skabiose, Krätzkraut
Scabiosa caucasica

▶ **Blüte**
violettblau bis lavendelblau;
von Juli bis September
▶ **Wuchs**
aufrecht, bildet Horste; 40
bis 60 cm hoch, 40 bis 60 cm
breit
▶ **Standort**
sonnig; Boden trocken bis
frisch, durchlässig, sandig-
lehmig
▶ **Pflanzabstand**
30 bis 40 cm
▶ **Wasserbedarf**
wenig bis mittel
▶ **Nährstoffbedarf**
mittel
▶ **Vermehrung**
Aussaat, Teilung
▶ **Wichtige Infos**
leicht und schnell zu pflegen
▶ **Sortenbeispiele**
'Kompliment' – blau; 'Perfec-
ta Alba' – weiß

Fetthenne
Sedum telephium

▶ **Blüte**
purpurrosa; von August bis
Oktober
▶ **Wuchs**
buschig, aufrecht, bildet
Horste, kompakt; 40 bis
60 cm hoch, 30 cm breit
▶ **Standort**
sonnig; Boden trocken bis
frisch, durchlässig, sandig-
kiesig
▶ **Pflanzabstand**
30 bis 40 cm
▶ **Wasserbedarf**
wenig bis mittel
▶ **Nährstoffbedarf**
mittel
▶ **Vermehrung**
Aussaat, Teilung
▶ **Wichtige Infos**
leicht und schnell zu pflegen;
für kleine Gärten geeignet,
kann in Töpfen und Kästen
gepflegt werden, lockt Bienen und Schmetterlinge an

Fetthenne

▶ **Weitere Arten**
Sedum acre – Scharfer Mauerpfeffer, nur 10 cm hoch,
Sedum floriferum – Reichblü-
hendes Fettblatt mit leuchtend gelben Blüten und
Sedum spectabile – Hohe
Fetthenne mit leuchtend
rosa Blüten

Goldrute
Solidago-Cultivars

▶ **Blüte**
leuchtend gelb bis leicht
orangegelb; von Juli bis September
▶ **Wuchs**
buschig, aufrecht, bildet
Horste; 70 bis 80 cm hoch,
50 bis 60 cm breit
▶ **Standort**
sonnig; Boden mäßig trocken
bis frisch, durchlässig
▶ **Pflanzabstand**
30 bis 40 cm
▶ **Wasserbedarf**
wenig bis mittel
▶ **Nährstoffbedarf**
mittel bis hoch
▶ **Vermehrung**
Stecklinge, Teilung
▶ **Wichtige Infos**
leicht und schnell zu pflegen
▶ **Arten und Sorten-
beispiele**
'Strahlenkrone'; 'Golden
Shower' – 80 cm, überhän-
gend, gelb

Dreimasterblume
*Tradescantia × anderso-
niana* 'Alba Major'

▶ **Blüte**
weiß; von Juni bis September
▶ **Wuchs**
buschig, aufrecht, bildet
Horste; 40 bis 60 cm hoch,
50 cm breit

Dreimasterblume

▶ **Standort**
sonnig bis halbschattig;
Boden frisch bis feucht,
durchlässig, sandig-lehmig
▶ **Pflanzabstand**
30 bis 40 cm
▶ **Wasserbedarf**
mittel bis hoch
▶ **Nährstoffbedarf**
hoch
▶ **Vermehrung**
Teilung
▶ **Wichtige Infos**
leicht und schnell zu pflegen,
für kleine Gärten geeignet
▶ **Sortenbeispiele**
'Gisela' – weiß 'Leonora' –
dunkelviolett

Chinesische Trollblume
Trollius chinensis

▶ **Blüte**
orange; von Juni bis August
▶ **Wuchs**
buschig, aufrecht, bildet
Horste; 60 bis 80 cm hoch,
40 bis 50 cm breit
▶ **Standort**
sonnig bis halbschattig;
Boden frisch bis feucht,

Chinesische Trollblume

durchlässig; pH-Wert: sauer
bis schwach sauer

▸ **Pflanzabstand**
30 bis 40 cm
▸ **Wasserbedarf**
mittel bis hoch
▸ **Nährstoffbedarf**
hoch
▸ **Vermehrung**
Aussaat, Teilung
▸ **Weitere Art**
Trollius europaeus,
Europäische Trollblume

Königskerze
Verbascum-Hybriden

▸ **Blüte**
weiß, gelb, pastellfarben;
von Juni bis September
▸ **Wuchs**
aufrecht, bildet Horste; bis
200 cm hoch, 30 bis 40 cm
breit

▸ **Standort**
sonnig; Boden mäßig trocken
bis frisch, durchlässig, sandig-lehmig, steinig, beste
Dränage
▸ **Pflanzabstand**
50 bis 60 cm
▸ **Wasserbedarf**
wenig bis mittel
▸ **Nährstoffbedarf**
mittel
▸ **Vermehrung**
Teilung, Aussaat
▸ **Weitere Art**
Verbascum thapsus, Kleinblütige Königskerze – leuchtend gelbe Blüte

Königskerze

Echter Ehrenpreis
Veronica officinalis

▸ **Blüte**
hellviolett; von Juni bis September
▸ **Wuchs**
niederliegend bis kriechend;
10 bis 30 cm hoch,
30 bis 40 cm breit
▸ **Standort**
sonnig bis halbschattig;
Boden frisch, sandig-humos,
sandig-lehmig
▸ **Pflanzabstand**
20 bis 30 cm
▸ **Wasserbedarf**
mittel
▸ **Nährstoffbedarf**
mittel
▸ **Vermehrung**
Stecklinge, Teilung
▸ **Wichtige Infos**
auch für kleine Gärten und
Steingärten geeignet

Horn-Veilchen
Viola cornuta

▸ **Blüte**
violett, sortenabhängig auch
blau, gelb, rot und weiß; von
Mai bis Juli

Horn-Veilchen

▸ **Wuchs**
kriechend, bildet Horste;
10 bis 15 cm hoch,
30 bis 40 cm breit
▸ **Standort**
sonnig bis halbschattig;
Boden frisch durchlässig
▸ **Pflanzabstand**
20 bis 25 cm
▸ **Wasserbedarf**
mittel
▸ **Nährstoffbedarf**
mittel
▸ **Vermehrung**
Aussaat, Teilung
▸ **Wichtige Infos**
leicht und schnell zu pflegen;
für kleine Gärten geeignet;
kann in Töpfen und Kästen
gepflegt werden, auch für
Steingärten; Winterschutz
erforderlich

Weitere Stauden

Deutscher Name, Botanischer Name	Blütenfarbe	Blütezeit	Höhe (cm)	Standort	Tipps
Perlkörbchen *Anaphalis triplinervis*	weiß	Juli bis August	25 bis 50	sonnig	pflegeleicht
Kaukasische Gänsekresse *Arabis caucasica*	weiß	März bis Mai	10 bis 20	sonnig bis halbschattig	pflegeleicht, für Töpfe und Kästen
Gewöhnlicher Wasserdost *Eupatorium cannabinum*	rosa	Juli bis September	120 bis 200	sonnig bis halbschattig	pflegeleicht
Island-Mohn *Papaver nudicaule*	Farbvariationen in hellen Pastellfarben	Mai bis August	20 bis 40	sonnig	pflegeleicht, für Töpfe und Kästen
Großblumiger Bartfaden *Penstemon*-Hybriden	sortenabhängig	Juli bis September	70 bis 80	sonnig	pflegeleicht, Bild S. 113
Teppich-Phlox *Phlox douglasii*	hellviolett, purpur, rosa, rot, weiß	Mai bis Juni	5 bis 10	sonnig	pflegeleicht, für Töpfe und Kästen
Hohe Wiesen-Schlüsselblume *Primula elatior*	hellgelb	März bis April	20 bis 30	sonnig bis halbschattig	pflegeleicht
Scharfer Hahnenfuß *Ranunculus acris*	gelb	Mai bis September	20 bis 70	sonnig	pflegeleicht
Kugel-Steinrose *Sempervivum ciliosum*	grünlich gelb bis leuchtend gelb	Juni bis Juli	5 bis 10	sonnig	Liebhaberpflanze, für Töpfe und Kästen
Herzblättrige Schaumblüte *Tiarella cordifolia*	weiß	April bis Mai	10 bis 25	halbschattig bis schattig	pflegeleicht

Zwiebelblumen

Weiße Tulpen zwischen blau blühendem Kaukasus-Beinwell (Symphytum grandiflorum)

Sie sind die Stars des Frühlings. Mit einem Feuerwerk an Farben läuten die Zwiebelblumen die Blütensaison im Garten ein. Innerhalb kurzer Zeit entstehen wie aus dem Nichts kunterbunte Blütenteppiche oder fröhliche Farbkleckse im Rasen, unter Bäumen und Sträuchern. Nach den bekannten Frühaufstehern wie Schneeglöckchen (*Galanthus*-Arten) oder Krokus übernehmen sommerblühende Zwiebelpflanzen wie Dahlien, Gladiolen oder Blumenrohr (*Canna-Indica*-Hybriden) die Blütenstaffel. Ein Blick in die neuen Herbst-Kataloge der Pflanzenversender lohnt – die Auswahl an Blütenfarben und -formen ist enorm; auch duftende Zwiebel- und Knollenpflanzen zählt das große Sortiment.

Ideale Pflanzzeit

▶ Herbstpflanzung

Die klassische Pflanzzeit für alle Frühjahrs- und Frühsommerblüher ist der Herbst (September/Oktober). Je früher Sie die Zwiebeln in die Erde setzen, um so besser wachsen sie bis zum Winter an. Eine Ausnahme bilden Kaiserkronen (*Fritillaria imperialis*) und Madonnenlilien (*Lilium candidum*), die bereits Anfang August zu pflanzen sind. Auch Herbstzeitlose (*Colchicum autumnale*) und herbstblühende Krokus-Arten kommen noch im selben Jahr zur Blüte, wenn die Zwiebeln bis Ende August in der Erde sitzen.

So wird richtig gepflanzt Lockern Sie den Boden mit einer Grabegabel und heben Sie mit einer kleinen Pflanzschaufel oder einem praktischen Blumenzwiebelpflanzer ein kleines Loch aus. Da Zwiebelblumen bei stauender Nässe leicht faulen, werden feuchte Standorte mit einer Dränageschicht aus Kies oder grobem Sand verbessert. Jede Zwiebelblumen-Art braucht eine bestimmte Pflanztiefe. Als Faustregel gilt: Setzen Sie die Zwiebeln etwa zwei- bis dreimal so tief, wie sie hoch sind: Kleine Blumenzwiebeln wie Anemonen, Krokusse oder Blausternchen (*Scilla siberica*) kommen ungefähr 5 cm tief in den Boden, Tulpen und Narzissen etwa 10 cm (siehe Grafik S. 123). Größere Zwiebeln wie Zier-Lauch (*Allium*), Iris oder Kaiserkrone werden etwa 20 cm tief eingepflanzt. Achten Sie auch auf einen ausreichenden Pflanzabstand, damit sich die Frühlingsblüher später

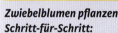

Zwiebelblumen pflanzen Schritt-für-Schritt:
1 Pflanzstelle lockern, etwas Kompost einarbeiten.
2 Eine Lage Sand oder Kies am Grund des Pflanzloches verhindert Staunässe.
3 Sicherer Schutz vor Wühlmäusen garantiert ein aus feinmaschigem Draht gebogener Pflanzkorb.
4 Pflanzloch mit Erde auffüllen, gut andrücken.

richtig entfalten können. Wer seine Blumenzwiebeln von Beginn an vor Wühlmäusen schützen möchte, setzt die Zwiebeln zu Gruppen in selbst geformte Pflanzkörbe aus engmaschigem Draht. Ein wasserfestes Etikett oder ein kleiner Metallstab erinnert auch im Winter an die mit Zwiebelblumen bepflanzten Beetpartien.

▶ Frühlingspflanzung

Frostempfindliche Zwiebel- und Knollenpflanzen wie Dahlien, Gladiolen, Blumenrohr, Montbretien (*Crocosmia*) und Knollen-Begonien werden erst Mitte Mai ins Freie gepflanzt. Die hübschen Sommerblüher lieben sonnige Lagen. Dahlien kommen etwa 8 cm tief in den Boden. Warten Sie mit dem Gießen, bis sich die ersten grünen Triebspitzen zeigen und schützen Sie die zarten Blätter vor Schneckenfraß.

Geeigneter Standort

Perfekt kommen Zwiebelblumen in Staudenbeeten zur Geltung. Während die Stauden langsam aus ihrem Winterschlaf erwachen, überdecken frühlingsblühende Traubenhyazinthen, Tulpen, Narzissen oder Schneeglöckchen die blütenarme Zeit ihrer Beetnachbarn. Ist ihr Blütenrausch vorbei, kaschieren die Stauden das im Sommer vergilbende Laub der Zwiebelblumen und sorgen mit buntem Flor für fortdauernden Blütenzauber bis zum Spätsommer. Wahre Zwiebelblumen-Stauden-Dreamteams sind beispielsweise Tulpen und Tränendes Herz (*Dicentra spectabilis*), Zier-Lauch und Storchschnabel (*Geranium*-Arten), Blaukissen (*Aubrieta*-Hybriden) und Traubenhyazinthen oder Tulpen und Wolfsmilch (*Euphorbia*-Arten). Auch das Unterpflanzen Laub abwerfender

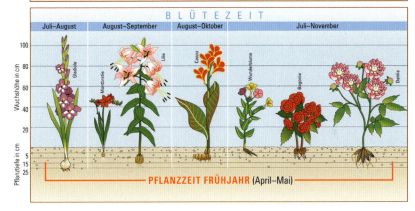

Gehölze bietet den lichthungrigen Zwiebelblumen einen starken Auftritt. Hier breiten sich bevorzugt zum Verwildern neigende Arten wie Buschwindröschen, Schneeglöckchen oder Blausternchen aus.

Im Rasen lassen sich mit niedrig wachsenden Zwiebelblumen fröhlich bunte Blütentuffs oder fantasievolle Muster pflanzen, an denen nicht nur kleine Gärtner ihre Freude haben. Wie wäre es mit einem heimlich gepflanzten großen Krokus-Herz zum nächsten Valentinstag oder einer lustigen Narzissen-Spirale? Dazu formen Sie zunächst mit einer langen Schnur oder Sand die Konturen auf dem Rasen vor und setzen anschließend die Zwiebeln im Abstand von etwa 10 cm.

Bunte Blüten rund ums Jahr: Gepflanzt wird im Frühjahr und im Herbst. Wichtig: Beachten Sie die unterschiedlichen Pflanztiefen der Zwiebelblumen.

Arten wie Dahlien oder Gladiolen über kräftige Wassergaben, besonders dann, wenn ihnen als Topfkultur nur ein begrenzter Pflanzraum zur Verfügung steht. Eine zusätzliche Düngegabe zum Knospenansatz garantiert ein üppiges Blütenfest.

Hochwüchsige Arten fallen bei Wind und Regen leicht um und sind durch Stäbe zu stützen. Spezielle Metall- oder

Die richtige Pflege

Zwiebelblumen sind genügsam. Etwas Kompost bei der Pflanzung beziehungsweise eine dünne Lage Kompost im Herbst oder Frühjahr auf die Pflanzstellen verteilt reicht den Zwiebelblumen aus.

Bewässerung ist nur in längeren Trockenperioden notwendig. Im Gegensatz dazu freuen sich die sommerblühenden

Lustige Narzissen-Spirale: Zunächst mit einer Schnur die Kontur auslegen, dann die Zwiebeln pflanzen

---

Figur oben:

B L Ü T E Z E I T

| Jan. | Februar | März–April | April–Mai | Mai–Juni | Juni–Juli |

Wuchshöhe in cm — Pflanztiefe in cm

Schneeglöckchen, Krokus, Blausternchen, Anemone, Kleine Narzisse, Traubenhyazinthe, Kleine Tulpe, Hyazinthe, Narzisse, Tulpe, Kaiserkrone, Zierlauch, Iris

PFLANZZEIT HERBST (September–November)

Figur mitte:

B L Ü T E Z E I T

| Juli–August | August–September | August–Oktober | Juli–November |

Gladiole, Montbretie, Lilie, Canna, Wunderblume, Begonie, Dahlie

PFLANZZEIT FRÜHJAHR (April–Mai)

Fröhlich-bunter Frühlingsmix aus Tulpen, Vergissmeinnicht, Maßliebchen und Stiefmütterchen

Kunststoffringe aus dem Fachhandel geben den ganzen Pflanzenstöcken sicheren Halt.

Kürzen Sie abgeblühte Stängel regelmäßig ein. Nur das Laub wird grundsätzlich erst nach dem Vergilben entfernt. Schneiden Sie die Blumenzwiebelblätter zu früh ab, können die Pflanzen nicht ausreichend Reservestoffe in die Zwiebeln einlagern und sind bereits nach einer Blütensaison erschöpft.

▶ Überwinterung

Nicht winterharte Zwiebelpflanzen wie Dahlien oder Gladiolen müssen frostfrei überwintert werden. Dazu die Pflanzen etwa Mitte Oktober vor dem ersten Bodenfrost handbreit über dem Boden zurückschneiden. Nehmen Sie die Knollen mit einer Grabegabel vorsichtig aus der Erde und breiten Sie sie zum Antrocknen für ein paar Tage an einem frostfreien, luftigen trockenen Platz aus. Entfernen Sie anschließend anhaftende Erde. Kranke Wurzelstücke sind mit einem scharfen Messer sorgsam auszuschneiden. Dann die Knollen etikettieren und kühl und frostfrei bis zum nächsten Frühjahr aufbewahren.

Vermehrung

Die meisten Zwiebel- und Knollenpflanzen lassen sich äußerst einfach vermehren, denn praktischerweise bilden sie ihre Nachkommen direkt an der Zwiebel oder Knolle aus. Bei nicht winterharten Arten können Sie diese so genannten Brutzwiebeln beziehungsweise -knollen ganz einfach beim Einlagern ins Winterquartier von den Mutterpflanzen trennen und im nächsten Frühjahr neu einpflanzen.

Um an die Ableger winterharter Zwiebeln zu kommen, gräbt man die Pflanzen am besten nach dem Vergilben des Laubes aus und trennt die neu gebildeten kleinen Ableger von der Mutterzwiebel ab. Bis zur optimalen Pflanzzeit im Herbst werden die Zwiebelblumen dunkel, kühl und trocken gelagert. Wer mag, setzt die Zwiebelableger zunächst in ein eigenes kleines Beet im Garten. Haben Sie ein wenig Geduld, die Blüten der Nachkommenschaft fallen im ersten Jahr meist noch etwas spärlich aus.

Krankheiten und Schädlinge

Staunasse Böden führen häufig zu Zwiebelfäulnis und Grauschimmelbefall. Wichtig: Entfernen Sie kranke Pflanzen und Zwiebeln sofort über den Hausmüll, damit sich keine weiteren Pflanzen anstecken. Schädlinge wie Blattläuse oder Lilienkäfer bekommen Sie am besten durch Abwischen oder Absammeln in den Griff.

Dahlien einwintern: Beginnen die Triebe langsam abzusterben, nimmt man die Knollen vorsichtig aus der Erde und schneidet die Stängel zurück. Lagern Sie sie frostfrei.

Zum Verwildern geeignete Zwiebelblumen

Deutscher Name Botanischer Name	Blütezeit	Wuchshöhe (cm)	Blütenfarbe
Buschwindröschen *Anemone nemorosa*	März bis Mai	10 bis 25	weiß
Schneeglanz *Chionodoxa luciliae*	März bis April	10 bis 15	rosa, blaulila
Herbstzeitlose *Colchicum autumnale*	August bis Oktober	20 bis 25	rosa, weiß
Lerchensporn *Corydalis cava*	März bis April	10 bis 25	cremeweiß, rosa
Krokus *Crocus*-Hybriden	März bis April	5 bis 15	weiß, gelb, lila, violett
Winterling *Eranthis hyemalis*	Februar bis März	10 bis 15	gelb
Schachbrettblume *Fritillaria meleagris*	April bis Mai	20 bis 30	rosa, weiß
Schneeglöckchen *Galanthus*-Arten	Januar bis März	10 bis 15	weiß
Hasenglöckchen *Hyacinthoides*-Arten	April bis Juni	15 bis 40	blau, weiß
Blausternchen *Scilla siberica*	März bis April	10 bis 20	blau

Zwiebel- und Knollenpflanzen im Porträt

Zier-Lauch
Allium aflatunense

▸ **Blüte**
hellviolett; von Mai bis Juni
▸ **Wuchs**
aufrecht, bildet Horste; 70 bis 100 cm hoch, 10 bis 20 cm breit
▸ **Standort**
sonnig; Boden mäßig trocken bis frisch, durchlässig

Zier-Lauch

Pflanzung
im Herbst; 15 bis 25 cm tief; 20 bis 25 cm Pflanzabstand
▸ **Wasserbedarf**
wenig bis mittel
▸ **Nährstoffbedarf**
wenig bis mittel
▸ **Wichtige Infos**
leicht und schnell zu pflegen, gute Schnittblume

Strahlen-Anemone
Anemone blanda

▸ **Blüte**
sortenabhängig, Farbvariationen in Weiß, Blau, Hellviolett, Dunkelviolett; von März bis April

Strahlen-Anemone

▸ **Wuchs**
wächst schnell und flächig, bildet Horste; 10 bis 25 cm hoch, 30 bis 100 cm breit
▸ **Standort**
sonnig bis halbschattig; Boden frisch bis feucht, durchlässig, humos
Pflanzung
im Herbst; 5 cm tief; 10 bis 15 cm Pflanzabstand
▸ **Wasserbedarf**
mittel bis häufig
▸ **Nährstoffbedarf**
mittel
▸ **Wichtige Infos**
einfach zu pflegen, geeignet für kleine Gärten, schattige Plätze und Steingärten; kann in Töpfen und Kästen gepflegt werden; bodendeckender Frühjahrsblüher; hübsch in Kombination mit anderen frühen Zwiebelnblumen
▸ **Weitere Art**
A. nemorosa, Weißes Buschwindröschen; Blüte von März bis Mai

Herbstzeitlose
Colchicum autumnale

▸ **Blüte**
violettrosa bis lavendelrosa; von August bis Oktober
▸ **Wuchs**
aufrecht, bildet Horste; 20 bis 25 cm hoch, 15 cm breit
▸ **Standort**
sonnig; Boden frisch bis feucht, sandig-humos, sandig-lehmig
▸ **Pflanzung**
im Spätsommer; 10 bis 15 cm tief; 20 bis 30 cm Pflanzabstand
▸ **Wasserbedarf**
mittel bis häufig
▸ **Nährstoffbedarf**
mittel bis hoch
▸ **Wichtige Infos**
pflegeleicht; für kleine Gärten und Steingärten
▸ **Sortenbeispiele**
viele Sorten; Hybride 'Waterlily' mit großen, gefüllten und lilarosa Blüten, gleicht einer kleinen Seerose

Herbstzeitlose

Frühlings-Krokus
Crocus vernus

▸ **Blüte**
weiß bis violett, häufig gestreift; von März bis April
▸ **Wuchs**
bildet lockere Horste; 5 bis 15 cm hoch, 5 cm breit
▸ **Standort**
sonnig; Boden mäßig trocken bis frisch, durchlässig, guter Wasserabzug; pH-Wert: schwach sauer
▸ **Pflanzung**
im Spätsommer und Frühherbst; 5 bis 10 cm tief; 10 bis 15 cm Pflanzabstand
▸ **Wasserbedarf**
wenig bis mittel
▸ **Nährstoffbedarf**
wenig
▸ **Wichtige Infos**
pflegeleicht; für Steingärten

▸ **Arten und Sorten**
Frühlingsblüher (wie *C. biflorus*) und Herbstblüher (wie *C. speciosus*) in vielen Sorten und Formen

Dahlien
Dahlia-Hybriden

▸ **Blüte**
Farbvariationen in Gelb, Orange, Rosa, Rot, Violett, Weiß, gefüllt und ungefüllt; von Juli bis September
▸ **Wuchs**
buschig, aufrecht, bildet Horste; 60 bis 130 cm hoch, 50 bis 60 cm breit
▸ **Standort**
sonnig; Boden frisch bis feucht, durchlässig, sandig-lehmig
Pflanzung
im Frühjahr; 10 bis 20 cm tief; 30 bis 60 cm Pflanzabstand

Frühlings-Krokus

Gefüllt blühende Dahlie 'Café au lait'

▸ **Wasserbedarf**
mittel bis häufig

▸ **Nährstoffbedarf**
hoch

▸ **Wichtige Infos**
leicht und schnell zu pflegen,
auch für Töpfe und Kästen
geeignet; frostempfindlich;
vor dem ersten Frost den
gesamten Spross 10 bis 12 cm
über dem Boden abschnei-
den, dann Wurzelstöcke ausgraben und in einem Sand-
Torf-Gemisch frostfrei und
trocken überwintern

▸ **Dahlien-Gruppen**
Semikaktus-Dahlie, Hals-
krausen-Dahlie, Ungefüllte
Dahlien, Vermischte Dahlien,
Seerosenblütige Dahlien,
Schmuck-Dahlien, Ball-Dah-
lien, Kaktus-Dahlien, Anemo-
nenblütige Dahlien, Pompon-
Dahlien

Winterling
Eranthis hyemalis

▸ **Blüte**
gelb; von Februar bis März

▸ **Wuchs**
kompakt, bildet Horste; 10
bis 15 cm hoch, 5 cm breit

▸ **Standort**
sonnig; Boden mäßig trocken
bis frisch, durchlässig

Winterling

▸ **Pflanzung**
Herbst; 3 bis 5 cm tief;
10 cm Pflanzabstand

▸ **Wasserbedarf**
wenig bis mittel, nicht austrocknen lassen

▸ **Nährstoffbedarf**
sehr wenig

▸ **Wichtige Infos**
pflegeleicht, auch für kleine
Gärten geeignet; kann in
Töpfen und Kästen gepflegt
werden, für Steingärten

Kaiserkrone
Fritillaria imperialis

▸ **Blüte**
gelb, gelbbraun oder orangerot bis braunorange; von
April bis Mai

▸ **Wuchs**
aufrecht, bildet Horste; 70 bis
120 cm hoch, 25 bis 30 cm
breit

▸ **Standort**
sonnig; Boden mäßig trocken
bis frisch, durchlässig,
sandig-lehmig

▸ **Pflanzung**
im Herbst; 20 bis 25 cm tief;
30 bis 40 cm Pflanzabstand

▸ **Wasserbedarf**
wenig bis mittel

▸ **Nährstoffbedarf**
mittel bis hoch

▸ **Weitere Art**
F. meleagris, Schachbrettblume; beliebt wegen der
auffälligen Blüte mit Schach-
brettmuster

Kaiserkrone

Schneeglöckchen
Galanthus nivalis

▸ **Blüte**
weiß; von Januar bis März

▸ **Wuchs**
überhängend, bildet Horste,
wächst kompakt; 10 bis 15 cm
hoch, 10 cm breit

▸ **Standort**
halbschattig; Boden frisch
sandig-humos, sandig-
lehmig

Schneeglöckchen

▸ **Pflanzung**
im Frühherbst; 5 bis 10 cm
tief; 20 cm Pflanzabstand

▸ **Wasserbedarf**
mittel

▸ **Nährstoffbedarf**
mittel bis hoch

▸ **Wichtige Infos**
leicht und schnell zu pflegen,
auch für kleine Gärten, und
Steingärten geeignet; kann
in Töpfen und Kästen
gepflegt werden

Riesenhyazinthe
Galtonia candicans

▸ **Blüte**
weiß, von Juli bis August

▸ **Wuchs**
straff aufrecht, bildet Horste;
35 bis 65 cm hoch, 10 bis
15 cm breit

▸ **Standort**
sonnig; Boden frisch, durchlässig, sandig-humos

▸ **Pflanzung**
im Frühjahr; 10 cm tief;
30 cm Pflanzabstand

▸ **Wasserbedarf**
nicht austrocknen lassen

Dahlie 'Jessica'

Riesenhyazinthe

▸ **Nährstoffbedarf**
mittel bis hoch
▸ **Wichtige Infos**
kann in Töpfen und Kästen gepflegt werden; bedingt frosthart; frostfreie und trockene Überwinterung der Zwiebeln (am besten im Keller); sonst dicker Winterschutz empfehlenswert

Gladiole
Gladiolus-Hybriden

▸ **Blüte**
Farbvariationen in Gelb, Orange, Purpur, Rosa, Rot und Weiß; von Juli bis September
▸ **Wuchs**
schmal aufrecht; 50 bis 150 cm hoch, 20 bis 25 cm breit
▸ **Standort**
sonnig; Boden frisch durchlässig, sandig-humos

▸ **Pflanzung**
im Frühjahr; 15 bis 25 cm tief; 20 cm Pflanzabstand
▸ **Wasserbedarf**
mittel
▸ **Nährstoffbedarf**
mittel bis hoch
▸ **Wichtige Infos**
leicht und schnell zu pflegen; nicht winterhart, Rhizome im Winter frostfrei und trocken halten

Hyazinthe
Hyacinthus orientalis

▸ **Blüte**
sortenabhängig, Farbvariationen in Blau, Gelb, Rosa, Rot und Weiß, röhrenförmig; von April bis Mai
▸ **Wuchs**
schmal aufrecht; 20 bis 30 cm hoch
▸ **Standort**
sonnig bis halbschattig; Boden mäßig trocken bis frisch, durchlässig, sandig-lehmig
▸ **Pflanzung**
im Herbst; 10 cm tief; 10 bis 15 cm Pflanzabstand
▸ **Wasserbedarf**
wenig bis mittel, nicht austrocknen lassen
▸ **Nährstoffbedarf**
wenig
▸ **Wichtige Infos**
leicht und schnell zu pflegen; geeignet für kleine Gärten und Steingärten; Duftpflanze; kann in Töpfen und Käs-

Hyazinthe

ten gepflegt werden; mäßig frosthart; Winterschutz im Garten empfehlenswert

Netz-Iris
Iris reticulata

▸ **Blüte**
violettblau; von Februar bis März
▸ **Wuchs**
aufrecht, bildet Horste, wächst kompakt; 10 bis 25 cm hoch
▸ **Standort**
sonnig; Boden mäßig trocken, durchlässig, sandig-kiesig
▸ **Pflanzung**
im Spätsommer/Herbst; 10 bis 15 cm tief; 10 cm Pflanzabstand

▸ **Wasserbedarf**
mittel
▸ **Nährstoffbedarf**
mittel
▸ **Wichtige Infos**
leicht und schnell zu pflegen, geeignet für kleine Gärten und Steingärten; kann in Töpfen und Kästen gepflegt werden

Frühlings-Knotenblume, Märzenbecher
Leucojum vernum

▸ **Blüte**
weiß; von Februar bis April
▸ **Wuchs**
bildet Horste; 15 bis 30 cm hoch, 10 cm breit
▸ **Standort**
sonnig bis halbschattig; Boden frisch bis feucht, sandig-lehmig
▸ **Pflanzung**
im Spätsommer, Herbst; 5 bis 10 cm tief; 15 bis 20 cm Pflanzabstand
▸ **Wasserbedarf**
mittel bis häufig
▸ **Nährstoffbedarf**
mittel bis hoch
▸ **Wichtige Infos**
leicht und schnell zu pflegen; geeignet für kleine Gärten und Steingärten
▸ **Weitere Arten**
L. aestivum, Sommerknotenblume; *L. autumnale*; herbstblühend

Gladiole

Netz-Iris

Märzenbecher

Garten-Lilien
Lilium-Hybriden

▸ **Blüte**
fast alle Farben; von Juli bis September
▸ **Wuchs**
aufrecht; verschieden, je nach Sorte; 30 bis 150 cm hoch
▸ **Standort**
sonnig; Boden frisch durchlässig, sandig-lehmig
▸ **Pflanzung**
im Spätsommer;
10 bis 20 cm tief;
50 bis 70 cm Pflanzabstand
▸ **Wasserbedarf**
mittel
▸ **Nährstoffbedarf**
hoch
▸ **Wichtige Infos**
pflegeleicht
▸ **Gruppen**
Asiatische Hybriden, Martagon-Hybriden, Candidum-Hybriden, Hybriden von amerikanischen Wildlilien, Longiflorum-Hybriden, Trichterlilien (Trompetenlilien), Orient-Hybriden (Orientalische Hybriden) und andere

Armenische Traubenhyazinthe
Muscari armeniacum

▸ **Blüte**
blau, weiß; von März bis April
▸ **Wuchs**
aufrecht, bildet Horste;
20 bis 25 cm hoch,
5 cm breit
▸ **Standort**
sonnig; Boden mäßig trocken bis frisch, durchlässig

Armenische Traubenhyazinthe

▸ **Pflanzung**
im Spätsommer, Herbst;
5 bis 10 cm tief;
5 bis 20 cm Pflanzbstand
▸ **Wasserbedarf**
wenig bis mittel
▸ **Nährstoffbedarf**
mittel
▸ **Wichtige Infos**
leicht und schnell zu pflegen, geeignet für kleine Gärten, kann in Töpfen und Kästen gepflegt werden, auch für Steingärten

Narzissen
Narcissus-Hybriden

▸ **Blüte**
sortenabhängig in der gesamten Farbpalette von Weiß über Gelb bis Rot; von März bis Mai

▸ **Wuchs**
aufrecht; sortenabhängig bis 50 cm hoch,
▸ **Standort**
sonnig; Boden mäßig trocken bis frisch, durchlässig
▸ **Pflanzung**
im Spätsommer;
5 bis 10 cm tief;
10 bis 20 cm Pflanzabstand
▸ **Wasserbedarf**
wenig bis mittel
▸ **Nährstoffbedarf**
mittel
▸ **Wichtige Infos**
leicht und schnell zu pflegen; kann in Töpfen und Kästen gepflegt werden
▸ **Gruppen**
Trompetennarzissen (Osterglocken), Großkronige Narzissen, Kurzkronige Narzissen, Gefülltblühende Narzissen, Triandrus-Narzissen, Alpenveilchen-Narzissen, Jonquillen-Narzissen, Strauß-Narzissen, Dichter-Narzissen, Wildnarzissen (brauchen oft Winterschutz)

Blausternchen
Scilla siberica

▸ **Blüte**
leuchtend blau bis violett, auch weiß; von März bis April
▸ **Wuchs**
aufrecht, wächst kompakt, bodendeckend; 10 bis 20 cm hoch

Garten-Lilie

Narzisse

Blausternchen

Tulpen

> **Standort**
sonnig, halbschattig; Boden mäßig trocken bis frisch, durchlässig, sandig-lehmig
> **Pflanzung**
im Herbst;
8 bis 10 cm tief;
10 bis 15 cm Pflanzabstand
> **Wasserbedarf**
wenig bis mittel
> **Nährstoffbedarf**
mittel
> **Wichtige Infos**
leicht und schnell zu pflegen; geeignet für kleine Gärten, kann in Töpfen und Kästen gepflegt werden, als Bodendecker verwendbar, auch für Steingärten

Tulpen
Tulipa-Hybriden

> **Blüte**
Farbvariationen in Gelb, Rosa, Rot, Violett, becherförmig gefüllt oder ungefüllt; von Mai bis Juni

> **Wuchs**
schmal aufrecht; 30 bis 60 cm hoch
> **Standort**
sonnig, manche Arten vertragen auch Halbschatten; Boden mäßig trocken bis frisch, sandig-humos, sandig-lehmig; pH-Wert: schwach basisch (saure Böden meiden)
> **Pflanzung**
im Herbst; 10 bis 15 cm tief; 10 bis 15 cm Pflanzabstand
> **Wasserbedarf**
wenig bis mittel; Staunässe vermeiden
> **Nährstoffbedarf**
mittel
> **Wichtige Infos**
leicht und schnell zu pflegen, geeignet für kleine Gärten; kann in Töpfen und Kästen gepflegt werden
> **Gruppen**
Einfache Frühe Tulpen, Gefüllte Frühe Tulpen, Triumph-Tulpen, Darwin-Hybrid-Tulpen,

Einfache Späte Tulpen, Lilienblütige Tulpen, Gefranste Tulpen, Viridiflora-Tulpen, Rembrandt-Tulpen, Papageien-Tulpen,

Gefüllte Späte Tulpen, Tulipa-Kaufmannia-Hybriden, Tulipa-Fosterania-Hybriden, Tulipa-Greigii-Hybriden, Wildtulpen

Zweifarbige Tulpensorte

Weitere interessante Zwiebel- und Knollenpflanzen

Deutscher Name, Botanischer Name	Blütenfarbe	Blütezeit	Höhe in cm	Standort	Tipps
Schneeglanz *Chionodoxa luciliae*	rosa, blau	März bis April	10 bis 15	sonnig	pflegeleicht, auch für Töpfe und Kästen
Garten-Montbretie *Crocosmia masoniorum*	orangegelb	Juli bis August	70 bis 90	sonnig	pflegeleicht, Winterschutz erforderlich
Vorfrühlings-Alpenveilchen *Cyclamen coum*	reinweiß bis rosa	Februar bis März	10 bis 15	leicht beschattet	wunderschöne Blüten
Spanischer Glocken-Blaustern *Hyacinthoides hispanica*	blau bis violettblau, weiß, rosa	(April) bis Mai	25 bis 40	sonnig	Liebhaberpflanze
Milchstern *Ornithogalum umbellatum*	weiß	April bis Mai (Juni)	10 bis 25	sonnig	pflegeleicht, auch für Töpfe und Kästen

Gräser im Garten

Dass aus vielen Wildgräsern wertvolle Gartenpflanzen wurden, ist ein Verdienst renommierter Staudenzüchter wie Karl Foerster und Ernst Pagels. Ihre heutige Popularität verdankt die Pflanzengruppe dagegen dem holländischen Gartengestalter Piet Oudolf. Er machte in jüngerer Zeit mit seinen unkonventionell gestalteten Beeten aus Gräserarten und spät blühenden Sommerstauden auf sich aufmerksam. Wenn Sie sich den Indian Summer in den Garten holen wollen, kommen Sie ohne Ziergräser nicht aus. Die Pflanzen sind echte Spätzünder: Erst wenn das Gartenjahr fast vorbei ist, laufen sie mit ihren filigranen Blütenständen und leuchtenden Herbstfarben zur Hochform auf.

Schillergras, Alpen-Aster und Zier-Lauch bilden ein attraktives Trio.

Gestalten mit Gräsern

Wer ein Herbstbeet mit Gräsern gestalten will, sollte nicht nur an Blütenfarben denken. Als so genannte Strukturpflanzen wirken die verschiedenen Gräserarten vor allem durch ihren Wuchs und die Form ihrer Blüten. Deshalb ist es wichtig, sie mit Stauden zu kombinieren, die ebenfalls interessante und möglichst gegensätzliche Blatt-oder Blütenformen haben. Erst danach kommt die Farbe ins Spiel: Gräser wie die im Herbst rotblättrige Ruten-Hirse (*Panicum virgatum* 'Rehbraun') oder das leuchtend gelbe Riesen-Pfeifengras (*Molinia arundinacea*) kommen zum Beispiel als Ton-in-Ton-Kombination mit gelbem Sonnenhut (*Rudbeckia fulgida* 'Goldsturm'), orangefarbener Schafgarbe (*Achillea* 'Terracot-

ta') und roter Witwenblume (*Knautia macedonica*) gut zur Geltung. Machen Sie nicht den Fehler, nur Sommerstauden zu pflanzen, denn auch im Frühjahr sollte das Beet etwas bieten. Optimal sind Frühjahrsblüher, die im Spätsommer mit Blattschmuck, Herbstfarben oder attraktiven Samenständen Akzente setzen. Neben Sonnenanbetern fürs Herbstbeet gibt es auch Gräser, die halbschattige und schattige Beete mit ihrem Blatt-und Blütenschmuck bereichern. Dazu zählt zum Beispiel die große Gruppe der Seggen mit der markanten, über 1 m hohen Riesen-Segge (*Carex pendula*) und der zierlichen Japan-Segge (*C. morrowii* 'Variegata') mit hellen Blatträndern. Äußerst dekorativ ist auch das Japangras (*Hakonechloa macra*), besonders die gelblaubige Sorte 'Aureola'. Kombinieren Sie Schattengräser mit Farnen, Blüten- und Blattschmuckstauden. Vor allem mit großblättrigen Arten wie Funkien (*Hosta*) und Rodgersien entstehen reizvolle Kontraste. Schattenverträgliche Blütenklassiker, die sich in der Gegenwart von Gräsern wohlfühlen, sind Eisenhut (*Aconitum*), Herbst-Anemonen

(*Anemone japonica*) oder die Wald-Glockenblume (*Campanula latifolia* var. *macrantha*).

Pflege der Gräser

Die Ansprüche der Herbstgräser unterscheiden sich nicht wesentlich von denen der Stauden.

▸ **Standort**
Der Standort sollte sonnig, der Boden durchlässig und nicht zu nährstoffreich sein. Auf nassen, schweren Böden fühlen sich die Arten nicht wohl und ihre markante Herbstfärbung ist längst nicht so schön. Mit trockeneren Böden haben Licht liebende Gräserarten dagegen weniger Probleme als viele Sommerstauden. Allerdings gibt es auch

Das Pampasgras ist empfindlich gegen Winternässe. Man bindet die Blätter im Herbst zusammen, um die Basis der Pflanze vor Feuchtigkeit zu schützen. Eine Laubschüttung bietet zusätzlichen Schutz vor starken Frösten.

Gräser durch Teilung vermehren

Die Vermehrung von Gräsern ist sehr einfach und unproblematisch: Man gräbt die Horste im zeitigen Frühjahr vorsichtig aus und zerteilt sie mit einem scharfen Spaten oder einem Brotmesser in faustgroße Stücke. Die Teilstücke gräbt man umgehend wieder ein und achtet darauf, dass die langen dünnen Wurzeln nicht umgeknickt werden, sondern möglichst senkrecht in die Erde gelangen. Bis zum Einwurzeln darf die Erde nicht austrocknen, deshalb bei Bedarf regelmäßig gießen.

Ausnahmen: Das Chinaschilf (*Miscanthus*) beispielsweise hat es lieber etwas feuchter. Gräser für schattige Lagen bevorzugen wie Waldstauden humusreiche, gleichmäßig feuchte Böden.

▶ Pflanzung und Pflege

Die beste Pflanzzeit für alle Gräser ist das Frühjahr. Spätsommer oder Herbst sind weniger günstige Pflanztermine, da die meisten Arten dann in voller Blüte stehen. Die einzige wirkliche Pflegemaßnahme ist der jährliche Rückschnitt. Wer es lieber etwas aufgeräumt mag, der kann die trockenen Blätter bereits im Herbst abschneiden. Günstiger ist allerdings ein Rückschnitt im Frühjahr, weil das alte Laub die Pflanzen vor Frosteinwirkung schützt und die trockenen Blütenstände auch im Januar und Februar oft noch attraktiv sind. Frostempfindliche Arten wie das Pampasgras (*Cortaderia*) sollte man grundsätzlich erst im Frühjahr zurückschneiden. Im Herbst ist es ratsam, die Spitzen der radial angeordneten Blätter hochzubinden: So wird die empfindliche Basis vor schädlicher Winternässe geschützt. In kalten Regionen brauchen auch frostempfindliche Schattengräser wie die Japan-Segge Winterschutz. Sie werden einfach mit einer dicken Schicht Laub oder Fichtenzweigen abgedeckt.

1. **Moor-Reitgras**
2. **Japan-Segge**
3. **Schirmbambus**
4. **Blau-Schwingel**
5. **Gelbbuntes Japangras**
6. **Blaustrahlhafer**
7. **Chinaschilf**
8. **Ruten-Hirse**

Gräser

Deutscher Name Botanischer Name	Höhe der Blätter Höhe der Büten	Standort/Boden	Eigenschaften
Moor-Reitgras *Calamagrostis × acutiflora*	60 cm 150 cm	sonnig; mäßig trocken bis frisch, sandig	straff aufrechtes, horstbildendes Ziergras; schmale Blätter; schlanke gelbe, später bräunlich orange Ähren (VI–VIII)
Weißbunte Japan-Segge *Carex morrowii* 'Variegata'	30 cm 40 cm	halbschattig bis schattig; humos, frisch und durchlässig	wintergrünes Zwerggras; dichte Horste; überhängende, weiß gerandete Blätter; auch zur Flächenbegrünung
Riesen-Segge *Carex pendula*	60 cm 140 cm	halbschattig bis schattig; frisch bis feucht; humos und durchlässig	große Horste; dunkelgrüne breite Blätter; lange, bogig überhängende Blütenstände (VI–VII)
Schirmbambus *Fargesia murielae*	250 bis 400 cm keine Blüte	sonnig bis halbschattig; frisch bis feucht, durchlässig	wintergrüne ornamentale Bambusart; für Einzelstellung; große, überhängende Horste; schwache Ausläuferbildung
Blau-Schwingel *Festuca cinerea*	15 cm 25 cm	sonnig; mäßig trockene, magere Sandböden	kleine, dichte Horste aus stahlblauen, filigranen Blättern; für Heidegärten und Steingartenanlagen
Gelbbuntes Japangras *Hakonechloa macra* 'Aureola'	30 cm 60 cm	halbschattig; humos, durchlässig, frisch bis feucht	kleine, stark überhängende Blattschöpfe; breite, gelbgrün gestreifte Blätter; für flächige Pflanzung im Halbschatten
Blaustrahlhafer *Helictotrichon sempervirens*	40 cm 120 cm	sonnig; trocken bis frisch, durchlässig	buschige Horste; blaugraue, wintergrüne, teils eingerollte Blätter; lange, überhängende Blütenähren (VII–VIII)
Chinaschilf *Miscanthus sinensis* 'Silberfeder'	170 cm 220 cm	sonnig; frisch bis feucht, nährstoffreich	hohes, horstiges Gras für Einzelstellung; große, silberweiße Blütenstände (VIII–IX)
Riesen-Pfeifengras *Molinia arundinacea* 'Windspiel'	60 cm 200 cm	sonnig; frische bis wechselfeuchte Sandböden	horstiges Ziergras; zahlreiche lange Blütenstände mit lockeren Rispen (VIII–X); gelborange Herbstfärbung
Ruten-Hirse *Panicum virgatum* 'Hänse Herms'	60 cm 110 cm	sonnig; humos, frisch bis feucht; durchlässig	straff aufrecht, horstig; Blätter überhängend mit rotbrauner Herbstfärbung; fein verästelte Blütenrispen (VII–VIII)

Farne
im Garten

Farne zählen zu den ältesten Pflanzen der Erde. Sie waren vor rund 300 Millionen Jahren eine der dominierenden Pflanzengruppen und wurden später langsam, aber sicher von den Blütenpflanzen verdrängt. Die heute noch erhaltenen Arten sind nur ein kleiner Rest der prähistorischen Vielfalt.
Die filigranen, vielgestaltigen Blätter der verschiedenen Farnarten, Wedel genannt, versprühen einen außergewöhnlichen Charme und sollten in keinem Schattenbeet fehlen. Bereits Anfang März kommen sie ans Tageslicht. Im Austrieb erinnert das von der Spitze her eingerollte Blatt an einen Bischofsstab. Je nach Art sind die Wedel ganzrandig wie bei der Hirschzunge (*Asplenium scolopendrium*) bis zwei- oder sogar dreifach gefiedert, zum Beispiel beim Frauenfarn (*Athyrium filix-femina*). Auch die Größe ist sehr unterschiedlich: Die zierliche Mauerfeder (*Asplenium trichomanes*) wächst in schattigen, kühlfeuchten Mauerfugen

im Steingarten und wird gerade einmal 10 bis 15 cm groß. Der Königsfarn (*Osmunda regalis*) bevorzugt feuchte, nährstoffreiche Humusböden und erreicht Wuchshöhen bis 2 m.

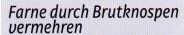

Funkien sind in schattigen Gartenecken ideale Beetpartner für Farne.

Farne durch Brutknospen vermehren

Farne mit Brutknospen an den Wedeln, wie der Blasenfarn (Cystopteris bulbifera) und die meisten Sorten des Weichen Schildfarns (Polystichum setiferum), sind leicht zu vermehren. Sie trennen Ende Juli einfach einen Wedel ab, legen ihn mit den Sporenbehältern nach unten in eine Anzuchtschale mit feuchtem Torf-Sand-Gemisch und fixieren ihn entlang der Mittelrippe mit Drahtkrampen im Substrat. Nun decken Sie den Behälter mit einer Glasplatte ab, stellen ihn an einem halbschattigen Ort bei etwa 20 °C auf und halten das Substrat feucht. Bis zum Winter bilden sich entlang der Mittelrippe an den Blättchenansätzen neue Pflanzen. Nach frostfreier Überwinterung trennt man sie im nächsten Frühjahr mitsamt den Teilstücken der Mittelrippe ab und pflanzt sie ins Schattenbeet.

Buntlaubige Farne

Für Gartenfreunde sind besonders wintergrüne Farne interessant, da sie auch in der tristen Jahreszeit für frische Farben sorgen. Dazu zählen neben den Streifenfarnen (*Asplenium*), den meisten Schildfarnen (*Polystichum*) und den Rippenfarnen (*Blechnum*) auch einige Arten des Wurmfarns (*Dryopteris*).
Wie bei allen Pflanzengruppen gibt es Arten und Sorten mit besonderen Blattfarben. Eine der außergewöhnlichsten ist der Japanische Regenbogenfarn (*Athyrium niponicum* 'Metallicum'). Er hat silbergraue Blätter mit rötlicher Mittelrippe. Der Immergrüne Rotschleierfarn (*Dryopteris erythrosora*) macht im Frühjahr mit bronzerotem Austrieb auf sich aufmerksam. Später färben sich die Wedel dann gelbgrün.

Standort und Pflege

Alle Farne brauchen gleichbleibend frische bis feuchte, humusreiche Böden im Halbschatten oder Schatten. Grund-

sätzlich gilt: Je feuchter der Boden ist, desto sonniger darf der Standort sein. Eine Ausnahme sind die wintergrünen Arten: Sie sollten immer vor kalten Winden und Wintersonne geschützt stehen, sonst trocknen ihre Blätter sehr schnell aus. Decken Sie die Pflanzen in winterkalten Gebieten mit Fichtenreisig oder mit einer dicken Laubschicht ab. Bei einziehenden Arten bilden die abgestorbenen Wedel einen natürlichen Kälteschutz. Schneiden Sie die braunen Blät-

Die im Austrieb noch eingerollten Blätter wie hier beim Wurmfarn erinnern an das obere Ende eines Bischofsstabs.

ter auch im Frühjahr nicht ab, sondern lassen Sie sie im Schattenbeet vermodern, denn die alten Wedel reichern den Boden mit wichtigem Rohhumus an.

Verwendung

Da Farne reife, humusreiche Böden im Gehölzschatten brauchen, eignen sie sich nicht für neu angelegte Gärten.

Allerdings gibt es Ausnahmen: Wurmfarn (*Dryopteris filix-mas*), Goldschuppenfarn (*D. affinis*), Frauenfarn und Straußfarn (*Matteuccia struthiopteris*) fassen auch in Neuanlagen an schattigeren Stellen Fuß. Sie müssen den Boden aber mit Lauberde, reifem Kompost und Rindenkompost anreichern und die Arten nach der Pflanzung (am besten im Frühjahr) bis zum Einwachsen regelmäßig gießen.

Profitipp

Beim Straußfarn ist Vorsicht geboten: Er breitet sich durch Ausläufer aus und besiedelt an zusagenden Standorten schnell große Flächen. Deshalb ist er ein beliebter Bodendecker für große Gärten und öffentliche Grünanlagen.

1	**Pfauenradfarn**
2	**Hirschzungenfarn**
3	**Frauenfarn**
4	**Rippenfarn**
5	**Wurmfarn**
6	**Straußfarn**
7	**Tüpfelfarn**
8	**Schildfarn**

Farne

Deutscher Name *Botanischer Name*	Höhe	Standort/Boden	Eigenschaften
Pfauenradfarn *Adiantum pedatum*	30 bis 50 cm	halbschattig bis schattig; humos, locker, feucht, kalkhaltig	hellgrüne, gefiederte Wedel mit schwarzen Stielen; in einer Ebene pfauenradartig ausgebreitet; im Herbst goldgelb
Hirschzungenfarn *Asplenium scolopendrium*	20 bis 40 cm	schattig und luftfeucht; feucht und humos, locker	ungefiederte, ledrige, glänzend grüne Wedel; sehr sonnen- und trockenheitsempfindlich; wintergrün, vor Wintersonne schützen
Frauenfarn *Athyrium filix-femina*	60 bis 100 cm	absonnig bis schattig; humos, locker, feucht, nährstoffreich	dichte Büsche bildend; zwei- bis dreifach gefiederte hellgrüne Wedel; trichterförmig angeordnet
Japanischer Regenbogenfarn *Athyrium niponicum* 'Metallicum'	40 bis 60 cm	halbschattig bis schattig; frisch bis feucht; humos und durchlässig	zierlicher Farn; niederliegende, stahlblaue bis graugrüne Wedel mit purpurroten Stielen
Gewöhnlicher Rippenfarn *Blechnum spicant*	30 bis 60 cm	absonnig bis schattig ; humos, frisch bis feucht, durchlässig	wintergrün; schmale, einfach gefiederte, aufrechte Wedel, glänzend grün; schwache Ausläuferbildung, anspruchslos; vor Wintersonne schützen
Gewöhnlicher Wurmfarn *Dryopteris filix-mas*	50 bis 100 cm	absonnig bis schattig; frisch bis feucht, anspruchslos	breite, doppelt gefiederte Wedel; robustester Gartenfarn, wächst auf feuchten Böden auch in der Sonne
Straußfarn *Matteuccia struthiopteris*	80 bis 130 cm	absonnig bis schattig; frisch bis feucht, lehmig-humos	hellgrüne, aufrecht stehende Wedel; an guten Standorten starke Ausbreitung; sehr trockenheitsempfindlich
Perlfarn *Onoclea sensibilis*	40 bis 70 cm	absonnig bis schattig frisch bis feucht, nährstoffreich	kurze Wedel; große Fiederblättchen; Wedel wintergrün mit perlenartigen Sporenhaufen; bildet Ausläufer; vor Wintersonne schützen
Gewöhnlicher Tüpfelfarn *Polypodium vulgare*	20 bis 40 cm	absonnig bis schattig; humos, feucht, auch flachgründig	sattgrüne, ledrige, einfach gefiederte Wedel; wintergrün; gedeiht auch auf alten Baumstämmen
Weicher Schildfarn *Polystichum setiferum* 'Plumosum Densum'	45 bis 60 cm	halbschattig bis schattig; humos, locker, frisch bis feucht	wintergrün; breite Wedel, sehr fein gefiedert, weich und moosartig; horstiger Wuchs; vor Wintersonne schützen

absonnig = sonniger Standort, aber keine Mittagssonne

Rosenträume für jeden Garten

Was wäre ein Garten ohne Rosen? Seltsam leer und seelenlos, würde ein Rosenfreund sagen, denn die Königin der Blumen ist in der Tat etwas ganz Besonderes. Es fällt auch nicht schwer, sie zu lieben, denn durch ihre beinahe unüberschaubare Vielfalt fügt sie sich in jeden Gestaltungs-Stil perfekt ein. Selbst Freunde eines natürlich wirkenden Gartens, die vielleicht mit den großen, gefüllten Blüten von Edelrosen nicht so viel anfangen können, können dem einfachen Charme von Wildrosen oder dem nostalgischen Flair Alter Rosen bestimmt nicht widerstehen.

Rosen bereichern den Garten mit edlen, häufig duftenden Blüten.

Rosenklassen

Rosen werden, je nach Alter, Herkunft und Wuchsform, in unterschiedliche Rosenklassen eingeteilt.

Edelrosen Die größten Blüten bringen Edelrosen hervor. Sie wirken sehr elegant, da ihre gefüllten, häufig duftenden Blüten meist einzeln auf langen, aufrechten Stielen sitzen. Ihr Wuchs kann jedoch staksig wirken, und viele, vor allem ältere Sorten, sind etwas empfindlich in Bezug auf Frost oder Krankheiten.

Beetrosen Sie wachsen kompakter als Edelrosen, und ihre gefüllten oder einfachen Blüten erscheinen in Büscheln. Leider duften nur wenige. Dafür sind vor allem neuere Sorten äußerst robust. Kombiniert mit Stauden kommen sie im Blumenbeet schön zur Geltung.

Strauchrosen Mehr Platz braucht man für Strauchrosen. Sie werden, je nach Sorte, über 2 m hoch und breit und eignen sich als Solitärstrauch sowie für abwechslungsreiche Blütenhecken. Die Sortenvielfalt ist groß: Es gibt einmal und öfter blühende, und die Blütenformen reichen von einfach bis dicht gefüllt.

Kletterrosen Die blühenden Kletterer verzaubern den Garten in luftigen Höhen. Steif aufrecht, bis 3 m hoch wachsende, öfter blühende Sorten werden Climber genannt. Sie eignen sich vor allem für Rankbögen oder Pergolen. Weichtriebige Kletterrosen mit vielen kleinen Blüten heißen Rambler. Sie werden bis 6 m hoch, ranken auch in Bäume und blühen nur einmal im Jahr.

Kleinstrauchrosen Zur Bepflanzung von großen Flächen eignen sich Kleinstrauchrosen, auch Bodendeckerrosen genannt. Ihre Wuchsformen reichen von flach niederliegend bis buschig aufrecht. Sie sind sehr pflegeleicht und robust und warten mit einer Fülle an Blütenformen und -farben auf.

Wildrosen Natürlichen Charme versprühen die einfachen, oft zart duftenden Blüten der Wildrosen. Aus ihnen entwickeln sich im Herbst leuchtend rote Hagebutten. Sie blühen nur einmal im Jahr und lassen sich durch ihren strauchartigen Wuchs schön mit anderen Blütensträuchern kombinieren.

Alte Rosen Diese Rosen wachsen ebenfalls strauchartig. Nur Sorten, die bereits vor 1867 bekannt wurden, zählen zu dieser Rosenklasse. Sie zeichnen sich vor allem durch dicht gefüllte, stark duftende Blüten aus, die nur einmal im Jahr erscheinen. Einige Alte Rosen sind äußerst robust und daher eine Bereicherung für jeden Rosengarten.

Englische Rosen Vor etwa 40 Jahren begann der Züchter David Austin, den nostalgischen Charme Alter Rosen mit der Öfterblütigkeit moderner Strauchrosen zu kombinieren. Dadurch entstanden die Englischen Rosen, die mit einer breiten Farbpalette und dicht gefüllten, duftenden Blüten bereits zahlreiche Fans gefunden haben.

Zwergrosen Sie sehen aus wie Miniaturausgaben von Edelrosen, duften aber nur selten. Sie werden bis 50 cm hoch und gedeihen am besten in Töpfen und Blumenkästen. Ausgepflanzt ins Beet sind viele Sorten etwas anfällig für Krankheiten.

Qualität

Beim Kauf von Rosen spielt die Qualität eine große Rolle. Am sichersten ist es, in einer Rosenschule oder direkt beim Züchter zu kaufen, denn dort haben Sie auch die Gewissheit, genau die Sorte zu bekommen, die Sie sich wünschen.

Zur Pflanzzeit im Frühjahr und Herbst werden wurzelnackte und ballierte Rosen angeboten. Getopfte Rosen gibt es auch in den Sommermonaten.

Wurzelnackte Rosen Am günstigsten sind wurzelnackte Rosen, die im Frühjahr und im Herbst angeboten werden. Sie bestehen nur aus Wurzeln und kahlen Trieben. Dadurch können Sie eventuelle Schädigungen leicht erkennen: Feste, grüne Triebe ohne Flecken, Rillen oder Verletzungen sowie gut verzweigte, dicke und feine Wurzeln sind ein Zeichen für Qualität.

Wurzelballierte Rosen Immer häufiger werden wurzelballierte Rosen verkauft. Die Wurzeln sind locker mit Substrat sowie einem Jutestoff, Drahtnetz oder Pappkarton umhüllt und so vor dem Austrocknen geschützt. Im Frühjahr kann es vorkommen, dass schon die ersten Blättchen austreiben, was aber kein Grund ist, die Pflanze nicht zu kaufen. Gepflanzt werden die Rosen mitsamt der Wurzelumhüllung, die sich im Lauf der Zeit im Boden zersetzt.

Containerrosen Fast das ganze Jahr über können Sie Rosen in Töpfen kaufen. Sie blühen üppig und können auch mitten im Sommer gepflanzt werden, da der Ballen bereits gut durchwurzelt ist. Die Pflanzen sind durch den höheren Pflegeaufwand in der Rosenschule jedoch teurer als wurzelnackte oder ballierte Rosen.

▶ **ADR-Rosen**
Züchter und Rosenliebhaber legen immer mehr Wert auf frostharte, krankheitsresistente Sorten. Ein gute Orientierungshilfe ist das ADR-Prädikat (Allgemeine Deutsche Rosenneuheitenprüfung), das von Experten nach einer dreijährigen Prüfung an besonders robuste Sorten vergeben wird. Eine Liste mit allen ausgezeichneten Rosen gibt es im Internet unter www.adr-rose.de.

Standort

Nur am richtigen Standort werden Sie viele Jahre lang Freude an Ihren Rosen haben. Wählen Sie einen sonnigen, luftigen Platz im Garten aus, an dem vorher noch keine Rosen standen. Auch an den Boden haben Rosen große Ansprüche: In einem lockeren, humusreichen Boden mit einem pH-Wert von ungefähr 6,5 (neutral bis leicht sauer) können die Pflanzen am besten einwurzeln und sich mit den nötigen Nährstoffen versorgen. Zu lehmige, schwere Böden werden mit Sand und Kompost, zu leichte, sandige Böden mit Kompost verbessert. In stark lehmigen Böden, die Regenwasser nur sehr langsam versi-

Nur an einem geeigneten Standort mit viel Sonne können sich Rosen üppig und gesund entwickeln.

Üppige Kletterrosen verzaubern jeden Garten und beanspruchen relativ wenig Platz.

Die einfachen Blüten der Wildrosen haben einen natürlichen Charme und duften zart.

Rosen richtig pflanzen

*Heben Sie ein tiefes Loch aus,
in das die Wurzeln hineinpassen,
ohne umzuknicken.
Die Veredlungsstelle muss dabei 5 cm
unter der Erdoberfläche liegen.
Füllen Sie das Pflanzloch wieder auf
und drücken Sie die Erde gut an, damit
keine Hohlräume zurückbleiben.
Anschließend kräftig wässern und
anhäufeln.*

Schnitt

Viele Rosen sind auf einen Rückschnitt angewiesen, um Jahr für Jahr üppig zu blühen. Verwenden Sie dazu eine scharfe Rosenschere und trennen Sie die Triebe immer schräg mit 5 mm Abstand über einem Auge ab. Bleiben Reststummel stehen, können sich dort Pilzkrankheiten ausbreiten.

Aus demselben Grund sollten Sie auch kranke oder abgestorbene Triebe entfernen. Gesundes Holz erkennen Sie an der glatten, grünen Rinde und dem weißen Inneren.

Der regelmäßige Rückschnitt im zeitigen Frühjahr wird nur bei öfter blühenden Sorten durchgeführt. Einmal blühende Rosen (Alte Rosen, Wildrosen, Ramblerrosen, einmal blühende Strauchrosen) entwickeln ihre Blüten an mehrjährigen Trieben und dürfen daher erst im Sommer nach der Blüte etwas ausgelichtet werden.

Am radikalsten schneidet man Edel-, Beet- und Zwergrosen zurück. Der ideale Zeitpunkt dafür ist, wenn in Ihrer Region die Forsythien anfangen zu blü-

ckern lassen, kann Staunässe zum Problem werden. Damit die Wurzeln nicht faulen, sollten Sie in diesem Fall unter dem Pflanzloch eine etwa 15 cm hohe Dränageschicht aus Schotter oder Kies einbauen.

Pflanzung

Rosenpflanzzeit ist zweimal im Jahr: Im März sowie von Oktober bis zum ersten Frost. Nur dann werden wurzelnackte Rosen angeboten, da ihre empfindlichen Wurzeln schnell austrocknen und sofort in die Erde müssen. Ballierte Rosen können etwas länger warten, sollten aber auch so bald wie möglich gepflanzt werden. Kürzen Sie die Triebe auf etwa 20 cm ein, bei wurzelnackten Pflanzen auch die dicken Wurzeln. Rosen ohne Ballen werden anschließend mindestens 5 Stunden in einen Eimer mit Wasser gestellt, damit sie sich richtig vollsaugen können. Auch die Veredlungsstelle, die Verdickung zwischen Trieben und Wurzeln, muss vollständig mit Wasser bedeckt sein. In der Zwischenzeit heben Sie das Pflanzloch aus: etwa 40 cm breit und so tief, dass

die Wurzeln hineinpassen, ohne abzuknicken. Ganz wichtig: Wenn Sie die Rose hineinstellen, muss die frostempfindliche Veredlungsstelle 5 cm unter der Erdoberfläche liegen. Rauen Sie die Wände des Pflanzlochs etwas an, damit die Wurzeln leichter ins feste Erdreich hineinwachsen können. Mischen Sie nun den Erdaushub mit etwas reifem Kompost und füllen Sie das Pflanzloch damit auf. Gedüngt werden frisch gepflanzte Rosen nicht! Drücken Sie die Erde gut an und bilden Sie einen kleinen Erdwall um die Pflanze. So wird garantiert, dass das Wasser beim anschließenden Gießen im Wurzelbereich versickert. Häufeln Sie die Rose zum Schutz vor Frost etwa 15 cm hoch mit Erde an. Auch im Frühjahr ist dieser Schutz wichtig, wird aber nach ein paar Wochen wieder entfernt.

Topfrosen können, außer bei Frost, das ganze Jahr über gepflanzt werden. Wässern Sie den Ballen ausgiebig, bevor Sie den Topf entfernen, damit er nicht auseinanderfällt. Auch hier muss das Pflanzloch so tief sein, dass die Veredlungsstelle 5 cm unter der Erdoberfläche liegt – auch wenn die Rose vorher im Topf unter Umständen etwas höher saß.

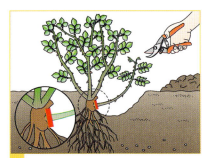

Wildtriebe werden direkt am Ansatz entfernt, damit sie nicht nachwachsen können.

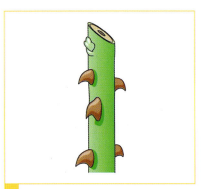

Der richtige Schnitt erfolgt etwa 5 mm über einer Blattknospe. Durch die schräge Schnittfläche zum Auge hin läuft Regenwasser schnell ab.

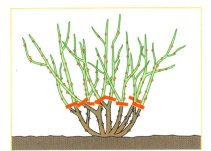

Die Triebe von Edel-, Beet- und Zwergrosen werden im Frühjahr auf 10 bis 30 cm zurückgeschnitten.

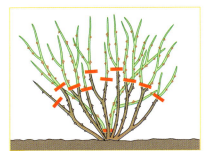

Öfter blühende Strauchrosen können etwa alle fünf Jahre auf ein bis zwei Drittel ihrer Höhe gekürzt werden.

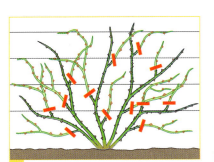

Bei öfter blühenden Kletterrosen bleiben alle Langtriebe stehen. Seitentriebe kürzt man auf etwa zwei bis vier Augen.

hen. Kürzen Sie dann alle Rosentriebe auf 20 bis 30 cm ein, bei Zwergrosen auf 10 bis 15 cm. Öfter blühende Strauchrosen können Sie zur gleichen Zeit auf etwa ein bis zwei Drittel ihrer Höhe einkürzen. Sie werden jedoch nicht jedes Jahr geschnitten, da sie sonst ihre stattliche Höhe nie erreichen würden. Bei öfter blühenden Kletterrosen lässt man die Langtriebe stehen und bindet sie waagrecht an die Kletterhilfe an. Die Seitentriebe werden auf etwa zwei bis vier Augen eingekürzt. Bodendeckerrosen werden nur geschnitten, wenn sie zu üppig und ausladend wachsen. Schnittabfälle von Rosen sammeln Sie

am besten ein und entsorgen sie in der Restmülltonne. Bleiben sie auf dem Beet liegen oder landen sie im Kompost, breiten sich die Sporen von Pilzkrankheiten darauf aus und infizieren unter Umständen gesunde Pflanzen.

Pflege

Rosen brauchen das ganze Jahr über Zuwendung. Besonders viel Aufmerksamkeit sollten Sie ihnen jedoch während der Blütezeit widmen. Halten Sie den Bereich um die Pflanze frei von Unkraut oder anderen Pflanzen und lockern Sie die Erde regelmäßig. Hacken

Achten Sie darauf, dass beim Gießen nur der Boden und niemals die Blätter oder Blüten nass werden.

Rosen brauchen kräftige Düngergaben, um den ganzen Sommer über mit üppiger Blütenfülle aufwarten zu können.

Sie aber nicht zu tief, damit Sie die Rosenwurzeln nicht verletzen. Eine Mulchschicht erleichtert die Arbeit, da Unkraut fern gehalten wird und der Boden nicht so stark austrocknet.

Bewässerung Auf genügend Feuchtigkeit sollten Sie vor allem bei jungen Rosen achten. Ältere Pflanzen mit tief reichenden Wurzeln müssen Sie nur bei langen Trockenperioden ausgiebig wässern. Gießen Sie morgens oder abends, und achten Sie darauf, dass Blätter und Blüten nicht nass werden.

Ausputzen Bei öfter blühenden Rosen verlängern Sie die Blütezeit, indem Sie Verwelktes regelmäßig abschneiden. Wenn Sie Hagebutten möchten, müssen Sie die Blütenreste allerdings stehen lassen. Entfernen Sie bei büschelblütigen Sorten zunächst verwelkte Einzelblüten. Sind alle verblüht, werden sie über dem ersten Laubblatt abgetrennt. Edelrosen treiben am besten wieder aus, wenn ihre Einzelblüten zusammen mit zwei Laubblättern oberhalb des dritten Blattes abgeschnitten werden.

Düngung Rosen brauchen sehr viele Nährstoffe, da sie jedes Jahr unzählige neue Triebe, Blätter und Blüten bilden. Mineralischer Langzeitdünger lässt sich am besten dosieren. Düngen Sie zum Austrieb im Frühjahr, und versorgen Sie die Pflanzen nach der ersten Blüte im Juni mit einer zweiten Gabe. Auch organische Dünger wie Hornspäne oder Pferdemist wirken lange. Für alle Dün-

Blattläuse saugen an Blättern, Trieben und Knospen und verursachen dadurch Schäden an der Rose.

Der Echte Mehltau überzieht Blätter, Triebe und Knospen mit einem mehligen, abwischbaren Belag.

gerarten gilt jedoch: Stickstoff (N) ist ab Mitte Juli tabu, da die Triebe sonst vor dem Winter nicht genügend ausreifen und bei Frost geschädigt werden können.

Wildtriebe Achten Sie auch darauf, ob bei veredelten Rosen die Wildrosenunterlage eigene Triebe bildet. Sie haben meist anders geformte und gefärbte Blätter und entspringen unterhalb der Veredlungsstelle.

Legen Sie den Wurzelhals frei und kappen Sie den Wildtrieb mit einem glatten Schnitt (siehe Zeichnung Seite 132).

Pflanzenschutz

Die beste Voraussetzung für gesunde Rosen ist der optimale Standort. Doch manchmal hilft alles nichts, und die Rose wird durch Schädlinge oder Krankheiten geschwächt. Kontrollieren Sie Ihre Rosen regelmäßig, damit Sie schon bei den ersten Symptomen einschreiten können! Wenn Sie Pflanzenschutzmittel einsetzen, sollten Sie sich vorher im

Gartenfachhandel beraten lassen, denn durch nicht mehr zugelassene Produkte oder durch falsche Dosierung können Sie Pflanzen und viele nützliche Tiere erheblich schädigen.

Schädlinge Blattläuse, Zikaden und Spinnmilben verursachen Saugschäden und treten bei Hitze und Trockenheit vermehrt auf. Sie können mit Präparaten aus dem Fachhandel bekämpft werden. Bei eingerollten Blatträndern (Blattrollwespe) oder Lochfraß in den Blättern (Blattwespe) entfernen Sie die befallenen Pflanzenteile und entsorgen sie im Restmüll. Bei starkem oder wiederholtem Befall helfen ebenfalls entsprechende Präparate.

Pilze Noch viel gefürchteter als tierische Schädlinge sind Pilzkrankheiten. Sie können den Rosen innerhalb kurzer Zeit erheblichen Schaden zufügen. Bei Feuchtigkeit breiten sich die Pilzsporen in Windeseile aus. Pflanzen Sie Ihre Rosen an luftige Plätze und vor allem nicht zu eng nebeneinander, damit das Laub rasch trocknen kann. Am häufigsten treten der Echte Mehltau und der

Sternrußtau auf. Beim Echten Mehltau sind Blätter, Knospen und Triebe mit einem weißen, mehligen Belag überzogen, der sich abwischen lässt. Beim Sternrußtau treten schwarzbraune, runde Blattflecken mit strahligem Rand auf. Im Fachhandel sind Präparate gegen diese Krankheiten erhältlich.

Winterschutz

Minusgrade im Winter sind vor allem für veredelte Rosen ein echter Härtetest. Schützen Sie Ihre Pflanzen daher rechtzeitig vor dem ersten Frost gegen kalte Temperaturen und Winde. Am empfindlichsten ist die Veredlungsstelle. Häufeln Sie aus diesem Grund vor allem Beet-, Edel- und Zwergrosen etwa 15 bis 20 cm hoch mit Erde oder Kompost an. Die Triebe, die noch herausschauen, decken Sie mit Nadelreisig ab. Das Anhäufeln wird auch bei Kletterrosen oder Strauchrosen empfohlen. Zum Schutz der Triebe werden Kletterrosen schuppenförmig von unten nach oben mit Nadelreisig umwickelt. Empfindliche Strauchrosen können Sie mit einem Käfig aus Maschendraht oder Schilfrohrmatten umgeben, der mit Laub oder Stroh aufgefüllt wird. Bei Hochstammrosen liegt die Veredlungsstelle nicht in der Erde, sondern am Ansatz der Krone. Stülpen Sie einen Jutesack über die Krone, füllen Sie ihn mit Laub und Stroh und binden Sie ihn unterhalb der Veredlungsstelle zu. Den Stamm können Sie mit Nadelreisig umwickeln, den Wurzelbereich etwas anhäufeln. Auch Rosen in Töpfen brauchen Schutz, damit der Wurzelballen nicht komplett durchfriert. Häufeln Sie die Pflanze an, decken Sie die Triebe mit Nadelreisig ab und umwickeln Sie den Topf dick mit einer Isolierschicht aus Sackleinen oder Noppenfolie. Wildrosen sowie die meisten Kleinstrauchrosen sind so robust, dass sie mit kalten Temperaturen auch ohne besonderen Schutz klarkommen.

Vermehrung

Rosen selbst zu vermehren ist nicht ganz einfach. Am leichtesten gelingt die Vermehrung durch Stecklinge oder Steckhölzer.

Edel-, Beet- und Zwergrosen werden zum Schutz der Veredlungsstelle mit Erde angehäufelt. Die Triebe deckt man dicht mit Nadelreisig ab.

Hochstämmchen müssen gut eingepackt werden. Ein umgedrehter Jutesack, gefüllt mit Laub und Stroh, schützt Krone und Veredlungsstelle.

Stecklinge bilden ihre Wurzeln und Triebe in kleinen Treibhäusern.

Stecklinge Für Stecklinge eignen sich vor allem Kleinstrauchrosen und Wildrosen. Schneiden Sie im Juni aus noch nicht verholzten Trieben der Mutterpflanze etwa 5–10 cm lange Stecklinge und entfernen Sie alle Blätter bis auf die oberen zwei. Stecken Sie die Stecklinge etwa 3 cm tief in eine Mischung aus Erde und Sand und halten Sie das Substrat gleichmäßig feucht. Abgedeckt mit einer durchsichtigen Folie, bilden die Stecklinge an einem hellen Platz in den nächsten Wochen Wurzeln und beginnen auszutreiben. Die Jungpflanzen werden im ersten Winter vor Frost geschützt und im Frühjahr ausgepflanzt.

Steckhölzer Für die Vermehrung über Steckhölzer eignen sich Strauchrosen, Kletterrosen und Kleinstrauchrosen. Schneiden Sie im Frühjahr oder Herbst etwa 20 cm lange Stücke aus bleistiftdicken, verholzten Trieben. Stecken Sie die blattlosen Steckhölzer direkt in den Gartenboden. Nur noch das oberste Auge schaut heraus. Wenn sich Wurzeln gebildet haben, treiben die Steckhölzer aus. Kürzen Sie die Triebe regelmäßig ein, damit die Pflanzen buschig wachsen.

Veredlung Profis vermehren die meisten Rosen durch Veredlung. Dazu wird ein Auge aus der Mutterpflanze in die Rinde einer Wildrose eingesetzt, wo es austreibt. Die veredelte Sorte profitiert von der robusten, wuchsfreudigen Wildrosenunterlage und bildet kräftige, neue Triebe.

Rosenbegleiter

Die Königin der Blumen, wie die Rose sehr treffend bezeichnet wird, braucht einen Hofstaat, um ihre Schönheit richtig zur Geltung zu bringen.

Vor allem Stauden sind tolle Begleiter im Blumenbeet. Klassisch schön ist eine Kombination aus Lavendel und Rosen. Auch Salbei oder Katzenminze passen wunderbar dazu. Schleierkraut bildet duftig zarte Blütenwolken um die runden Rosenblüten. Perfekte Partner sind auch Rittersporn, Frauenmantel, Schafgarbe und Glockenblumen. Wichtig ist, dass die Stauden den Rosen nicht zu nahe kommen: Der Wurzelbereich sollte immer freigehalten werden, und zu üppig gewachsene Begleiter werden zurückgeschnitten.

Eine schöne Ergänzung für eine Saison sind Sommerblumen. Vor allem Jungfer im Grünen, Hohes Eisenkraut oder

Salbei ist ein beliebter Rosenbegleiter. Seine lilablauen Blüten passen zu allen Blütenfarben.

Schmuckkörbchen eignen sich gut. Buchs ist ebenfalls ein schöner Pflanzpartner, der mit seinen kleinen, immergrünen Blättchen den bunten Rosenblüten keine Konkurrenz macht. Ob kugelig geschnitten oder als niedrige Beeteinfassung: Buchs macht neben Rosen immer eine gute Figur. Kletterrosen müssen ebenfalls nicht auf Begleiter verzichten: *Clematis*-Hybriden harmonieren perfekt mit Rosen, blühen zur selben Zeit und werden etwa gleich hoch – ideale Voraussetzungen für eine langjährige Partnerschaft.

1

2

3

4

5

6

1	*Aachener Dom®*	4	*Gloria Dei®*
2	*Augusta Luise®*	5	*Nostalgie®*
3	*Candlelight®*	6	*Tea Time®*

Rosensorten

Name	Blüte	Blütezeit	Wuchs Höhe in m	Verwendung	Herkunft
Edelrosen (Bilder Seite 135)					
Aachener Dom®	kräftig rosa, gefüllt, groß	Juni bis September; öfter blühend	aufrecht buschig 0,60 bis 0,80	auch für Halbschatten (mind. 5 Stunden Sonne); mittelstarker Duft, Schnittrose; ADR-Rose von 1982	Meilland, 1982
Ambiente®	cremeweiß, in der Mitte leicht gelb, gefüllt	Juni bis September; öfter blühend	buschig, 0,70 bis 0,80	nicht anfällig für Sternrußtau und Mehltau, Schnittrose	Noack, 2001
Augusta Luise®	champagner-rosé bis pfirsichfarben, gefüllt, riesig	Juni bis September; öfter blühend	aufrecht 0,70 bis 1	Duft: stark, fruchtig süß; Schnittrose	Rosen-Tantau, 1999
Candlelight®	dunkelgelb, gefüllt, groß	Juni bis September; öfter blühend	aufrecht 0,80 bis 1	Winterschutz empfohlen; Duft: starker Edelrosenduft	Rosen-Tantau, 2001
Focus®	lachsrosa, gefüllt	Juni bis September; öfter blühend	breit buschig, stark wüchsig bis 0,70	nicht anfällig für Sternrußtau und Mehltau; Schnittrose	Noack, 1997
Gloria Dei®	gelb mit rosafarbenem Rand, gefüllt	Juni bis September; öfter blühend	aufrecht buschig 0,60 bis 0,80	auch für den Halbschatten (mind. 5 Stunden Sonne); Schnittrose	Meilland, 1945
Nostalgie®	cremeweiß mit kirschrotem Rand, gefüllt	Juni bis September; öfter blühend	buschig 0,70 bis 1	typischer Rosenduft, Schnittrose	Rosen-Tantau, 1996
Tea Time®	kupfergoldorange, gefüllt, groß	Juni bis September	aufrecht 0,60 bis 0,80	vielfach ausgezeichnete Rose, Schnittrose	Rosen-Tantau, 1994
Beetrosen					
Aprikola®	aprikosengelb bis leicht rosa im Verblühen, gefüllt	Juni bis September; öfter blühend	breit buschig, dicht verzweigt 0,70 bis 0,80	für Heckenpflanzungen; Duft: fruchtig, herb; ADR-Rose von 2001	W. Kordes' Söhne, 2000
Aspirin® Rose	weiß, gefüllt, edel geformt	Juni bis September; öfter blühend	breit buschig 0,60 bis 0,80	widerstandsfähig gegen Pilzkrankheiten; ADR-Rose von 1995	Rosen-Tantau, 1997
Bonica® 82	zartrosa, gefüllt	Juni bis September; öfter blühend	aufrecht buschig, 0,60 bis 0,80	auch für den Halbschatten (mind. 5 Stunden Sonne); für Heckenpflanzung; ADR-Rose von 1982	Meilland, 1982
Brautzauber®	weiß, halb gefüllt, Dauerblüher	Juni bis September; öfter blühend	aufrecht buschig 0,70 bis 0,80	nicht anfällig für Sternrußtau und Mehltau; ADR-Rose von 1999	Noack, 1999
Friesia®	leuchtend goldgelb, dicht gefüllt	Juni bis September; öfter blühend	aufrecht buschig bis 0,60	auch für den Halbschatten (mind. 5 Stunden Sonne); auch für Heckenpflanzungen; Duft: stark, lieblich; ADR-Rose von 1973	W. Kordes' Söhne, 1973
Gebrüder Grimm®	leuchtend orangerot bis pfirsichfarben, stark gefüllt	Juni bis September; öfter blühend	aufrecht bis 0,70	Schnittrose; auch für Heckenpflanzungen; ADR-Rose von 2002	W. Kordes' Söhne, 2002
Leonardo da Vinci®	dunkelrosa, dicht gefüllt, regenfest, rosettenartig	Juni bis September; öfter blühend	aufrecht buschig 0,40 bis 1	leichter Duft	Meilland, 1993
Lions-Rose®	cremeweiß, im Aufblühen mit einem Hauch von Apricot und Rosa, gefüllt	Juni bis September; öfter blühend	aufrecht buschig bis 0,60	ADR-Rose von 2002	W. Kordes' Söhne, 2002
Lisa®	intensiv gelb bis orange, gefüllt	Juni bis September; öfter blühend	breit buschig 0,60 bis 0,70	nicht anfällig für Sternrußtau und Mehltau	Noack, 2003

Aspirin® Rose

Bonica® 82

Friesia®

Gebrüder Grimm®

Leonardo da Vinci®

Rosensorten

Name	Blüte	Blütezeit	Wuchs Höhe in m	Verwendung	Herkunft
Beetrosen (Fortsetzung)					
Neon®	karminrosa, halb gefüllt	Juni bis September; öfter blühend	aufrecht bis 0,60	für Heckenpflanzungen; ADR-Rose von 1999	W. Kordes' Söhne, 2001
Paul Cézanne®	apricot, gelb und rosa gestreift, gefüllt	Juni bis September; öfter blühend	aufrecht buschig 0,60 bis 0,80	Duftrose	Delbard 1992
Rosenprofessor Sieber®	reinrosa, geht beim Aufblühen in Porzellanrosa über, gefüllt, meist in Dolden	Juni bis September; öfter blühend	buschig, kräftig bis 0,70	Duft: nach Wildrosen; ADR-Rose von 1996	W. Kordes' Söhne, 1997
Vinesse®	orangerot, im Aufblühen hellorange-rosa, später gelborange, halb gefüllt	Juni bis September; öfter blühend	aufrecht bis 0,60	nicht anfällig für Sternrußtau und Mehltau; leichter Duft; ADR-Rose von 2000	Noack, 2001
Strauch- und Wildrosen					
Lichtkönigin Lucia®	kräftig zitronengelb, gefüllt, groß, einzeln und in kleinen Büscheln	Juni bis September; öfter blühend	aufrecht buschig 1 bis 1,50	mittelstarker Duft; langer schöner Herbstflor; ADR-Rose von 1968	W. Kordes' Söhne, 1966
Mein schöner Garten®	zartrosa, hellere Nuancen zur Blütenmitte, locker gefüllt, mittelgroß, immer in Dolden	Juni bis September; öfter blühend	kräftig, vieltriebig bis 1,20	Duft: frisch, fruchtig	W. Kordes' Söhne, 1997
Rosa arvensis, Feld-Rose	weiß bis rosaweiß, einfach	Juni bis Juli; einmal blühend	aufrecht buschig bis überhängend 0,40 bis 3	auch für den Halbschatten; für Heckenpflanzungen; leichter Duft; Vogelnährgehölz	–
Rosa canina, Hunds-Rose	rosa, innen heller, gelbe Staubgefäße, einfach	Mai bis Juni; einmal blühend	buschig, aufrecht, später hängend 0,60 bis 3	für Heckenpflanzungen; Vogelnährgehölz; starker Duft	–
Rosa sericea ssp. *omeiensis* fo. *pteracantha*, Stacheldraht-Rose	weiß, ungefüllt	Mai bis Juni, einmal blühend	aufrecht buschig 2 bis 3	auffällige, rote Stacheln; für Heckenpflanzungen; für Natur- und Wildgärten	–
Rosa spinosissima, Bibernell-Rose	cremeweiß, einfach	Mai bis Juni; einmal blühend	buschig bis übergeneigt 1 bis 1,50	für frei wachsende Blütenhecken; Vogelnährgehölz	–
Rugelda®	gelb, rosarot umrandet, gefüllt	Juni bis September; öfter blühend	aufrecht buschig 1,50 bis 2	für Heckenpflanzungen; ADR-Rose von 1992	W. Kordes' Söhne, 1989
Schneewittchen®	schneeweiß, gefüllt, in Büscheln und Dolden	Juni bis September; öfter blühend	aufrecht buschig bis 1,20	für Heckenpflanzungen; Duft: voll; ADR-Rose von 1960	W. Kordes' Söhne, 1958
Vogelpark Walsrode®	zartrosa, später aufhellend, halb gefüllt, groß, in Büscheln	Juni bis September; öfter blühend	breit buschig 1 bis 1,50	leichter Duft; ADR-Rose von 1989	W. Kordes' Söhne, 1988
Westerland®	leuchtend kupferorange, gefüllt	Juni bis zum Frost; öfter blühend	aufrecht buschig, stark wüchsig bis 1,50	starker Duft; ADR-Rose von 1974	W. Kordes' Söhne, 1969

Lichtkönigin Lucia®   *Mein schöner Garten®*   *Rugelda®*   *Schneewittchen®*   *Westerland®*

Rosensorten

Name	Blüte	Blütezeit	Wuchs Höhe in m	Verwendung	Herkunft
Kleinstrauchrosen					
Celina®	hellgelb, leicht gefüllt, in großen Dolden	Juni bis September; öfter blühend	aufrecht buschig bis bogig überhängend 0,60 bis 0,80	nicht anfällig für Sternrußtau und Mehltau, für Heckenpflanzungen; leichter Duft; ADR-Rose von 1999	Noack, 1997
Heidetraum®	karminrosarot, halb gefüllt, in großen Dolden	Juni bis September; öfter blühend	niedrig buschig wachsend 0,70 bis 0,80	nicht anfällig für Sternrußtau und Mehltau; für Heckenpflanzungen; ADR-Rose von 1990	Noack, 1988
Lavender Dream®	lavendelfarben, halb gefüllt, zierlich, schmale Blütenblätter, in Dolden	Juni bis September; öfter blühend	buschig bis überhängend bis 0,60	für Heckenpflanzungen; starker Duft; ADR-Rose von 1987	Interplant, 1985
Phlox Meidiland®	violettrosa mit weißer Mitte, ungefüllt, in Dolden	Juni bis September; öfter blühend	aufrecht buschig 0,60 bis 0,80	auch für den Halbschatten (mind. 5 Stunden Sonne); für Heckenpflanzungen; ADR-Rose von 2001	Meilland, 2000
Schneeflocke®	weiß, halb gefüllt, in großen Dolden	Juni bis September; öfter blühend	buschig 0,40 bis 0,50	auch für den Halbschatten (mind. 5 Stunden Sonne); nicht anfällig für Sternrußtau und Mehltau, leichter Duft; ADR-Rose von 1991	Noack, 1991
The Fairy®	rosa, gefüllt	Juli bis September; öfter blühend	buschig bis überhängend 0,60 bis 0,80	auch für den Halbschatten (mind. 5 Stunden Sonne); für Heckenpflanzungen	Bentall, 1932
Kletterrosen					
Bobby James®	rahmweiß, ungefüllt	Juni; einmal blühend	aufrecht klimmend, bis 5	Rambler; auch für Heckenpflanzungen; Duft: stark, nach Wildrosen	Sunningdale Nurseries, 1961
Kir Royal®	seidenrosa, gefüllt, mit Nachblüte	Juni bis September; starker Hauptflor, schwächer nachblühend	aufrecht klimmend bis überhängend, 2 bis 3	Climber; auch für den Halbschatten (mind. 5 Stunden Sonne); nicht anfällig für Sternrußtau und Mehltau; leichter Duft; ADR-Rose von 2002	Meilland, 1995
New Dawn®	zartrosa bis cremerosa, gefüllt	Juni bis September; öfter blühend	aufrecht klimmend bis 3	Climber; duftend	Summerset Nursery, 1930
Rosarium Uetersen®	tiefrosa, später silbrigrosa, dicht gefüllt, sehr groß	Juni bis September; öfter blühend	dicht buschig, aufrecht, überhängend, 2 bis 3	Climber; Duft: ähnlich wie Wildrosen; auch als Strauchrose verwendbar	W. Kordes' Söhne, 1977

Celina®

Heidetraum®

Lavender Dream®

Phlox Meidiland®

Schneeflocke®

Bobby James®

Kir Royal®

New Dawn®

Rotfassade®

Super Excelsa®

Rosensorten

Name	Blüte	Blütezeit	Wuchs Höhe in m	Verwendung	Herkunft
Kletterrosen (Fortsetzung)					
Rotfassade®	leuchtend rot, halb gefüllt, in Dolden	Juni bis September; öfter blühend	aufrecht klimmend 2 bis 3	Climber; nicht anfällig für Sternrußtau und Mehltau, ADR-Rose von 1999	Noack, 1997
Super Excelsa®	karminrosa mit weißem Mittelstreifen, gefüllt, an vielblütigen Rispen	Juni bis September; öfter blühend	schwach wachsend, mit Rankhilfe 2 bis 2,50	Rambler; auch für den Halbschatten (mind. 5 Stunden Sonne), ADR-Rose von 1991	Hetzel, 1986
Zwergrosen					
Guletta®	zitronengelb, gefüllt	Juni bis September; öfter blühend	aufrecht buschig 0,30 bis 0,40	kompakt wachsend	de Ruiter, 1974
Peach Meillandina®	apricot, gefüllt	Juni bis September; öfter blühend	aufrecht buschig 0,30 bis 0,40	kompakt wachsend	Meilland, 1990
Pink Symphonie®	zartrosa, gefüllt, edelrosenartig	Juni bis September; öfter blühend	aufrecht buschig 0,30 bis 0,40	kompakt wachsend	Meilland, 1987
Zwergkönig 78®	leuchtend blutrot, gefüllt, mittelgroß,	Juni bis September; öfter blühend	aufrecht buschig, kompakt bis 0,50	kompakt wachsend, haltbare Blüten	W. Kordes' Söhne, 1978
Alte Rosen					
Mme Plantier®	cremeweiß, pomponförmig, dicht gefüllt	einmal blühend, später blühend	ausladend bis 2,50	Alba-Rose, auch als Kletterrose geeignet, fast keine Stacheln, duftend	Plantier, 1835
Rosa gallica 'Versicolor'	hellrosa, karminrot gestreift, halb gefüllt	Juni bis Juli; einmal blühend	ausladend bis überhängend 1 bis 1,50	Gallica-Rose; starker Duft	–
Rose de Resht	leuchtend rot bis purpurrot, dicht gefüllt	Juni bis September; öfter blühend	aufrecht buschig 0,80 bis 1	Damaszener-Rose; für Heckenpflanzungen, starker Duft	–
Souvenir de la Malmaison®	zartrosa, groß, gefüllt, im Alter etwas verblassend	Juli bis September, öfter blühend	0,50 bis 0,90	Bourbon-Rose, starker Duft	Beluze, 1843
Englische Rosen					
Abraham Darby®	gelborange bis apricot, dicht gefüllt	Juni bis September; öfter blühend	aufrecht buschig 1,50 bis 2	starker Duft	David Austin, 1985
Graham Thomas®	gelb bis kupfergelb, dicht gefüllt	Juni bis September; öfter blühend	aufrecht 1 bis 1,50	für frei wachsende Blütenhecken, duftend	David Austin, 1983
Heritage®	hellrosa, dicht gefüllt	Juni bis September; öfter blühend	aufrecht buschig 1 bis 1,50	duftend, für Heckenpflanzungen	David Austin, 1984

Guletta® **Pink Symphonie®** **Zwergkönig 78®** **Mme Plantier®** **Rosa gallica 'Versicolor'**

Rose de Resht **Souvenir de la Malmaison®** **Abraham Darby®** **Graham Thomas®** **Heritage®**

Kletterpflanzen im Garten

Üppige Blütenpracht, schmuckes Blattwerk, lebender Sichtschutz, und das alles auf kleinstem Raum: Es gibt genug Gründe, Kletterpflanzen in die Gartengestaltung zu integrieren – besonders wenn das Platzangebot begrenzt ist.

Einjährige Kletterpflanzen

Wenn Sie den Garten gerade neu angelegt haben und Ihre Gehölze und Stauden noch nicht so üppig sprießen, sorgen einjährige Kletterpflanzen für schnelle Wirkung. Arten wie Duft-Wicke (*Lathyrus odoratus*), Prunkwinde (*Ipomoea purpurea*) und Feuer-Bohne (*Phaseolus coccineus*) sät man einfach ab Mai direkt ins Beet, die meisten anderen Arten zieht man entweder ab Ende Februar unter Glas vor oder kauft in der Gärtnerei fertige Jungpflanzen.
Die einjährigen Kletterer sind echte Blütenwunder und kommen an Zäunen oder Sichtschutzwänden am besten zur Geltung. Sie wachsen extrem schnell und verwandeln wenig ansehnlichen grünen Maschendraht bald in eine blühende Wand. An glatten Sichtschutzwänden müssen Sie den Pflanzen allerdings eine Kletterhilfe geben, zum Beispiel aus dünnen senkrechten

Wicken und andere einjährige Kletterer machen an frei stehenden Rankgerüsten eine gute Figur.

Spanndrähten. Mithilfe dieser einfachen Konstruktion werden dann selbst offene Pergolen weitgehend blickdicht. Fast alle einjährigen Kletterpflanzen sind Sonnenanbeter und brauchen viele Nährstoffe sowie große Mengen Wasser. Dies ist besonders wichtig, wenn Sie die Pflanzen im Kübel auf dem Balkon halten – vergessen Sie einmal das Gießen, ist es mit der Blütenpracht allerdings schnell vorbei. Achten Sie bei der Pflanzenauswahl auf die Endgröße: Für das Balkongeländer eignen sich am besten kleinwüchsigere, bis 1,50 m hohe Arten wie Schwarzäugige Susanne (*Thunbergia alata*) oder Kapuzinerkresse. An hohe Maschendrahtzäune können Sie auch bis 4 m hohe Himmelsstürmer wie Sternwinde (*Quamoklit lobata*) oder Zier-Kürbis (*Cucurbita pepo* var. *microcarpina*) setzen.

Mehrjährige Kletterpflanzen

Mit mehrjährigen Kletterpflanzen verschönern Sie Ihre Hausfassade oder die Pergola dauerhaft. Sie wachsen zwar nicht so schnell wie die einjährigen, dafür muss man sie aber auch nicht jedes Frühjahr durch neue Pflanzen ersetzen. Außerdem sind die meisten mehrjährigen Kletterer wesentlich genügsamer: Sie brauchen nicht so viel Wasser und Nährstoffe und einige Arten

Das Sortiment der einjährigen Kletterpflanzen ist an Vielfalt und Farbenpracht kaum zu überbieten. Hier blühen Glockenrebe (unten), Schwarzäugige Susanne in Orange und Weiß (rechts) und Purpur-Glockenwein um die Wette.

wachsen sogar in lichtarmen Ecken. Für die Begrünung von kahlen Wänden ohne Kletterhilfe sind der immergrüne Efeu (*Hedera helix*) und der Wilde Wein (*Parthenocissus tricuspidata* 'Veitchii') mit seiner leuchtend roten Herbstfärbung besonders geeignet. Beide Pflanzen gehören zu den so genannten Selbstklimmern: Ihre Triebe bilden Haftwurzeln oder -plättchen, mit denen sie sich im Mauerwerk verankern. Sind die Wände nicht zu glatt, finden auch die Haftwurzeln von Trompetenblume (*Campsis radicans*) und Kletter-Hortensie (*Hydrangea anomala* ssp. *petiolaris*) darin Halt. Man muss sich aber darüber im Klaren sein, dass man einen Bund fürs Leben eingeht, wenn man selbstklimmende Pflanzen an seine Hauswand setzt. Besonders bei Efeu und bei Wildem Wein ist es fast unmöglich, die Haftorgane wieder restlos zu entfernen. Die Blütenstars unter den mehrjährigen Kletterpflanzen sind zweifellos die Waldreben (*Clematis*) mit einer Fülle von Arten und großblumigen Sorten in unterschiedlichsten Farbtönen. Als Rankpflanzen brauchen sie allesamt eine Kletterhilfe, an der sie sich mit ihren langen windenden Blattstielen, den so genannten Blattranken, festhalten. Clematis haben ihren natürlichen Lebensraum am Waldrand und fühlen sich an einem hellen, aber nicht zu sonnigen Standort wohl, zum Beispiel an einer nach Westen gerichteten Hauswand.
Einer der eindrucksvollsten Kletterer ist der Blauregen (*Wisteria*) – nicht nur wegen seiner üppigen blauen Blütentrauben, sondern auch wegen seiner Wuchshöhe. Er zählt zu den windenden Kletterpflanzen, weil er sich mit dem gesamten Trieb um die Kletterhilfe schlingt. Diese muss äußerst robust sein, denn die Pflanze wird sehr schwer und alte Triebe können sogar das Fallrohr der Regenrinne zerdrücken. Um seine Wuchskraft etwas zu bremsen und den Blütenansatz zu fördern, schneidet man die langen Seitentriebe zweimal pro Jahr – nach der Blüte im Mai und im Frühjahr – auf etwa fünf Knospen zurück. Eine weitere Gruppe windender Kletterpflanzen sind die verschiedenen Geißblattarten (*Lonicera*). Sie sind pflegeleicht und überzeugen im Spätfrühling und Frühsommer mit zahlreichen attraktiven, zum Teil intensiv

Der Chinesische Blauregen braucht eine robuste Kletterhilfe, da er stark wächst und sehr schwer werden kann. Ideal ist eine Pergola oder ein Seilsystem an der Hauswand.

duftenden Röhrenblüten. Neben sommergrünen Arten wie dem Gold-Geißblatt (*L. × tellmanniana*) und dem heimischen Jelängerjelieber (*L. caprifolium*) gibt es mit (*L. henryi*) auch eine immergrüne Art für schattige Standorte. Echte Sonnenanbeter sind die Kletterrosen. Sie sind im eigentlichen Sinne keine

Kletterpflanzen, weil sie sich nicht selbstständig am Rankgerüst festhalten können. Man zählt sie zu den so genannten Spreizklimmern und muss ihre jungen Triebe regelmäßig durch die Kletterhilfe leiten. In diese Gruppe gehört außerdem der Winter-Jasmin (*Jasminum nudiflorum*), der seine gelben Blüten in milden Wintern bereits im Dezember öffnet.

▶ **Clematis richtig schneiden**
Man teilt die verschiedenen Arten und Sorten der Clematis in drei Schnittgruppen ein, die unterschiedlich behandelt werden.
Die erste Gruppe umfasst alle stark wachsenden Wildarten und Zuchtsorten, die im Frühling an vorjährigen Trieben ihre Blüten tragen. Man lässt diese Arten in der Regel ungeschnitten. Bekannteste Beispiele sind die Alpen-Waldrebe (*C. alpina*) und die Anemonen-Waldrebe (*C. montana*-Sorten).
Die Clematis der zweiten Gruppe blühen zweimal pro Jahr. Im Frühjahr oder Frühsommer an den vorjährigen Trieben und im Spätsommer an den neuen Trieben. Man lässt, wie in Abbildung 1 dargestellt, im Frühjahr die kräftigsten Triebe für die erste Blüte stehen und schneidet die schwächeren um die Hälfte zurück, um einen starken Neuaustrieb für die

Maschendraht ist eine gute Rankhilfe für die attraktiven Clematis-Hybriden. Die Pflanzen bleiben im Gegensatz zu einigen Wildarten relativ klein.

Blüte im Spätsommer anzuregen. Die meisten großblumigen Hybriden wie 'Nelly Moser', 'The President', und 'Lasurstern' gehören zu dieser Gruppe. Die dritte Gruppe wird jährlich im Frühjahr stark zurückgeschnitten, denn sie blühen ausschließlich im Sommer am neuen Holz (Abbildung 2). Zu dieser Gruppe zählen die Gold-Waldrebe (*C. tangutica*) und die Italienische Waldrebe (*C. viticella*) inklusive aller Sorten.

1

Bei Clematis-Hybriden, die zweimal im Jahr blühen, kann man durch einen Schnitt im Frühjahr die zweite Blüte im Spätsommer fördern.

2

Sommerblühende Clematisarten und -sorten werden besonders schön, wenn man sie im Frühjahr stark zurückschneidet.

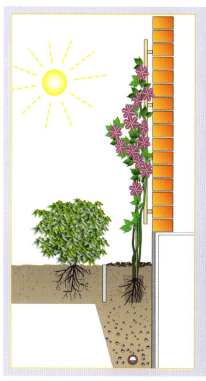

Clematis richtig pflanzen

Clematis werden mit Topfballen verkauft, daher kann man sie fast ganzjährig pflanzen. Die beste Pflanzzeit ist jedoch von August bis Oktober. Die Waldpflanzen brauchen einen sehr humosen, durchlässigen, nicht zu schweren Boden. Bei staunassem Untergrund sollten Sie Sand einarbeiten und eine Dränage legen. Die großblumigen Hybriden pflanzt man so tief, dass sich die Oberkante des Topfballens rund 10 cm unter der Erdoberfläche befindet, die Wildarten und ihre Sorten werden ebenerdig gepflanzt.
Tragen Sie nach dem Pflanzen eine Mulchschicht auf und beschatten Sie den Fuß der Pflanzen. Eine senkrecht eingegrabene Betonplatte schützt die Clematis vor Wurzelkonkurrenz.

Einjährige Kletterpflanzen

Prunkwinde
Ipomoea tricolor

▸ **Blüte**
leuchtend himmelblau bis purpurblau; von Juli bis Oktober

▸ **Wuchs**
windend, schlingend; 1,50 bis 3 m hoch; 0,50 bis 1,50 m breit

Prunkwinde

▸ **Standort**
sonnig, regen- und windgeschützt; Boden frisch durchlässig, sandig-humos

▸ **Wasserbedarf**
mittel

▸ **Nährstoffbedarf**
hoch

▸ **Wichtige Infos**
leicht und schnell zu pflegen; dichtes Blattwerk; auch für Kübel geeignet

Duftwicke
Lathyrus odoratus

▸ **Blüte**
purpurrosa bis dunkelpurpur, weinrot, ein- bis vielfarbig; von Juli bis September

▸ **Wuchs**
rankend; 1 bis 2,50 m hoch

▸ **Standort**
sonnig, windgeschützt; Boden frisch, durchlässig, sandig-humos

▸ **Wasserbedarf**
mittel

▸ **Nährstoffbedarf**
mittel bis hoch

Duftwicke

▸ **Wichtige Infos**
leicht und schnell zu pflegen; Duftpflanze; auch für Kübel geeignet; Direktsaat möglich; bei Hitze und Trockenheit keine Blütenbildung

Schwarzäugige Susanne
Thunbergia alata

▸ **Blüte**
orangegelb, auch weiß, mit dunkler Mitte; von Juni bis Oktober

▸ **Wuchs**
windend oder kletternd; 1,20 bis 2 m hoch

▸ **Standort**
sonnig, warm und windgeschützt; Boden frisch durchlässig, humos; Bodennässe vermeiden

▸ **Wasserbedarf**
mittel

▸ **Nährstoffbedarf**
hoch

▸ **Wichtige Infos**
leicht und schnell zu pflegen, auch für kleine Gärten und Kübel; Dauerblüher

Schwarzäugige Susanne

Mehrjährige Kletterpflanzen

Amerikanische Trompetenblume
Campsis radicans

▸ **Blüte**
orangerot, trompetenförmig; von Juli bis September

▸ **Wuchs**
leicht windend, mit Haftwurzeln kletternd; 6 bis 10 m hoch, 5 bis 9 m breit

Amerikanische Trompetenblume

▸ **Standort**
vollsonnig, warm, geschützt; Boden mäßig trocken bis feucht, durchlässig, sandig-lehmig, kühl

▸ **Wasserbedarf**
verträgt Sommertrockenheit

▸ **Nährstoffbedarf**
mittel bis hoch

▸ **Überwinterung**
mäßig frosthart; Winterschutz durch Laub und Reisig

▸ **Wichtige Infos**
leicht und schnell zu pflegen; stadtklimaverträglich

▸ **Sortenbeispiele**
'Flava' – gelb blühend; 'Mme Galen – großblütig

Clematis, Waldrebe
Clematis-Hybriden

▸ **Blüte**
blau, rosa, rot, violett, weiß; gestreift; einfach oder gefüllt; von Juni bis September

▸ **Wuchs**
aufrecht kletternd bis rankend, kompakt wachsend; 2 bis 5 m hoch, 1 bis 2 m breit

▸ **Standort**
sonnig bis halbschattig; Boden frisch bis feucht, durchlässig (keine Staunässe!), sandig-humos, sandig-lehmig

▸ **Wasserbedarf**
mittel

▸ **Nährstoffbedarf**
mittel bis hoch

▸ **Wichtige Infos**
leicht und schnell zu pflegen; auch für kleine Gärten geeignet; tief pflanzen, Triebbasis vor direkter Sonne schützen

▸ **Sortenbeispiele**
über 1000 Sorten: 'Nelly Moser' – rosa-weiß, 'Jackmanii' – dunkelblau-violett, 'Lasurstern' – lavendelblau, 'Niobe' – magenta

Clematis 'Nelly Moser'

Gewöhnlicher Efeu
Hedera helix

▸ **Blüte**
grüngelb; im September

▸ **Wuchs**
flach wachsend bis kletternd, stark wachsend, bildet Haftwurzeln aus; 0,20 bis 20 m hoch, kann sehr in die Breite wachsen

▸ **Standort**
halbschattig bis schattig; Boden frisch bis feucht, anpassungsfähig

▸ **Wasserbedarf**
mittel

▸ **Nährstoffbedarf**
mittel

▸ **Überwinterung**
je nach Sorte etwas frostempfindlich, verträgt keine
Wintersonne

▸ **Wichtige Infos**
leicht und schnell zu pflegen,
immergrün; als Bodendecker
verwendbar, Vogelschutzgehölz, Fruchtschmuck

▸ **Sortenbeispiele**
'Arborescens' – herz- bis rau-
tenförmiges, attraktives
Laub, 'Goldheart' – Blätter
dunkelgrün mit grüngelber
Mitte, 'Plattensee' – dunkelgrün mit auffallend silbrig-
weißer Aderung

Feuer-Geißblatt
Lonicera × heckrottii

▸ **Blüte**
karminrot bis gelblich rosa;
von April/Mai bis Septem-
ber/Oktober

▸ **Wuchs**
schlingend, stark wachsend;
2 bis 4 m hoch, 1 bis 3 m breit

▸ **Standort**
halbschattig; Boden frisch
bis feucht, durchlässig,
humos

▸ **Wasserbedarf**
mittel bis hoch

▸ **Nährstoffbedarf**
mittel bis hoch

Jelängerjelieber

▸ **Wichtige Infos**
pflegeleicht;
duftende Blüten,
Vogelschutzgehölz

▸ **Sortenbeispiele und
Arten**
'Goldflame' – wüchsiger,
Blüte purpurrot, gelblich
verblühend; *L. × brownii*,
L. caprifolium (Jelängerjelie-
ber), *L. henryi* (Immergrünes
Geißblatt) und *L. periclyme-
num* (Wald-Geißblatt)

Wilder Wein
Parthenocissus
tricuspidata 'Veitchii'

▸ **Blüte**
gelbgrün; von Juli bis August

▸ **Wuchs**
schnell wachsend,
mit Haftplättchen kletternd;
15 bis 18 m hoch

Wilder Wein

▸ **Standort**
sonnig bis halbschattig;
Boden frisch, durchlässig

▸ **Wasserbedarf**
mittel

▸ **Nährstoffbedarf**
mittel bis hoch

▸ **Wichtige Infos**
leicht und schnell zu pflegen;
intensivrote Herbstfärbung;
attraktives Laub; Vogel-
schutzgehölz

▸ **Weitere Art**
P. quinquefolia 'Engelsmannii'
– Selbstklimmer,
15 bis 20 m hoch,
rote Herbstfärbung

Blauregen
Wisteria floribunda

▸ **Blüte**
violettblau, hellrosa oder
weiß; von Mai bis Juni

▸ **Wuchs**
schlingend, rechtswindend;
6 bis 8 m hoch,
4 bis 8 m breit

▸ **Standort**
sonnig; Boden mäßig trocken
bis frisch, sandig-lehmig,
nährstoffreich

▸ **Wasserbedarf**
wenig bis mittel

▸ **Nährstoffbedarf**
mittel

▸ **Überwinterung**
im Allgemeinen frosthart,
teils spätfrostgefährdet

▸ **Wichtige Infos**
leicht und schnell zu pflegen,
2 Schnitte im Jahr fördern die
Blütenbildung

> **Weitere Art**
W. sinensis, Chinesischer
Blauregen – linkswindend

Blauregen

Weitere Kletterpflanzen

Deutscher Name *Botanischer Name*	Blütenfarbe	Blütezeit	Höhe in cm	Standort	Tipps
einjährig					
Ballonrebe *Cardiospermum halicacabum*	grünlich weiß	Juni bis September	1,50 bis 4	sonnig und warm, geschützt	pflegeleicht
Feuerbohne *Phaseolus coccineus*	orangerot	Juli bis August	1,50 bis 2,50	sonnig	pflegeleicht
Rosenmantel *Rhodochiton atrosanguineum*	rötlich purpur bis purpurschwarz	Juni bis September	1,50 bis 3	sonnig bis halbschattig	Liebhaberpflanze, für Töpfe und Kästen
Weißer Schwan *Solanum jasminoides*	weiß	Juni bis September	2 bis 6	sonnig mit Hitzeschattierung	Liebhaberpflanze, für Töpfe und Kästen
mehrjährig					
Fünfblättrige Akebie *Akebia quinata*	purpurrosa bis purpurbraun	April bis Mai	4 bis 6	sonnig bis halbschattig	pflegeleicht, für Töpfe und Kästen
Großblättrige Pfeifenwinde *Aristolochia macrophylla*	grünlich braun, unscheinbar	Juni bis Juli	8 bis 10	halbschattig bis schattig	Liebhaberpflanze, für Töpfe und Kästen
Knöterich *Fallopia aubertii*	weiß, zahlreich	Juli bis September	5 bis 15	sonnig bis halb schattig, auch schattig	Achtung: wuchert
Kletter-Hortensie *Hydrangea petiolaris*	weiß, süßlich duftend	Juni bis Juli	2 bis 10	sonnig bis schattig	pflegeleicht, für Töpfe und Kästen

Bäume und Sträucher für den Garten

Flieder und Zier-Apfel sind ideale Blütenpartner. Im Mai beeindrucken sie beide mit ihrer Farbenpracht.

Rundkronige Bäume wie die Kugel-Robinie eignen sich zur Gestaltung von Hauseingängen und Vorgärten.

Bäume und Sträucher haben im Kampf um das lebensnotwendige Sonnenlicht eine clevere Strategie entwickelt. Sie ziehen sich im Winter nicht in den Boden zurück, sondern wachsen im neuen Jahr einfach an den Triebenden weiter. Die Triebe aus dem Vorjahr verholzen (daher der Name „Gehölze") und werden durch Dickenwachstum Jahr für Jahr kräftiger. So entsteht ein stabiles Fundament für den weiteren Zuwachs.

▶ Mit Gehölzen gestalten

Ihre Wuchshöhe macht die Gehölze für die Gartengestaltung unverzichtbar, denn sie sind die einzige Pflanzengruppe, mit der man das Grundstück blickdicht einfrieden und in verschiedene Räume einteilen kann.

Die Verwendungsmöglichkeiten sind vielfältig: Sie können mit einzelnen Bäumen oder Großsträuchern Akzente setzen, kleine Blütengehölze oder geschnittene Buchsfiguren in Ihr Staudenbeet integrieren, blühende Strauchgruppen oder immergrüne Hecken pflanzen. Zudem bereichern Gehölze den Garten mit Zieraspekten, mit denen die meisten Stauden nicht dienen können – attraktive Rindenstrukturen, markante Wuchsformen, leuchtende Herbstfarben und üppiger Fruchtschmuck.

▶ Passende Gehölze für jeden Gartenstil

Die Auswahl der Gehölze beeinflusst maßgeblich den Stil Ihres Gartens. Wenn Sie kein Arboretum – eine reine Gehölzsammlung – wollen, sollten Sie sich auf einen bestimmten Gartentyp festlegen und ausschließlich Pflanzen verwenden, die dazu passen.

In einen typischen Landhausgarten zum Beispiel gehören üppig blühende Duftgehölze wie Edel-Flieder, Strauchrosen, Bauern-Hortensien und Schneeball-Arten, Zier-Äpfel sowie eine Winter-Linde oder – wenn es eine Nummer kleiner sein soll – ein Rot-Dorn als Hausbaum. Ein im fernöstlichen Stil gestalteter Garten hingegen ist ohne verschiedene Fächer-Ahorne, Japanische Azaleen und geschnittene Garten-Bonsai aus Japanischer Hülse (*Ilex crenata*) und Kiefer kaum vorstellbar.

Für mediterranes Flair sorgen Kirschlorbeer, Blauglockenbaum, Garten-Eibisch, Ginster, Blauraute und Sommerflieder. Die Optik eines Heidegartens wird dagegen durch die zahlreichen verschiedenen Sorten der Sommer- und Winterheide bestimmt. Aufgelockert werden die flächigen Pflanzungen von einzelnen Säulen-Wacholdern, Kissen-Kiefern oder Birken.

Die wichtigste Pflanze für den formal gestalteten Garten schließlich ist der Buchsbaum in allen Varianten – als Beeteinfassung, geschnittene Figur oder Hecke. Dazu gesellen sich Bäume mit strengen Kronenformen, zum Beispiel Säulen-Hainbuchen oder Kugel-Ahorne.

Rindenschmuckgehölze

Deutscher Name Botanischer Name	Größe	Eigenschaften	Besonderheiten
Streifen-Ahorn *Acer pensylvanicum*	6 m hoch 4 m breit	mehrstämmiger Strauch; schattenverträglich; gelbliche Blütentrauben (Mai); geflügelte Früchte	hellgrüne Rinde mit dekorativen weißen Längsstreifen
Gold-Birke *Betula ermanii*	15 m hoch 8 m breit	oft mehrstämmiger Baum mit breiter, lockerer Krone; frühe, goldgelbe Herbstfärbung	Rinde rosa- bis cremeweiß, in dünnen Streifen abrollend
Sibirischer Hartriegel *Cornus alba* 'Sibirica'	3 m hoch 3 m breit	mittelhoher Strauch; zunächst aufrecht, später breitbuschig; weiße Blüten (Mai); weiße, erbsengroße Früchte	jüngere Triebe leuchtend korallenrot;
Amur-Korkbaum *Phellodendron amurense*	12 m hoch 12 m breit	kurzstämmiger Baum mit dicken Ästen; kleine schwarze Steinfrüchte, riechen nach Terpentin	korkartige, bräunlich gelbe Borke mit tiefen Längsrissen
Mahagoni-Kirsche *Prunus serrula*	9 m hoch 7 m breit	Baum oder mehrstämmiger Großstrauch; einfache weiße Blüten (April bis Mai)	mahagonibraune glänzende Rinde mit hellen Querstreifen

Fruchtschmuckgehölze

Deutscher Name Botanischer Name	Größe	Eigenschaften	Besonderheiten
Liebesperlenstrauch *Callicarpa bodinieri* var. *giraldii*	2 bis 3 m hoch 1,50 bis 2 m breit	aufrechter Strauch mit sparriger Verzweigung	glänzende, beerenartige, rotviolette Steinfrüchte in dichten Büscheln; gelborange Herbstfärbung
Apfel-Dorn *Crataegus* 'Carrierei'	7 m hoch 8 m breit	kleiner rundkroniger Baum; Zweige mit langen Dornen; große, weiße bis hellrosa Blüten (Mai)	orangerote, mirabellengroße, lange haftende Früchte
Pfaffenhütchen *Euonymus europaeus*	3 bis 5 m hoch 2 bis 4 m breit	aufrechter, sparriger Strauch; junge Triebe mit Korkleisten	karminrot leuchtende, stark giftige Früchte; Herbstfärbung tiefpurpur
Zier-Apfel *Malus*-Hybriden	4 bis 8 m hoch 3 bis 6 m breit	weiße bis rote Blüten (April bis Mai)	kirsch- bis pflaumengroße, gelbe bis rote Apfelfrüchte, zum Teil lange haftend
Feuerdorn *Pyracantha*-Hybriden	2 bis 3 m hoch 2 bis 3 m breit	immergrüne, sparrig verzweigte Dornensträucher; weiße Blüten (Mai bis Juni); einige Sorten schorfresistent	zahlreiche gelbe bis rote, erbsengroße Früchte

Der richtige Platz in Ihrem Garten

Neben der Gehölzauswahl ist die Platzierung der Pflanzen für die Wirkung Ihres Gartens von entscheidender Bedeutung.

Solitärgehölze Vermeiden Sie es nach Möglichkeit, ein Solitärgehölz mitten in die Rasenfläche zu setzen, denn das wirkt meist eher langweilig. Sie erzeugen viel mehr optische Spannung, wenn Sie den Baum abseits der Mittelachse pflanzen, zum Beispiel auf einer imaginären Linie, die die Verlängerung der Hauswand darstellt. Auch ein Arrangement aus nur drei Blütensträuchern wirkt viel anmutiger, wenn die Pflanzen mit Bedacht positioniert werden. Setzt man die Pflanzen auf die Eckpunkte eines imaginären gleichschenkligen Dreiecks, wirkt das recht unspektakulär.

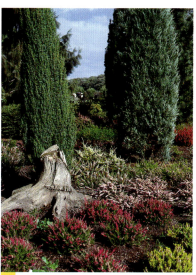

Der Gegensatz zwischen flächiger Heidepflanzung und obeliskenartig aufstrebenden Gehölzen macht den Reiz des Heidegartens aus.

Ein Höhepunkt im Gartenjahr ist die Rhododendrenblüte, die im Mai beginnt.

Ist das Dreieck dagegen asymmetrisch, hat also verschieden lange Schenkel, spricht das Bild den Betrachter eher an, weil es natürlicher wirkt.

Für Überraschungen sorgen Sie, wenn Sie einzelne Strauchgruppen so platzieren, dass sie den Blick auf markante Stellen versperren. So kann zum Beispiel eine blühende Strauchgruppe am

Gehölze mit Herbstfärbung

Deutscher Name Botanischer Name	Größe	Eigenschaften	Besonderheit
Fächer-Ahorn *Acer palmatum*-Sorten	4 bis 6 m hoch 4 bis 6 m breit	breit aufrechte bis gedrungen überhängende Sträucher; Blätter je nach Sorte sehr vielgestaltig; es gibt auch kleine Sorten	Herbstfärbung gelborange bis leuchtend rot
Felsenbirne *Amelanchier lamarckii*	5 m hoch 4 bis 6 m breit	Großstrauch oder kleiner Baum mit breitovaler Krone; weiße Blüten (April); blauschwarze, essbare Beeren	Herbstfärbung leuchtend gelb bis rot
Katsurabaum *Cercidiphyllum*	8 bis 10 m hoch 5 bis 7 m breit	mehrstämmiger Großstrauch oder kleiner Baum mit schlanker Krone; Falllaub duftet nach Lebkuchen	hellgelbe bis scharlachrote Herbstfärbung
Chinesischer Blumen-Hartriegel *Cornus kousa* var. *chinensis*	4 bis 6 m hoch 3 bis 5 m breit	großer Strauch mit etagenartig angeordneten Zweigen; Blüten mit weißen Hochblättern (Mai bis Juni)	Herbstfärbung leuchtend rot bis rotviolett
Korkspindel *Euonymus alatus*	2 bis 3 m hoch 3 bis 4 m breit	breiter Strauch mit flach ausgebreiteten Ästen und Zweigen; Triebe grünlich mit auffallenden Korkleisten	Herbstfärbung karminrot
Amberbaum *Liquidambar styraciflua*	10 bis 15 m hoch 5 bis 10 m breit	mittelgroßer Baum, durchgehender Stamm und kegelförmiger Krone;	ahornähnliche Blätter mit Herbstfarben von leuchtend gelb bis tiefpurpur
Tupelobaum *Nyssa sylvatica*	10 bis 15 m hoch 5 bis 10 m breit	mittelhoher Baum, schmale Krone und horizontal stehende Äste;	Herbstfärbung orangerot bis scharlachrot und oft violett überlaufen
Japanischer Etagen-Schneeball *Viburnum plicatum* 'Mariesii'	2 m hoch 3 m breit	breitwüchsiger Strauch mit waagerechten Ast-Etagen; cremeweiße Blüten (Mai bis Juni);	Herbstfärbung weinrot bis violett

Die schönsten Hausbäume

Deutscher Name *Botanischer Name*	Größe	Eigenschaften	Besonderheit
Kugel-Ahorn *Acer platanoides* 'Globosum'	4 bis 5 m hoch 4 bis 5 m breit	kleiner Baum mit kugeliger, im Alter ovaler Krone; etwas schwierig zu unterpflanzen	leuchtend gelbe Herbstfärbung
Trompetenbaum *Catalpa bignonioides*	10 bis 15 m hoch 6 bis 10 m breit	Baum mit ausladenden Hauptästen und großen, herzförmigen Blättern; bohnenförmige Früchte	weiße Glockenblüten in aufrechten Rispen (Mai)
Baum-Hasel *Corylus colurna*	12 bis 15 m hoch 8 bis 12 m breit	Baum mit geradem, durchgehendem Stamm und pyramidenartiger Krone; hellgraue, korkartige Rinde	goldgelbe Herbstfärbung
Rotdorn *Crataegus laevigata* 'Paul's Scarlet'	4 bis 6 m hoch 3 bis 4 m breit	kleiner, rundkroniger Baum mit gelbbrauner Rinde und schwach bedornten Trieben	karminrote, gefüllte Blüten (Mai bis Juni)
Gold-Gleditsie *Gleditsia triacanthos* 'Sunburst'	9 bis 10 m hoch 5 bis 7 m breit	locker verzweigter, kleiner Baum mit kegelförmiger Krone; gelbgrüne, gefiederte Blätter	kleine weiße Blütentrauben (Juni)
Kobushi-Magnolie *Magnolia kobus*	10 m hoch 5 bis 7 m breit	kleiner Baum oder Großstrauch mit hochovaler bis runder Krone; etwas spätfrostgefährdet	weiße sternförmige Blüten (April bis Mai)
Nelken-Kirsche *Prunus serrulata* 'Kanzan'	7 bis 10 m hoch 6 bis 8 m breit	mittelhoher Baum mit trichterförmiger, später überhängender Krone	dicht gefüllte rosa Blüten (Mai); gelborange Herbstfärbung
Eberesche *Sorbus aucuparia*	6 bis 12 m hoch 4 bis 6 m breit	rundkroniger Baum; manchmal mehrstämmig; leuchtend orangerote Beeren	weiße, flache Blütenrispen (Mai bis Juni)

Blütengehölze für das ganze Jahr

Deutscher Name *Botanischer Name*	Größe	Eigenschaften	Besonderheit
Blütengehölze Winter			
Zaubernuss *Hamamelis × intermedia*-Sorten	3 bis 4 m hoch 4 bis 5 m breit	Sträucher mit trichterförmiger Krone und lockerer Verzweigung	je nach Sorte gelbe bis rote Blüten (Januar bis April); Herbstfärbung leuchtend gelb bis orangerot
Winter-Heckenkirsche *Lonicera × purpusii*	2 m hoch 2 m breit	dicht verzweigter Strauch; sehr dünne Zweige; in milden Klimazonen wintergrün	rahmweiße Blüten mit starkem Duft (Dezember bis April); rote Früchte
Winter-Kirsche *Prunus subhirtella* 'Autumnalis'	5 m hoch 5 m breit	Baum oder Großstrauch; breit aufrechte Krone; dünne Zweige	Blüten halbgefüllt, weiß bis blassrosa (November bis Dezember/März bis April); Herbstfärbung gelb bis violett
Winter-Schneeball *Viburnum × bodnantense* 'Dawn'	2 bis 3 m hoch 2 bis 3 m breit	dichtbuschiger, aufrechter Strauch	weißrosa Blüten (November bis Dezember/ März bis April); Herbstfärbung rotviolett; schwache Ausläuferbildung
Blütengehölze Frühling			
Seidelbast *Daphne mezereum*	1,30 m hoch 1,30 m breit	kleiner, wenig verzweigter Strauch; stark giftige, glänzend rote Steinfrüchte; braucht kalkhaltige lehmige Böden	rosa Blüten mit starkem Duft (März bis April)
Forsythie *Forsythia × intermedia*	2 bis 4 m hoch 2 bis 3 breit	aufrechter, im Alter bogig überhängender Strauch; sehr robust und anpassungsfähig	zahlreiche leuchtend gelbe Glockenblüten (März bis April)
Tulpen-Magnolie *Magnolia × soulangeana*	4 bis 8 m hoch 5 bis 8 m breit	Großstrauch oder kleiner Baum mit breiter Krone; empfindliches, flaches Wurzelwerk	spätfrostempfindliche, weißrosa Tulpenblüten (April bis Mai)
Edel-Flieder *Syringa-Vulgaris*-Hybriden	4 bis 6 m hoch 4 bis 5 m breit	aufrechter Großstrauch; Ausläufer treibend; verträgt Hitze, Trockenheit und Wind	je nach Sorte weiße bis violette Blütenkerzen (April bis Mai)
Blütengehölze Sommer			
Sommerflieder *Buddleja-Davidii*-Sorten	3 m hoch 3 m breit	Sträucher mit trichterförmig aufrechten Ästen; sehr trockenheitsresistent	weiße bis violette Blütenkerzen am neuen Holz (Juli bis September)
Bartblume *Caryopteris × clandonensis*	1 m hoch 1 m breit	buschiger, vieltriebiger Halbstrauch; aromatisch duftende Blätter	leuchtend blaue Blüten (August bis Oktober);
Garten-Eibisch *Hibiscus-Syriacus*-Sorten	2 m hoch 1,50 bis 2 m breit	breit aufrechter Strauch; langsam wachsend	große, je nach Sorte weiße bis violettblaue Malvenblüten (Juni bis September), auch zweifarbig (Sorte 'Hamabo')
Bauern-Hortensie *Hydrangea-Macrophylla*-Sorten	1,50 m hoch 1,50 m breit	dichtbuschiger Strauch; etwas frostempfindlich; braucht feuchte, saure Humusböden	große, je nach Sorte weiße, rosa oder blaue Blütenbälle (Juni bis September);

Japanische Ahorne zählen zu den schönsten Blattschmuckgehölzen und sind wichtiger Bestandteil der fernöstlichen Gartengestaltung.

Auch immergrüne Nadelgehölze haben ihren Reiz. Mit verschiedenen Wuchsformen lassen sich interessante Gartensituationen komponieren.

Gartenweg den Blick des Betrachters auf sich lenken, und erst im Vorbeigehen stellt man fest, dass sich dahinter ein kleiner lauschiger Sitzplatz befindet.

Pflanzengruppen Bei der Zusammenstellung verschiedener Gehölze für kleinere Pflanzengruppen sollten Sie Wert auf Kontraste legen. Zum einen ist es wichtig, dass die Wuchshöhen und -formen unterschiedlich sind. Interessant wirken zum Beispiel Kombinationen aus Bäumen mit schmalen Säulenkronen und Sträuchern mit gedrungenerem Wuchs und runder Krone. Auch bezüglich der Laubfarben sind attraktive Zusammenstellungen möglich. Eine Blut-Pflaume beispielsweise kommt neben einer gelblaubigen Säulen-Ulme

oder einer Gold-Robinie besonders gut zur Geltung. Die auffälligsten Kontraste schafft man mit Blütensträuchern. Bei der Farbzusammenstellung gilt: Weniger ist mehr. Eine ruhige Kombination aus verschiedenen Rosa- und Lilatönen macht sich in der Regel besser als eine kunterbunte Mischung. Wenn Sie viele verschiedene Farben kombinieren wollen, sollten Sie auf jeden Fall weißblütige Sträucher integrieren. Die Farbe Weiß wirkt vermittelnd und schwächt unharmonische Kombinationen – zum Beispiel Rosa und Gelb – etwas ab.

Glanzlichter für jede Jahreszeit
Damit Ihr Garten rund ums Jahr etwas zu bieten hat, sollten Sie für jede Jahres-

Buchsbaum ist unverzichtbar für architektonisch gestaltete Gärten. Die ornamentalen Parterres sind ein Stilmittel aus dem Barock.

Die schönsten Nadelgehölze

Deutscher Name Botanischer Name	Größe	Eigenschaften
Edel-Tanne *Abies procera* 'Glauca'	15 bis 18 m hoch 6 bis 8 m breit	mittelgroß, manchmal mehrstämmig, breit kegelförmige Krone; bläuliche Nadeln; sehr große, purpurbraune, stehende Zapfen
Blaue Atlas-Zeder *Cedrus atlantica* 'Glauca'	15 bis 25 m hoch 10 bis 15 m breit	breit kegelförmige, im Alter schirmartige Krone; graublaue Nadeln; 5 bis 7 cm lange, tonnenförmige Zapfen
Hänge-Alaskazypresse *Chamaecyparis nootkatensis* 'Pendula'	10 bis 12 m hoch 3 bis 5 m breit	aufrecht wachsend mit hängenden Ästen und Zweigen; dunkelgrüne schuppenartige Blättchen
Mähnen-Fichte *Picea breweriana*	8 bis 10 m hoch 5 bis 6 m breit	gleichmäßig pyramidale Krone, fast waagerecht stehende Äste und hängende Zweige; 8 bis 10 cm lange zylindrische Zapfen
Schlangenhaut-Kiefer *Pinus leucodermis*	8 bis 10 m hoch 5 bis 7 m breit	gerade wachsend mit schlanker, kegelförmiger Krone; Rinde schlangenhautartig gefeldert; pinselartig benadelte Triebspitzen
Blaue Mädchen-Kiefer *Pinus parviflora* 'Glauca'	6 bis 10 m hoch 5 bis 7 m breit	klein, kegelförmige bis unregelmäßige, lockere Krone; schwarzgraue Borke; blaugrüne, filigrane Nadeln
Schirmtanne *Sciadopitys verticillata*	10 bis 15 m hoch 5 bis 7 m breit	schlank, dichte kegelförmige Krone; frischgrüne, dicke Nadeln; verträgt Schatten; luftfeuchter, windgeschützter Standort
Kanadische Hemlocktanne *Tsuga canadensis*	15 bis 20 m hoch 6 bis 8 m breit	lockere, breit pyramidale Krone; gelegentlich mehrstämmig; weiche, kurze breite Nadeln; verträgt keine kalkreichen Böden

zeit ein paar optische Highlights einplanen. Im Winter sind die Zaubernüsse mit ihren gelben bis roten Blütenfarben ein Hingucker. Außerdem sorgen Immergrüne wie Rhododendren oder Nadelgehölze für grüne Farbtupfer im tristen Grau. Für das Frühjahr gibt es zahlreiche attraktive Blütensträucher wie Forsythien, Magnolien oder Flieder. Die Blühpause im Frühsommer sollten Sie mit Sträuchern wie Weigelie, Duftjasmin und Chinesischem Blumen-Hartriegel überbrücken. Vom Hochsommer bis zum Herbst sorgen Bauern-Hortensie und Sommerflieder für Farbe, dazu gesellen sich im Herbst verschiedene Ahornarten mit attraktiver Herbstfärbung. Die Zier-Äpfel steuern leuchtenden Fruchtschmuck bei, der zum Teil bis in den Winter hinein hält. Ab Ende November zeigen bei milder Witterung Winter-Kirsche und Winter-Schneeball ihre Blüten.

Gehölzpflege

Bäume und Sträucher sind äußerst pflegeleicht. Man muss sie nicht – wie die meisten Stauden – regelmäßig teilen, und die meisten Arten kommen sogar ohne Schnitt aus.

▶ **Pflanzung**
Da die Pflanzen jahrelang am selben Platz stehen, sollten Sie aber bei der

Ein gut gewachsener Baum (links) hat einen runden, festen Wurzelballen, einen geraden Stamm und eine regelmäßig aufgebaute Krone mit durchgehendem Leittrieb. Ein birnenförmiger, lockerer Ballen deutet dagegen auf einen geringen Feinwurzelanteil hin. Ein krummer Stamm und eine einseitige Krone ohne klar definierten Leittrieb sind weitere Mängel.

Pflanzung besonders sorgfältig vorgehen: Achten Sie vor allem darauf, dass der Boden auch in tieferen Schichten locker und durchlässig ist. Auf verdichteten Böden machen fast alle Gehölze früher oder später schlapp, weil die Wurzeln nicht genug Sauerstoff bekommen. Wenn Ihre Pflanzen in der zweiten Vegetationsperiode nach der Pflanzung kaum Zuwachs machen und auffallend kleine Blätter tragen, ist das ein untrügliches Zeichen für Bodenverdichtungen. Nehmen Sie die Gehölze im Herbst wieder heraus und lockern Sie den Untergrund tiefgründig und großflächig. Lehmigen Boden sollten Sie zudem mit viel Kompost und Sand verbessern. Entscheidend ist auch, dass Sie die

So pflanzen Sie einen wurzelnackten Strauch

1   Zunächst schneiden Sie die Triebe und die Hauptwurzeln zurück. Wirken die Wurzeln etwas vertrocknet, sollten Sie die Pflanze anschließend für einige Stunden in einen Eimer mit Wasser stellen.

2   Heben Sie ein Pflanzloch aus und reichern Sie die Erde mit etwas organischem Dünger an. Ist der Boden nicht optimal, sollten Sie ihn mit reifem Kompost verbessern.

3   Setzen Sie die Pflanze so tief ein, wie sie in der Baumschule gestanden hat, und schütten Sie das Pflanzloch wieder zu. Ziehen Sie den Strauch ein paar Mal leicht hoch, damit die Erde zwischen die Wurzeln rieselt. Abschließend treten Sie den Boden vorsichtig fest.

4   Gießen Sie Ihren neuen Strauch gründlich an.

Bäume brauchen einen stabilen Stützpfahl, damit der Wind sie in den ersten Jahren nicht umwirft. Der Stamm wird direkt unterhalb der Krone mit einem Kokosstrick oder dehnbarem Kunststoffband angebunden.

Alle wurzelnackten Gehölze brauchen einen Pflanzschnitt. Man kürzt die Triebe um maximal die Hälfte ein und schneidet auch die Hauptwurzeln zurück. Abgestorbene sowie abgebrochene Wurzel- und Triebstücke werden ganz entfernt.

Bodenansprüche Ihrer Pflanzen berücksichtigen. Zwar sind die meisten Arten recht tolerant und gedeihen in jedem guten Gartenboden, aber es gibt auch Ausnahmen. Rhododendren und einige andere Arten aus der Familie der Erikagewächse brauchen zum Beispiel humusreiche, feuchte und kalkfreie Erde. Wenn Sie diese Pflanzen in einen nährstoffreichen Lehmboden setzen, werden Sie an ihnen wenig Freude haben. Auf der anderen Seite wird beispielsweise eine Ulme in einem leichten, nährstoffarmen Sandboden ebenfalls nicht gut wachsen.

Neu gepflanzte Bäume sind recht „kopflastig" und brauchen nach dem Pflanzen unbedingt einen Stützpfahl, damit sie nicht beim ersten stärkeren Sturm umfallen. Der Pfahl wird immer in die Hauptwindrichtung – also westlich vom Stamm – positioniert. Bei wurzelnackten Bäumen schlägt man ihn vor dem Pflanzen so ein, dass er senkrecht direkt neben dem Stamm steht. Bei Pflanzware mit Erdballen wird er schräg in die Erde gerammt, damit der Wurzelballen nicht beschädigt wird.

Sind Ihre Pflanzen erst einmal gut eingewachsen, werden sie von Jahr zu Jahr größer und schöner.

▶ Düngung und Pflege

Die Pflege beschränkt sich im Wesentlichen auf die Nährstoffversorgung mit Hornspänen, organischem Volldünger oder mineralischen Langzeitdüngern. Hornspäne können Sie bereits im Herbst ausbringen, alle anderen Dünger im Frühjahr.

Gegen Unkraut hilft Mulchen oder Unterpflanzen der Gehölze mit dichtwüchsigen Bodendeckern. Verzichten Sie auf regelmäßiges Hacken, denn darauf reagieren einige Gehölze mit oberflächennahem Wurzelwerk sehr empfindlich. Bei Blütengehölzen wie Rhododendren oder Strauch-Päonien sollten Sie nach

Bei Rhododendren sollten Sie nach der Blüte die welken Blütenstände vorsichtig herausbrechen.

der Blüte die verwelkten Blütenstände herausschneiden oder vorsichtig herausbrechen. Das hat zum einen optische Gründe und verhindert auch, dass die Pflanzen unnötig Energie in die Samenbildung stecken. In trockenen Sommern brauchen feuchtigkeitsliebende Arten wie Bauern-Hortensien und Rhododendron gelegentlich zusätzliche Wassergaben – vor allem, wenn sie in der Sonne stehen. Ein kleiner Erdwall rings um die Pflanze verhindert, dass das Wasser abläuft, ohne zu versickern. Größere Bäume und Sträucher brauchen auch in trockeneren Jahren keine zusätzlichen Wassergaben, da sie mit ihrem ausgedehnten Wurzelwerk genug Feuchtigkeit aus dem Boden aufnehmen können.

Bauern-Hortensien sollten Sie bei Trockenheit regelmäßig wässern.

Die richtige Pflanzzeit für Bäume und Sträucher

	Januar	Februar	März	April	Mai	Juni	Juli	August	September	Oktober	November	Dezember
Wurzelnackte Gehölze												
Laubgehölze mit Ballen												
Immergrüne mit Ballen												
Gehölze im Container												

■ günstige Pflanzzeiten
■ weniger günstige Pflanzzeiten
■ ungünstige Pflanzzeiten

Gehölzschnitt

Die Gruppe der Sträucher, die einen regelmäßigen Schnitt brauchen, ist verhältnismäßig klein: Sie beinhaltet alle einfachen Frühlings- und Frühsommerblüher wie Forsythie, Zier-Johannisbeere, Duftjasmin und Weigelie sowie höhere und klein bleibende einfache Sommerblüher wie Rispen- und Strauch-Hortensie, Sommerflieder, Säckelblume, Zwerg-Spiersträucher, Lavendel und Blauraute.

▶ Nicht alle Gehölze brauchen einen Schnitt

Die meisten Sträucher und fast alle Bäume kommen ohne Schnitt aus. Sie bilden von Natur aus eine regelmäßige Krone, weil sie ausschließlich aus vorjährigen Trieben neu austreiben. Außerdem neigen sie nicht zum Vergreisen, sondern tragen auch an älteren Astpartien noch viele Blüten. In diese Gruppe gehören alle wertvollen Frühlings- und Sommerblüher wie Magnolie, Glockenhasel, Hibiskus, Blumen-Hartriegel und Duft-Schneeball. Sie werden nur dann geschnitten, wenn man den Kronenaufbau korrigieren will oder beschädigte und abgestorbene Äste entfernen muss. Einige Arten, zum Beispiel Goldregen und Zaubernuss, reagieren auf einen Rückschnitt bis ins ältere Holz sogar sehr empfindlich und treiben nur sehr schwach wieder aus.

▶ Verschiedene Gehölze wollen unterschiedlich geschnitten werden

Die schnittverträglichen Frühlings- und Frühsommerblüher bilden – anders als die wertvolleren Gehölze – auch aus älteren Ästen jedes Jahr lange neue Triebe. Die älteren Triebe vergreisen dagegen oft schon nach vier bis fünf Jahren und blühen kaum noch. Damit die Sträucher nicht unansehnlich werden und jedes Jahr möglichst viele Blüten hervorbringen, müssen Sie mit der richtigen Schnitttechnik diesen natürlichen Regenerationsprozess unterstützen: Alle drei Jahre nach der Blüte schneiden Sie die ältesten Triebe heraus, um Platz für vitale und blühfreudige Jungtriebe zu schaffen. Ein Schnitt im Frühjahr ist natürlich auch möglich, aber dann entfernen Sie auch einen großen Teil der Blütenknospen, da diese schon im Vorjahr angelegt werden.

Die einfachen Sommerblüher bilden ihre Blütenknospen am neuen Austrieb und können deshalb bereits im Frühjahr geschnitten werden. Ein starker Rückschnitt der einjährigen Triebe bis auf ein bis zwei Augen provoziert einen langen, starken Neuaustrieb mit entsprechend vielen, oft auch besonders großen Blüten. Zwergsträucher wie Lavendel oder Zwerg-Spiersträucher können Sie einfach mit der Heckenschere stutzen, da ihre Knospen sehr eng nebeneinander liegen. Größere Sträucher mit weiter

Sie haben die Wahl zwischen zwei Scherentypen. Die Amboss-Schere (vorne) hat eine gerade Schneide und ein Widerlager aus Weichmetall. Sie verkantet nicht und eignet sich deshalb vor allem zum Schnitt von hartem und trockenem Holz. Mit der Bypass-Schere (hinten) sind dagegen exaktere Schnitte möglich: Man kann die Klinge direkt am Astring ansetzen, weil sie an der Gegenklinge vorbeigleitet. Eine Bypass-Schere ist deshalb für den Gehölzschnitt besser geeignet.

auseinander liegenden Knospen wie die Rispen-Hortensie sollten Sie dagegen mit der Gartenschere direkt über den Augenpaaren abschneiden. Eine Ausnahme ist die Bauern-Hortensie: Sie blüht zwar auch erst im Sommer, legt ihre Blütenknospen aber schon im Vorjahr an. Deshalb schneidet man bei ihr im Frühjahr nur die erfrorenen Triebe bis auf lebende Seitenknospen zurück.

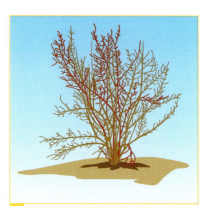

Frühlings- und Frühsommerblüher (z. B. Forsythie) sollten Sie nach der Blüte regelmäßig auslichten. Entfernen Sie die ältesten Äste an der Basis. Alternativ können Sie das vergreiste Holz auch auf kräftige, jüngere Seitenzweige zurückschneiden. Lange Jungtriebe sollten Sie einkürzen, um deren Verzweigung zu fördern.

Größere Sommerblüher (z. B. Rispen-Hortensie, Schmetterlingsstrauch) schneiden Sie im Frühjahr mit der Gartenschere zurück. Lassen Sie von den vorjährigen Trieben nur kurze Stummel mit wenigen Knospen stehen. Je stärker der Rückschnitt durchgeführt wird, desto üppig fällt im Sommer die Blüte aus.

Zwergsträucher (z. B. Zwerg-Spierstrauch), die im Sommer blühen, werden im Frühjahr mit der Heckenschere gestutzt. Beachten Sie, dass einige dieser Arten, wie beispielsweise Lavendel und auch Besenheide, einen Rückschnitt ins ältere Holz nur sehr schlecht vertragen.

▸ Schnitt von Immergünen

Immergrüne Laubgehölze brauchen ebenfalls keinen Schnitt, es sei denn, Sie wollen Hecken oder Formgehölze ziehen. Bis auf einige *Cotoneaster*-Arten sind aber alle immergrünen Laubgehölze sehr schnittverträglich. Auch nach einem stärkeren Rückschnitt bis ins alte Holz treiben sie gut wieder aus. Anders die Nadelgehölze: Sobald Sie die Triebe weiter als bis in den noch grünen, benadelten Bereich zurückschneiden, sind sie nicht mehr in der Lage, neue austriebsfähige Knospen zu bilden. Die einzige Ausnahme ist die Eibe. Sie wird selbst dann wieder grün und dicht, wenn Sie die Pflanze bis zum Hauptstamm zurückschneiden – dafür nimmt sie sich aber auch einige Jahre Zeit.

▸ Verjüngungsschnitt

Wenn Sträucher jahrelang falsch geschnitten wurden, geben sie oft ein sehr trauriges Bild ab: Im unteren Bereich sind sie verkahlt und weiter oben verzweigen sie sich dann plötzlich extrem stark. Solche Exemplare bringen Sie mit einem Verjüngungsschnitt wieder in Form. Er ist bei allen einfachen Frühlingsblühern, den meisten Sommerblühern und bei fast allen immer-

Veredelte Pflanzen wie die Korkenzieher-Haselnuss bilden oft aus der Veredlungsunterlage Wildtriebe (rot). Schneiden Sie diese Triebe direkt am Wurzelhals ab.
Noch gründlicher ist das Abreißen, denn so entfernen Sie den Astring mit seinem teilungsfähigen Gewebe gleich mit. Schneiden Sie vorher mit einem scharfen Messer die Rinde unterhalb des Ansatzes waagerecht tief ein, damit die Wunde nicht zu groß wird. Diese Technik ist nur zu empfehlen, wenn die Wildtriebe noch nicht sehr kräftig sind.

Entfernen Sie schwere Äste nie in einem Stück, da sonst die Rinde am Stamm leicht einreißt. Sägen Sie den Ast rund 20 cm vom Stamm entfernt erst unten und dann oben ein. Anschließend schneiden Sie den Stummel direkt am Astring – der Ansatzstelle am Stamm – sauber ab.

grünen Laubgehölzen möglich. Schneiden Sie am besten schon im Herbst die gesamte Pflanze so weit wie nötig zurück – notfalls auch bis 30 cm über dem Boden. Im Frühjahr treiben die Aststümpfe sehr stark wieder aus und bilden zahlreiche lange Ruten. Von diesen lassen Sie im nächsten Frühjahr nur die stärksten stehen und kürzen sie auf unterschiedliche Höhen ein. Im Laufe des Jahres verzweigen sich diese Triebe und langsam entsteht wieder eine regelmäßig aufgebaute Krone.

▸ Der richtige Schnitt

Achten Sie bei jeder Schnittmaßnahme darauf, dass Sie immer direkt oberhalb einer Knospe schneiden, da der überstehende Zapfen ohnehin absterben würde. Außerdem sollten die Knospen immer nach außen zeigen. Wenn Sie einen Trieb einfach einkürzen, entstehen aus den oberen Knospen mehrere neue Triebe, die Krone wird also durch die stärkere Verzweigung dichter. Wenn das nicht gewünscht ist, müssen Sie einzelne Triebe entweder ganz entfernen oder auf einen Seitenzweig zurückschneiden.
Wollen Sie starke Äste absägen, sollten Sie anschließend die Wundränder mit einem scharfen Messer glatt schneiden.

Das fördert die Wundheilung, weil so die zerfaserten Rindenstücke entfernt werden.

Hecken

Die schönste Art, ein Grundstück abzugrenzen ist die Pflanzung einer Hecke.

▸ Frei wachsende Hecken

Wer es natürlich mag, Platz hat und nicht so gerne zur Heckenschere greift, sollte eine frei wachsende Hecke anlegen. Sie besteht aus meist zwei eng gepflanzten Strauchreihen, die versetzt zueinander angeordnet sind. Sie müssen für solche Pflanzungen je nach Wuchscharakter der Gehölze 2 bis 3 m Breite einkalkulieren. Die einzelnen Pflanzen werden nach Wuchshöhe gestaffelt – die größeren stehen hinten, die kleineren vorne. Kombinieren lässt sich in einer solchen Hecke im Grunde alles, was gefällt. Allerdings sollten Sie konkurrenzstarken, regenerationsfähigen Arten wie Forsythie, Duftjasmin oder Spiersträuchern den Vorzug geben. Wertvolle, langsam wachsende Ziergehölze, wie beispielsweise der Fächer-Ahorn, können sich in einer solchen Pflanzung nicht dauerhaft halten. Da die Heckensträucher mit der Zeit von unten kahl werden, ist es sinnvoll, die Hecke mit schattenverträglichen, nicht zu niedrigen Bodendeckern wie Straußfarn (*Matteuccia*) oder Frauenmantel (*Alchemilla mollis*) zu unterpflanzen. Ganz ohne Schnitt kommt eine frei wachsende Hecke nicht aus, wenn sie lange vital und blühfreudig bleiben soll. Man hält die Sträucher entsprechend der Schnittgesetze für Frühjahrs- und Sommerblüher in Form.
Bei der Auswahl der Pflanzen sollte am besten für jede Jahreszeit etwas dabei sein: sowohl Blüten als auch leuchtende Herbstfarben und Fruchtschmuck. Optimal eignen sich Pflanzen, die mehrmals im Jahr etwas zu bieten haben, zum Beispiel Zier-Apfel, Felsenbirne oder Kornelkirsche.

▸ Geschnittene Hecken

Geschnittene Hecken sind die besseren Gartenzäune. Sie sind preiswert, blickdicht, brauchen keinen Anstrich, lassen sich in der Höhe variieren und halten bei guter Pflege mehrere Jahrhunderte. Ihr

Schneiden Sie Ihre Hecke möglichst so, dass sie nach unten breiter wird (Trapezform). Auf diese Weise bekommen auch die unteren Blätter genügend Licht. Ein Profil mit senkrecht abfallenden Seiten eignet sich nur für sehr schattenverträgliche Arten wie Hainbuchen oder Eiben. Ein Rundbogenprofil kommt der natürlichen Wuchsform breiter Heckensträucher wie Kirschlorbeer oder Liguster entgegen.

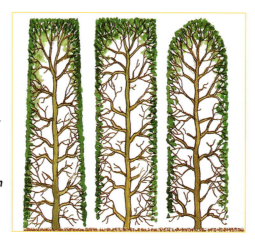

Platzbedarf hält sich in Grenzen, wenn Sie schattenverträgliche, baumartig wachsende Arten wie Hainbuche oder Rot-Buche verwenden: Sie beanspruchen als lebende Sichtschutzwände eine Breite von nur 50 bis 70 cm. Etwas mehr Platz brauchen Heckengehölze mit strauchartigem Wuchs wie Liguster oder Kirschlorbeer.

Pflanzenwahl Die Pflanzenauswahl hängt unter anderem auch von der gewünschten Endhöhe ab. Eine Buchshecke braucht für 2 m Wuchshöhe je nach Standortbedingungen 15 bis 20 Jahre, Feld-Ahorn, Hainbuche oder Rot-Buche wachsen dagegen in wenigen Jahren zu blickdichten grünen Wänden heran.

Die Kehrseite der Medaille: Starkwüchsige Hecken müssen in der Regel zweimal pro Jahr geschnitten werden, wenn sie genauso homogen und dicht werden sollen wie der Buchsbaum.

Eine freiwachsende Hecke aus Flieder sorgt im Mai für farbenfrohen, duftenden Sichtschutz.

Wenn Sie eine ganzjährig dichte, schnellwüchsige Hecke wünschen, dann sind Lebensbaum oder Scheinzypresse für Sie die richtige Wahl. Viele Hobbygärtner lehnen die Zypressengewächse allerdings ab, weil sie etwas steif und unnatürlich wirken. Die Scheinzypresse wächst langsamer und aufrechter als der Lebensbaum, deshalb muss man ihre Seitenflächen nur wenig stutzen. Beliebte Sorten sind 'Alumii' (graublau) oder 'Golden Wonder' (goldgelb). Beim Lebensbaum sollte man schwachwüchsigere Sorten wie 'Smaragd' oder 'Holmstrup' wählen. Sichtschutz rund ums Jahr gewähren auch immergrüne Laubgehölze wie Stechpalme oder hohe Kirschlorbeer-Sorten. In kalten Regionen sind diese jedoch nicht ganz frosthart: An sonnigen Wintertagen mit Bodenfrost können einzelne Zweige vertrocknen. Sie müssen dann im Frühjahr herausgeschnitten werden. Sommergrüne Hecken aus Hainbuche oder Feld-Ahorn wirken meist etwas natürlicher als immergrüne und lassen während der trüben Jahreszeit mehr Licht in den Garten. Allerdings ist der Sichtschutz im Winter nicht vollkommen.

▶ **Anlage und Pflege**

Pflanzabstand Viele Gartenfreunde wissen bei der Neuanlage einer Hecke nicht, wie groß der Pflanzabstand sein sollte. Als Faustregel gilt: Je stärker die Pflanze wächst, desto mehr Platz sollte man ihr geben. Außerdem setzt man baumartig wachsende Heckenpflanzen enger als Sträucher. Handelt es sich bei der Pflanzware um wenig verzweigte Jungpflanzen, sollten Sie den Abstand ebenfalls enger wählen als bei größe-

ren, fertig erzogenen Heckenpflanzen. Außerdem müssen Sie die Jungpflanzen kräftig zurückschneiden, damit sie vom Boden an eine dichte Seitenverzweigung bilden. Empfohlene Abstände für die zehn wichtigsten Heckenpflanzen können Sie der Tabelle entnehmen.

Schnittzeitpunkt Der beste Schnittzeitpunkt für alle Hecken ist die Zeit um den Johannistag Ende Juni. Sommergrüne Laubgehölze sollten Sie bereits Ende Februar das erste Mal schneiden und Ende Juni ein zweites Mal, immergrüne Hecken werden im August bei Bedarf ein weiteres Mal geschnitten. Bei zweimaligem Schnitt ist es besonders wichtig, dass Sie Ihre Hecke mindestens einmal im Frühjahr mit einem organischen oder mineralischen Langzeitdünger versorgen – schließlich muss sie einen hohen Substanzverlust verkraften. In der Zeit von März bis Ende Juni sollten Sie aus Vogelschutzgründen auf den Heckenschnitt verzichten.

Alle Laubgehölzhecken können Sie nach mehreren Jahren ohne Pflege auch mit einem kräftigeren Rückschnitt bis ins ältere Holz wieder in Form bringen. Bei Nadelgehölzen ist dagegen Vorsicht angebracht: Zypressenzweige treiben in der Regel nicht wieder aus, wenn der Rückschnitt über den Bereich mit den noch grünen Blattschuppen hinausgeht.

▶ **Formschnitt**

Haben Sie Spaß am Formen von Heckenpflanzen? Dann ist es Zeit, sich der hohen Kunst des Formschnitts zuzuwenden – geometrischen Körpern oder gar fantasievollen Figuren aus Buchsbaum. Sie verschönern nicht nur architektonisch gestaltete Gartenanlagen, sondern machen sich auch in romantisch gestalteten Rosengärten gut.

Für den Schnitt längerer grüner Wände ist die elektrische Heckenschere das ideale Werkzeug.

Buchsbaum lässt sich in der Gartengestaltung vielseitig einsetzen. Schwachwüchsige Sorten wie 'Suffruticosa' eignen sich als Beeteinfassung.

guter Wasser- und Nährstoffversorgung im vierwöchigen Turnus schneidet. Das Minimum ist – wie bei Hecken – ein Schnitt pro Jahr. Eine scharfe Gartenschere leistet als Standardwerkzeug für den Formschnitt gute Dienste. Spezielle Buchsscheren, auch Schafscheren genannt, verwendet man für nicht vollständig verholzte Triebe und feingliedrige Motive. Für einfache Formen oder größere Gehölze sind mechanische Heckenscheren ideal. Wichtig ist, dass man an jeder Stelle immer nur wenig abschneidet und sich auf diese Weise wie ein Bildhauer der gewünschten Figur langsam annähert. Haben Sie an einer Stelle zu viel weggenommen, müssen Sie die gesamte Figur entsprechend weit zurückschneiden.

Schnittformen Um Buchskugeln exakt in Form zu halten, haben sich halbkreisförmige Schablonen aus Sperrholz oder fester Pappe bewährt. Man führt sie einmal um die Pflanze herum und schneidet dabei alle überstehenden Triebe am Schablonenrand ab. Anspruchsvollere grüne Kunstwerke benötigen ein Gestell aus verzinktem oder lackiertem Metalldraht, das die Konturen der gewünschten Figur vorgibt. Die Haupttriebe der jungen Pflanzen werden entlang der Drähte geleitet. Wenn einzelne Triebe aus der Form herauswachsen, werden sie abgeschnitten. Gestelle für Standardfiguren wie Vögel

Mit einer Schablone aus Sperrholz oder fester Pappe wird die Buchskugel gleichmäßig rund. Der Herstellungsaufwand lohnt sich besonders dann, wenn Sie mehrere gleich große Kugeln schneiden müssen.

oder Teddybären sind im Fachhandel erhältlich, bei komplexeren Figuren ist der Heimwerker gefragt.

Profitipp

Schneiden Sie großblättrige Immergrüne wie Kirschlorbeer immer mit einer scharfen mechanischen Heckenschere. Elektrische Geräte können die dicken, ledrigen Blätter regelrecht zerfetzen und es entstehen unschöne braune Risswunden.

Gehölzwahl Für den Formschnitt eignen sich vor allem kleinblättrige immergrüne Gehölze, die sehr schnittverträglich sind und nicht zu schnell wachsen. Infrage kommen neben verschiedenen Buchsbaumarten und -sorten vor allem Japanische Hülse (*Ilex crenata*), für größere Figuren Liguster (*Ligustrum vulgare* 'Atrovirens') und Eibe.

Schnitttechnik Die Figuren werden besonders dicht und einheitlich, wenn man sie von Mai bis Ende August bei

Die besten Heckenpflanzen

Deutscher Name Botanischer Name	optimale Höhe jährlicher Zuwachs	Anzahl/m Pflanzgröße	Eigenschaften
Feld-Ahorn *Acer campestre*	2 bis 4 m 35 bis 40 cm	2 bis 3 Stück 100 bis 125 cm	hitze- und schattenverträglich; etwas anfällig für Mehltau; auch für trockenere Böden geeignet
Rotblättrige Berberitze *Berberis thunbergii* 'Atropurpurea'	0,50 bis 1 m 20 bis 25 cm	4 bis 5 Stück 60 bis 100 cm	dichter Wuchs; stark bedornte Triebe; gelbe Blüten (Mai bis Juni); hellrote Früchte; sonniger Standort
Buchsbaum *Buxus sempervirens*	0,50 bis 1,50 m 10 bis 15 cm	6 bis 8 Stück 15 bis 20 cm	immergrün; sehr dichter Wuchs; schnittverträglich; kalkhaltiger, lehmiger Boden
Hainbuche *Carpinus betulus*	1 bis 4 m 25 bis 35 cm	3 bis 4 Stück 80 bis 100 cm	gelbbraune Herbstfärbung; anspruchslos; schattenverträglich; verträgt hohen Grundwasserstand
Blut-Buche *Fagus sylvatica* var. *purpurea*	2 bis 4 m 40 bis 45 cm	3 bis 4 Stück 80 bis 100 cm	etwas hitzeempfindlich; Blätter vergrünen im Schatten; Herbstlaub haftet teilweise bis zum Frühjahr, keine Staunässe
Stechpalme *Ilex aquifolium*	1 bis 2 m 15 bis 20 cm	2 bis 3 Stück 40 bis 60 cm	immergrünes, bedorntes Laub; weibliche Pflanzen mit giftigen roten Beeren; für humose, kalkarme Böden
Hecken-Liguster *Ligustrum vulgare* 'Atrovirens'	1 bis 2 m 25 bis 35 cm	3 bis 4 Stück 60 bis 100 cm	wintergrünes Laub; rahmweiße Blütenrispen (Juni bis Juli); giftige schwarze Beeren; sehr anpassungsfähig
Kirschlorbeer *Prunus laurocerasus* 'Herbergii'	0,50 bis 1,50 m 20 bis 25 cm	3 bis 4 Stück 40 bis 60 cm	immergrün; weiße Blütenrispen (Mai); in der Sonne etwas frostempfindlich; schattenverträglich
Eibe *Taxus baccata*	1 bis 3 m 15 bis 20 cm	3 bis 4 Stück 40 bis 50 cm	immergrün; dunkelgrüne, stark giftige Nadeln; weibliche Pflanzen mit roten Beeren; sehr schattenverträglich
Abendländischer Lebensbaum *Thuja occidentalis*	1,50 bis 3 m 20 bis 25 cm	3 bis 4 Stück 60 bis 80 cm	immergrün; bronzefarbene Herbstfärbung; giftiges Laub; verträgt keine Trockenheit

Laubgehölze im Porträt

Fächer-Ahorn
Acer palmatum

▸ **Blüte**
purpurrot in Trauben; im Mai
▸ **Wuchs**
baumartiger Großstrauch,
rundliche bis schirmartig
übergeneigte Krone; 5 bis 7 m
hoch und breit
▸ **Standort**
sonnig bis halbschattig;
windgeschützt; Boden frisch
bis feucht, durchlässig (keine
Staunässe); humos, sandig
▸ **Nährstoffbedarf**
gering
▸ **Wichtige Infos**
auch für kleine Gärten; schöne Herbstfärbung; in der
Jugend frostgefährdet, später mäßig frosthart
▸ **Sorten und Arten**
'Atropurpureum', Roter
Fächer-Ahorn – bis 5 m hoch,
Blätter im Sommer dunkel-
rot, leuchtend rote Herbstfärbung; 'Dissectum', Grüner
Schlitz-Ahorn – bis 2 m hoch,
bis 3 m breit, hellgrüne Blätter mit leuchtend gelber bis
oranger Herbstfärbung; *A.
shirasawanum* 'Aureum' –
gelbe, dekorative Blätter,
langsam wachsend; 2,50 bis
4 m hoch, gelboranges
Herbstlaub

Blut-Berberitze
Berberis thunbergii
'Atropurpurea'

▸ **Blüte**
gelb bis rot getönt, in
Büscheln; von Mai bis Juni
▸ **Wuchs**
aufrecht bis locker trichterförmig; 1,50 bis 3 m hoch und
breit
▸ **Standort**
sonnig bis halbschattig; Boden
mäßig trocken bis frisch,
durchlässig, sandig-lehmig
▸ **Nährstoffbedarf**
mittel
▸ **Wichtige Infos**
stark bedornte Heckenpflanze; Fruchtschmuck, schöne
Herbstfärbung
▸ **Weitere Art**
B. julianae – immergrün, 2 bis
3 m hoch

Blut-Berberitze 'Atropurpurea'

Schmetterlings-strauch
Buddleja davidii-
Hybriden

▸ **Blüte**
weiß, blau, violett, rot, rosa
oder weiß, aufrechte Blüten-
rispen; von Juli bis September
▸ **Wuchs**
trichterförmig aufrecht,
breit wachsend bis überhängend; 3 bis 4 m hoch und
breit

Schmetterlingsstrauch

▸ **Standort**
sonnig; Boden mäßig trocken
bis frisch, durchlässig
▸ **Nährstoffbedarf**
gering
▸ **Wichtige Infos**
sehr pflegeleicht, auch für
kleine Gärten; trockenheitstolerant
▸ **Sortenbeispiele**
'Nanho Blue' – violettblaue
Blüte; 'Cardinal' – tiefpurpur-
rote Blüten in etwa 40 cm
langen Rispen

Gewöhnlicher Buchsbaum
Buxus sempervirens
var. *arborescens*

▸ **Blüte**
unscheinbar gelb; von April
bis Mai
▸ **Wuchs**
dicht buschig, breit aufrecht;
2 bis 5 m hoch und breit
▸ **Standort**
halbschattig bis schattig;
Boden mäßig trocken bis
frisch, durchlässig; pH-Wert:
neutral bis basisch
▸ **Nährstoffbedarf**
mittel
▸ **Wichtige Infos**
auch für kleine Gärten und
schattige Plätze, immergrün;
Heckenpflanze, sehr schnittverträglich; frosthart, z. T.
Blattschäden durch Wintersonne
▸ **Sortenbeispiele**
'Blauer Heinz' – kleinwüch-
sig, bläuliches Laub, extrem
frosthart; 'Rotundifolia' –
kräftig wachsend, größere
gewölbte Blätter; 'Suffruticosa' – Einfassungsbuchs

Besenheide
Calluna vulgaris

▸ **Blüte**
rosa, glöckchenförmig, in
langen aufrechten Trauben;
von August bis Oktober

Schlitz-Ahorn 'Dissectum'

Buchsbaum

Besenheide

▸ **Wuchs**
niederliegend bis aufrecht, dicht buschig; 20 bis 80 cm hoch, 30 bis 50 cm breit

▸ **Standort**
sonnig; Boden mäßig trocken bis frisch, durchlässig, sandig-humos; pH-Wert: sauer

▸ **Nährstoffbedarf**
gering

▸ **Wichtige Infos**
als Bodendecker verwendbar; jährlicher Rückschnitt im Frühjahr fördert Blüte

▸ **Sortenbeispiele**
'Alba Plena' – aufrecht, kompakt, 20 bis 30 cm hoch, frischgrüne Blätter, gefüllte, weiße Blüten in max. 20 cm langen Rispen; 'Allegro' – aufrecht, 40 bis 60 cm hoch, dunkelgrüne Blätter, karminrote dunkle Blüten; 'Gold Haze' – aufrecht, kompakt, 30 bis 40 cm hoch, leuchtend gelbe Blätter, weiße Blüten in 20 cm langen Trauben

Hainbuche
Carpinus betulus

▸ **Blüte**
gelbe männliche Kätzchen vor und während des Laubaustriebes, grüne weibliche Kätzchen von April bis Mai

▸ **Wuchs**
kegelförmig bis rundlich; 10 bis 20 m hoch, 7 bis 12 m breit

▸ **Standort**
sonnig bis schattig; Boden mäßig trocken bis feucht, durchlässig; sehr anpassungsfähig

▸ **Nährstoffbedarf**
mittel

▸ **Wichtige Infos**
Heckenpflanze, auch für schattige Plätze

▸ **Sortenbeispiele**
'Fastigiata' – aufrecht mit kugelförmiger Krone; 'Quercifolia' – kleinere Blätter

Blaue Säckelblume
Ceanothus × delilianus
'Gloire de Versailles'

▸ **Blüte**
hellblau, in locker verzweigten Rispen; von Juli bis Oktober

▸ **Wuchs**
locker aufrecht; bis 1,50 m hoch und breit

▸ **Standort**
sonnig bis halbschattig, warm, geschützt; Boden mäßig trocken bis frisch, durchlässig, sandig-kiesig

▸ **Nährstoffbedarf**
gering

▸ **Wichtige Infos**
auch für kleine Gärten; trockenheitstolerant; bedingt frosthart; Winterschutz ratsam

Blaue Säckelblume

▸ **Sortenbeispiel**
'Marie Simon' – rosafarbene Blüte

Zierquitte
Chaenomeles-Hybriden

▸ **Blüte**
orangerot, rot, weiß; von April bis Mai

▸ **Wuchs**
niedrig gedrungen bis locker aufrecht; 0,50 bis 2 m hoch, 1 bis 1,50 m breit

▸ **Standort**
sonnig; Boden mäßig trocken bis frisch, durchlässig, humos

▸ **Nährstoffbedarf**
mittel

▸ **Wichtige Infos**
auch für kleine Gärten, Heckenpflanze; gelbe, vitaminreiche Früchte

Zierquitte

▸ **Sortenbeispiele**
'Crimson and Gold' – Blüte dunkelrot; 'Jet Trail' – Blüte silberweiß; 'Nicoline' – Blüte scharlachrot

Weißer Hartriegel
Cornus alba

▸ **Blüte**
weiß; von Mai bis Juni

▸ **Wuchs**
breit aufrecht bis bogig niederliegend; 3 bis 4 m hoch und breit

▸ **Standort**
sonnig bis halbschattig; Boden frisch bis feucht, durchlässig, sandig-lehmig; anpassungsfähig

▸ **Nährstoffbedarf**
mittel

▸ **Wichtige Infos**
sehr robust, verträgt starken Rückschnitt; auch für kleine Gärten; Heckenpflanze; schöne Herbstfärbung, Fruchtschmuck

▸ **Sorten und Arten**
'Elegantissima' – Blätter mit weißem Rand; 'Sibirica' – Rinde leuchtend rot; *C. kousa* var. *chinensis* (Chinesischer Blumen-Hartriegel), *C. florida* (Blumen-Hartriegel); *C. sanguinea* (Roter Hartriegel)

Kriechmispel
Cotoneaster dammeri

▸ **Blüte**
weiß, von Mai bis Juni

▸ **Wuchs**
Zwergstrauch, niederliegend, mit teils überhängenden langen Trieben, auch aufrechte Kurztriebe; 20 bis 25 cm hoch, 150 bis 200 cm breit

▸ **Standort**
sonnig bis halbschattig (schattig); Boden mäßig trocken bis frisch, durchlässig

▸ **Nährstoffbedarf**
mittel bis hoch

▸ **Wichtige Infos**
als Bodendecker verwendbar, auffälliger Fruchtschmuck; anfällig für Feuerbrand

▸ **Weitere Arten**
ähnlich zu pflegen sind *C. horizontalis* und *C. × watereri*

Kriechmispel

Echter Rotdorn
Crataegus laevigata
'Paul's Scarlet'

▸ **Blüte**
rosarot, gefüllt; von Mai bis
Juni
▸ **Wuchs**
breit kegelförmig bis rundlich; 4 bis 6 m hoch, 3 bis 4 m
breit
▸ **Standort**
sonnig; Boden mäßig trocken
bis feucht, durchlässig, sandig-lehmig
▸ **Nährstoffbedarf**
mittel bis hoch

Echter Rotdorn

▸ **Wichtige Infos**
auch für kleine Gärten,
attraktiver Hausbaum;
Heckenpflanze

Rot-Buche
Fagus sylvatica

▸ **Blüte**
gelbgrün; von April bis Mai
▸ **Wuchs**
breit- und rundkronig; 25 bis
30 m hoch, im Freistand im
Alter genauso breit wie hoch

Rot-Buche

▸ **Standort**
sonnig bis schattig; Boden
frisch bis feucht, sandig-lehmig, durchlässig, nährstoffreich
▸ **Nährstoffbedarf**
mittel bis hoch
▸ **Wichtige Infos**
für schattige Plätze und als
Heckenpflanze, schöne
Herbstfärbung
▸ **Sortenbeispiele**
'Atropunicea' – Laub
schwarzrot glänzend;
'Dawyck'– säulenförmiger
Wuchs; 'Pendula' – ausladende, hängende Äste

Forsythie
Forsythia × intermedia

▸ **Blüte**
hellgelb bis goldgelb; von
März bis April

Forsythie

▸ **Wuchs**
schlank aufrecht, buschig
kompakt oder breit ausla-
dend; 2 bis 4 m hoch, 2 bis
3 m breit
▸ **Standort**
sonnig bis halbschattig;
Boden mäßig trocken bis
frisch, sandig-lehmig, durchlässig
▸ **Nährstoffbedarf**
mittel
▸ **Wichtige Infos**
auch für kleine Gärten und
frei wachsende Hecken,
überreiche Blüte

▸ **Sortenbeispiele**
'Goldzauber' – goldgelb;
'Week End' – leuchtend gelb,
niedriger Wuchs, besonders
frühe Blüte

Großblütige Zaubernuss
Hamamelis × intermedia

▸ **Blüte**
gelb, orange, rot; von Januar
bis April
▸ **Wuchs**
locker trichterförmig bis
breit ausladend; bis 4 m
hoch, im Alter oft breiter als
hoch
▸ **Standort**
sonnig bis halbschattig;
Boden frisch bis feucht,
durchlässig, sandig-humos,
keine Staunässe
▸ **Nährstoffbedarf**
mittel
▸ **Wichtige Infos**
auch für kleine Gärten, schöne Herbstfärbung, verträgt
keinen Schnitt ins ältere Holz
▸ **Sorten und Arten**
'Diane' – Blüten rot, später
bronzerot, Februar bis März;
'Westerstede' – hellgelbe
Blüte, Februar bis März; weitere Arten sind *H. japonica*

(Japanische Zaubernuss),
H. mollis (Chinesische Zaubernuss), *H. virginiana* (Virgi-
nische Zaubernuss)

Bauern-Hortensie
Hydrangea macrophylla

▸ **Blüte**
je nach Sorte blau, scharlachrot, rosa, weiß, in
Schirmrispen; von Juni bis
September
▸ **Wuchs**
dicht buschig, breit kugelig
oder trichterförmig; 0,60 bis
1,50 m hoch, 1 bis 2 m breit
▸ **Standort**
sonnig bis halbschattig,
windgeschützt; Boden frisch
bis feucht, durchlässig,
humos; pH-Wert: sauer bis
neutral (Blütenfarbe variiert
je nach pH-Wert)
▸ **Nährstoffbedarf**
mittel
▸ **Wichtige Infos**
auch für kleine Gärten geeignet, Heckenpflanze, an sonnigen Standorten höherer
Wasserbedarf; Dauerblüher
▸ **Weitere Arten**
H. arborescens, Strauch-Hortensie; *H. paniculata*, Rispen-
Hortensie; *H. quercifolia*,
Eichenblatt-Hortensie

Zaubernuss

Stechpalme
Ilex aquifolium

▸ **Blüte**
weiß, zweihäusig; von Mai
bis Juni

▸ **Wuchs**
spitz kegelförmig bis breit
pyramidal; 3 bis 6 m hoch,
3 bis 5 m breit

▸ **Standort**
halbschattig bis schattig;
Boden mäßig trocken bis
feucht, durchlässig, sandig-
lehmig; pH-Wert: sauer bis
neutral

Stechpalme

▸ **Nährstoffbedarf**
mittel bis hoch

▸ **Wichtige Infos**
auch für kleine Gärten und
schattige Plätze geeignet,,
immergrün; weibliche
Pflanzen mit roten Beeren,
Heckenpflanze

▸ **Sorten und Arten**
'Argentea Marginata' –
weißrandige Blätter;
'J. C. van Tol'– einhäusig,
stark fruchtend, frosthärter
als die Art; *I. crenata* (Japanische Hülse) – kleine, runde
bis längliche Blätter

Edel-Goldregen
Laburnum × watereri
'Vossii'

▸ **Blüte**
leuchtend gelb; von Mai bis
Juni

▸ **Wuchs**
straff aufrecht bis trichterförmig; bis 5 m hoch, 3 bis
4 m breit

▸ **Standort**
sonnig bis halbschattig;
Boden trocken bis frisch,
sandig-lehmig, durchlässig;

▸ **Nährstoffbedarf**
mittel

▸ **Wichtige Infos**
Giftpflanze, verträgt keinen
Schnitt

Gewöhnlicher Liguster
Ligustrum vulgare

▸ **Blüte**
weiß; von Juni bis Juli

▸ **Wuchs**
locker aufrecht, breit
buschig; 2 bis 5 m hoch und
breit

▸ **Standort**
sonnig bis halbschattig;
Boden mäßig trocken bis
feucht, durchlässig

▸ **Nährstoffbedarf**
hoch

▸ **Wichtige Infos**
auch für kleine Gärten; sehr

Gewöhnlicher Liguster

schnittverträglich; wintergrüne Heckenpflanze

▸ **Sorten und Arten**
'Lodense' – Zwergstrauch,
bis 0,70 m hoch und breit;
L. ovalifolium, Ovalblättriger
Liguster

Tulpen-Magnolie
*Magnolia × soulan-
giana*

▸ **Blüte**
rosa, rosaweiß; von April bis
Mai

▸ **Wuchs**
trichterförmig bis rundlich;
4 bis 8 m hoch, oft breiter als
hoch

Tulpen-Magnolie

▸ **Standort**
sonnig bis leicht halbschattig, windgeschützt; Boden
frisch bis feucht, durchlässig,
humos; pH-Wert: sauer bis
neutral

▸ **Nährstoffbedarf**
mittel bis hoch

▸ **Wichtige Infos**
für Einzelstellung; frosthart,
Blüten spätfrostgefährdet

▸ **Weitere Arten**
M. kobus, Kobushi-Magnolie;
M. liliiflora, *M. sieboldii*,
Sommer-Magnolie und
M. stellata, Stern-Magnolie

Zier-Apfel
Malus-Hybriden

▸ **Blüte**
weiß bis rot; von April bis Mai

▸ **Wuchs**
ausladend, breitkronig; 4 bis
8 m hoch, 3 bis 6 m breit

▸ **Standort**
sonnig; Boden mäßig trocken
bis feucht, sandig-lehmig

▸ **Nährstoffbedarf**
hoch

▸ **Wichtige Infos**
Fruchtschmuck

▸ **Sorten**
'Red Sentinel' – schorfresis-
tent, Früchte haften lange;
'Royalty' – rubinrote Blüten,
dunkelrote Früchte

Europäischer Pfeifenstrauch
Philadelphus coronarius

▸ **Blüte**
rahmweiß; von Mai bis Juni

▸ **Wuchs**
straff aufrecht bis leicht
überhängend; 2 bis 3 m hoch,
1,50 bis 2 m breit

▸ **Standort**
sonnig bis halbschattig;

Zier-Apfel

Pfeifenstrauch

Boden mäßig trocken bis feucht, durchlässig, sandig-lehmig
▶ **Nährstoffbedarf**
mittel
▶ **Wichtige Infos**
duftend, Heckenpflanze
▶ **Sortenbeispiele**
'Belle Etoile' – große Blüten; 1,50 m hoch; 'Schneesturm' – weiße gefüllte Blüten, bis 3 m hoch

Zier-Kirsche
Prunus serrulata

▶ **Blüte**
weiß bis rosa, einfach bis gefüllt; von April bis Mai
▶ **Wuchs**
kleiner Baum oder Groß-strauch; 2 bis 10 m hoch, 2 bis 7 m breit
▶ **Standort**
sonnig; Boden frisch bis feucht, durchlässig, sandig-lehmig
▶ **Nährstoffbedarf**
mittel bis hoch
▶ **Wichtige Infos**
attraktiver Hausbaum; Heckenpflanze

Zier-Kirsche

▶ **Weitere Arten**
Prunus subhirtella 'Autum-nalis', Schnee-Kirsche – weiße Blüte ab November, Dezember; *Prunus laurocera-sus*, Kirschlorbeer – immer-grün, Heckengehölz

Rhododendron
Rhododendron-Hybriden

▶ **Blüte**
in fast allen Farben; von Mai bis Juni
▶ **Wuchs**
je nach Sorte breit buschig bis kugelförmig; 2 bis 4 m hoch, 2 bis 5 m breit
▶ **Standort**
halbschattig; Boden frisch bis feucht, durchlässig, san-dig-humos; pH-Wert: sauer bis neutral
▶ **Nährstoffbedarf**
mittel bis hoch
▶ **Wichtige Infos**
Heckenpflanze; auf Sorten mit kalktoleranter Unterlage ('Inkarho') achten; frosthart, zum Teil aber Blattschäden durch Wintersonne
▶ **Sortenbeispiele**
'Catawbiense Grandiflorum' – Blüte hellviolett mit gelbbrauner Zeichnung; 'Cunninghams White' – weiß mit gelbbrauner

Rhododendron

Zeichnung, große Blüten; 'Nova Zembla' – rubinrosa mit schwarzer Zeichnung

Rhododendron
Rhododendron-Yakushi-manum-Hybriden

▶ **Blüte**
je nach Sorte weiß, rosa, rot, gelb; von Mai bis Juni
▶ **Wuchs**
dicht und kompakt, breitrund bis aufrecht; 1 bis 1,50 m hoch, bis 2 m breit
▶ **Standort**
sonnig bis halbschattig; Boden frisch bis feucht, durchlässig, sandig-humos; pH-Wert: sauer bis neutral
▶ **Nährstoffbedarf**

Rhododendron

mittel bis hoch
▶ **Wichtige Infos**
auch für kleine Gärten geeig-net; kompakter Wuchs, sehr blühfreudig
▶ **Sortenbeispiele**
'Fantastica' – Blüte mit hell-rot-weißem Farbverlauf; 'Goldprinz' – gelbe Blüten; 'Schneekrone' – weiße Blü-ten

Blut-Johannisbeere
Ribes sanguineum

▶ **Blüte**
rosarot; von April bis Mai
▶ **Wuchs**
locker strauchförmig; 1,50 bis 2 m hoch, 1,50 bis 2 m breit
▶ **Standort**

Blut-Johannisbeere

sonnig; Boden frisch bis feucht, durchlässig; nicht zu schwer und zu nass
▶ **Nährstoffbedarf**
mittel
▶ **Wichtige Infos**
verträgt keine Trockenheit; für Blütenhecken
▶ **Sortenbeispiel**
'King Edward VII' – schwä-cher im Wuchs, größere Blü-tentrauben

Eberesche
Sorbus aucuparia

▶ **Blüte**
weiß; von Mai bis Juni
▶ **Wuchs**
rundliche Krone oder mehr-stämmig aufrecht; 6 bis 12 m hoch, 4 bis 6 m breit
▶ **Standort**

sonnig bis halbschattig; Boden frisch bis feucht, durchlässig; anpassungsfähig

▸ **Nährstoffbedarf**
mittel

▸ **Wichtige Infos**
auch für kleine Gärten, attraktiver Hausbaum; Fruchtschmuck, schöne Herbstfärbung

▸ **Sortenbeispiele**

Eberesche

'Edulis'– aufrecht, bis 15 m hoch, größere Beeren; 'Fastigiata'– aufrecht, schmal kegelförmig, größere Blätter

Schnee-Spiere
Spiraea × arguta

▸ **Blüte**
weiß; von April bis Mai

▸ **Wuchs**
breit aufrecht, dicht buschig, überneigend; 1,50 bis 2 m hoch und breit

▸ **Standort**
sonnig; Boden frisch, durchlässig, sandig-lehmig

▸ **Pflanzabstand**
60 bis 90 cm

▸ **Nährstoffbedarf**
mittel

▸ **Wichtige Infos**
auch für kleine Gärten, Heckenpflanze; schöne Herbstfärbung

▸ **Sorten und Arten**
S. japonica, Japan-Spiere – sommerblühender Zwergstrauch, Blüten weiß bis rosa; *S. × vanhouttei*, Pracht-Spiere – bogig überhängender Wuchs, weiße Blüten

Schnee-Spiere

Edel-Flieder
Syringa-Vulgaris-Hybriden

▸ **Blüte**
weiß, lilarosa, violett; von April bis Mai

▸ **Wuchs**
aufrecht strauchförmig; 4 bis 6 m hoch, 4 bis 5 m breit

▸ **Standort**
sonnig bis halbschattig; Boden mäßig trocken bis frisch, durchlässig, lehmig; kalkhaltig

▸ **Nährstoffbedarf**
hoch

▸ **Wichtige Infos**
duftend, sehr windresistent

▸ **Sortenbeispiele**
'Charles Joly'– gefüllte, purpurrote Blüten; 'Katherine Havemeyer' – halb bis dicht gefüllt, kobaltlila Blüten; 'Mme. Lemoine' – gefüllt weiß; 'Primrose' – hellgelb

Krim-Linde
Tilia × euchlora

▸ **Blüte**
gelbe, hängende Trugdolden; von Juni bis Juli

▸ **Wuchs**
breit kegelförmig bis rundlich; 15 bis 20 m hoch, 8 bis 10 m breit

▸ **Standort**
sonnig; Boden mäßig trocken bis frisch, sandig-lehmig, nährstoffreich

▸ **Nährstoffbedarf**
mittel bis hoch

▸ **Wichtige Infos**
gelbe Herbstfärbung; verträgt starken Rückschnitt

▸ **Weitere Art**
T. tomentosa, Silber-Linde – guter Hausbaum

Winter-Schneeball
Viburnum × bodnantense

▸ **Blüte**
hellrosa bis weißlich rosa; von November bis April

▸ **Wuchs**
locker strauchförmig, wenig verzweigt; 2 bis 3 m hoch und breit

▸ **Standort**
sonnig bis halbschattig; Boden mäßig trocken bis feucht, durchlässig

▸ **Nährstoffbedarf**
hoch

▸ **Wichtige Infos**
duftend, wertvoller Winterblüher

▸ **Sorten und Arten**
'Dawn' – tiefrosa Blüten, die weißlich rosa aufblühen; *V. plicatum*, Gefüllter Japan-Schneeball – blüht lange

Weigelie
Weigela florida

▸ **Blüte**
hellrosa, im Abblühen dunkler werdend; von Mai bis Juni

▸ **Wuchs**
rundlich strauchförmig bis leicht überhängend; 2 bis 3 m hoch und breit

▸ **Standort**
sonnig bis halbschattig; Boden frisch bis feucht, durchlässig

▸ **Nährstoffbedarf**
mittel bis hoch

▸ **Wichtige Infos**
auch für kleine Gärten und Blütenhecken geeignet

▸ **Sortenbeispiele**
'Nana Variegata' – 1,50 bis 1,80 m hoch, kleine Einzelblüten in Weiß- bis Malvenrosa, von Mai bis Juli; 'Newport Red' – bis 3 m hoch, karminrote bis violettrote Blüten von Juni bis Juli, Einzelblüten bis 3 cm groß

Weigelie

Gehölze

Deutscher Name *Botanischer Name*	Blütenfarbe, Blütezeit	Wuchs	Höhe; Breite (m)	Standort	Tipps
Laubgehölze					
Rotblütige Rosskastanie *Aesculus × carnea*	rosarot, Mai bis Juni	ausladend bis rundkronig	8 bis 12; 5 bis 10	sonnig bis halbschattig	pflegeleicht
Kupfer-Felsenbirne *Amelanchier lamarckii*	weiß, April bis Mai	trichterförmig, leicht überhängend	4 bis 6; genauso breit wie hoch	sonnig bis halbschattig	auch für kleinere Gärten
Schönfrucht *Callicarpa bodinieri var. giraldii*	unscheinbar lila, Juli bis August	aufrecht strauchförmig	2 bis 3; 1,50 bis 2	sonnig bis halbschattig	auch für kleine Gärten, Fruchtschmuckgehölz
Bartblume *Caryopteris × clandonensis* 'Arthur Simmonds'	purpurblau, August bis Oktober	aufrecht buschig bis rundlich, vieltriebiger Strauch	0,80 bis 1; 1 bis 1,50	sonnig, geschützt	pflegeleicht
Trompetenbaum *Catalpa bignonioides*	weiß, Juni bis Juli	breit gewölbt bis rundlich	10 bis 15; 6 bis 10	sonnig bis halbschattig	pflegeleicht
Kuchenbaum *Cercidiphyllum japonicum*	rötlich, April	kegelförmig bis rundkronig	8 bis 10; 4,50 bis 7	sonnig bis halbschattig	Falllaub duftet nach Zimt und Karamel
Gewöhnlicher Judasbaum *Cercis siliquastrum*	purpurrosa, April	straff aufrecht bis breit ausladend	3,50 bis 6; genauso breit wie hoch	sonnig	unempfindlich gegen Schädlinge, frostempfindlich
Perückenstrauch *Cotinus coggygria*	weißlich, Juni bis Juli	aufrecht bis breit ausladend	3 bis 5; 3 bis 5	sonnig	pflegeleicht
Besen-Ginster *Cytisus scoparius*	gelb, Mai bis Juni	aufrecht strauchförmig	0,50 bis 1,80; 1 bis 2	sonnig	pflegeleicht
Zierliche Deutzie *Deutzia gracilis*	reinweiß, Mai bis Juni	straff aufrecht	0,60 bis 0,80; im Alter oft etwas breiter als hoch	sonnig bis halbschattig	auch für kleine Gärten
Schneeheide *Erica carnea*	rosa, November bis März	teppichartig niederliegend; auf- strebende Triebe	0,15 bis 0,35; etwa 0,50	sonnig bis halbschattig	auch für kleine Gärten
Strauch-Eibisch *Hibiscus syriacus*	hellblau, lilablau, Juni bis August	straff aufrecht	1,50 bis 2; 1 bis 1,50	sonnig	auch für kleine Gärten
Ranunkelstrauch *Kerria japonica*	leuchtend gelb bis goldgelb, April bis Mai	buschig aufrecht, wenig verzweigt	1,50 bis 2; genauso breit wie hoch	sonnig bis schattig	auch für kleine Gärten
Kolkwitzie *Kolkwitzia amabilis*	hellrosa bis rosa, Mai bis Juni	aufrecht strauch- förmig bis bogig überhängend	2 bis 3; genauso breit wie hoch	sonnig bis halbschattig	pflegeleicht
Japanische Lavendelheide *Pieris japonica*	weiß, April bis Mai	locker, breit auf- recht bis leicht überhängend	2 bis 3; dicht verzweigt	halbschattig bis schattig	auch für kleine Gärten
Fünffingerstrauch *Potentilla fruticosa*	gelb, rot, rosa, weiß, Juni bis Oktober	breit buschig	bis 1,50; 1 bis 1,50	sonnig bis halbschattig	auch für kleine Gärten
Salweide *Salix caprea*	männlich: silbrig gelb, weiblich: grün, März bis April	breit aufrecht, sparrig	5 bis 8; 3 bis 6	sonnig	pflegeleicht
Gold-Ulme *Ulmus carpinifolia* 'Wredei'	rötlich braun, erscheinen vor den Blättern, Februar bis April	Kleinbaum oder Großstrauch, säulenförmige Krone	8 bis 10; 3 bis 5	sonnig bis halbschattig, je trockener desto schattiger	für Fortgeschrittene; braucht nährstoff- reichen Boden
Nadelgehölze					
Blaue Atlas-Zeder *Cedrus atlantica* 'Glauca'	grünlich braune Zapfen	breit kegelförmig bis ausladend	15 bis 25	sonnig	pflegeleicht
Scheinzypresse *Chamaecyparis lawsoniana*	Zapfen	schmal säulenförmig bis kegelförmig	1 bis 15	sonnig bis halbschattig	auch für kleine Gärten
Ginkgobaum *Ginkgo biloba*	gelbgrüne Steinfrüchte, riechen unangenehm	sehr variable Gestalt, Krone kegelförmig	15 bis 30	sonnig bis halbschattig	pflegeleicht
Gewöhnlicher Wacholder *Juniperus communis*	schwarzblaue, kugelige Beerenzapfen	aufrecht säulen-, baum- oder strauchförmig	5 bis 8	sonnig bis halbschattig	auch für kleine Gärten
Sumpfzypresse *Taxodium distichum*	unreif grüne, reif braune Zapfen	kegel- bis säulen- förmig	30 bis 40	sonnig	sommergrün
Kanadische Hemlocktanne *Tsuga canadensis*	hell- bis dunkelbraune Zapfen	breit kegelförmig, pyramidal	15 bis 20	sonnig bis halbschattig	pflegeleicht

Nadelgehölze im Porträt

Korea-Tanne
Abies koreana

▸ **Frucht**
violett, stahlblau oder grünlich (je nach Reife); zahlreiche, auffallende Zapfen

▸ **Wuchs**
aufrecht kegelförmig; 5 bis 10 m hoch, 3 bis 4,50 m breit

Korea-Tanne

▸ **Standort**
sonnig bis halbschattig, windgeschützt; Boden frisch bis feucht, durchlässig, humos, sandig-lehmig

▸ **Nährstoffbedarf**
mittel

▸ **Wichtige Infos**
auch für kleine Gärten

▸ **Sorten**
'Blauer Pfiff' – Nadeln blaugrün; 'Horstmanns Silberlocke' – Nadeln stark gedreht; 'Taiga' – Zwergform, bis 40 cm hoch

Stech-Fichte
Picea pungens

▸ **Frucht**
hellbraune Zapfen

▸ **Wuchs**
kegelförmig; 15 bis 20 m hoch, 5 bis 8 m breit

▸ **Standort**
sonnig bis halbschattig; Boden mäßig trocken bis frisch, sehr anpassungsfähig

▸ **Nährstoffbedarf**
mittel

Zuckerhut-Fichte

▸ **Wichtige Infos**
als Weihnachtsbaum beliebt, anfällig für Sitka-Röhrenlaus

▸ **Sorten und Arten**
'Glauca Globosa' – Zwergform, silbrigblaue Nadeln, 'Hoopsii' – mittelgroß, Nadeln hellsilberblau; Arten mit ähnlichen Ansprüchen sind *P. omorika* (Serbische Fichte), *P. breweriana* (Mähnen-Fichte), *P. glauca* (Zuckerhut-Fichte, Zwergform)

Berg-Kiefer, Latsche
Pinus mugo

▸ **Blüte**
viele gelbe männliche und rosarote weibliche Blüten, von Juni bis Juli

Berg-Kiefer

▸ **Frucht**
gelb- bis dunkelbraune Zapfen

▸ **Wuchs**
flach strauchförmig bis breit kegelförmig; 4,50 bis 6 m hoch, 4 bis 5 m breit

▸ **Standort**
sonnig; Boden mäßig trocken bis feucht, durchlässig, sandig-kiesig; anspruchslos

▸ **Nährstoffbedarf**
wenig bis mittel

▸ **Wichtige Infos**
auch für kleine Gärten, Heckenpflanze, Fruchtschmuck, beliebter Garten-Bonsai

▸ **Weitere Arten**
P. pumila 'Glauca'– Zwergform; *P. leucodermis* 'Compact Gem' – langsam wachsend

Europäische Eibe
Taxus baccata

▸ **Blüte**
zweihäusig, männliche Blüten gelb, weibliche unscheinbar; von März bis April

Europäische Eibe

▸ **Frucht**
rote Scheinbeeren

▸ **Wuchs**
breit kegel- bis kugelförmig; 10 bis 15 m hoch, 8 bis 12 m breit

▸ **Standort**
sonnig bis schattig; Boden frisch bis feucht, durchlässig, humos, sandig-lehmig

▸ **Nährstoffbedarf**
mittel bis hoch

▸ **Wichtige Infos**
für schattige Plätze, Heckenpflanze, Fruchtschmuck; stark giftig

▸ **Sorten und Arten**
'Dovastoniana',– ausgebreitete waagerechte Äste; 'Summergold' – wächst flächig, Zwergform; *T. cuspidata* und *T. × media* haben ähnliche Ansprüche wie *T. baccata*

Abendländischer Lebensbaum
Thuja occidentalis

▸ **Blüte**
gelbbraune männliche und unscheinbare weibliche Blüten; von April bis Mai

▸ **Frucht**
Zapfen sind unreif gelblich grün, reif braun

▸ **Wuchs**
kegelförmig; 15 bis 20 m hoch, 3 bis 4 m breit

▸ **Standort**
sonnig bis halbschattig; Boden frisch bis feucht, durchlässig, humos, sandig-lehmig

Abendländischer Lebensbaum

▸ **Nährstoffbedarf**
hoch

▸ **Wichtige Infos**
verwenden Sie kleine Sorten; verträgt keine Trockenheit; Heckenpflanze

▸ **Sorten**
'Columna' – schmale Säulenform; 'Danica' – flach kugelige Zwergsorte; 'Smaragd' – schmal, kegelförmig; 'Tiny Tim' – kugelige Zwergform

Der Rasen

Die meisten Gartenbesitzer wünschen sich einen attraktiven Rasen. Zwei Voraussetzungen müssen erfüllt sein, damit der Traum vom „grünen Teppich" Realität wird: Sorgfalt bei der Rasenanlage und vor allem eine regelmäßige Pflege. Dazu zählt in erster Linie Mähen – mindestens einmal pro Woche – und bei Bedarf auch Wässern. Unkraut wird gar nicht erst zum Problem, wenn laufend und nicht zu tief gemäht wird.

Neuanlage einer Rasenfläche

Die Auswahl des Saatguts richtet sich nach der späteren Nutzung. Man unterscheidet verschiedene Arten von Rasenmischungen: Reiner Zierrasen aus sehr feinen Gräsern sieht am besten aus, erfordert allerdings einen hohen Pflegeaufwand. Sportrasen ist extrem strapazierfähig, jedoch gleichfalls pflegeintensiv. Für den „normalen" Hausgarten, in dem Kinder auf dem Rasen toben dürfen und der Arbeitsaufwand im vertretbaren Rahmen bleiben soll, stellt der so genannte Gebrauchs- oder Spielrasen einen geeigneten Kompromiss dar. Zusätzlich wird noch Schattenrasen angeboten; das sind Mischungen robuster Gräser, die sich auch für leicht schattige Flächen eignen. Im tiefen Schatten kann Rasen allerdings nicht überleben! Neu sind Rasenmischungen aus besonders langsam wachsenden Gräsern, die das Mähen auf wenige Male pro Jahr reduzieren.

Soll der Rasen robust und pflegeleicht sein, dann wählen Sie Saatgut für Gebrauchs- oder Spielrasen.

Ein attraktiver Rasen ist das Herzstück eines Gartens.

Der günstigste Zeitpunkt für die Rasensaat liegt entweder im Mai oder wieder von Mitte August bis Anfang September. Früher als Mitte April und ab Oktober ist es zu kühl, denn die Grassamen brauchen zum Keimen über einen Zeitraum von zehn Tagen eine Mindesttemperatur von 10 °C – auch nachts. In den Sommermonaten ist es ausreichend warm, aber dann können Hitze oder heftiger Regen das Ergebnis beeinträchtigen.

▶ Bodenvorbereitung

Je sorgfältiger bei der Vorbereitung des Bodens vorgegangen wird, desto mehr Freude werden Sie an Ihrem Rasen haben. Versäumnisse lassen sich später nur mit erheblichem Aufwand ausgleichen. Der erste Teil der Bodenvorbereitung ist am mühsamsten, denn die Fläche muss spatentief umgegraben werden. Wenn es sich einrichten lässt, sollte das im Herbst geschehen, weil die groben Erdschollen dann im Winter vom Frost zerkrümelt werden können. Falls für diese Arbeit eine Motorfräse zur Verfügung steht, sollte sie mit geringer Drehzahl laufen; eine schnell laufende Fräse beeinträchtigt die natürliche Bodenstruktur. Steine, Reste von Unkräutern und Wurzelstücke müssen gründlich entfernt werden. Besonders bei Wurzelunkräutern ist restloses Aufsammeln nötig, denn von Quecken beispielsweise genügen kleinste Stücke, um neue Pflanzen heranwachsen zu lassen. Lassen Sie vor allem keine weißen Wurzelteile liegen – die treiben mit Sicherheit wieder aus. Wenn der Frost das Krümeln der Erdschollen übernommen hat, braucht die

Fläche im Frühjahr nur mit einer Harke oder einem Rechen eingeebnet zu werden. Ansonsten muss man den Boden noch einmal mit einem Kultivator lockern. Danach ist eine zwei- bis dreiwöchige Pause nötig, bis sich der Boden gesetzt hat.

Um eine ebene Fläche zu erhalten, benötigt man eine mindestens 3 m lange Latte oder einen Balken. Die Richtlatte wird auf dem Boden ausgelegt, so dass Unebenheiten leichter festzustellen und auszugleichen sind. Grobe Erdstücke werden abgeharkt. Immer wieder tauchen Steine und restliche Wurzelstücke auf, die penibel aufgesammelt werden müssen. Schwere, lehmige Böden werden durch Auftragen von Sand durchlässiger gemacht, während für sandige Böden das Vermischen mit Lehmerde empfehlenswert ist. Torf ist zur Bodenverbesserung überflüssig. Im Lehmboden sorgt er nur für kurzzeitige Lockerung, in san-

Profitipp

Eine Alternative zur Aussaat bietet Rollrasen. Er sorgt für ein schnelles Erfolgserlebnis, kann jedoch wegen der deutlichen höheren Kosten nur für kleine Flächen empfohlen werden. Die Bodenvorbereitung ist dieselbe wie bei der Aussaat. Wichtig: In den ersten Wochen muss gründlich gewässert werden!

Rasenaussaat: 1. Nach der Bodenvorbereitung mit Fräse oder Motorhacke wird die Fläche mit einem breiten Rechen glatt geharkt (2). 3. Mit einem

Streuwagen können Sie anschließend die Saat gleichmäßig ausbringen. 4. Zum Schluss wird die Fläche gewalzt und mit einem Regner gewässert.

▸ **Aussaat**

Für ein gleichmäßiges Verteilen des Saatguts empfiehlt sich ein Streuwagen. Man kann ihn auch später immer wieder für das Streuen von Rasendünger verwenden. Wenn Sie mit der Hand aussäen, sollten sie die Grassamen vorher mit Sand vermischen. Pro Quadratmeter werden 20 g Grassamen benötigt. Nach dem Säen nimmt man noch einmal die Harke und bewegt sie auf dem Boden leicht hin und her, so dass die Samen ungefähr 1 cm tief in die Erde kommen.

Wenn der Boden Zeit zum Absetzen hatte, können Sie jetzt die Hände in den Schoß legen. Andernfalls muss der Boden noch verdichtet werden; entweder mit einer Walze oder Stück für Stück mit einer Schaufel. Oder man sägt sich zwei Holzbretter zurecht, etwa 20 × 30 cm groß, bindet sie an den Schuhen fest und tritt die gesamte Fläche fest. Sind alle Vorarbeiten abgeschlossen, kann endlich der Wasserhahn aufgedreht werden. Ein Rasensprenger sorgt für gleichmäßiges Verteilen des Wassers. Dabei ist es am günstigsten, wenn am Anfang mehrmals jeweils ein paar Minuten lang gewässert wird. Andernfalls könnten die Samen weggeschwemmt werden. Auch in den folgenden Tagen sollten Sie so verfahren. Wenn die keimende Saat nur einmal austrocknet, ist der Erfolg gefährdet Drei bis vier Wochen dauert es, je nach Witterung, bis sich der erste grüne „Flaum" zeigt. Der erste Einsatz des Rasenmähers ist fällig, wenn die Gräser eine Wuchshöhe von 5 bis maximal 8 cm erreicht haben; spätestens dann, wenn sich die Halmspitzen biegen.

digem Boden bringt er gar nichts. Sinnvoll sind Torfgaben nur dann, wenn eine Bodenprobe einen zu hohen pH-Wert anzeigt. Der günstigste pH-Wert für Rasenflächen liegt zwischen 5,5 und 7. Für die Humusversorgung eignet sich gut verrotteter, gesiebter Kompost am besten; ersatzweise Rindenhumus. Steht nicht genügend Kompost zur Verfügung, kommt zusätzlich Rasendünger zur Anwendung. Organischer Dünger sollte möglichst schon bei der Bodenvorbereitung verteilt werden, während Mineraldünger auch noch unmittelbar nach der Aussaat gestreut werden kann.

Auch verrotteter Stallmist, aber keinesfalls frisches Material, bietet eine gute Humusversorgung.

Wer sich für einen perfekten Rasen Zeit nimmt, sät zunächst Gründünger aus, um den Boden auf natürliche Weise zu durchlüften. Keimende Unkräuter werden laufend beseitigt, und Ende August kann schließlich die Rasensaat erfolgen. Als Gründüngung ist *Phacelia* bestens geeignet. Eine Alternative ist das Pflanzen von Kartoffeln für eine Saison. Das ist kein Witz: Denn nach der Ernte hinterlassen die Kartoffeln einen lockeren, weitgehend unkrautfreien Boden.

Pflege

▸ **Rasen mähen**

Zum Mähen stehen je nach Größe der Rasenfläche verschiedene Geräte zur Auswahl.

Rasenmäher-Typen Handmäher, Mäher mit Elektro- und Benzinmotor, auch mit Radantrieb und „Aufsitzmäher". Neuerdings werden auch leistungsstarke Batteriemäher mit Akku angeboten. Neben der Qualität sollte auch die Geräuschentwicklung berücksichtigt werden. Geräte mit Benzinmotor sind durchweg lauter als solche mit

Elektroantrieb. Ein Fangkorb sollte dabei sein, denn er erspart das lästige Aufsammeln des Schnittguts mit dem Rechen. Mulchmäher benötigen keinen Fangkorb. Sie häckseln das Schnittgut beim Mähen, so dass nicht jedes Mal der Rechen benutzt werden muss. Handmäher arbeiten stets mit Messerwalzen. Sie erlauben einen besonders exakten Schnitt, müssen aber gelegentlich in einer Werkstatt neu eingestellt und nachgeschliffen werden. Motorbetriebene Walzenmäher werden selten angeboten. In jedem Fall erfordert der Einsatz eines Walzenmähers eine besonders ebene Rasenfläche. Motormäher sind überwiegend Sichelmäher mit kreisenden Messern; man kann die Messerbalken selbst nachschärfen oder bei Bedarf austauschen.

Wann und wie? Regelmäßiges Mähen ist zwar manchem lästig, aber die wichtigste Voraussetzung für eine gepflegte Rasenfläche. Mindestens einmal wöchentlich sollte das Gras geschnitten werden; während der stärksten Wachstumsphasen in den Monaten Mai und August möglichst noch häufiger. Die Schnitthöhe spielt dabei eine wichtige Rolle. Völlig falsch ist die häufig beobachtete Praxis, den Rasen möglichst tief zu schneiden, um seltener mähen zu müssen. Die optimale Schnitthöhe beträgt 4 bis 5 cm, in schattigen Lagen 5

Regelmäßiges Rasenmähen ist die Grundvoraussetzung für einen gepflegten Rasen. Für eine kleine Fläche genügt ein Handmäher.

bis 6 cm. Einen tieferen Schnitt als 3 cm verträgt nur ein intensiv gepflegter Zierrasen. Die einmal gewählte Grashöhe – sie ist am Mäher einstellbar – sollte konstant beibehalten werden. Der erste Schnitt im Jahr erfolgt im Frühling, sobald die Gräser wieder zu sprießen beginnen. Zum letzten Mal kommt der Mäher Anfang November zum Einsatz.

▸ Bewässerung

Wenn nicht genug Regen fällt, muss der Rasen gewässert werden; und zwar dann ausgiebig. Häufige Wassergaben mit zu geringen Mengen erreichen die Wurzeln gar nicht erst. Damit das Gießwasser bis in Wurzeltiefe eindringt, sind in Trockenperioden ungefähr 10 l/m² erforderlich, der Regner muss also etwa eine halbe Stunde lang in Betrieb sein; am besten frühmorgens oder am Abend. Zu welchem Zeitpunkt spätestens gewässert werden muss, lässt sich durch genaues Beobachten feststellen: Die Gräser beginnen zu welken, erkennbar an gerollten, schlaffen Grashalmen. Auf der Rasenfläche entstehen dann kleine, graue Flecken.

Wer auf das Rasensprengen weitgehend verzichten will, kann in Hitzeperioden seltener mähen und eine höhere Schnitteinstellung wählen. Grundsätzlich sollte hoch gewachsener Rasen möglichst nur um ein Drittel seiner Gesamthöhe zurückgeschnitten werden. Wenn der Rasen, zum Beispiel nach dem Urlaub, längere Zeit nicht gemäht wurde, kehrt man in Etappen mit mehreren Tagen Abstand wieder allmählich zur gewohnten Schnitthöhe zurück. Das Schnittgut lässt sich ausgezeichnet kompostieren, muss jedoch unbedingt mit anderen Gartenabfällen vermischt werden; sonst verklebt es und fault.

▸ Düngung

Die erste Düngung ist im Frühjahr nötig, sobald die Gräser wieder zu wachsen beginnen. Eine zweite Düngergabe ist im Sommer ratsam. Für einen perfekten Rasen kann auch nach dem letzten Schnitt im Spätherbst noch einmal gedüngt werden; die Nährstoffgabe wird erst im Frühjahr wirksam und sorgt frühestmöglich für ein sattes Grün. Neu sind Langzeit-Dünger, die nur einmal pro Saison ausgebracht werden. Zusätzlich sollte gelegentlich verrotteter, gesiebter Kompost über die Rasen-

In Trockenzeiten sollte der Rasen ausgiebig gewässert werden.

fläche verteilt werden. Bei reichlichen Kompostgaben kann zusätzliches Düngen sogar ganz entfallen. Die Methode, den Rasen mit den Schnittresten zu düngen, das gemähte Gras also liegen zu lassen, darf nicht zu häufig durchgeführt werden, weil sonst die Wurzeln zu wenig Luft erhalten.

▸ Vertikutieren

Einmal jährlich, am besten im Frühjahr nach dem ersten Mähen, sollte die Rasenfläche vertikutiert werden. Für diese Arbeit gibt es spezielle Geräte, die mit vertikalen Messern abgestorbene Grasreste und Moos herauskämmen und gleichzeitig den Boden 4 bis 5 mm tief einritzen. Da das Vertikutieren mit einem Handgerät recht mühsam ist,

Profitipp

Je nach Größe Ihrer Rasenfläche sollten Sie sich für einen bestimmten Rasenmähertyp entscheiden.
Handbetriebener Spindelmäher:
Rasenfläche bis 100 m²
Elektronikmäher:
Rasenfläche 100 bis 500 m²
Sichelmäher mit Benzinmotor:
Rasenfläche 500 bis 1000 m²
Aufsitzmäher: Rasenfläche mit mehr als 1000 m²

Auch ein Rasen braucht Nährstoffe. Düngen Sie ihn einmal im Frühjahr und einmal im Sommer.

sollte man auf Flächen von mehr als 100 m² ein Motorgerät verwenden. Kleine Rasenstücke kann man notfalls auch mit einer Harke bearbeiten.

Das Vertikutieren sorgt für eine bessere Durchlüftung der Grasnarbe. An die Wurzeln gelangt mehr Sauerstoff, und das Wachstum wird sichtbar angeregt. Die bearbeitete Fläche sieht zwar zunächst etwas ramponiert aus, aber schon zwei Wochen später hat sich der Rasen erholt und treibt wieder kräftig aus. Bei verdichteten Rasenflächen, die nach Regen noch tagelang nassen Boden aufweisen, sollte nach dem Vertikutieren zusätzlich Sand verteilt werden. Der Sand füllt die Ritzen im Boden aus und bewirkt eine verbesserte Wasserdurchlässigkeit.

▶ Unkraut- und Moosbildung

Moos im Rasen lässt sich durch Vertikutieren entfernen. Es wächst jedoch erneut, wenn nicht die Ursachen beseitigt werden. Das kann ein saurer Boden sein; anhand einer Bodenprobe lässt sich das feststellen und durch Streuen von Kalk beheben. Auch eine schattige Lage kann Moosbildung begünstigen. Dann muss unbedingt eine hohe Schnitteinstellung (5 bis 6 cm) beim Mähen eingestellt werden; zu tiefer Schnitt begünstigt Moosbildung. Die Anwendung von Moosvernichter (Eisen-

Für eine bessere Durchlüftung der Grasnarbe sorgt das Vertikutieren.

II-Sulfat) sorgt nur für kurzzeitige Besserung; die Ursachen müssen in jedem Fall beseitigt werden.

Unkrautwuchs lässt sich am ehesten durch regelmäßiges Mähen mit ausreichend hoher Schnitteinstellung in den Griff bekommen. Wenn gleichzeitig eine optimale Nährstoffversorgung stattfindet, gewinnen die Gräser allmählich die Oberhand, während die Unkräuter durch den häufigen Rückschnitt zusehends geschwächt werden. Gelegentlich kann durch kräftiges Harken nachgeholfen werden. Breitblättrige, flache Unkräuter, beispielsweise Löwenzahn, sticht man am besten mit den Wurzeln aus. Die Verwendung von Unkrautvernichter ist nur in Ausnahmefällen sinnvoll.

Die Wiese

Eine Blumenwiese im Garten ist mit ihrem wechselnden Blütenkleid nicht nur attraktiv, sondern bietet auch für Schmetterlinge, Bienen, Hummeln und andere nützliche Insekten eine reich gedeckte Tafel.

Mit einer lebendigen, artenreichen Wiese können Sie ein Stück Natur als lebendiges Lehrbild in den Garten holen – auch wenn es nicht ganz so schön ausschaut wie auf der Bergwiese.

Vor der Anlage steht die Frage, wie die Wiese genutzt werden soll. Danach richtet sich auch die Schnitthäufigkeit. Die „Wiese für Faule" braucht nur ein- oder zweimal im Jahr gemäht zu werden. Sie darf allerdings nur auf schmalen Trittpfaden betreten werden, denn viele der langstieligen Stauden richten sich nicht wieder auf. Eine Wiese, auf der auch Kinder toben können, muss vier- bis sechsmal im Jahr gemäht werden; genau genommen handelt es sich dann um einen Blumenrasen. Rezeptartige Anleitungen für die Anlage einer perfekten Wiese taugen in der Praxis wenig, denn bestimmte Wildpflanzen lassen sich nur dann ansiedeln, wenn ihre speziellen Ansprüche an Boden, Feuchtigkeit, Klima und Licht erfüllt sind. Die einfachste Art, eine Rasenfläche zur Wiese werden zu lassen, erfordert weitgehend Nichtstun und Geduld. Düngen entfällt, denn dadurch würde nur das Gräserwachstum verstärkt. Das Mähen wird auf zweimal pro Jahr reduziert: im Juli und Oktober. Ist der Boden

nährstoffreich und der Wuchs sehr stark, wird zunächst dreimal gemäht: im Juni, August und Oktober.

▶ Neuaussaat

Die Neuanlage und Aussaat einer Blumenwiese entspricht weitgehend der vorher geschilderten Rasenneusaat. Der günstigste Zeitpunkt liegt in den Monaten April und Mai. Grundsätzlich kann aber auch noch bis Ende August gesät werden – mit besonderem Augenmerk auf die Bewässerung. Von den im Handel angebotenen Universal-Wiesenmischungen sollten nur die mit heimischen Arten verwendet werden, damit die Insekten Futter finden.

Nach dem Keimen der Saat muss auch noch in den folgenden Wochen für eine gleichmäßige Bodenfeuchtigkeit gesorgt sein, denn mehrjährige Wiesenpflanzen haben durchweg eine längere Keimdauer als die Einjahrsblumen. Im zweiten Jahr zeigt die Wiese daher ein ganz anderes Bild.

▶ Mähen

Zum Mähen ist zweifellos eine Sense am besten geeignet; der Umgang will allerdings gelernt sein. Motorsense und, für sehr große Flächen, Balkenmäher erleichtern den Wiesenschnitt erheblich. Ein Motorrasenmäher mit höchster Schnitteinstellung schafft es in der Regel auch, wenn der Boden eben ist. Die günstigste Schnitthöhe liegt zwischen 5 und 10 cm.

Das Schnittgut muss immer abgeräumt werden; es lässt sich gut kompostieren.

Schöne Alternative für einen grünen Rasen: eine Blumenwiese.

Balkon und Terrasse

Blütenträume auf Balkon und Terrasse

Dank der riesigen Auswahl topfgeeigneter Pflanzen bleiben bei der Gestaltung von Balkon und Terrasse kaum Wünsche offen. Nahezu alles ist möglich. Und selbst wenn Ihre Freiluftoase nur wenige Quadratmeter hat, können Sie sie ganz nach Wunsch farbenfroh oder pflegeleicht gestalten. Wer Abwechslung liebt, weder Kosten noch Zeit scheut, kann seine Kästen und Töpfe jedes Jahr neu gestalten. Ideen gibt es genug: Wie wäre es mit Rosen, Duftpflanzen, Kräutern, Wasser, Exoten oder Sukkulenten? Oder mögen Sie es lieber kunterbunt wie im Bauerngarten? Dann sind Klassiker wie Geranien, Fleißige Lieschen, Fuchsien, Petunien, Kapuzinerkresse oder Männertreu die richtigen Pflanzen. Für Aufsehen sorgen zudem außergewöhnliche Gefäße und Accessoires. Wer Zeit und Muße hat, greift vor dem Bepflanzen zu Farbe und Pinsel und verschönert seine alten Töpfe.

Südliches Flair

Kübelpflanzen wie *Bougainvillea*, Oleander, Bleiwurz, Schmucklilie, Agave, Zwergpalme oder Korallenstrauch in standfesten, großen Kübeln erinnern mit ihrer Pracht an den Süden. Dazu gehören auch Zitrusgewächse, die Früchte tragen und oft gleichzeitig blühen. Für Duft-Freunde eine wunderbare Zeit, denn Zitrusblüten verströmen ein herrliches Aroma – süß und fruchtig.

Klein, aber fein: Petunien und Margeriten blühen auf dem schmalen, langen Balkon um die Wette. Die Kästen sind so bepflanzt, dass sie zwei Schokoladenseiten haben, nämlich für die Betrachter drinnen wie draußen.

Dieser Balkonkasten ist eine Wucht: Mehl-Salbei, Fleißige Lieschen, Männertreu, Verbenen und Nelken ergänzen sich einfach wunderbar!

Voraussetzung für das gute Gedeihen exotischer Pflanzen ist ein absolut warmer, sonniger Platz. Bei der Pflege ist auf konstante Feuchtigkeit zu achten. Der Wurzelballen darf nie tropfnass sein. Nach starkem Regen sollten Sie deshalb unbedingt die Untersetzer leeren und den Pflanzen wöchentlich einen speziellen Flüssigdünger geben. Empfehlenswert ist auch die einmalige Gabe eines Langzeitdüngers, der dann für die ganze Saison ausreicht.

Als aromatische Begleiter für Kübelpflanzen bieten sich Lavendel, Thymian und Rosmarin an. Und zur Unterpflanzung: Männertreu, Duftsteinrich, kleinblütige Petunien, Husarenknöpfchen oder die Schneeflockenblume.

Vor dem Kauf daran denken: Kübelpflanzen wollen hell und frostfrei (5 bis 10 °C) überwintert werden. Das kann leicht zum Problem werden, denn stehen die Pflanzen zu dunkel, werfen sie die Blätter ab, ist es ihnen zu warm, kommt es häufig zu Schädlingsbefall.

Kleine Duft-Oasen

Es ist einfach wundervoll, wenn Sie ein paar Gefäße mit Duftpflanzen bestücken. Mögen Sie es opulent und auffallend, sind Lilien, Vanilleblume, Fruchtsalbei und Schokoladen-Iris nicht nur fantastische Blütendufter, sondern auch tolle Hingucker. Wunderschön und ein Muss für Romantiker sind Rosen im Topf. Die 'Träumerei' oder 'Shocking

Blue' beispielsweise verströmen ein einzigartiges Parfüm. Als Pflanzen weniger attraktiv, dafür aber verblüffend im Duft: Schokoladenblume (*Berlandiera lyriata*) und Gummibärchen-Blume (*Cephalophora aromatica*).

Wasserspaß auf kleinstem Raum

Ob im Holzbottich, Keramiktopf oder wasserdichten Kunststoffgefäß: Mobile Miniteiche können sich immer sehen lassen. Ideale Pflanzen sind: Mini-Seerosen, Zwerg-Rohrkolben (braucht nicht mehr als 10 cm Wassertiefe), Sumpf-Iris, Muschelblume, Wasserfarn und Wasserhyazinthen. Die Pflanzzeit ist von Mai bis Anfang August. Platzieren Sie das Gefäß zunächst im Halbschatten. Füllen Sie es etwa zu einem Drittel mit spezieller Teicherde auf, geben Sie etwas Hornmehl zum Düngen dazu und setzen Sie die Pflanzen hinein. Danach wird die Erde mit einer dicken Kiesschicht abgedeckt und das Gefäß bis zum Rand mit kalkfreiem Wasser aufgefüllt. Der mobile Miniteich sollte im Winter hell und kühl aufgestellt werden, er darf keinesfalls durchfrieren. Ein Wasserspeier oder Sprudelstein in Sitzplatznähe entpuppt sich schnell als unverzichtbar. Das sanfte Plätschern

Pflanzplan nach Farbsymbolen:
- 🟩 Chinaschilf
- 🟥 Geranien
- 🟧 Hornklee
- 🟦 Blaue Fächerblume
- 🟩 Lampenputzergras,
- 🟨 Schwarzäugige Susanne
- 🟦 Prunkwinde

beruhigt die Nerven und regt zum Träumen an. Das durch die Umwälzung verdunstete Wasser muss regelmäßig nachgefüllt werden.
Es gibt unterschiedliche Modelle in jeder Preisklasse. Relativ günstige Einkaufsquelle hierfür ist der Versandhandel, doch auch im Gartencenter lässt sich so manches Schnäppchen ergattern.

Einfach traumhaft, die Pflanzkombination dieses etwa 4 m langen und 1,80 m breiten Südbalkons. Die prachtvolle Gestaltung in den Grundfarben Rot, Gelb und Blau wiederholt sich in allen Kästen und erfreut vom Frühjahr bis in den Spätherbst hinein. Geranien, Hornklee & Co. blühen unermüdlich und die dazwischen gepflanzten Gräser sorgen für beschwingte Leichtigkeit. Durch die Kletterpflanzen Schwarzäugige Susanne und Prunkwinde gewinnt der Balkon erheblich an Raumatmosphäre. Beide wachsen einjährig und lassen sich ab März leicht durch Aussaat auf der Fensterbank heranziehen.

Pflegeleichte Hungerkünstler

Wer es absolut pflegeleicht mag, pflanzt sukkulente Steingartenpflanzen. Mauerpfeffer (*Sedum*), Hauswurz (*Sempervivum*) oder Steinbrech (*Saxifraga*) zum Beispiel sind sehr genügsam und brauchen kaum Pflege. Und das Sortenspektrum kann sich ebenfalls sehen lassen. Achten Sie beim Pflanzen auf eine gute Dränage: Zunächst reichlich Schotter oder Tongranulat in die Schale mit Wasserabzugsloch geben, dann mit ein

wenig wasserdurchlässiger, sandiger Blumenerde auffüllen. Besonders schön wird das Pflanzarrangement, wenn verschiedene Arten und Sorten mit unterschiedlichen Blühzeiten gepflanzt werden. Vor dem Auspflanzen können Sie einen dekorativen Ast und ein paar Steine in unterschiedlichen Größen im Gefäß platzieren und dann erst die Pflanzen setzen.

Sichtschutz mit Ampel- und Kletterpflanzen

In Ampeln gepflanzt, zeigen sich Hängepflanzen besonders farbenfroh und beschwingt. Ob auf dem Balkon oder der Terrasse, wer sich vor fremden Blicken schützen möchte, ist mit einer Blumenampel und Kletterpflanzen bestens bedient.
Am prachtvollsten entwickeln sich Blumenampeln mit Balkon-Geranien (*Pelargonium-Peltatum*-Hybriden), Elfensporn (*Diascia*-Hybriden), Männertreu (*Lobelia*), Petunien oder Surfinia-Petunien (*Petunia*-Hybriden), Verbenen (*Verbena*-Hybriden), Fächerblume (*Scaevola*) oder Kapuzinerkresse (*Tropaeolum majus*). Am besten in gedüngte, gut durchlässige Erde pflanzen und zuerst eine Dränageschicht aus Kieselsteinen oder Blähton mit ins Gefäß geben. So kann überschüssiges Wasser gut abfließen. Blumenampeln werden

an Haken an der Decke oder Pergola oder an speziellen Wandhalterungen aufgehängt.
Ein prima Sichtschutz lässt sich mit Klettergerüsten schaffen. Man kann sie bereits fix und fertig kaufen oder aus Weidenruten selber bauen. Flinke Kletterpflanzen sind: Prunkwinde (*Ipomoea grandiflorum*), Feuerbohne (*Phaseolus coccineus*), Kapuzinerkresse (*Tropaeolum*), Schwarzäugige Susanne (*Thunbergia alata*) oder Blaue Mauritius (*Convolvulus sabatius*).

Tolle Aussichten: Der Sitzplatz ist eingerahmt von prachtvollen Hortensien, Margeriten und bunt blühenden Blumenampeln.

Pflanzung und Pflege

▸ So wird gepflanzt

Die Qualität der Pflanzen sollte top sein, ebenso die der Erde. Müssen Sie die Erde kaufen, greifen Sie unbedingt zu Balkonpflanzenerde oder Kübelpflanzenerde. Sie sind zwar nicht ganz billig, dafür aber von optimaler Qualität: Diese Erden sind gut wasserdurchlässig, frei von Krankheitskeimen und einige bereits mit Mineralsalzen und Nährstoffen angereichert. Ist Ihre Erde schon mit dieser Grunddüngung ausgestattet (siehe Verpackung), wird sie direkt verwendet, ansonsten wird vor Gebrauch etwas Dünger untergemengt.

▸ Kästen, Schalen und Töpfe

Bepflanzt werden nur saubere Gefäße. Benutzte Kästen, Töpfe oder Kübel müssen unbedingt gründlich gereinigt werden, am besten mit einer Bürste und warmem Wasser. So können Sie sicher sein, dass eventuell vorhandene Krankheitskeime aus dem Vorjahr nicht wieder aktiv werden. Kalkablagerungen lassen sich mit trockenem Sandpapier oder einer Bürste und Essigwasser entfernen. Bei neuen Gefäßen sollten Sie auf ein Wasserabzugsloch achten. Oft ist hier nur ein vorgestanztes Loch vorhanden, das sich mit der Bohrmaschine oder Nagel und Hammer leicht durchstoßen lässt. Decken Sie vor dem Bepflanzen dieses Loch mit ein paar Tonscherben ab, damit überschüssiges Wasser gut abfließen kann und es nicht zu Staunässe kommt.

▸ Richtig bepflanzen

Die Wurzelballen der Pflanzen sollten vorab kurz in Wasser getaucht werden. Geben Sie in das Gefäß eine Schicht aus Blähton, Tongranulat oder Kieselsteinen. Für mehrjährige Balkonblumen und Kübelpflanzen, die draußen überwintern können, sollten nur frostfeste Töpfe verwendet werden. Füllen Sie Erde ein, drücken Sie sie leicht an und setzen die Pflanzen möglichst so tief, wie sie vorher im Containertöpfchen standen. Dann werden die Pflanzen mit beiden Händen fest angedrückt und bei Bedarf kann noch einmal etwas neue Erde dazugegeben werden. Dabei etwa 3 cm Gießrand lassen. Die Pflanzen müssen anschließend gut gewässert und den Sommer über stets feucht (nicht nass!) gehalten werden. Wählen Sie die Topfgröße so, dass die Wurzelballen der Pflanzen gut darin Platz haben – 2 bis maximal 4 cm Luft zwischen den einzelnen Pflanzen.

▸ Materialkunde

Ton- und Terrakottagefäße sind neben der Bepflanzung ein wichtiges Gestaltungselement für Balkongärtner. Diese Gefäße sind atmungsaktiv und bekommen im Lauf der Jahre eine schöne Patina.

Die Schneeflockenblume macht ihrem Namen alle Ehre: Sie blüht in Weiß und ist robust und kräftig im Wuchs. Sie ist nicht nur als Solist in der Ampel schön, sondern auch als Hängepflanze im Balkonkasten.

Allerdings sind die Preisunterschiede enorm. Das hängt einerseits davon ab, aus welchem Land die Gefäße kommen und wie sie gefertigt wurden. Maschinell hergestellte Massenware ist natürlich weitaus günstiger als von Hand geformte. Zudem kommt es auch auf die Brennzeit an. Mehrfach gebrannter Ton ist frostfest und damit bestens für

Balkone sind immer eine Herausforderung. Dieser Südbalkon ganz besonders, denn er ist gerade mal 8 m² groß. In der Mitte vor der Wand eine beeindruckende Statue aus Zementguss, eingerahmt von immergrünen Lebensbäumen. Ansonsten geht es recht bunt zu. An Haken an der Decke befestigt: 3 Ampeln mit himmelblau blühenden Winden, weitere Bepflanzung siehe Plan.

Pflanzplan nach Farbsymbolen
1 Engelstrompete (Brugmansia/ Datura)
2 Wandelröschen, gelb-orange (Lantana)
3 Verbenen, dunkelblau (Verbena-Hybriden)
4 Buchskugeln
5 Hornklee (Lotus bethelotii)
6 Weißer Oleander
7 Lebensbaum (Thuja occidentalis 'Columnea'
8 Bleiwurz (Plumbago auriculata)
9 Granatapfel (Punica granatum)
10 Portulakröschen, gelb, rosa, rot (Portulaca grandiflora)

Eine wunderbare Ergänzung: Durch die bunten Durstkugeln wird der blau blühende Enzianstrauch zum Blickfang.

- Feuerbohne (*Phaseolus coccineus*), aparte rote Blüten und essbare Früchte (gekocht)
- Glockenrebe (*Cobaea scandens*), blüht von Juli bis in den Herbst hinein
- Passionsblume (*Passiflora*), artenreich, hell überwintern
- Rosen (*Rosa*), es gibt unendlich viele, auch für den Topf geeignete Sorten
- Schwarzäugige Susanne (*Thunbergia alata*), liebt es vollsonnig und windgeschützt
- Trichterwinde (*Ipomoea tricolor*), blüht von Juni bis Oktober
- Waldrebe (*Clematis*), es gibt zahlreiche Topf-Sorten
- Wicke (*Lathyrus odoratus*), herrlicher Duft

eine Dauerbepflanzung geeignet. Preiswert sind in der Regel auch Kunststofftöpfe, die es in verblüffend echt aussehender Terrakotta-Optik gibt. Der Vorteil von Kunststoff ist sein geringes Gewicht. Selbst ein riesiger Kübel wiegt nur vergleichsweise wenig.
Des Weiteren bieten sich Gefäße aus Holz, Weide oder Metall zum Bepflanzen an. Damit es hier nicht gleich zu Fäulnis oder Rostbefall kommt, wird das Gefäß vor dem Einfüllen der Erde unbedingt mit wasserundurchlässiger Folie ausgeschlagen.

▸ **Die wichtigsten Pflegetipps**
Gießen Gleichmäßige Wasserversorgung und konstantes Düngen sind das A und O für den Balkonschmuck. Gegossen wird, sobald die Erdoberfläche trocken ist (mit dem Finger überprüfen). An Sommertagen bedeutet das mindestens einmal am Tag. Der beste Zeitpunkt ist frühmorgens, der schlechteste während der heißen Mittagssonne. Möglichst nicht über Blätter und Blüten gießen, sondern direkt auf die Erde und zwar so, dass sie durch und durch feucht wird. Bei bedecktem Himmel genügt es meist,

nur alle zwei, drei Tage zu gießen. Wenn möglich abgestandenes Regenwasser verwenden. Wer sehr viele Topfpflanzen zu versorgen und nur wenig Zeit hat, sollte sich einmal das Angebot an automatischen Bewässerungssystemen genau anschauen. Empfehlenswert sind Tonkegel. Richtig angeschlossen und verlegt, versorgen sie die Wurzelballen zuverlässig mit Wasser. Kostspieliger, aber ebenfalls sehr empfehlenswert ist eine computergesteuerte Versorgung. Auch hier melden Feuchtigkeitsfühler in der Erde den Bedarf an Wasser, das dann automatisch über dünne Schläuche zu den Tropfern und somit in die Erde gelangt.
Düngen Ist die Pflanzerde vorgedüngt, muss in den nächsten vier bis sechs Wochen überhaupt nicht gedüngt werden. Danach bietet sich in zweiwöchigem Abstand eine Flüssigdüngung mit einem universellen Balkonpflanzendünger an. Vor der Anwendung unbedingt die Dosierungsangaben auf der Verpackung lesen. Der Dünger wird einfach ins Gießwasser und anschließend direkt in die Topferde gegossen. Nie in der prallen Mittagszeit düngen oder die Blüten und Blätter damit benetzen! Es gibt auch Depotdünger, die nur einmal gegeben werden.
Ausputzen und Rückschnitt Nicht mehr ganz so aufwändig, aber dennoch notwendig sind das Ausputzen und das Zurückschneiden aller verblühten Pflanzenteile. Dieses regelmäßige Entfernen fördert den neuen Blütenansatz. Vergilbte oder trockene Blätter mitsamt dem Stiel abschneiden oder vorsichtig

abbrechen; auch hervorstehende und abgeknickte Triebe entfernen, dann wird die Pflanze insgesamt buschiger. Die Triebspitzen von Hängepflanzen, die nach unten hin dünner werden und nur noch wenige Blätter ausbilden, ebenfalls zurückschneiden. Wie das Gießen, so ist auch diese Arbeit den ganzen Sommer über notwendig.
Stützen Bei besonders hoch wachsenden Pflanzen wie zum Beispiel Rittersporn, Dahlien, Duftwicken, Rosen oder Gladiolen ist es angebracht, sie durch Aufbinden vor Windbruch zu schützen. Dazu einen stabilen Stützstab, zum Beispiel aus Bambus, möglichst tief im Topf oder Kübel verankern und die Pflanzen mit einer Bindeschnur daran befestigen. Dekorativ sind natürlich auch Rankpyramiden, die es in verschiedenen Materialien und Ausführungen gibt.

▸ **Auf den Winter vorbereiten**
Für alle Balkon- und Kübelpflanzen, die Sie überwintern wollen, heißt es ab Mitte, spätestens Ende August, die Dün-

Blüten satt: Je ausgewogener die Düngung und Pflege, umso prachtvoller wird der Balkonsommer.

Hängepflanzen lassen sich am besten mit Gießverlängerungen oder langhalsigen Gießkannen gießen.

Mehrjährige Balkon- und Kübel-pflanzen sollten Sie etwas zurück-schneiden, bevor sie ins Winter-quartier kommen.

Damit die Balkonpflan-zen gesund bleiben

Pflanzen im Topf sind weitaus anfälliger für Krankheiten und Schädlinge, als wenn sie aus-gepflanzt im Garten stehen. Denn die Enge kann ihnen schon stark zu schaffen machen, vor allem dann, wenn extreme Wetterbedingungen herrschen. Vorbeugemaßnahmen:

▸ *Nur gesunde, kräftige Pflanzen kaufen*

▸ *Nicht allzu eng pflanzen*

▸ *Auf den richtigen Standort achten*

▸ *Nicht übermäßig gießen oder düngen, dies schwächt die Pflan-zen, aber gleichzeitig darauf achten, dass sie auch nicht zu trocken stehen*

▸ *Regelmäßig auf Schädlings- oder Krankheitsbefall hin kon-trollieren.*

Pflanzen, die ein helles Winterquar-tier brauchen, möglichst in Fenster-nähe platzieren. Auf die Temperatur achten, optimal sind 5 bis 10 °C.

heißt, das befallene Gewächs zunächst separat stellen und entsprechende Pflanzenschutzmaßnahmen ergreifen. Gelbe oder vertrocknete Blätter ent-fernen.

Sauerstoff An frostfreien Tagen das Winterquartier gelegentlich gut lüften, dabei Zugluft vermeiden.

Im Freien überwintern

Stauden und viele Gehölze im Topf kön-nen mit den entsprechenden Maßnah-men ohne weiteres im Winter draußen bleiben. Die Gewächse in den Gefäßen an die Hauswand rücken, auf Holzlatten stellen oder eine dicke Styroporplatte unterlegen. Töpfe mit Kokosfaser oder Noppenfolie umwickeln und diese mit einer Schnur befestigen. Zur Sicherheit die Pflanzen zusätzlich durch Abdecken mit Fichtenzweigen schützen.

gung einzustellen (falls kein Langzeit-dünger verwendet wurde) und etwa zwei, drei Wochen, bevor sie das Quar-tier beziehen, weniger zu gießen. So werden sie schonend auf die Ruhezeit im Winterquartier vorbereitet. Vor dem Einräumen ist es angebracht, die Pflan-zen etwas zurückzuschneiden. Das ist Platz sparend und die Gefahr von Krank-heitsbefall verringert sich.

▸ **Das richtige Quartier**
Viele Balkon- und Kübelpflanzen kom-men ursprünglich aus warmen Ländern und würden ohne entsprechenden Schutz unsere frostigen Winter nicht überstehen. Ein frostfreies, helles Win-terquartier ist für sie deshalb zwingend

notwendig, wobei Temperaturen von 5 bis 10 °C optimal sind. Doch leider hat nur eine Minderheit der Pflanzenfreun-de ein Gewächshaus oder einen Winter-garten für die Unterbringung von Kübel-pflanzen zur Verfügung. Deshalb heißt es für die meisten improvisieren und, wo es nur geht, Platz für die Überwinte-rung zu schaffen. Das kann zum Beispiel in einem hellen Treppenhaus sein, im Keller oder einem frostfreien Schuppen. Laub abwerfende Pflanzen wie Granat-apfel (*Punica granatum*), Korallen-strauch (*Erythrina crista-galli*) oder Engelstrompete (*Brugmansia suaveo-lens*) können dunkel überwintert wer-den.

▸ **Das ist im Winter zu tun**
Gießen Die Pflanzen hin und wieder gießen, damit Erde und Wurzelballen nicht ganz austrocknen. Je heller und wärmer das Winterquartier ist, umso mehr Wasser brauchen die Pflanzen. Das Gleiche gilt für belaubte Pflanzen. Bei Pflanzen ohne Laub den Wurzelbal-len nur mäßig feucht halten.
Schädlinge und Krankheiten Sehr wichtig ist alle drei, vier Wochen eine Kontrolle. Dabei die Gewächse auf Schädlings- und Pilzbefall hin überprü-fen und bei Bedarf sofort handeln. Das

Pflanzen und Gefäße, die den Winter über im Freien verbringen, sollten Sie gut verpacken.

Profitipp

Wer sich nicht von seinen Gera-nien trennen mag, nimmt die schönsten Pflanzen im Herbst behutsam aus dem Balkon-Kas-ten, pflanzt sie in Einzeltöpfe und stellt sie hell und frostfrei. Über-winterte Geranien legen von Jahr zu Jahr an Umfang zu und werden insgesamt prachtvoller. Wenn Platzprobleme bei der Überwin-terung vorauszusehen sind, über-wintern Sie einfach bewurzelte Stecklinge, die im Juli/August geschnitten wurden. Das Gleiche gilt übrigens auch für andere klassische Balkonblumen wie Wandelröschen oder Fuchsien.

Balkonpflanzen im Porträt

Strauchmargerite
Argyranthemum frutescens

▸ **Blüte**
gelb, weiß, rosa, strahlenförmig; von Mai bis Oktober

▸ **Wuchs**
aufrecht buschig bis halbrund; 30 bis 70 cm hoch, 30 bis 70 cm breit

▸ **Standort**
sonnig

▸ **Wasserbedarf**
mittel bis häufig

▸ **Nährstoffbedarf**
hoch

▸ **Pflege**
unerwünschte Triebe im Spätwinter herausschneiden; regelmäßig verwelkte Blüten entfernen

▸ **Überwinterung**
nicht winterhart; bei mindestens 3 °C an einem hellen Standort überwintern

▸ **Sortenbeispiele**
'Butterfly' – rahmgelbe Blüten mit orangefarbener Mitte; 'Summer Melody' – rosafarbene gefüllte Blüten

Freiland-Elatior-Begonien
Begonia-Cultivars (Elatior-Gruppe)

▸ **Blüte**
Farbvariationen in Gelb, Orange, Rosa, Rot, Violett und Weiß von Mai bis Oktober; gefüllt

▸ **Wuchs**
buschig, aufrecht; 20 bis 60 cm hoch, 20 bis 30 cm breit

▸ **Standort**
hell bis halbschattig (Schutz vor starker Sonne)

▸ **Wasserbedarf**
mittel

▸ **Nährstoffbedarf**
mittel bis hoch

▸ **Pflege**
regelmäßig Verblühtes entfernen, um Grauschimmel-Befall zu verhindern

Elatior-Begonie

▸ **Überwinterung**
hell und frostfrei überwintern

▸ **Wichtige Infos**
sehr blühfreudig, gut geeignet zur Bepflanzung von Töpfen und Kübeln; Staunässe vermeiden (Rhizom- oder Sprossfäule)

Knollen-Begonien
Begonia-Cultivars (Tuberhybrida-Gruppe)

▸ **Blüte**
Farbvariationen in Gelb, Orange, Rosa, Rot, Violett, Weiß von Juni bis September; einfach bis dicht gefüllt

▸ **Wuchs**
aufrecht bis hängend (sortenabhängig); 30 bis 70 cm hoch, 20 bis 40 cm breit

▸ **Standort**
sonnig bis halbschattig, Hitzestau vermeiden; Substrat salzarm

▸ **Wasserbedarf**
mittel

▸ **Nährstoffbedarf**
mittel bis hoch

▸ **Pflege**
frühzeitiges Entspitzen der Triebe bewirkt einen kompakteren, buschigeren Wuchs; abgeblühte Blüten sind regelmäßig zu entfernen, um Befall mit Grauschimmel zu verhindern

▸ **Überwinterung**
kälteempfindlich; gereinigte und abgetrocknete Knollen dunkel und kühl bei 5 °C überwintern

▸ **Wichtige Infos**
nicht zu dicht pflanzen (20 cm Pflanzabstand), sonst Gefahr von Pilzbefall

Goldmarie
Bidens ferulifolia

▸ **Blüte**
goldgelb; von Mai bis Oktober

▸ **Wuchs**
aufrecht buschig bis überhängend, wächst stark; 30 bis 45 cm hoch, 50 bis 60 cm breit

▸ **Standort**
sonnig

Goldmarie

▸ **Wasserbedarf**
hoch

▸ **Nährstoffbedarf**
hoch

▸ **Pflege**
frühzeitiges Entspitzen fördert buschiges Wachstum; regelmäßig ausputzen

Pantoffelblume
Calceolaria integrifolia

▸ **Blüte**
leuchtend gelb, orange; von Mai bis September

▸ **Wuchs**
aufrecht bis überhängend; 20 bis 50 cm hoch und breit

▸ **Standort**
sonnig bis halbschattig

▸ **Wasserbedarf**
mittel bis häufig

▸ **Nährstoffbedarf**
mittel bis hoch

Strauchmargerite

Knollen-Begonie

Pantoffelblume

▸ **Pflege**
regelmäßig verblühte
Sprossspitzen entfernen, um
die Blütezeit zu verlängern
und Grauschimmel zu ver-
hindern
▸ **Überwinterung**
frostempfindlich
▸ **Sortenbeispiel**
'Goldbukett': reich blühend,
gelb

Garten-Chrysantheme

Chrysanthemum × grandiflorum

▸ **Blüte**
Farbvariationen in Gelb,
Rosa, Rot, Violett, Weiß, halb
gefüllt, gut ausgeprägte Mitte mit Röhrenblüten; je nach
Sorte von August bis November
▸ **Wuchs**
buschig kugelig; 60 bis
130 cm hoch, 30 bis 60 cm
breit (in Abhängigkeit von
der Topfgröße)
▸ **Standort**
sonnig
▸ **Wasserbedarf**
mittel
▸ **Nährstoffbedarf**
hoch

Elfensporn

Diascia elegans

▸ **Blüte**
rosa; von Mai bis Oktober
▸ **Wuchs**
niederliegend bis kriechend;
20 bis 30 cm hoch, 40 bis
50 cm breit

Elfensporn

▸ **Standort**
sonnig
▸ **Wasserbedarf**
wenig bis mittel
▸ **Nährstoffbedarf**
mittel bis hoch

Fuchsie

Fuchsia-Cultivars

▸ **Blüte**
rosa, rot, violett, weiß, sortenabhängig einfach bis
gefüllt; von Mai bis September
▸ **Wuchs**
strauch- oder baumförmig,
aufrecht bis überhängend;
30 bis 120 cm hoch, 30 bis
60 cm breit
▸ **Standort**
sonnig bis halbschattig
▸ **Wasserbedarf**
mittel

▸ **Nährstoffbedarf**
hoch
▸ **Pflege**
vor dem Überwintern oder
im Spätwinter Triebe kürzen
bis zu zwei Drittel, ohne
dabei zu tief ins alte Holz zu
gehen
▸ **Überwinterung**
bei mindestens 3 °C und hell
überwintern

Vanilleblume

Heliotropium arborescens

▸ **Blüte**
violettblau, lavendelblau bis
tief dunkelblau; von Mai bis
September; duftend
▸ **Wuchs**
kompakt buschig bis auf-
recht; 30 bis 120 cm hoch,
30 bis 50 cm breit
▸ **Standort**
sonnig bis halbschattig
▸ **Wasserbedarf**
mittel, Staunässe und Ballentrockenheit vermeiden
▸ **Nährstoffbedarf**
mittel bis hoch
▸ **Pflege**
frühzeitiges Entspitzen der
Triebe für buschigen Wuchs;
regelmäßig abgeblühte Blüten entfernen

Vanilleblume 'Blaues Wunder'

▸ **Überwinterung**
frostempfindlich; hell bei
etwa 10 °C überwintern

Fleißiges Lieschen

Impatiens walleriana

▸ **Blüte**
karminrot, lavendelblau,
orange, rosa, rot oder weiß;
von Juni bis September
▸ **Wuchs**
buschig, aufrecht; 30 bis
60 cm hoch, 30 bis 60 cm
breit
▸ **Standort**
halbschattig
▸ **Wasserbedarf**
mittel, Staunässe und Ballentrockenheit vermeiden
▸ **Nährstoffbedarf**
mittel
▸ **Pflege**
regelmäßig ausputzen
▸ **Arten und Sorten-
beispiele**
Impatiens-Cultivars (Neu-
guinea-Gruppe) – für sonnige
Standorte, viele Farben

Fuchsie 'Red Shadows'

Fleißiges Lieschen

Wandelröschen
Lantana camara

▸ **Blüte**
Farbvariationen in Gelb, Lachsrot, Purpur, Rot oder Weiß; von Mai bis Oktober
▸ **Wuchs**
aufrecht buschig bis rundlich; 30 bis 100 cm (Hochstämmchen bis 200 cm) hoch, 30 bis 100 cm breit

Wandelröschen

▸ **Standort**
sonnig
▸ **Wasserbedarf**
mittel bis häufig
▸ **Nährstoffbedarf**
hoch
▸ **Pflege**
Rückschnitt vor dem Einräumen und Formschnitt im Frühjahr; braucht einen großen Topf
▸ **Überwinterung**
bei 5 bis 10 °C an einem hellen Standort überwintern

Männertreu
Lobelia erinus

▸ **Blüte**
sortenabhängig; blau, rosa, rot, violett, weiß; von Juni bis September (Saatgutsorten)

Männertreu 'Rosamunde'

▸ **Wuchs**
rundlich buschig bis überhängend; 15 bis 25 cm hoch, 20 bis 30 cm breit
▸ **Standort**
halbschattig, bedingt auch sonnig
▸ **Wasserbedarf**
mittel, die Pflanze darf nicht austrocknen
▸ **Nährstoffbedarf**
mittel
▸ **Pflege**
regelmäßig putzen

Kapkörbchen
Osteospermum ecklonis

▸ **Blüte**
weiß bis weißblau, gelb, orange, violett; von Mai bis September
▸ **Wuchs**
aufrecht bis breit buschig; 40 bis 100 cm hoch, 50 bis 100 cm breit
▸ **Standort**
sonnig
▸ **Wasserbedarf**
mittel
▸ **Nährstoffbedarf**
mittel bis hoch
▸ **Pflege**
regelmäßig ausputzen; frühzeitiges Entspitzen junger Triebe, um die Blütezeit zu verlängern
▸ **Sortenbeispiele**
'Cape Daisy'-Serie: große Blüten in vielen Farben mit dunkler Mitte; 'Symphony'-Serie: kompakt wachsend, mit cremefarbenen, gelben und orangen Sorten, keine Sommer-Blühpause

Hänge-Pelargonie
Pelargonium peltatum
(in Sorten)

▸ **Blüte**
Farbvariationen in Purpur, Rosa, Rot, Violett, Weiß; von Mai bis Oktober
▸ **Wuchs**
kräftig buschig, überhängend; 30 bis 40 cm hoch,

Hänge-Pelargonie

30 bis 50 cm breit
▸ **Standort**
sonnig
▸ **Wasserbedarf**
mittel
▸ **Nährstoffbedarf**
hoch
▸ **Pflege**
im Herbst oder Frühjahr um ein Drittel zurückschneiden, verblühte Pflanzenteile gelegentlich entfernen
▸ **Überwinterung**
nicht frosthart; bei mindestens 3 °C an einem hellen Standort, trocken halten

Stehende Pelargonie
Pelargonium zonale
(in Sorten)

▸ **Blüte**
Farbvariationen in Purpur, Rosa, Rot, Violett, Weiß; von Mai bis Oktober
▸ **Wuchs**
buschig, aufrecht; 30 bis 50 cm hoch, 30 bis 40 cm breit
▸ **Standort**
sonnig
▸ **Wasserbedarf**
mittel
▸ **Nährstoffbedarf**
hoch
▸ **Pflege**
vor der Überwinterung die Pflanzen um ein Drittel zurückschneiden; verblühte Pflanzenteile regelmäßig

Stehende Pelargonie

entfernen, um die Blütezeit zu verlängern
▸ **Überwinterung**
bei mindestens 3 °C an einem hellen Standort überwintern

Hänge-Petunie
Petunia × atkinsiana

▸ **Blüte**
Farbvariationen in Rosa, Rot, Violett, Weiß, Gelb, trompetenförmig; klein- oder großblumig, ungefüllt oder gefüllt; auch gestreift oder

Petunie

geadert; von Mai bis September

▸ **Wuchs**
niederliegend bis stark hängend; Beetsorten: 15 bis 40 cm hoch, 30 bis 60 cm breit; Hängesorten: 60 cm und mehr hoch

▸ **Standort**
sonnig

▸ **Wasserbedarf**
mittel

▸ **Nährstoffbedarf**
sehr hoch

▸ **Pflege**
frühzeitiges Entspitzen der Triebe, um einen gleichmäßigen buschigen Wuchs zu erzeugen; gefüllte Sorten ausputzen; Regenschutz!

▸ **Arten und Sortenbeispiele**
Petunia Surfinia-Hybriden – bis zu 1 m hängende Blütenschleppen

Kissen-Primel
Primula-Vulgaris-Hybriden

▸ **Blüte**
Farbvariationen in Gelb, Rosa, Rot, Violett und Weiß; von März bis April

Kissen-Primel

horstartig, buschig; 8 bis 20 cm hoch

▸ **Standort**
halbschattig

▸ **Wasserbedarf**
mittel

▸ **Nährstoffbedarf**
mittel

▸ **Sortenbeispiele**
zahlreiche Sorten, auch gefüllte und duftende

Husarenknopf
Sanvitalia procumbens

▸ **Blüte**
gelb mit dunkelbrauner oder grüner Mitte; von Juni bis September

▸ **Wuchs**
niederliegend bis buschig, dicht verzweigt; 10 bis 20 cm hoch, 20 bis 40 cm breit

▸ **Standort**
sonnig

▸ **Wasserbedarf**
mittel, Staunässe vermeiden

▸ **Nährstoffbedarf**
mittel bis hoch

▸ **Pflege**
regelmäßig putzen

▸ **Wichtige Infos**
leicht und schnell zu pflegen

Husarenknopf

Weitere Balkonpflanzen

Deutscher Name *Botanischer Name*	Blütenfarbe	Blütezeit	Höhe (cm)	Standort	Tipps
Silberrand-Chrysantheme *Ajania pacifica*	gelb	August bis November	20 bis 50	sonnig	pflegeleicht
Goldtaler *Asteriscus maritimus*	goldgelb	Mai bis Oktober	15 bis 20	sonnig	pflegeleicht
Schokoladenblume *Berlandiera lyriata*	gelb	Mai bis Juli	20 bis 40	sonnig	Liebhaberpflanze, Duftpflanze
Blaues Gänseblümchen *Brachyscome multifida*	blauviolett, hellblau, weiß, rosa	Mai bis Oktober	30 bis 40	sonnig	pflegeleicht
Zauberglöckchen *Calibrachoa* spec.	Farbvariationen von Weiß, Gelb, Rosa, Blau und Rot, auch zweifarbig	Mai bis Oktober	25 bis 35	sonnig, bedingt auch halbschattig	pflegeleicht, blühintensiv
Zigarettenblümchen *Cuphea ignea*	scharlachrot mit gelber Spitze	Mai bis September	30 bis 80	sonnig bis halbschattig	pflegeleicht
Kapkörbchen *Dimorphotheca sinuata*	Farbvariationen in Gelb, Orange, Rosa oder Weiß	Juli bis September	25 bis 30	sonnig	pflegeleicht, auffallende Blüten
Kapringelblume *Dimorphotheca pluvialis*	weiß mit dunkler Mitte	Juli bis September	30 bis 40	sonnig	pflegeleicht
Gundermann *Glechoma hederacea*	blauviolett	März bis April	10 bis 15	sonnig bis halbschattig	pflegeleicht, Blattschmuckpflanze
Strauch-Veronika *Hebe × andersonii*	Farbsorten mit roten, rosafarbenen, violetten und weißen Blüten	August bis September	120 bis 150	sonnig bis halbschattig	pflegeleicht, Liebhaberpflanze
Gauklerblume *Mimulus × hybridus*	leuchtend gelb, orange, rot	Juni bis September	15 bis 30	sonnig	pflegeleicht
Elfenspiegel *Nemesia fruticans*	weiß, blauviolett, rosa	Mai bis Oktober	30 bis 50	sonnig bis halbschattig	pflegeleicht
Nierembergie *Nierembergia hippomanica* var. *hippomanica*	lavendelblau	Juni bis September	15 bis 20	sonnig bis halbschattig	pflegeleicht
Pentas *Pentas lanceolata*	hellrosa, rot, violett	Mai bis September	20 bis 50	sonnig bis halbschattig	auch fürs Zimmer geeignet
Weihrauch *Plectranthus forsteri*	hellrosa bis malvenfarbig	ganzjährig in Abständen	20 bis 30	sonnig bis halbschattig	pflegeleicht, Duftpflanze

Blaue Fächerblume
Scaevola saligna

▸ **Blüte**
blau; von Mai bis Oktober
▸ **Wuchs**
aufrecht buschig bis leicht
überhängend;
30 bis 50 cm hoch,
30 bis 50 cm breit
▸ **Standort**
sonnig bis halbschattig
▸ **Wasserbedarf**

Blaue Fächerblume

mittel, Staunässe vermeiden
▸ **Nährstoffbedarf**
hoch
▸ **Pflege**
frühzeitiges Entspitzen der
Triebe bewirkt einen kom-
pakteren, buschigeren
Wuchs, regelmäßig putzen
▸ **Überwinterung**
kälteempfindlich; bei mindestens 5 bis 7 °C überwintern

Schneeflocken-
blume
Sutera diffusus

▸ **Blüte**
weiß, rosa, fliederfarben; von
Mai bis Oktober
▸ **Wuchs**
flach niederliegend bis
hängend; 10 bis 25 cm hoch,
40 bis 60 cm breit
▸ **Standort**
halbschattig
▸ **Wasserbedarf**
mittel, Ballentrockenheit
vermeiden

▸ **Nährstoffbedarf**
mittel bis hoch
▸ **Pflege**
regelmäßig ausputzen
(Bild Seite 170)

Kübelpflanzen
im Porträt

Schönmalve
Abutilon × hybridum

▸ **Blüte**
gelb, orange, rosa, rot, weiß,
becherförmig; von Mai bis
September
▸ **Wuchs**
aufrecht buschig; 150 bis
200 cm hoch, 100 bis 150 cm
breit
▸ **Standort**
sonnig

Schönmalve

▸ **Wasserbedarf**
mittel, Ballentrockenheit
vermeiden
▸ **Nährstoffbedarf**
mittel bis hoch
▸ **Pflege**
regelmäßig putzen; regen-
geschützt platzieren
▸ **Überwinterung**
nicht winterhart; bei 10 °C
an einem hellen Platz überwintern

Schmucklilie
Agapanthus africanus

▸ **Blüte**
blau, trompetenförmig; von
Juni bis August
▸ **Wuchs**
aufrecht, bildet Horste;
45 bis 60 cm hoch, 50 bis
70 cm breit

Schmucklilie

▸ **Standort**
sonnig
▸ **Wasserbedarf**
mittel
▸ **Nährstoffbedarf**
hoch
▸ **Überwinterung**
nicht winterhart; bei mindestens 3 °C überwintern
▸ **Wichtige Infos**
leicht und schnell zu pflegen
▸ **Weitere Art**
A. praecox ssp. *orientalis* –
wüchsige Schmucklilie mit
blau und weiß blühenden
Sorten

Bougainvillee
Bougainvillea glabra

▸ **Blüte**
weiß, magentarot, purpur-
violett, gelb; von Juli bis September

▸ **Wuchs**
klimmend;
150 bis 300 cm hoch,
150 bis 200 cm breit
▸ **Standort**
sonnig
▸ **Wasserbedarf**
mittel, hoher Bedarf wäh-
rend der Blütezeit
▸ **Nährstoffbedarf**
hoch
▸ **Pflege**
vor der Überwinterung in
Form schneiden:
lange Triebe zurücknehmen,
um die Bildung kurzer
Seitentriebe zu fördern,
die später reich blühen
▸ **Überwinterung**
nicht winterhart;
bei 3 bis 10 °C an einem
hellem Platz, trocken halten
▸ **Wichtige Infos**
an Rankgerüst oder im Topf
an Stäben ziehen

Bougainvillee

Engelstrompete
Brugmansia suaveolens

▸ **Blüte**
weiß, gelb, rosa, trompetenförmig; von Juni bis September

▸ **Wuchs**
aufrecht strauchförmig;
150 bis 200 cm hoch, 100 bis
200 cm breit

▸ **Standort**
sonnig

▸ **Wasserbedarf**
sehr hoch

▸ **Nährstoffbedarf**
hoch

▸ **Pflege**
vor der Überwinterung Krone
auf die Hälfte bis zwei Drittel
zurückschneiden

▸ **Überwinterung**
nicht winterhart; bei mindestens 5 °C an einem hellen
Platz überwintern

▸ **Wichtige Infos**
braucht einen großen Topf;
Duftpflanze; giftig

Engelstrompete

Chinesischer Roseneibisch

▸ **Wasserbedarf**
wenig bis mittel

▸ **Nährstoffbedarf**
mittel bis hoch

▸ **Pflege**
im Frühjahr oder nach der
Blüte abgeblühte Spitzen
wegschneiden, regelmäßig
ältere Triebe zur Verjüngung
entfernen

▸ **Überwinterung**
bei mindestens 5 °C über-
wintern

Indisches Blumenrohr
Canna indica

▸ **Blüte**
leuchtend rot bis zartorange,
gelb bis dunkelrot;
von August bis Oktober

▸ **Wuchs**
aufrecht, bildet Horste, schnell
wachsend; 120 bis 200 cm
hoch, 50 bis 70 cm breit

▸ **Standort**
sonnig

▸ **Pflanzabstand**
40 bis 50 cm

▸ **Wasserbedarf**
mittel bis häufig

▸ **Nährstoffbedarf**
mittel bis hoch

▸ **Pflege**
Verblühtes entfernen, um die
Blühdauer zu verlängern;
vor dem ersten Frost Pflanzen 15 cm über dem Boden
abschneiden

▸ **Überwinterung**
frostempfindlich; ausgegra-
bene Wurzelstöcke bei 15 °C
mit anhaftender Erde überwintern

▸ **Sortenbeispiel**
'Tropicanna' – rote Blätter

Zitrone
Citrus limon

▸ **Blüte**
weiß, duftend; ganzjährig,
Früchte und Blüten
teilweise gleichzeitig auf
einer Pflanze

▸ **Wuchs**
breit strauchförmig bis
ausladend, stachelig und
dicht verzweigt;
200 bis 250 cm hoch,
150 bis 200 cm breit

▸ **Standort**
sonnig bis halbschattig,
warm, geschützt

▸ **Wasserbedarf**
mittel; empfindlich gegenüber
kalkhaltigem Gießwasser

▸ **Nährstoffbedarf**
mittel bis hoch

▸ **Pflege**
unerwünschte Triebe im
Spätwinter herausschneiden

▸ **Überwinterung**
nicht winterhart;
bei mindestens 5 °C an
einem hellen Platz,
trocken halten

▸ **Arten und Sorten-
beispiele**
Citrus sinensis (Orange),
Citrus aurantiifolia (Limette)
und *Citrus aurantium*
(Bitterorange, Pomeranze)
werden ähnlich gepflegt

Zylinderputzer
Callistemon citrinus

▸ **Blüte**
leuchtend rot, flaschenbürs-
tenartig; von Mai bis Juli

▸ **Wuchs**
aufrecht strauchförmig;
120 bis 200 cm hoch,
100 bis 200 cm breit

▸ **Standort**
sonnig

Zylinderputzer

Indisches Blumenrohr

Zitrone

Chinesischer Roseneibisch
Hibiscus-Rosa-Sinensis-Hybriden

▸ **Blüte**
gelb, karminrot, orange, weiß, trichterförmig; ganzjährig (bei ausreichend Licht und mindestens 15 °C)

▸ **Wuchs**
rundlich strauchförmig bis ausladend; 100 bis 200 cm hoch, 150 bis 200 cm breit

▸ **Standort**
sonnig

▸ **Wasserbedarf**
mittel bis hoch, Knospenabwurf bei Trockenheit

▸ **Nährstoffbedarf**
mittel bis hoch

▸ **Pflege**
leichter Rückschnitt möglich; unerwünschte Triebe im zeitigen Frühjahr leicht in Form schneiden

▸ **Überwinterung**
nicht winterhart; bei mindestens 10 bis 13 °C an einem hellen Platz überwintern

▸ **Wichtige Infos**
auch als Zimmerpflanze; wunderschöne Blüten

Weitere Kübelpflanzen

Deutscher Name *Botanischer Name*	Blütenfarbe	Blütezeit	Höhe (m)	Standort	Überwinterung
Akazie *Acacia retinodes*	zitronengelb	ganzjährig in Abständen	2 bis 2,80	sonnig	bei mindestens 3 °C an einem hellen Standort
Scheinmalve *Anisodontea capensis*	rosarot	April bis Oktober	0,60 bis 1	sonnig	bei 5 bis 10 °C an einem hellen Standort
Erdbeerbaum *Arbutus unedo*	weiß bis rosa	Oktober bis Dezember, am Heimatstandort (Südeuropa) als Kübelpflanze ab Juli	2 bis 2,80	sonnig bis schattig	hell, 5 °C
Aukube *Aucuba japonica*	rotpurpur	März bis Mai	2 bis 2,50	halbschattig, hell	geschützter Standort empfehlenswert oder Überwinterung bei 5 °C in hellen Räumen
Gewürzrinde *Cassia corymbosa* (syn. *Senna corymbosa*)	goldgelb	Mai bis September	1,50 bis 2,80	sonnig	bei 5 bis 10 °C an einem hellen Standort
Hammerstrauch *Cestrum aurantiacum*	orange bis purpurrot	Mai bis Juni	2 bis 2,80	sonnig bis halbschattig	bei mindestens 5 bis 7 °C an einem hellen Standort
Orangenblume *Choisya ternata*	weiß	Februar bis Juni	bis 2	halbsonnig (Schutz vor direkter Mittagssonne)	bei mindestens 3 °C an einem hellem Standort
Wollmispel *Eriobotrya japonica*	weiß	Oktober bis Dezember	2 bis 2,80	sonnig	in milden Regionen mit Winterschutz auch Überwinterung im Freiland möglich oder hell bei 10 °C
Korallenstrauch *Erythrina crista-galli*	leuchtend rot	Juli bis September	1,50 bis 2,50	sonnig	Ruheperiode nach Laubabwurf, dabei trocken halten bei 5 °C, dunkle Überwinterung möglich
Echter Feigenbaum *Ficus carica*	unscheinbar	ganzjährig in Abständen	2 bis 2,80	sonnig	nach Laubabwurf dunkel bei 0 bis 10 °C, kann in milden Regionen an einem geschützten Standort mit Winterschutz im Freien gehalten werden
Kumquat *Fortunella japonica*	weiß	Mai bis Juli	1,50 bis 2,50	sonnig	bei 5 bis 10 °C an einem hellen Standort
Kreppmyrte *Lagerstroemia indica*	purpur, rosa, rot, weiß	August bis September	2 bis 2,80	sonnig	bei mindestens 3 °C auch an dunklen Plätzen möglich
Enzianstrauch *Lycianthes rantonnetii* (alt: *Solanum*)	violettblau bis violett	Juni bis September	1 bis 2	sonnig mit Hitzeschattierung	bei mindestens 5 bis 7 °C an einem hellen Standort
Oleander *Nerium oleander*	weiß bis scharlachrot, rosa, blassgelb	Juli bis September	2 bis 2,80	sonnig	bei 5 bis 10 °C an einem hellen, gut gelüfteten Standort
Echte Olive *Olea europaea*	gelblich weiß	Mai	2 bis 3	sonnig	bei 10 °C an einem hellen Standort
Bleiwurz *Plumbago auriculata*	himmelblau bis violettblau, weiß	Juni bis September	1,50 bis 2	sonnig	bei mindestens 3 °C an elnem hellen Standort
Granatapfel *Punica granatum*	leuchtend rot, auch gelbe und weiße Sorten	Juli bis September	2 bis 2,80	sonnig	bei mindestens 5 bis 10 °C an einem hellen oder dunklen Platz möglich
Prinzessinnenstrauch *Tibouchina urvilleana*	violett bis purpurviolett	Juli bis September	2 bis 2,80	sonnig	bei 10 °C an einem hellen Standort

Nutzgarten

Der Gemüsegarten

Standort und Kleinklima

Frisches Gemüse aus eigener Ernte ist konkurrenzlos. Salat, der eben noch im Beet gewachsen ist, Tomaten, die gerade erst gepflückt wurden – ein köstlicher Genuss. Schon wenige Quadratmeter genügen, um den Speiseplan in der Saison stets mit Gemüse und frischen Kräutern aus eigener Ernte zu ergänzen. Um eine vierköpfige Familie komplett mit Gemüse zu versorgen, sind 150 m² Beetfläche nötig.

Nur der sonnigste Platz im Garten kommt für Gemüse in Betracht. Das wirkt sich auf Wachstum, Aroma und Nährwert der Ernte günstig aus. Im Schatten wächst kein Gemüse.

Das Klima lässt sich nicht beeinflussen; man muss sich mit der Pflanzenauswahl anpassen. Wer in einer Weinbauregion wohnt, kann unter seinen bevorzugten Gemüsearten nahezu beliebig wählen; Auberginen und Paprika eingeschlossen. In rauen Klimagebieten und höheren Lagen ist die Palette etwas eingeschränkt. Wärme liebendes Gemüse mit langer Kulturzeit, Tomaten beispielsweise, zieht man hier besser im Gewächshaus heran.

Das nicht minder wichtige Kleinklima lässt sich jedoch durchaus beeinflussen. Ideal ist zum Beispiel eine Hecke am Rand oder eine Bepflanzung mit gemischten Laubgehölzen quer zur Hauptwindrichtung, so dass die Beete

eine sanfte Brise abbekommen. Eine dem Wind ausgesetzte Lage ist ebenso ungünstig wie ein allzu geschützter Standort. Ständiger Wind senkt die Temperatur und damit das Wachstumstempo der Pflanzen; der Boden trocknet schneller aus. Totale Windstille fördert dagegen die Ausbreitung von Schädlingen und Pilzkrankheiten.

Einschränkungen des Gemüseanbaus gelten für Gärten, die unmittelbar neben sehr stark frequentierten Straßen oder im Bereich von Industrieabgasen liegen. Vor allem Blattgemüse bietet eine große Oberfläche für Schadstoffablagerungen und sollte hier nicht angebaut werden.

Beetanlage

Zier- und Nutzgartenteil werden meistens voneinander getrennt. Das ist aber keine Muss-Regel. Allerdings gehören Obstbäume nicht in den Gemüsegarten, sondern müssen so weit entfernt stehen, dass sie keinen Schatten verursachen. Beerensträucher können am Rand des Gemüsegartens wachsen. Mehrjährige Kräuter bekommen ein Extrabeet, einjährige Kräuter wachsen zwischen den Gemüsereihen.

Einjährige Sommerblumen, die am Rand und auch mitten im Gemüsebeet blühen dürfen, verwandeln zusammen mit blühenden Kräutern das eher nüchterne Bild rechtwinkliger Gemüsebeete in einen attraktiven Gartenteil. Tagetes, Zinnien und Kapuzinerkresse beispielsweise verbessern gleichzeitig den Boden, Lupinen versorgen ihn mit Stickstoff. Die Gestaltung der Beete sieht gewöhnlich so aus: Von einem mindestens 50 cm breiten Hauptweg führen rechtwinklig 1,20 m breite Beete ab, die durch 30 cm breite Trittpfade voneinander getrennt sind. Die Beetlänge kann individuell gewählt werden. Die genannten Maße sind praxiserprobt, aber keineswegs verbindlich. Je nach Körpergröße kann die Beetbreite für bequemes Arbeiten verringert werden.

Am Rand sollte die Folie mit Steinen oder mit erdgefüllten Plastikbeuteln beschwert werden, damit sie nicht davonfliegen kann.

Die Abdeckung schützt die Gemüsepflanzen vor Spätfrost und beschleunigt das Pflanzenwachstum.

Nehmen Sie die Folie bei bedecktem Himmel ab.

Anbau unter Folie und Vlies

Für eine optimale Sonneneinstrahlung sollten die Beetreihen möglichst in Nord-Süd-Richtung verlaufen. Die lang gestreckte Beetform erlaubt die Aussaat in Reihen; das erleichtert die Bodenbearbeitung erheblich. Nichts hindert Sie jedoch, die Beete anders zu gestalten, auch wenn die Bearbeitung dadurch weniger praktisch ist. Gern nachgeahmt wird die Gestaltung alter Klostergärten mit einem betonten Mittelpunkt, höchst dekorativ beispielsweise mit einer Kaskaden-Hochstammrose im Zentrum. Kreisrunde Beete bieten weitere Gestaltungsmöglichkeiten.

Kunststoff im Garten ist nicht jedermanns Sache, aber zur Verfrühung der Ernte sind Folien und Vlies aus Kunststoff hilfreich. Vlies besteht aus einem feinen, netzartigen Gewebe; Folie ist mit unzähligen Löchern oder Schlitzen versehen. Das licht-, luft- und wasserdurchlässige Material lässt die eingefangene Sonnenwärme nicht so schnell heraus und führt zu einer höheren und längeren Bodenerwärmung.
Das raschere Pflanzenwachstum bewirkt einen Erntevorsprung von zwei bis drei Wochen. Außerdem lassen sich

kälteempfindliche Pflanzen bestens vor Frosteinbrüchen schützen. Bei Minusgraden bildet sich auf einer Vliesabdeckung ein dünner Eisfilm, der Frost bis etwa −4 °C abhält. Die leichtgewichtige Abdeckung muss am Rand mit Steinen befestigt oder eingegraben werden, damit sie nicht vom Wind weggeweht wird. Überhitzung der Pflanzen wird durch die hohe Luftfeuchtigkeit unter der Abdeckung vermieden – ausreichende Bewässerung vorausgesetzt. Spätestens zwei bis drei Wochen vor der Ernte muss die Folie wieder abgenommen werden. Vlies kann auch bis zum Erntebeginn liegen blieben; aber gewöhnlich nicht länger als bis Mitte Mai. Blattsalate und Spinat brauchen vor der Ernte unbedingt noch einige Tage mit vollem Sonnenlicht, um einen erhöhten Nitratgehalt zu vermeiden. Zum Entfernen der Abdeckung wählt man einen Tag mit bedecktem Himmel, damit die Pflanzen keine Blattverbrennungen erleiden. Im Herbst tritt die Folie gelegentlich noch einmal in Aktion, wenn bei frostempfindlichen

Klassisches Frühbeet mit Holzrahmen und Glasfenstern. Die Fenster sollten schräg sein, damit Regenwasser ablaufen kann und das Sonnenlicht besser ausgenutzt wird.

Im Hochbeet kann im Frühjahr zeitiger und im Herbst länger als im Flachbeet geerntet werden. Zudem ist die Bearbeitung des Beetes wesentlich einfacher.

Gemüsearten eine Verlängerung des Erntetermins gewünscht wird.

Folientunnel Angeboten werden auch Folientunnel: In die Folie eingeschobene Bügel lassen ein rund 50 cm hohes Minigewächshaus entstehen. Das ist manchem sympathischer als die direkt auf den Pflanzen liegende Kunststofffolie. Der Effekt ist derselbe wie bei Flachfolien. Folientunnel ohne Löcher oder Schlitze müssen allerdings zum Wässern und bei sonnigem Wetter zum Lüften geöffnet werden.

Frühbeet

Ein Frühbeet bringt eine ganze Reihe von Vorteilen. Hier wächst das erste Frühgemüse heran, mindestens vier Wochen früher als im Freiland; bevorzugt Salat, Spinat, Kohlrabi, Radieschen und Kräuter. Außerdem können frostempfindliche Jungpflanzen vorgezogen werden, die später im Gemüse- oder auch Blumenbeet ausgepflanzt werden. Im Sommer lässt sich das Frühbeet für die Kultur von Gurken oder Melonen nutzen.

Bausätze, aus denen sich ein Frühbeet im Handumdrehen montieren lässt, werden mittlerweile so preiswert angeboten, dass die früher üblichen Eigenkonstruktionen mit ausgedienten Fenstern immer seltener zu finden sind. Die zeitgemäßen Nachfolger sind durchweg aus Aluminium oder Holz und mit Stegdoppelplatten aus Kunststoff ausgestattet. Empfehlenswert ist ein automatischer, stromloser Lüftungsöffner; er öffnet und schließt die Abdeckung selbsttätig je nach Temperatur. Andernfalls muss bei Sonne die Abdeckung rechtzeitig hochgestellt werden.

Selbst gebaut Wer ein stabiles Frühbeet aus einem kräftigen Holzrahmen vorzieht, weil es zum Beispiel im Garten weniger aufdringlich wirkt, bleibt beim Selbstbau. Geeignet ist mindestens 20 mm starkes Fichtenholz; besser noch Hartholz, wie beispielsweise Eiche; in jedem Fall sollte es mit einem pflanzenverträglichen Holzschutzmittel behandelt sein. Die Höhe des Holzrahmens beträgt vorn 35 cm, hinten 50 cm. Die schräge Form ermöglicht eine günstigere Lichtausnutzung. Die Tiefe des Frühbeets sollte 1 m nicht überschreiten. Die Länge kann individuell gewählt werden. Ein Längenmaß von 1,50 bis 2 m bietet immerhin 1,50 bis 2 m² Anbaufläche; für die ersten Salatköpfe und Radieschen genügt das schon. Für die Abdeckung sollten statt Glas (Bruchgefahr) besser Stegdoppelplatten verwendet werden. Eine preiswerte Alternative bietet Luftpolsterfolie.

Fertig-Frühbeete aus Acrylglas bieten eine gute Wärmedämmung.

Sonderform Hügelbeet

Schichtung
1. Grobes Holz
2. Draht gegen Wühlmäuse
3. Pappe, Papier darüber feinerer Gehölzschnitt
4. Laub und Pflanzenreste
5. Kompost
6. Gartenerde

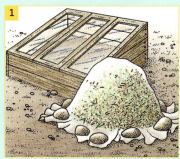

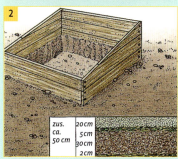

Im traditionellen Bauerngarten verschwinden die Grenzen zwischen Gemüse und Sommerblumen.

Frühbeet mit (Natur-)Heizung

Das Frühbeet früherer Gärtnertage war ein Mistbeet. Als natürliche Heizung diente frischer Pferdemist. Mit einem elektrischen, auf Wunsch thermostatgesteuerten Bodenheizkabel geht es heute komfortabler – freilich bei nicht unerheblichem Energieaufwand. Wer die Naturheizung bevorzugt, kann statt Pferdemist ebenso Kuhmist verwenden; die Heizwirkung ist etwas geringer. Eine Alternative mit brauchbarer „Heizleistung" bietet eine Mischung aus reichlich Laub, Garten- und Küchenabfällen mit etwas Hornmehl.
Möglichst schon im Herbst wird im Frühbeet eine 40 bis 50 cm tiefe Mulde ausgehoben. Zur besseren Isolierung wird sie mit Laub oder Stroh ausgeklei-

det. Bereits Mitte Februar kann strohiger, nicht zu nasser Pferdemist als Wärmepackung eingefüllt werden; darüber kommt noch eine Laubschicht. Nach drei Tagen wird die Packung gut festgetreten und zuletzt mit einer 20 cm dicken Schicht Gartenerde bedeckt. Nach weiteren drei Tagen Wartezeit kann gesät und gepflanzt werden. Eine Packung aus Kuhmist wird auf dieselbe Weise verarbeitet; wegen der geringeren „Heizleistung" jedoch erst Ende Februar. Die Kompost-Packung braucht zwei Wochen, bis sie Verrottungswärme liefert; sie kann ab Mitte Februar ausgebracht werden. In kalten Nächten wird das Frühbeet mit Strohmatten oder Luftpolsterfolie abgedeckt.

Das warme Frühbeet

1 Die Packung für das warme Frühbeet (frischer Tiermist) wird vorab zwei Tage gelagert und mit Folie abgedeckt.

2 Heben Sie eine bis zu 50 cm tiefe Mulde aus, legen Sie sie mit Laub aus. Schichten Sie ca. 30 cm Mist darüber, darauf 5 cm Laub und 20 cm Erde.

3 Bevor die oberste Erdschicht aufgefüllt wird, sollte der Mist 3 Tage ruhen. Anschließend festtreten.

Das Abdecken des Bodens mit einer dünnen Mulchschicht hält die Erde länger feucht.

Hochbeet

Auf einem Hochbeet können Sie zweibis dreimal so viel ernten wie auf einem gleich großen Flachbeet – und alles ohne lästiges Bücken. Das Geheimnis des Hochbeets liegt im Inneren der von einem kräftigen Holzrahmen oder gemauerten Wänden eingefassten Gemüseanbaufläche. Das Füllmaterial besteht aus Gartenabfällen, die im Laufe der Jahre verrotten. Die dabei entstehende Verrottungswärme heizt sozusa-

gen die Beetfläche von unten und ermöglichst zeitigeres Säen und Pflanzen im Frühjahr mit schnellerem Wachstum als im kühleren Flachbeet. Die zersetzten Abfälle wirken gleichzeitig düngend.
Größe Die optimale Breite eines Hochbeets liegt zwischen 100 und 130 cm; nicht mehr, weil sonst die Bearbeitung der Anbaufläche schwierig wird. Die

Mischkultur: Zwiebeln, Möhren und Salat auf einem Beet

Länge des Hochbeets richtet sich nach dem vorhandenen Platz und der Menge der zur Verfügung stehenden Gartenabfälle zum Füllen. Die günstigste Höhe der Einfassung beträgt 70 bis 90 cm über der Bodenoberfläche. Wenn eine breite Einfassung die Möglichkeit zum Sitzen bietet, kann die Höhe niedriger gewählt werden.

▶ **Baumaterial und Anlage**

Vorarbeiten Auf der gesamten Fläche wird die Erde bis in 40 cm Tiefe ausgehoben. Die ausgehobene Muttererde aus der oberen Schicht wird zu einem Extrahaufen aufgeschüttet; sie dient später als Abdeckung der Hochbeetfläche. Der Boden wird mit einem engen Maschendraht zum Schutz vor Wühlmäusen ausgelegt.

Einfassung Für die Einfassung brauchen Sie entweder Vierkanthölzer von wenigstens 4 cm Stärke oder Rundhöl-

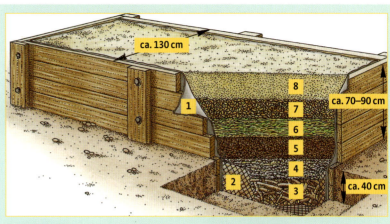

ca. 130 cm

ca. 70–90 cm

ca. 40 cm

Hochbeet

1. **Rahmen aus stabilen Kanthölzern**
2. **Maschendraht gegen Wühlmäuse**
3. **dicke Äste**
4. **Pappe, Zeitungen**
5. **Gehölzschnitt**
6. **Pflanzenabfälle**
7. **Laub und halb verrotteter Kompost**
8. **Komposterde und Mutterboden**

zer mit einem Mindestdurchmesser von 8 cm. Ungeeignet sind ausgediente Eisenbahnschwellen. Das Holz muss mit einem pflanzenverträglichen Holzschutzmittel behandelt oder druckimprägniert sein. Um ein Durchbiegen von Kanthölzern nach außen zu verhindern, werden seitlich senkrechte Stützpfähle eingegraben. Zusätzlich können die Seitenwände mit dickem Draht verbunden werden. Die Einfassung kann auch aus Ziegelsteinen oder Hohlblocksteinen gemauert werden. Letztere sind besonders empfehlenswert, weil sie gleichzeitig Wärmedämmung gewähren. Günstig ist das Auskleiden der Innenwände mit Teichfolie, um das Austrocknen zu verhindern.

Füllung Als Füllmaterial kommen alle möglichen verrottbaren Abfälle aus Haushalt und Garten in Betracht. Die unterste Schicht besteht aus groben Teilen, beispielsweise starken Äste. Es können aber auch alte Kisten oder andere, in jedem Fall aber unbehandelte Holzteile verwertet werden. Die nächste Lage besteht aus Papier und Pappe, darüber kommen Laub, feiner Gehölzschnitt und alle möglichen Pflanzenreste aus dem Garten. Wenn das Hochbeet auf einer Rasenfläche angelegt wird, kann man die vorher ausgestochenen Grassoden umgedreht auf die Schicht mit den Pflanzenabfällen legen. Darüber folgt noch einmal eine dicke Laubschicht und reichlich halb-

Checkliste Gemüsearten und ihre Pflanzenfamilien

Kreuzblütler: alle Kohlarten, Radieschen, Rettich, Rukola, Asia-Gemüse, Gelbsenf, Meerrettich, Kresse

Doldenblütler: Möhre, Sellerie, Fenchel, Pastinake, Dill, Kerbel, Petersilie

Korbblütler: Salat, Endivie, Chicorée, Schwarzwurzel

Gänsefußgewächse: Spinat, Rote Bete, Mangold

Nachtschattengewächse: Tomate, Paprika, Aubergine, Kartoffel

Kürbisgewächse: Gurke, Zucchini, Kürbis, Melone

Liliengewächse: Zwiebel, Lauch, Schnittlauch, Knoblauch, Spargel

Schmetterlingsblütler: Bohne und Erbse

Baldriangewächse: Feldsalat

Wichtigste Arbeit im Gemüsegarten: Beim regelmäßigen Hacken werden unerwünschte Wildkräuter entfernt und der Boden gelockert.

lich geringere Düngergaben, während Starkzehrer am meisten Nährstoffe brauchen.
Starkzehrer dürfen nicht nacheinander auf derselben Beetfläche angebaut werden! Im Idealfall folgen auf einem Beet mit Starkzehrern im zweiten Jahr Mittelzehrer und im dritten Jahr Schwachzehrer. Auf diese Weise werden die Bodennährstoffe optimal genutzt. Großzügige Düngung ist nur im ersten Jahr nötig; dann erst wieder im vierten Jahr, wenn auf dem Beet erneut Starkzehrer angebaut werden.
In der Praxis lässt sich perfekter Fruchtwechsel nicht immer einhalten. Wenn ausnahmsweise zwei Starkzehrer aufeinander folgen, muss besonders reichlich Kompost verteilt werden.

verrottete Gartenabfälle aus dem Komposthaufen. Die oberste Schicht aus reifer Komposterde und dem vorher abgehobenen Mutterboden sollte etwa 20 cm dick sein. Damit keine Hohlräume verbleiben, gibt man beim Aufschichten des Füllmaterials immer wieder einige Schaufeln Erde hinzu. Jede Schicht bis zur Laubdecke wird kräftig heruntergetreten. Zusätzlich wird das Material beim Auffüllen ständig mit dem Gartenschlauch befeuchtet; das ist wichtig, damit später die Bodenfeuchtigkeit bis zur Oberfläche des Hochbeets aufsteigen kann.
Die Füllung des fertigen Hochbeets darf hoch über den Rand der Umrahmung hinausragen. Das Material sackt ohnehin noch reichlich zusammen; bis zum nächsten Frühjahr zirka 20 cm. Man sollte daher genügend Erde und Kompost bereithalten, um in jedem Frühjahr nachfüllen zu können.
Nährstoffversorgung im Hochbeet
Düngung ist in den ersten beiden Jahren nicht erwünscht. Durch den Verrottungsprozess werden genügend Nährstoffe frei; zu viel für Kopfsalat und Spinat, auf die in den ersten beiden Jahren verzichtet werden muss, denn sie könnten erhöhte Nitratwerte erhalten. Die bodenerwärmende und düngende Wirkung lässt nach zwei Jahren allmählich nach. Der Verrottungsprozess währt je nach verwendetem Füllmaterial fünf bis sieben Jahre. Die dabei entstehende

Wenn Sie auf Fruchtwechsel achten, können Sie sich jedes Jahr über reiche und gesunde Ernten freuen.

Humuserde bietet den Pflanzen im Hochbeet die ganze Zeit beste Wachstumsbedingungen. Danach kann die Erde im Garten verteilt und das Hochbeet mit einer neuen „Packung"' versehen werden.

Fruchtwechsel

Der jährliche Wechsel der Anbauflächen, Fruchtwechsel genannt, und die Mischkultur fördern im Gemüsegarten den Ertrag und beugen Krankheiten und Schädlingsbefall vor. Der Beetwechsel gilt nicht nur für eine einzelne Gemüseart, sondern für die ganze Pflanzenfamilie. Höchstens alle drei bis vier Jahre darf dieselbe Gemüseart oder ein Gemüse aus der entsprechenden Pflanzenfamilie wieder an derselben Stelle angebaut werden. Notieren Sie deshalb jedes Jahr, wo die Hauptkultur stand. Bei der Mischkultur kombiniert man innerhalb einer Saison möglichst viele Gemüse aus unterschiedlichen Pflanzenfamilien.
Die Gemüsearten werden nach der Höhe ihres Nährstoffbedarfs grob in Stark-, Mittel- und Schwachzehrer eingeteilt. Kompost brauchen sie alle zur Grundversorgung. Für Schwachzehrer genügt er, Mittelzehrer erhalten zusätz-

Die Pflanzen müssen durchdringend gegossen werden. Gießen Sie Tomaten aber nur im Wurzelbereich. Auf nassen Blättern siedeln sich schnell Pilze an.

Pflanzen Sie z. B. im ersten Jahr Tomaten, ...

... im nächsten Jahr Mangold ...

und im dritten Jahr Salat.

Geeignete Mischkulturen im Gemüsegarten

(+ günstige Kombination, – ungünstige Kombination, ▫ neutrale Kombination oder keine Erfahrung)

Gemüseart	Artischocke	Buschbohne	Chinakohl	Endivie	Erbse	Feldsalat	Gurke	Grünspargel	Kartoffel	Knollenfenchel	Kohlarten	Kohlrabi	Kopfsalat	Mairübe	Mangold	Möhre	Neuseeländer Spinat	Paprika	Pastinake	Porree, Lauch	Radieschen	Rettich	Rhabarber	Rote Bete	Schwarzwurzel	Sellerie	Spargel	Spinat	Stangenbohne	Tomate	Zichoriensalat	Zucchini	Zuckermais	Zwiebel
Artischocke							+		–				+													+								
Buschbohne			–				+		+	–	+	+	+	+	+	–				–	+	+	+	+		+		+		+				–
Chinakohl	+			+					–		–		+		+					–	–	–						+						
Endivie	+						+	+	+		+		+							+	+	+						+		+	+			+
Erbse	–					+			–	+	+	+	+	+	+		+			–	+	+	+	+		+		+		+	–	–	+	–
Feldsalat									+		+	+								+	+		+					+		+				+
Gurke	+			+					–		+	+	+	+						–	–			+		+		+		+	–		+	+
Grünspargel	+			+	+		–				+	+				+					+									+				–
Kartoffel	+		–		–						–		+						+					–		–		+		–			+	
Knollenfenchel	–	+	+	+	+						+	+	+													+		–		–	+			
Kohlarten	+	+	+	+	+		–	+					+		+	+				+	+	+	+		+		+		+	+				–
Kohlrabi	+	–		+	+	+	+						+					+		+	+	+		+	+	+	+	+	+	+				+
Kopfsalat	+			+		+			–	+	+			+						+	+	–	+		–			+		+				+
Mairübe	+			+							+		+							+						+		+		+	+			
Mangold	+								+	+	+	+		+						+	+		–					–		+				
Möhre				+							+	+		+						+	+			+	+	+		+		+				+
Neuseeländer Spinat											+	+								+	+							+						
Paprika	–					+					+																	–		+				
Pastinake									+		+	+								+	+		+		+		+							+
Porree, Lauch	–		+	–	+	+					+				+					+	+		–	+	+	+		+		+				+
Radieschen	+	–		+	–						+	+		+	+					+	+					+		+	+	+				–
Rettich	+	–		+	–						+	+		+	+					+	+					+		+	+	+				
Rhabarber	+			+							+	+														+								
Rote Bete	+		+	+	+		–			+	+	+				–			+	–	+	+						–	–	–			–	+
Schwarzwurzel											+	+			+						+									+				+
Sellerie	+			+		+			–		+	+				+				+	+							+	+				–	
Spargel											+	+																						
Spinat	+				+		+		+		+	+		+		+				+	+	+	+	+	–		+			+	+			–
Stangenbohne			+	–	+	+		+	–	+	+	+	+							–	+	+			+		+		+	+		+	+	–
Tomate	+		–		+		–		+	+	+	+		–	+	+		–	+	+	+	+	+			–		+		+		+		+
Zichoriensalat									+				+										+			+		+	+					+
Zucchini			+				–				+												–					+	+	–			+	+
Zuckermais	+			+	+	+					+												–			–		+	+	+		+		
Zwiebel	+			–	+	+		–			–	+	+			–			+		–	–	–			–	+	–	–	–		+		+

Kulturfolge

Als Kulturfolge bezeichnet man die Möglichkeit, innerhalb einer Saison bis zu drei verschiedene Gemüsearten auf derselben Beetfläche anzubauen. Man spricht auch von Vor-, Haupt- und Nachkultur. So können, um ein Beispiel zu nennen, vom Frühjahr bis zum Herbst in Folge Spinat, Bohnen und Feldsalat geerntet werden. Als Vor- und Nachkulturen sind vor allem Gemüsearten mit kurzer Anbauzeit geeignet. Beim jährlichen Beetwechsel richtet man sich nach der Hauptkultur.

Mischkultur

Bei der Mischkultur baut man geeignete Nachbarpflanzen in einzelnen Reihen nebeneinander an, um ihren gegenseitigen, wachstumsfördernden Einfluss zu nutzen. Die unmittelbare Nähe von Gemüsearten, die nicht miteinander harmonieren, sollte man vermeiden. Die Mischkulturtabelle auf Seite 188 zeigt auf einen Blick, welche Gemüsearten zusammenpassen, welche nicht. Außerdem lässt sich feststellen, in welche Richtung eine günstige Beeinflussung erfolgt. Ein Beispiel: Zwiebeln fördern das Wachstum von Möhren, werden aber selbst von den Möhren eher negativ beeinflusst.

Bei der Spinat-Ernte werden die Blätter möglichst ohne Stiele abgeschnitten. Die Stielreste und Wurzeln lässt man in der Erde; sie lockern und lüften den Boden und verrotten später.

Im Freiland beginnt die Erntezeit für Tomaten im Juli, im beheizten Gewächshaus kann bereits ab April/Mai geerntet werden.

In der Tabelle (linke Seite) ist stets von den in der senkrechten Spalte genannten Gemüsearten auszugehen.

Pflege der Gemüsebeete

Bodenvorbereitung, Aussaat, Pflanzung und Bearbeitung der Beete sind in den entsprechenden Praxisabschnitten beschrieben.

Die Kultur in Reihen erleichtert die Bodenbearbeitung mit der Hacke. In einem Arbeitsgang werden keimende Konkurrenzkräuter beseitigt und die Bodenoberfläche gelockert. Das Mulchen der Bodenoberfläche zwischen den Pflanzreihen ist im Gemüsebeet besonders empfehlenswert.

Mit einer schwarzen Mulchfolie lässt sich ein ähnlicher Effekt erzielen: Unkraut wird vollständig unterdrückt, der Boden bleibt länger feucht, und das Hacken entfällt. Die Folie erhält an den Pflanzenstellen einen kreuzförmigen Einschnitt.

Ernte und Lagerung

Ernte Viele Gemüsearten schmecken jung geerntet besonders zart, man lässt sie also gar nicht erst zur Vollreife gelangen: zum Beispiel Gurken, Zucchini, Möhren, Kohlrabi, Rote Bete, Rettich und Blattgemüse. Nur Tomaten weisen erst bei Vollreife das beste Aroma auf. Auf dem Speiseplan bevorzugte Gemüsearten sät man in Folgesätzen aus, um laufend Nachschub zu erhalten. Die Aussaat früher, mittelfrüher und später Sorten erlaubt eine lange Erntedauer.

Die beste Zeit zum Ernten ist vormittags bis mittags. Für Lagergemüse ist der Nachmittag günstiger; ernten Sie unbedingt bei trockenem Wetter, denn feuchtes Gemüse fault leicht.

Lagerung In kühlen, luftigen Kellerräumen mit nicht mehr als 10 °C kann im Herbst geerntetes Lagergemüse zum Teil monatelang aufbewahrt werden. In Betracht kommen späte Sorten von Möhren, Kopfkohl, Sellerie, Rote Bete und Kartoffeln; außerdem Endivien, Lauch und Fenchel. Wurzelgemüse hält sich länger, wenn es in einer Kiste mit leicht angefeuchtetem Sand lagert. Kopfkohl hängt man mit den Strünken nach oben auf, Zwiebeln und Knoblauch in Zöpfen geflochten. Gemüse und Obst dürfen nicht im selben Raum gelagert werden; problematisch sind vor allem Äpfel und auch Zitrusfrüchte, weil sie das gasförmige Ethylen (Reifegas) ausdünsten.

Ein idealer Lagerkeller ist gut belüftet und frostfrei, aber nicht wärmer als 10 °C. Lagern Sie Obst und Gemüse in getrennten Räumen.

Blattgemüse und Salate

Kopfsalat
Lactuca sativa var. *capitata*

▸ **Aussaat**
Januar bis September unter Glas, April bis Anfang August im Freiland

▸ **Reihenabstand**
25 cm

▸ **Abstand in der Reihe**
20 bis 30 cm

▸ **Anzucht**
Für die früheste Ernte im Jahr ist Vorkultur notwendig. Ab Ende Januar werden Pflanzen fürs Frühbeet, ab Ende Februar fürs Freiland herangezogen. Salat keimt am besten bei einer mäßig warmen Temperatur um 15 °C; bei mehr als 20 °C nimmt die Keimfähigkeit ab. Entweder sät man in Saatschalen aus und pikiert bald in Topfplatten oder, noch besser, man legt je zwei Samenkörner direkt in Topfplatten aus. Direktsaat im Freiland ist ab Anfang April möglich. In rauen Lagen geht das zunächst nicht ohne Vlies- oder Folienabdeckung. Grundsätzlich können Sie Salat stets vorkultivieren und als Jung-

pflanzen setzen. Mit zunehmenden Temperaturen bringt das allerdings im Vergleich zur Direktsaat keinen Erntevorsprung mehr. Beim Saatgutkauf unbedingt auf unterschiedliche Sorten für Frühjahrs- und Sommeranbau achten; wird eine Sorte für den Frühjahrsanbau im Sommer gezogen, nimmt die Neigung zum Schossen zu. Nur spezielle Sorten eignen sich für jahreszeitunabhängige Aussaaten. Die vorgezogenen (oder gekauften) Salatsetzlinge müssen möglichst hoch gepflanzt werden, so dass sie zunächst auf „wackeligen Füßen stehen". Setzt man sie zu tief in die Erde, dann bilden sich keine Köpfe.

▸ **Düngung**
Regelmäßiges Verteilen von Kompost versorgt Kopfsalat in guten Böden ausreichend. In humusreicher, lockerer Erde entwickelt er sich am besten. Wenn zusätzlich gedüngt wird, dann unbedingt sparsam; und nur vor der Aussaat oder Pflanzung.

▸ **Pflege**
Während der Kultur wird zwei- bis dreimal zwischen den Beetreihen gehackt. Bei Trockenheit muss rechtzeitig gewässert werden. Gerade beim Sommeranbau ist auf

Eissalat

gleichmäßige Bodenfeuchtigkeit zu achten, sonst machen die Blätter bei Hitze leicht schlapp. Das einzige Anbauproblem stellen häufig Schnecken dar, denn für sie ist junger Salat ein Leckerbissen. Ein Schneckenzaun ist gerade fürs Salatbeet empfehlenswert. Wenn Salatköpfe ohne Wassermangel welken, sind gewöhnlich Drahtwürmer die Ursache.

▸ **Ernte**
Im Frühbeet und unter Folie sind die ersten zarten Köpfe Ende April fertig, Ende Mai im Freiland. Nachsaaten im Abstand von drei Wochen bescheren laufend Nachschub bis Oktober.

▸ **Wichtige Infos**
Kopfsalat ist nach wie vor Favorit im Gemüsegarten. Er ist recht anspruchslos und für jedes Klima geeignet. Vollsonnige Lage ist vor allem für den Anbau im Frühjahr und Herbst unbedingte Voraussetzung, um hohe Nitratwerte zu vermeiden. Neben unterschiedlichen grünblättrigen Sorten werden auch solche mit attraktivem rotgrünen Laub angeboten.

▸ **Sorten**
Neue Salatsorten wie 'Dynamite' und 'Sylvesta' sind resistent gegen Mehltau und Salatblattläuse.

Eissalat
Lactuca sativa var. *capitata*

▸ **Aussaat**
ab Anfang März unter Glas, Ende März bis Mitte Juli im Freiland

▸ **Reihen- /Pflanzabstand**
30 cm

▸ **Anzucht**
Als begehrter Sommersalat wird Eissalat gewöhnlich erst im Mai und Juni gesät. Für die Ernte im Herbst muss die Aussaat bis Ende Juli erfolgt sein.

▸ **Pflege**
Im Gegensatz zu Kopf- und Pflücksalat verträgt der Eissalat kurzfristige Trockenheit und hält sich auch bei anhaltend kühler Witterung wacker im Beet. Gleichwohl ist gleichmäßige Bodenfeuchtigkeit bei warmem Wetter günstiger.

▸ **Düngung**
Zusätzliche Düngung vor der Aussaat, beispielsweise mit Hornspänen, ist auch bei reichlicher Kompostversorgung erforderlich.

▸ **Ernte**
Juni bis Oktober – Eissalat bildet mächtige Köpfe und ist etwa zwei Wochen später als Kopfsalat erntereif. Vor der Ernte können schon einzelne, äußere Blätter gepflückt

Kopfsalat

werden, ohne dass es der Pflanze schadet.

▸ **Wichtige Infos**
Die typischen, knackigen Blätter haben dem Eissalat mancherorts den Namen Krachsalat verliehen. Frosthart ist der Eissalat freilich nicht; die Bezeichnung bezieht sich auf die gute Lagerfähigkeit im Kühl-(Eis-)schrank. Neue Sorten wie ‚Fortunas' und ‚Minas' sind resistent gegen Mehltau und Blattläuse.

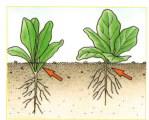
Wichtig: Salat darf nicht zu tief gepflanzt werden.

Pflücksalat
Lactuca sativa
var. crispa

▸ **Aussaat**
ab Februar unter Glas, oder Ende März im Freiland
▸ **Reihenabstand**
25 bis 30 cm
▸ **Abstand in der Reihe**
25 bis 35 cm
▸ **Anzucht, Pflege, Düngung**
Wie beim Kopfsalat. Gleichmäßige Bodenfeuchtigkeit ist besonders wichtig. Pflücksalat wird weniger von Schnecken befallen als Kopfsalat und ist auch ansonsten recht unempfindlich.
▸ **Ernte**
Ab Ende Mai – die ersten Blätter können bereits von jungen Pflücksalatpflanzen geschnitten werden. Man nimmt jeweils nur die äuße-

ren Blätter. Die Pflanze bildet einen kräftigen Stengel, an dessen Spitze laufend neue Blätter nachtreiben, so dass noch mehrfach geerntet werden kann.
▸ **Wichtige Infos**
Der Anbau von Pflücksalat gleicht weitgehend dem von Kopfsalat. Besondere Vorzüge sind seine Robustheit und der frühe Erntebeginn mit der Möglichkeit mehrerer Ernten. Beliebt sind vor allem rote Pflücksalate wie der bekannte 'Lollo Rosso'. Eine ausgezeichnete Pflücksalat-Variante ist Eichblattsalat, der genauso angebaut wird.

Endivie
Cichorium endivia

▸ **Aussaat**
Mitte Juni bis Mitte Juli
▸ **Reihenabstand**
30 cm
▸ **Abstand in der Reihe**
25 bis 30 cm
▸ **Anzucht**
Ausgesät wird zwischen Mitte Juni und Mitte Juli.

Am günstigsten ist die erste Julihälfte, weil dann keine Schossgefahr mehr besteht. Die Anzucht kann zunächst auf einem Extrabeet erfolgen. Man darf die Jungpflanzen aber nicht zu spät umsetzen, weil die Pfahlwurzeln das Verpflanzen schlecht vertragen.

Endivie

▸ **Pflege, Düngung**
Die Aussaat mitten im Sommer erfordert vor allem in der Anfangsphase sorgfältiges Wässern. Der Nährstoffbedarf ist etwas höher als beim Kopfsalat. Gleichwohl darf beim Düngen nicht übertrieben werden, denn die Endivie neigt bei zu reichlicher Stickstoffzufuhr zur Nitratanreicherung.
▸ **Ernte**
(August) Oktober bis November – der früheste Endiviensalat ist im August fertig. Aber seine Vorzüge spielt er erst bei späteren Ernten aus. Da die Endivie leichte Minusgrade verträgt, kann sie problemlos bis November

geerntet werden. Besonders robust sind die Sorten mit glatten Blatträndern.
▸ **Wichtige Infos**
Die Endivie ist mit ihrem zartbitteren Geschmack ein hervorragender Salat für den Spätsommer und Herbst. Bei älteren Sorten wie dem bekannten 'Escariol' bindet man die trockenen Blätter zehn Tage vor der Ernte mit einem Gummiband zusammen, damit die inneren Blätter gebleicht werden. Neuere Sorten sind durchweg selbstbleichend. Endivie kann recht gut gelagert werden, wann man sie mit den Wurzeln in feuchten Sand einschlägt und kühl aufbewahrt.

Radicchio
Cichorium intybus
var. foliosum

▸ **Aussaat**
Mitte Juni bis Ende Juli
▸ **Reihen-/Pflanzabstand**
30 cm
▸ **Anzucht, Pflege, Düngung**
Nur kurz währt die Aussaatzeit im Sommer. Das Beet wird nur schwach gedüngt. Anfangs regelmäßig hacken und in den Sommermonaten ausreichend wässern.
▸ **Ernte**
Oktober bis November – im Oktober und noch Anfang

Pflücksalat

Radicchio

November kann geerntet werden. In Regionen mit frühen Herbstfrösten sollte rechtzeitig mit Folie abgedeckt werden, denn der Radicchio verträgt nur geringe Minusgrade.

▸ **Wichtige Infos**

Der leicht bittere Geschmack und noch mehr die dekorative rote Blattfärbung haben den Radicchio zu einer begehrten Salatbeigabe gemacht. Die Ansprüche an Boden und Klima sind mäßig. Geeignet sind vor allem Sorten des Palla-Rossa-Typs.

Zuckerhut
Cichorium intybus var. foliosum

▸ **Anzucht**

Die Zichorie ist besser mit dem Sortennamen ‚Zuckerhut‘ bekannt. In manchen Gegenden wird sie auch Fleischkraut genannt. Die Anbaubedingungen gleichen exakt der Kultur von Radicchio, mit dem der Zichoriensalat eng verwandt ist. Bei einem späten Erntetermin wird der leicht bittere Geschmack der Blätter gemildert.

Chicorée
Cichorium foliosum var. foliosum

▸ **Aussaat**

Mitte bis Ende Mai

▸ **Reihenabstand**

35 bis 40 cm

▸ **Abstand in der Reihe**

10 cm

▸ **Anzucht**

Den Saattermin für Chicorée verpasst man leicht, denn nur von Mitte bis Ende Mai ist der Aussaatzeitpunkt optimal. Bei früherer Aussaat besteht Schossgefahr, bei einem zu späten Termin bleiben die Wurzeln klein. Ungewöhnlich ist der dichte Abstand innerhalb der Reihe. Dadurch bilden sich später eintriebige Wurzeln – und genau diese eignen sich am besten zum Antreiben.

▸ **Pflege, Düngung**

Im Beet ist der Chicorée äußerst anspruchslos. Er braucht keinen besonders humusreichen Boden und sollte auch nicht gedüngt werden. Die ersten Herbstfröste überstehen die robusten Pflanzen schadlos. Zwischen Ende Oktober und

Chicorée

Mitte November holt man sie vorsichtig mit einer Grabegabel aus der Erde. Zum Treiben sind am besten Wurzeln mit einem Durchmesser von 3 bis 8 cm geeignet. Die ausgegrabenen Pflanzen lagert man zunächst ein paar Tage an einer regen- und sonnengeschützten Stelle. Danach wird das Laub abgeschnitten: 3 bis 5 cm über dem Wurzelhals.

▸ **Antreiben**

Für die Chicorée-Treiberei eignen sich Eimer mit Bodenlöchern oder Obstkisten. Man bedeckt den Boden zirka 10 cm hoch mit Erde, drückt die Wurzeln dicht nebeneinander aufrecht hinein, füllt noch 3 cm Erde auf und wässert gründlich. Danach Erde bis zum Topfrand auffüllen. Die Gefäße bei 15 °C aufstellen und vollständig gegen Lichteinwirkung abdecken. Neuere Sorten brauchen keine Erdabdeckung oder lassen sich sogar in Wasser antreiben.

▸ **Ernte**

Dezember bis Februar – fünf bis sechs Wochen nach dem Antreiben können die ersten Schosstriebe bei ca. 15 cm

Länge zum Ernten abgebrochen werden. Bei kühleren Temperaturen dauert die Treiberei etwas länger.

▸ **Wichtige Infos**

In den Wintermonaten, wenn Frischkost aus dem Garten rar ist, hat der Chicorée seinen Auftritt. Bei diesem Zichoriensalat werden die grünen Blätter entfernt und die Wurzeln in einem abgedunkelten Gefäß angetrieben, um die weißen Schosstriebe zu ernten.

Feldsalat
Valerianella locusta

▸ **Aussaat**

August bis Anfang September und März bis Anfang April

▸ **Reihenabstand**

15 bis 20 cm

▸ **Abstand in der Reihe**

10 bis 15 cm

▸ **Anzucht**

Bis Mitte August wird für die Herbsternte gesät. Spätere Aussaaten sind im folgenden Frühjahr fertig. Von März bis April kann erneut gesät werden. Den Boden vor der Aussaat gut andrücken. Samen

Zuckerhut

Feldsalat

Spinat

Neuseeländer Spinat

nicht tiefer als 1 cm auslegen.

▸ **Düngung, Pflege**
Kompost genügt zur Bodenverbesserung vollauf. Zusätzliche Düngung erhöht den Ertrag, aber auch den Nitratgehalt. Vor allem in der Anfangszeit ausreichend wässern. Trockenheit lässt Feldsalat vorzeitig aufblühen. Der Befall mit Mehltau lässt sich am besten durch Auswahl resistenter Sorten verhindern. Unter Glas ist frühzeitiges Lüften unbedingt erforderlich.

▸ **Ernte**
Oktober bis Mai – wenn zunächst nur die äußeren Blätter geschnitten werden, sind Folgeernten möglich. Feldsalat ist frosthart und kann an milden Tagen bis zum Frühjahr mehrfach geerntet werden.

▸ **Wichtige Infos**
Rapunzel- oder Ackersalat, wie Feldsalat auch genannt wird, erfreut sich zunehmender Beliebtheit. Im Herbst, bei günstigen Bedingungen sogar im Winter, und noch im Frühjahr kann geerntet werden; im Frühbeet oder ungeheizten Gewächshaus sogar ohne Pause. Für den Gärtner ist Feldsalat ein anspruchsloses Gewächs, das sich ideal als Nachkultur eignet.

Spinat
Spinacia oleracea

▸ **Aussaat**
im Februar unter Glas, ab März bis Mai und August bis Anfang September im Freiland

▸ **Reihenabstand**
15 bis 25 cm

▸ **Abstand in der Reihe**
5 cm

▸ **Aussaat**
Das robuste Frühgemüse darf bereits ab März im Freiland gesät werden; Folienabdeckung ist hilfreich. Die Samenkörner werden 1 cm tief ausgelegt. Nach dem Säen müssen die Saatreihen unbedingt festgeklopft oder -getreten werden; ein inniger Bodenkontakt der Samenkörner ist für den Keimerfolg von Spinat wichtig. Für die Herbsternte kann Anfang August noch einmal gesät werden; in milden Regionen noch bis Anfang September.

▸ **Düngung, Pflege**
Humusreicher, regelmäßig mit Kompost versorgter Boden ist ausreichend. Auf zusätzliche Düngung sollte bei solchen Voraussetzungen verzichtet werden, um den Nitratgehalt niedrig zu halten. Das gilt erst recht für den Anbau unter Glas. Bei Trockenheit muss rechtzeitig gewässert werden, sonst

blüht der Spinat und wird unbrauchbar.

▸ **Ernte**
April bis Juni und Oktober – wenn der Spinat nicht sofort wieder das Beet räumen muss, kann in Etappen geerntet werden, indem man zunächst nur einzelne Blätter schneidet.

▸ **Wichtige Infos**
Frischer Blattspinat ist köstlich, aber das häufig unterschätzte Blattgemüse weist noch andere Vorzüge auf: Die Wurzeln lockern die Erde und hinterlassen nach der Ernte einen ausgezeichneten Boden. Die kurze Anbaudauer macht den Spinat zur idealen Vorkultur. Schon vor der Ernte kann im Mai zwischen den Spinatreihen die nächste Gemüseart gesät werden. Neben den zahlreichen Sorten für den Frühanbau werden auch neue Sorten speziell für die Sommerkultur angeboten. An Boden und Klima stellt Spinat bescheidene Anforderungen.

Neuseeländer Spinat
Tetragonia tetragonioides

▸ **Aussaat**
im März unter Glas, ab Mitte Mai auspflanzen

▸ **Reihen-/Pflanzabstand**
80 cm

▸ **Anzucht**
Mitte März jeweils drei Samenkörner pro Topf auslegen. Zum Keimen ist eine Temperatur von 20 °C erforderlich. Nur den kräftigsten Sämling lässt man heranwachsen. Um eine gute Verzweigung zu erreichen, kappt man von den Jungpflanzen die Triebspitzen. Nach den Eisheiligen (Mitte Mai) in gut gedüngtem Boden auspflanzen.

▸ **Düngung, Pflege**
Im Laufe der Kultur ist eine Nachdüngung nötig, denn der Nährstoffbedarf ist erheblich höher als beim gewöhnlichen Spinat.

▸ **Ernte**
Junge Blätter können ab Ende Juni fortlaufend gepflückt werden.

▸ **Wichtige Infos**
Mit dem normalen Spinat ist diese Pflanze nicht verwandt. Aber die an langen Trieben wachsenden Blätter weisen einen sehr ähnlichen Geschmack auf und können in der Küche auf dieselbe Art zubereitet werden. Reizvoll ist Neuseeländer Spinat vor allem deshalb, weil er eine Dauerernte vom Frühsommer bis zum Herbst ermöglicht.

Blattstiel-gemüse

Mangold
Beta vulgaris

▸ **Aussaat**
April bis Juni

▸ **Reihenabstand**
30 bis 40 cm

▸ **Abstand in der Reihe**
Schnittmangold 15 bis 20 cm, Stielmangold 40 cm

▸ **Anzucht**
Die Aussaat erfolgt im Freiland. Nach dem Keimen der Saat werden zu dicht wachsende Sämlinge entfernt, so dass die Jungpflanzen einen ausreichenden Abstand aufweisen (siehe oben!).

▸ **Düngung**
Kompost und Hornspäne ergeben eine günstige Nährstoffversorgung. Als Mittelzehrer ist Mangold mit mäßiger Düngung zufrieden.

▸ **Pflege**
Gleichmäßige Bodenfeuchtigkeit ist Voraussetzung für eine günstige Laubentwicklung. Das robuste Gemüse kennt kaum Krankheiten oder Schädlinge. Mehltaubefall ist oft eine Folge zu geringer Abstände.

▸ **Ernte**
Juni bis September – schon zwei Monate nach der Aussaat können vom Schnitt-mangold die ersten, äußeren Blätter geschnitten werden, danach fortlaufend. Stielmangold ist nach drei Monaten erntefertig. Die Blätter kann man gleichfalls in Etappen ernten. Leichter Frost wird vertragen.

▸ **Wichtige Infos**
Von dieser Gemüseart gibt es zwei Typen: Stielmangold und Schnittmangold. Beim seltener angebotenen Schnittmangold verwertet man die spinatähnlichen Blätter, beim Stielmangold zusätzlich die dicken Blattrippen. Sie können wie Spargel zubereitet werden. Sorten mit roten Blattstielen sind wegen ihres attraktiven Aussehens besonders begehrt.

Stangensellerie
Apium graveolens var. dulce

▸ **Aussaat**
Ende März/Anfang April warm unter Glas

▸ **Reihenabstand**
30 bis 40 cm

▸ **Abstand in der Reihe**
30 cm

▸ **Anzucht**
Empfehlenswert ist die warme Anzucht unter Glas Ende März, Anfang April. Die frostempfindlichen Setzlinge kommen in der zweiten Mai-

Stangensellerie

hälfte ins Beet. Jungpflanzen von nicht selbstbleichenden Sorten werden in bis 25 cm tiefe Furchen gesetzt.

▸ **Düngung, Pflege**
Die Kultur entspricht der des Knollenselleries; neben guter Kompostversorgung ist mäßige Zusatzdüngung erforderlich. Zum Bleichen füllt man die Furchen mit zunehmendem Pflanzenwachstum nach und nach mit Erde auf. Bei selbstbleichenden Sorten reicht eine versetzte Pflanzung aus, um die Blattstiele vor zuviel Sonne zu schützen.

▸ **Ernte**
Im September und Oktober werden die ganzen Pflanzen geerntet; sie sind nur wenig frosthart.

▸ **Wichtige Infos**
Stangensellerie bildet keine Knollen. Verzehrt werden die langen Blattstiele – roh oder gedünstet. Die weißen Knol-len liefert dagegen der Knollensellerie (siehe Seite 206). Stangensellerie kann grün oder als Bleichsellerie geerntet werden. Selbst bleichende Sorten ersparen das Anhäufeln.

Knollenfenchel
Foeniculum vulgare var. azoricum

▸ **Aussaat**
je nach Sorte im April oder von Anfang Juli bis Mitte Juli

▸ **Reihenabstand**
40 cm

▸ **Abstand in der Reihe**
25 cm

▸ **Anzucht**
Neue, schossfeste Sorten können bereits im April gesät werden. Entweder zieht man sie unter Glas vor oder schützt die Freilandaussaat mit Folienabdeckung. Andere Sorten dürfen nur im Frühsommer gesät werden.

▸ **Düngung, Pflege**
Kompost genügt in der Regel zur Nährstoffversorgung. Beim Hacken zwischen den Beetreihen häufelt man die sich bildenden Knollen leicht an, damit sie weiß bleiben. Während der gesamten Kultur auf ausreichende Bodenfeuchtigkeit achten.

▸ **Ernte**
September bis November – Frühsorten können ab

Mangold

Knollenfenchel

Anfang September geerntet werden. Sommeraussaaten sind im Oktober, November dran. Sie vertragen leichten Frost; noch besser ist eine Folienabdeckung.

▸ **Wichtige Infos**
Der ungewöhnliche Geschmack zarter Fenchelknollen ergibt ein prächtiges Gemüse. Warmes Klima begünstigt den Anbau. Zumindest sollte das Beet geschützt liegen.

Kohl

Beim Anbau von Kohl müssen einige Besonderheiten beachtet werden, damit alles klappt. Die Ansprüche an den Boden sind hoch: Humusreiche, mit Kompost verbesserte Erde mit hohem Lehmanteil ist ideal. In jedem Fall ist reichliche Düngung nötig. Der Düngerbedarf ist bei späten Sorten höher als beim Frühkohl. Allein Chinakohl, Pak Choi und Kohlrabi kommen mit schwachen Düngergaben aus. Das Beet muss tiefgründig gelockert sein. Wichtig ist beim Anbau sämtlicher Kohlarten ein hoher pH-Wert des Bodens, deshalb sollte jeweils etwas Algenkalk ins Pflanzloch gestreut werden. Kalken wirkt gleichzeitig vorbeugend gegen die Kohlhernie, eine Pilzkrankheit. Gegen Kohlfliegen hilft das Abdecken mit einem Insektenschutznetz im Frühjahr; auch Vlies- oder Folienabdeckungen wirken abwehrend.

▸ **Aussaat**
ab Februar unter Glas, im Freiland bis Anfang Juni
▸ **Reihen-/Pflanzabstand**
50 cm bis 70 cm

Blumenkohl

▸ **Anzucht**
Vorkultur ist in jedem Fall zu empfehlen. Die günstigste Keimtemperatur beträgt 15 bis 15 °C. Die Sämlinge pikiert man in Einzeltöpfe oder Topfplatten. Die Setzlinge können ab Anfang April im Freiland gepflanzt werden; leichte Fröste bis ca. −5 °C überstehen sie schadlos. Sie müssen möglichst tief in die Erde gesetzt werden. Späte Sorten brauchen einen größeren Abstand als Frühsorten. In den ersten Wochen nach dem Auspflanzen ist eine Folienabdeckung ratsam. Zu kühle Temperaturen führen zu Wachstumsstockungen und vorzeitiger Blütenbildung.
Für die Ernte im Herbst sät man von Ende Mai bis Anfang Juni auf einem Reservebeet und pflanzt im Juli aus.
▸ **Düngung**
Am besten ist eine Vorratsdüngung schon im Herbst mit reichlich Kompost. Vor und während der Kultur sind weitere Kompostgaben erforderlich, oder es muss noch einmal nachgedüngt werden.
▸ **Pflege**
Stets auf ausreichende Bodenfeuchtigkeit achten. Mulchen wirkt sich hier besonders vorteilhaft aus, denn die Bodenbedeckung schützt den Wurzelbereich im Sommer vor zu starker Erwärmung. Ohne Mulch-

schicht ist regelmäßiges Hacken nötig; vor allem in den ersten Wochen, wenn der Boden noch weitgehend nackt ist.
▸ **Ernte**
Ende Juli bis Oktober – in den letzten Wochen vor der Ernte werden zwei bis drei Blätter umgeknickt, damit die Köpfe weiß bleiben. Ebenso kann man sie mit einem Gummiband zusammenbinden, um sie vor Sonne zu schützen. Bei hohen Temperaturen nicht zu lange mit dem Ernten warten.
▸ **Wichtige Infos**
Der Anbau von Blumenkohl stellt hohe Anforderungen. Küstenklima mit hoher Luftfeuchtigkeit ist für den Sommeranbau vorteilhaft. In südlicheren Regionen lassen sich Nachteile bei sommerlicher Hitze durch Mulchen und stets rechtzeitiges Wässern einigermaßen ausgleichen.

▸ **Anzucht, Düngung, Pflege**
wie bei Blumenkohl
▸ **Ernte**
Geerntet werden die Blütenknospen. Man schneidet sie jeweils mit einem fingerlan-

gen Stielstück ab. Bei der Ernte im Sommer muss man sich beeilen, denn Hitze lässt die Knospen schnell aufblühen – und dann sind sie unbrauchbar. Einige Sorten bilden nach der Ernte laufend neue Seitenknospen, die weitere, allerdings kleine Ernten ermöglichen. Leichte Fröste werden vertragen.
▸ **Wichtige Infos**
Brokkoli hat an Beliebtheit erheblich gewonnen. Seine Ansprüche sind ähnlich hoch wie beim Blumenkohl, aber der Anbau gelingt leichter.

▸ **Aussaat**
ab Februar unter Glas, ab April im Freiland
▸ **Reihen-/Pflanzabstand**
40 bis 60 cm
▸ **Anzucht, Düngung,- Pflege**
wie bei Blumenkohl
▸ **Ernte**
Juni bis Oktober (November) – Frühkohl ist nur wenige Wochen lagerfähig. Späte Lagersorten erntet man im Oktober und November. Bei günstigen Bedingungen halten sie sich bis zum Frühjahr.
▸ **Wichtige Infos**
Für den Hausgarten sind vor allem frühe Sorten gefragt.

Brokkoli

Weißkohl

Eine Variante ist Spitzkohl, der etwas dichter gepflanzt und früher geerntet wird.

Rotkohl
Brassica oleracea var. capitata

▸ **Kultur**
wie bei Blumenkohl. Abgesehen von der roten Blattfärbung, weist Rotkohl keine wesentlichen Unterschiede zum Weißkohl auf. Die Kulturzeit ist ein wenig kürzer.

Rotkohl

▸ **Ernte**
Schon ab Juni können nicht ausgewachsene Kohlköpfe für Rohkostsalate geerntet werden.

Wirsing
Brassica oleracea var. sabauda

▸ **Aussaat**
ab Februar unter Glas, ab April bis Mitte Juni im Freiland
▸ **Reihenabstand**
50 cm

Wirsing

▸ **Abstand in der Reihe**
50 bis 65 cm
▸ **Anzucht**
Wie bei den anderen Kohlarten ist Vorkultur unter Glas günstiger als Direktsaat. Ab April können die Jungpflanzen auf einem Extrabeet im Freiland herangezogen werden; zunächst noch unter Folienabdeckung.
▸ **Düngung, Pflege**
wie bei Blumenkohl
▸ **Ernte**
Ende Juni bis November – von frühen Aussaaten kann bereits im Juni geerntet werden. Die späten Sorten sollten bei milder Witterung noch bis in den November hinein in der Erde bleiben, denn ihre Lagerfähigkeit ist nur mäßig.
▸ **Wichtige Infos**
Wirsingkohl wird ähnlich wie Blumen- und Weißkohl angebaut. Er ist jedoch robuster und verträgt einige Minusgrade, so dass er für die Ernte im Spätherbst bestens geeignet ist. Neuere Sorten sind sogar bis −15 °C frosthart.

Grünkohl
Brassica oleracea var. sabellica

▸ **Aussaat**
Mai bis Mitte Juni
▸ **Reihenabstand**
45 bis 50 cm

Grünkohl

▸ **Abstand in der Reihe**
45 bis 60 cm
▸ **Anzucht**
Gesät wird auf einem Extrabeet, die Jungpflanzen setzt man bis Ende Juli.
▸ **Düngung, Pflege**
Grünkohl wächst in jedem Boden. Gute Kompostversorgung ist vor allem in sandi-

gen Böden nötig. Der Düngerbedarf ist geringer als bei den Kopfkohlarten. Gering ist auch die Anfälligkeit für Schädlinge und Krankheiten.
▸ **Ernte**
Ab November – winterfeste Sorten überstehen Fröste schadlos und können mehrfach geerntet werden. Für die weniger frostbeständigen Sorten ist Anfang November Erntezeit. Kälteeinwirkung führt zu einem höheren Zuckergehalt und verbessert den Geschmack.
▸ **Wichtige Infos**
Von allen Kohlarten ist Grünkohl die anspruchsloseste. Sein entscheidender Vorzug ist die Frosthärte der meisten Sorten, so dass sogar im Winter geerntet werden kann.

Rosenkohl
Brassica oleracea var. gemmifera

▸ **Aussaat**
Ende März bis Anfang Mai
▸ **Reihenabstand**
60 cm
▸ **Abstand in der Reihe**
50 cm
▸ **Anzucht**
Frühe Saaten gelingen besser unter Glas, aber ab April kann auch schon auf einem Extrabeet im Freiland gesät werden. Spätestens Anfang

Rosenkohl

Mai die Aussaat abschließen. Folienabdeckung ist zu empfehlen. Gepflanzt wird von Mai bis Anfang Juni.

▸ **Düngung**
Der Nährstoffbedarf ist wie bei den meisten Kohlarten hoch. Wenn die Düngung jedoch übertrieben wird, ergibt das lockere Röschen, die nicht zur Ernte taugen.

▸ **Ernte**
Oktober bis Dezember – Frosteinwirkung verbessert den Geschmack. Je nach Sorte werden auch stärkere Fröste vertragen, so dass die Ernte bis in den Winter hinein, im Weinbauklima sogar bis zum Frühjahr ausgedehnt werden kann.

▸ **Wichtige Infos**
Rosenkohl zeichnet sich durch recht hohe Frostbeständigkeit aus.

Kohlrabi, frisch geerntet

Kohlrabi
Brassica oleracea var. *gongylodes*

▸ **Aussaat**
ab Februar unter Glas, April bis Mitte Juli im Freiland
▸ **Reihenabstand**
30 cm
▸ **Abstand in der Reihe**
25 cm
▸ **Anzucht**
Für frühe Ernten ist die Vorkultur unumgänglich – oder

man kauft Jungpflanzen. Kälteeinbrüche in der Anzuchtphase wirken sich ungünstig auf die Qualität aus. Bei der Freilandaussaat ist deshalb eine Folienabdeckung ratsam. Grundsätzlich ist Frost aber kein Problem. Neuere Sorten sind bis −10 °C frosthart. Wichtig: Die Jungpflanzen müssen möglichst hoch gesetzt werden; ähnlich wie Kopfsalat. Andernfalls bilden sich keine Knollen.

▸ **Düngung**
Im Gegensatz zu den meisten anderen Kohlarten braucht Kohlrabi wenig Dünger. Bei guter Kompostversorgung ist gar keine oder nur geringe Düngung nötig.

▸ **Pflege**
Der Wasserbedarf darf nicht unterschätzt werden. Vor allem mit Beginn der Knollenbildung ist auf gleichmä-

ßige Bodenfeuchtigkeit zu achten.

▸ **Ernte**
Mai bis Oktober – holen Sie die Pflanzen lieber zu früh als zu spät aus der Erde: Junge Knollen schmecken besonders zart. Bleiben sie zu lange im Beet, werden sie leicht holzig.

▸ **Wichtige Infos**
Neben den weißen und blauen Sorten gibt es auch solche mit riesigen Knollen, die länger im Beet bleiben und trotz ihrer Größe zart sind.

Chinakohl, Pak Choi
Brassica pekinensis, Brassica rapa var. *chinensis*

▸ **Aussaat**
Juli bis Anfang August
▸ **Reihen-/Pflanzabstand**
25 bis 40 cm
▸ **Anzucht**
Chinakohl sät man nicht vor Ende Juni, um das vorzeitige Schossen der Pflanzen auszuschließen. Für Pak Choi liegt die günstigste Aussaatzeit zwischen Mitte Juli und Anfang August; als Pflanzabstand genügen hier 25 cm.
▸ **Düngung**
Der Nährstoffbedarf ist überraschend gering; weitaus niedriger als bei den Kopfkohlarten. Gute Kompostversorgung ist durchweg ausreichend.
▸ **Pflege**
Trockenheit ist unbedingt zu vermeiden, denn schon kurzfristiges Schlappwerden der Blätter bei Wassermangel beeinträchtigt später den Geschmack.
▸ **Ernte**
Oktober bis November – die Pflanzen überstehen mäßige Fröste problemlos und können bis Ende November im Beet bleiben. Kühl gelagert, halten sie sich nach der Ernte noch zwei Monate.

Chinakohl

▸ **Wichtige Infos**
Diese in Asien äußerst beliebten Kohlarten finden auch in der heimischen Küche zunehmend Verwendung. Im Anbau bestehen zwischen Chinakohl und Pak Choi kaum Unterschiede. Beide sind recht anspruchslos. Zu den Varianten des Pak Choi zählen auch einige Asia-Salate, die sich zunehmender Beliebtheit erfreuen. Sie können von Frühjahr bis Herbst angebaut werden.

Fruchtgemüse

Gurke
Cucumis sativus

▸ **Aussaat**
Mitte April bis Mai unter Glas
▸ **Reihenabstand**
80 bis 120 cm
▸ **Abstand in der Reihe**
30 cm; am Spalier 40 bis 50 cm

Kohlrabi

Gurkenblüte

Salatgurke

▸ **Anzucht**
Für die Freilandpflanzung sät man nicht vor Mitte April in Einzeltöpfen aus; am besten geht's am Zimmerfenster bei einer Keimtemperatur um 20 °C. Auch danach wollen die Jungpflanzen weiterhin warm stehen. Ausgepflanzt wird nicht vor Mitte Mai, Folienabdeckung ist unbedingt empfehlenswert. Die Setzlinge werden leicht angehäufelt, damit sich zusätzliche Seitenwurzeln bilden.

▸ **Düngung**
Für eine reichliche Fruchtbildung brauchen Gurken hohe Nährstoffgaben. Im Laufe der Kultur sind zwei Folgedüngungen nötig. Günstig ist auch hier eine großzügige Versorgung mit Kompost.

▸ **Pflege**
Der Haupttrieb der Freilandgurken wird in der Regel nach dem fünften oder sechsten Blatt gekappt, um die Bildung von Seitentrieben anzuregen. Den Rückschnitt der Freilandgurken kann man aber ebenso wie das gelegentlich empfohlene Ausbrechen von Blütenknospen unterlassen. Salatgurken brauchen dagegen den regelmäßigen Rückschnitt. Seitentriebe werden jeweils nach dem ersten Blattansatz gekappt. Im Verlauf der Kultur muss auch der zu hoch wachsende Spitzentrieb der

Pflanze gekappt werden. Für die Kultur am Spalier eignet sich 2 m hoher Maschendraht oder ein vergleichbares Rankgerüst. Die Pflanzen können aber ebenso an kräftigen Pfählen hochranken; ähnlich Tomaten. Häufiges Hacken in den ersten Wochen und leichtes Anhäufeln verbessern den zunächst zurückhaltenden Wuchs. Gleichmäßige Bodenfeuchtigkeit ist selbstverständlich. Zum Gießen sollte vorzugsweise abgestandenes Wasser verwendet werden. Das vermeidet die Ernte bitterer Früchte. Auch unregelmäßige Wasserversorgung kann bittere Früchte verursachen. Gurken sind in der Kultur nicht ganz problemlos, Krankheiten nicht selten. Neuzüchtungen sind gegen viele Krankheiten resistent und sollten bevorzugt werden.

▸ **Ernte**
Juni bis Oktober – die heranwachsenden Gurken sollten jung geerntet werden. Sie schmecken besser. Der Gesamtertrag wird durch frühzeitiges Ernten höher.

▸ **Wichtige Infos**
Für die Freilandkultur kommen vorwiegend Sorten in Betracht, die sich zum Einlegen eignen; auch Schälgurken, die als Senfgurken eingelegt werden. Die schönen

Schlangengurken für Salate erntet man sicherer im Gewächshaus (siehe Seite 258). Im Freiland oder im Frühbeet werden Gurken bevorzugt am Boden kultiviert. Das Auslegen einer schwarzen Mulchfolie bringt Vorteile, weil sich der Boden dadurch stärker erwärmt. Der Platzbedarf ist bei bodenrankenden Gurken mit einem Quadratmeter größer als bei der Pflanzung am Spalier. Im Gewächshaus ranken Gurken an einer unter dem Dach gespannten Schnur hoch.

Melone
Cucumis melo

▸ **Kultur**
Wie bei Gurken. Die süßen Honigmelonen und auch Wassermelonen gelten nicht als Obst, sondern als Gemüse. Sie sind eng mit Gurken verwandt und werden auch auf dieselbe Art angebaut. Ihr Wärmebedarf ist freilich noch etwas höher und gewöhnlich nur unter Glas zu befriedigen (siehe Seite 259). Man lässt sie im Gewächshaus an Schnüren hochranken oder kultiviert sie im Frühbeet auf dem Boden aufliegend. Schwarze Mulchfolie ist wie bei Gurken günstig.

▸ **Anzucht**
wie bei Gurken

▸ **Abstand in der Reihe**
30 cm

▸ **Düngung**
wie bei Gurken, mit etwas geringerer Menge

▸ **Pflege**
Regelmäßiges Stutzen der Seitentriebe nach dem ersten Blatt ist bei hochrankenden Melonen unerlässlich. Der Schnitt entspricht der Pflege von Gurkenpflanzen.

▸ **Ernte**
Wenn die Früchte den typischen Melonenduft verströmen, ist exakt Zeit zum Ernten. Pro Pflanze lässt man höchstens ein halbes Dutzend Früchte heranreifen.

Zucchini
Cucurbita pepo

▸ **Aussaat**
ab Mitte April unter Glas, Mitte bis Ende Mai im Freiland

▸ **Reihen-/Pflanzabstand**
100 bis 120 cm

▸ **Anzucht**
Für eine zeitige Pflanzung ab Mitte Mai sät man Mitte April unter Glas aus; am besten direkt in Töpfe. Die Anzucht entspricht der Gurkenaussaat. Direktsaat ist am 10. Mai möglich; besser unter Folienabdeckung. Jeweils drei Samen werden 2 bis 3 cm tief ausgelegt; den

Melone

Gelbe Zucchini 'Golden Dawn'

kräftigsten Sämling lässt man wachsen.

▸ **Düngung**
Lassen Sie die Pflanze nicht hungern, denn sie produziert am laufenden Band neue Früchte. Eine nicht zu knappe Grunddüngung, möglichst schon im Herbst, natürlich viel Kompost und im Laufe der Kultur noch zwei Nachdüngungen – das hält sie in Schwung.

▸ **Pflege**
Die riesigen Blätter signalisieren hohen Wasserbedarf. Gleichmäßige Bodenfeuchtigkeit sorgt für gute Fruchtbildung. Probleme gibt es manchmal bei anhaltendem Regenwetter. Damit die heranwachsenden Früchte nicht faulen, kann man sie mit Stroh oder Holzwolle unterlegen. Das anfänglich häufig nötige Hacken entfällt, wenn sich die Pflanze auszubreiten beginnt.

▸ **Ernte**
Ende Juni bis Oktober – die Zucchini-Früchte sollen möglichst jung, nicht mehr als 15 bis 20 cm lang, geerntet werden. Sie schmecken weitaus besser als die riesigen „Keulen", die man erntet, wenn das Beet nach einer mehrtägigen Regenperiode wieder aufgesucht wird.

▸ **Wichtige Infos**
Zucchini gelten in heimischen Gärten nicht länger als

exotisch. Der Anbau ist nicht schwierig. Selbst ein ungünstiger, leicht schattiger Standort wird vertragen. Der Wärmebedarf ist deutlich niedriger als bei Gurken. Zwei bis drei Pflanzen reichen für eine vierköpfige Familie, aber jede Pflanze beansprucht gut einen Quadratmeter Beetfläche für sich. Identisch im Anbau ist der Spaghettikürbis.

Riesenkürbis
Cucurbita maxima

▸ **Aussaat**
Mitte April bis Anfang Mai unter Glas
▸ **Platzbedarf**
2 bis 3 m²
▸ **Anzucht**
Empfehlenswert ist die warme Vorkultur in Einzeltöpfen; ausgepflanzt wird ab Mitte Mai.
▸ **Düngung**
Das gewaltige Wachstum des Riesenkürbis braucht entsprechende Nahrung. An der Düngung sollte nicht gespart werden. Brennnesseljauche wird gut vertragen – und kostet nichts. Günstig ist die Pflanzung neben dem Komposthaufen – nicht obendrauf. Die Blätter sorgen für Beschattung des Komposts und erhalten über dessen Sickersäfte reichlich

Hokkaido

Nährstoffe. Zusätzliche Düngung ist dann unnötig.

▸ **Pflege**
Der Wasserbedarf ist entsprechend der Blattmasse beachtlich; erst recht mit beginnender Fruchtbildung. Um möglichst große Früchte zu ernten, lässt man nur wenige heranreifen. Der Ausbreitungsdrang der Pflanze lässt sich einschränken, wenn man beim Erscheinen der ersten Fruchtansätze die Triebspitzen abzwickt.

▸ **Ernte**
Oktober – vor dem ersten Frost werden die Früchte geerntet. Kühl lassen sie sich noch einige Wochen lagern.

▸ **Wichtige Infos**
Der Riesenkürbis entwickelt an einem sonnigen, geschützten Standort beachtliches Wachstum mit enormem Platzbedarf. Er ist mit

Zucchini nahe verwandt. Kultur und Ansprüche sind ähnlich. Dasselbe gilt für die weniger bekannten Rondinis und Pattissons; letztere sind wegen ihrer ungewöhnlichen Form als „Fliegende Untertassen" oder „Ufos" geläufiger. Andere Kürbisarten wie Kalebassenkürbis und Herkuleskeule gleichen in der Kultur weitgehend dem Anbau von Gurken und Melonen.

Tomate
Lycopersicon esculentum

▸ **Aussaat**
Anfang März bis Anfang April unter Glas, ab Mitte Mai auspflanzen
▸ **Reihenabstand**
60 bis 70 cm

Grüne Zucchini 'Velvia'

Feigenblatt-Kürbis

Tomate 'Classy'

Cocktailtomate

An diesen Stellen sollten Sie die Tomatenpflanze schneiden beziehungsweise ausgeizen.

▸ **Abstand in der Reihe**

50 bis 60 cm

▸ **Anzucht**

Die Aussaat muss unter Glas erfolgen. Warm, bei 20 bis 22 °C, keimen die Samen innerhalb einer Woche. Sie können direkt in Einzeltöpfe oder zunächst in Saatschalen gesät und nach drei Wochen in Töpfe pikiert werden. Im Freiland dürfen die frostempfindlichen Tomatenpflanzen erst in der zweiten Maihälfte gesetzt werden. Zu frühes Auspflanzen kann bei Kälteeinbrüchen Wachstumsstockungen bewirken. Die Pflanzlöcher werden recht großzügig ausgehoben, ein Stützpfahl von mindestens zwei Metern Länge wird gleich mit eingegraben. Spiralförmige Stützstäbe sind ideal für Tomaten. Die Setzlinge kommen möglichst tief in die Erde, damit sie zusätzliche Seitenwurzeln bilden.

▸ **Düngung**

Tomaten brauchen reichlich „Futter". Der Boden wird am besten schon im Herbst mit Dünger versorgt. Kompost ist zu jeder Zeit hochwillkommen, denn die anspruchsvollen Tomatenpflanzen wollen einen humusreichen Boden. Im Laufe der Kultur sind ein bis zwei Nachdüngungen nötig.

▸ **Pflege**

Tomaten bringen den höchsten Ertrag, wenn sie eintrie-

big wachsen. Das regelmäßige Entgeizen ist während der gesamten Kulturdauer die wichtigste Pflanzenmaßnahme. Die aus den Blattachseln ständig neu herauswachsenden Geiztriebe müssen vom Jungpflanzenstadium bis zur Ernte laufend ausgebrochen werden, sobald man sie entdeckt. Sie rauben der Pflanze unnötig Nährstoffe. Lässt man sie wachsen, dann produzieren Tomaten zwar viel Blattmasse, aber kaum Früchte. Der Wasserbedarf ist hoch; vor allem mit beginnender Fruchtbildung. Gleichmäßige Bodenfeuchtigkeit verhindert geplatzte Früchte. Tomatenpflanzen sollen stets nur im Bodenbereich gewässert werden. Das Benetzen der Blätter ist möglichst zu vermeiden, um Pilzkrankheiten zu verhindern. Die recht hohe Krankheitsanfälligkeit, vor allem für die zunehmend auftretende Braunfäule, lässt sich am besten durch Auswahl robuster Sorten, einen günstigen Standort (Schutz vor Regen!) und durch einen guten Bodenzustand (reichliche Kompostgaben) in den Griff bekommen. Keine Krankheit ist dagegen das häufig beobachtete Einrollen der Blätter. Hier ist entweder Überdüngung oder kurzfristiger Wassermangel die Ursache. Im August kappt man die Trieb-

spitze, damit keine neuen Blütenstände heranwachsen; deren Früchte würden ohnehin nicht mehr ausreifen. Im Laufe der Kultur werden einzelne Blätter von unten beginnend gelb; das ist normal. Man schneidet sie ab, schont aber bis zum Schluss das gesunde Laub.

▸ **Ernte**

Juli bis Oktober – im Freiland sind die ersten Tomaten Ende Juli erntereif, im Gewächshaus einen Monat früher. Voll ausgereift, sind sie am aromatischsten. Vor der ersten Frostnacht schneidet man die restlichen, noch grünen Früchte ab und lässt sie auf der Fensterbank nachreifen. Nach kurzer Zeit färben sie sich hier rot. Ebenso kann man die ganzen Fruchtstände zum Ausreifen im Haus aufhängen.

▸ **Wichtige Infos**

Tomaten zählen neben Salat zum beliebtesten Gemüse im Garten. Im Geschmack sind vollreif geerntete Tomaten den gekauften Früchten überlegen. Der erhoffte Erntesegen setzt allerdings viel Wärme und möglichst wenig Regen voraus. Vollsonnig und

geschützt muss der Standort sein. Ideal ist ein Platz vor einer hellen Hauswand an der Südseite, vom Dachüberstand vor zuviel Regen bewahrt. Im kühleren Regionen muss das Wetter mitspielen, günstiger ist hier die Kultur im Gewächshaus. Die Sortenvielfalt ist beeindruckend. Sie reicht von Kirschgröße bis zur Riesenfleischtomate und umfasst gelbe und rote Sorten in verschiedenen Formen. Robuste Neuzüchtungen sind gegen die meisten arttypischen Krankheiten resistent.

Gelbe Tomate 'Goldene Königin'

Paprika
Capsicum annuum

▸ **Aussaat**
Anfang März bis Anfang April unter Glas
▸ **Reihenabstand**
60 cm
▸ **Abstand in der Reihe**
40 bis 50 cm
▸ **Anzucht**
wie bei Tomaten, nur darf die Keimtemperatur noch höher sein: 22 bis 28 °C. Beim Auspflanzen wird ein Stützstab von 1 bis 1,5 m Länge mit eingegraben.
▸ **Düngung**
wie bei Tomaten
▸ **Pflege**
Nur bei viel Wärme entwickeln sich kräftige Pflanzen, und die Früchte reifen rechtzeitig aus. Die erste Blüte, die so genannte Königsblüte in der Mitte der Pflanze, wird ausgebrochen; dieser kleine Eingriff führt zum verstärkten Fruchtansatz. Gleichmäßige Bodenfeuchtigkeit ist wichtig. Bei Wassermangel können Blüten vorzeitig abgeworfen werden.
▸ **Ernte**
August bis Oktober – im Glashaus sind die ersten Früchte im Juli, im Freien ab August fertig. Sie können grün, also noch unreif geerntet werden. Aromatischer sind die Früchte, wenn sie ihre endgültige Farbe erreicht haben.

Paprika

▸ **Wichtige Infos**
Paprika gleicht in seinen Ansprüchen und in der Kultur weitgehend den verwandten Tomaten. Er ist allerdings noch etwas wärmebedürftiger, so dass die Freilandernte nur im Weinbauklima, und auch hier nur an geschützter Stelle, erfolgversprechend ist. Sicherer gelingt der Anbau im Gewächshaus (siehe Seite 259). Die Früchte färben sich im Endstadium rot, orange oder gelb, bei neuen Sorten sogar violett. Sie schmecken überwiegend mild, nur wenige Sorten sind scharf. Extreme Schärfe weisen Peperoni auf, die wie Paprika angebaut werden.

Aubergine
Solanum melongena

▸ **Aussaat**
Anfang März bis Anfang April unter Glas
▸ **Reihenabstand**
60 cm
▸ **Abstand in der Reihe**
80 cm
▸ **Anzucht**
wie bei Tomaten; Keimtemperatur mindestens 22 °C. Im Freiland unter Folie auspflanzen.
▸ **Düngung**
wie bei Tomaten, aber mit etwas geringerer Menge
▸ **Pflege**
Im Hobbygarten ist das Beschneiden der Pflanzen nicht unbedingt nötig. Man kann sie weitgehend wachsen lassen und entfernt lediglich sperrige Triebe. Ab August werden auch die sich neu bildenden Blüten abgeknipst, weil deren Früchte nicht mehr ausreifen würden.
▸ **Ernte**
August bis Oktober – die richtige Erntezeit bestimmt die Qualität. In der Regel ist es so weit, wenn die Fruchtschale durchgefärbt und glänzend ist. Danach werden die

Aubergine

Früchte matt und schmecken schwammig.
▸ **Wichtige Infos**
In ihrem hohen Wärmebedarf stehen Auberginen ihren Verwandten Tomaten und Paprika nicht nach. Der Anbau verläuft nahezu identisch. Sichere Ernten verspricht nur die Kultur im Gewächshaus (siehe Seite 259). Im Freiland bleibt das Ergebnis bei ungünstiger Witterung bescheiden.

Auberginenblüte

Zuckermais
Zea mays

▸ **Aussaat**
ab Mitte April unter Glas
▸ **Reihenabstand**
70 cm
▸ **Abstand in der Reihe**
20 cm
▸ **Anzucht**
Empfehlenswert ist Vorkultur unter Glas. Vor Mitte Mai sollte nicht ausgepflanzt werden, denn der Mais ist recht kälteempfindlich. Die Freilandaussaat gelingt am sichersten unter Folie; optimaler Zeitpunkt ist die Maimitte.
▸ **Düngung, Pflege**
Mais braucht reichliche Düngung. Am besten schon im Herbst düngen, im Laufe der Kultur noch zweimal. Hacken und in Trockenzeiten wässern, mehr ist nicht zu tun.
▸ **Ernte**
September bis Oktober – die Kolben sind reif, wenn sich die Fäden schwarz färben. Sie sollten dann möglichst bald verzehrt werden.
▸ **Wichtige Infos**
Zuckermais kann roh verzehrt werden und schmeckt ausgezeichnet. Der Anbau ist nicht schwierig.

Zuckermais

Hülsenfrüchte

Buschbohne
Phaseolus vulgaris var. nanus

▸ **Aussaat**
Vorkultur unter Glas Ende April, Mitte Mai bis Mitte Juli im Freiland

▸ **Reihenabstand**
40 cm

▸ **Abstand in der Reihe**
6 bis 8 cm oder Horstsaat mit 40 cm Abstand

▸ **Anzucht**
Bohnen sind sehr kälteempfindlich und sollten daher keinesfalls vor dem 10. Mai im Freiland gesät werden. Das Abdecken mit Folie ist bei Mai-Aussaaten hilfreich. Die Samen keimen schneller, wenn man sie zunächst 24 Stunden lang in Wasser aufquellen lässt. Buschbohnen werden vorwiegend in Horstsaat ausgelegt: Jeweils fünf bis sechs Bohnensamen mit 40 cm Abstand der „Horste" auslegen. Die Bohnen dürfen nicht tiefer als 2 cm in die Erde kommen. Alternativ können die Bohnensamen gleichmäßig in der Reihe mit 6 bis 8 cm Abstand ausgelegt werden.

Feuerbohnenblüte

Für frühere Ernten ist Vorkultur möglich: Jeweils vier bis sechs Bohnensamen werden in Töpfe gelegt und bei 20 °C zum Keimen gebracht. Die kompakten Pflanzenknäuel können in der zweiten Maihälfte ins Beet gesetzt werden.

▸ **Düngung**
Als eigene Düngerproduzenten sind Bohnen mit geringen Nährstoffgaben zufrieden. Eine leichte Düngung vor der Aussaat genügt; bei guter Kompostversorgung ist zusätzlicher Dünger entbehrlich.

▸ **Pflege**
Beim Hacken der Beetreihen werden die Bohnenpflanzen leicht angehäufelt, damit sie einen besseren Stand erhalten. Anfangs zurückhaltend wässern, erst mit Blühbeginn steigt der Wasserbedarf. Bei Trockenheit können die Früchte vorzeitig abgeworfen werden.

Feuerbohne

▸ **Ernte**
Ende Juni bis September – frühe Sorten sind schon zum Sommeranfang erntereif. Beim Pflücken dürfen die Triebe nicht verletzt werden, sonst gibt es Wachstumsstörungen. Die meisten Sorten können mehrfach durchgepflückt werden; mit der Ernte nicht zu lange warten. Nur Trockenbohnen lässt man bis zum Ausreifen an der Pflanze. Bohnen müssen vor dem Verzehr ausreichend lange gekocht werden; beim Erhitzen wird der enthaltene Giftstoff Phasin abgebaut.

▸ **Wichtige Infos**
Buschbohnen sind ein dankbares Gemüse. Sie bereiten beim Anbau gewöhnlich keine Probleme und bieten eine schnelle Ernte. Feine Filetbohnen brauchen bei günstigen Bedingungen von der Aussaat bis zur Ernte nur 40 Tage. Außerdem versorgen sie den Boden mit Stickstoff: Mit Hilfe bestimmter Bakterien sind ihre Wurzeln in der Lage, Stickstoff der Luft zu binden (siehe Seite 56.). Die Wurzelrückstände der Bohnenpflanzen sollten deshalb nach der Ernte im Boden verbleiben. Ausreichender Kalkgehalt (pH-Wert 7) fördert das Wachstum. Die Sortenvielfalt ist riesig. Sie reicht von den feinen Filetbohnen über gelbe Wachsbohnen,

Sorten mit blauen oder rotweißen Hülsen, roten Kidneybohnen und anderen Trockenkochbohnen bis zu den gleichfalls essbaren Feuerbohnen. Beim Anbau wird zwischen niedrig wachsenden Buschbohnen und den kletternden Stangenbohnen unterschieden.

Stangenbohne
Phaseolus vulgaris var. vulgaris

▸ **Aussaat**
Mitte Mai bis Mitte Juni

▸ **Reihenabstand**
80 bis 100 cm

▸ **Abstand in der Reihe**
50 cm Horstabstand

▸ **Anzucht**
Die Aussaat erfolgt an Ort und Stelle. Jeweils acht bis zehn Samenkörner legt man rund um eine Stange aus.

▸ **Düngung**
Der Nährstoffbedarf liegt etwas höher als bei Buschbohnen; während der Kultur ist eine Nachdüngung sinnvoll.

▸ **Pflege**
Anfangs muss man den Pflanzen noch ein wenig Rankhilfe geben; eventuell anbinden. Später klimmen sie von selbst hoch. Regelmäßig hacken und mit beginnender Fruchtbildung stets ausreichend wässern.

▸ **Ernte**
Ab August – deutlich später als Buschbohnen – sind Stangenbohnen reif. Sie sollten laufend in kurzen Abständen durchgepflückt werden.

▸ **Wichtige Infos**
Stangen- oder Kletterbohnen sind aufwendiger anzubauen als Buschbohnen, weil sie ein Stützgerüst brauchen. Dafür ist der Ertrag deutlich höher und die Erntezeit länger. Als Kletterhilfe verwendet man dünne Holzstangen von drei Metern Länge. Sie werden 50 cm tief in die Erde eingegraben. Abstand: 75 × 50 cm.

Buschbohne

Stangenbohne

Erbse

Zur Stabilisierung lehnt man vier bis fünf Stangen wie eine Pyramide gegeneinander. Ebenso kann man die Stangen mit Spanndrähten verbinden oder in Dachform gegeneinander stellen. Die rankenden Feuerbohnen werden weniger wegen ihrer (essbaren) Früchte, sondern hauptsächlich wegen ihrer dekorativen roten Blüten gepflegt. Sie sind recht robust und können schon Anfang Mai im Freiland gesät werden. Zum Ranken brauchen sie ein Spalier.

Erbse
Pisum sativum

▸ **Aussaat**
April bis Mitte Juni, März für Schalerbsen
▸ **Reihenabstand**
40 cm

▸ **Abstand in der Reihe**
5 cm
▸ **Anzucht**
Schon im März dürfen Schalerbsen gesät werden; sie vertragen Frost sogar während der Blüte. Markerbsen und Zuckererbsen sät man ab April. Die Samen legt man 5 cm (!) tief in den Boden und drückt die Erde gut an, damit sie festen Bodenschluss aufweisen. Platz sparend ist die Aussaat in Doppelreihen mit 10 cm Zwischenraum.
▸ **Düngung**
Ebenso wie Bohnen und andere Schmetterlingsblütler produzieren Erbsen an ihren Wurzeln Stickstoff (siehe Seite 56). Zusätzliche Düngung ist kaum erforderlich, wenn der Boden mit viel Kompost versorgt ist.
▸ **Pflege**
Die meisten Erbsenarten benötigen eine leichte Stütze

in Form von Reisern, die man in den Boden steckt. Oder man lässt sie an einem Maschendraht hochranken. Von Markerbsen gibt es so genannte Buscherbsen-Sorten, die auch ohne Stütze auskommen. Bei Aussaat in Doppelreihen stützen sich die Pflanzen gegenseitig. Anfangs werden die Reihen leicht angehäufelt. Rechtzeitig wässern, denn Trockenheit führt zur Ertragsminderung.
▸ **Ernte**
Schalerbsen sind schon ab Ende Mai erntereif. Bei Markerbsen und Zuckererbsen beginnt die Ernte Mitte Juni. Markerbsen wollen möglichst jung gepflückt werden, während Zuckererbsen etwas länger reifen dürfen.
▸ **Wichtige Infos**
Drei Arten von Erbsen stehen zur Auswahl:
1. Markerbsen sind am beliebtesten und werden in unterschiedlichen Sorten angeboten.
2. Schalerbsen, auch Palerbsen genannt, finden als Trockenerbsen Verwendung.
3. Zuckererbsen werden mitsamt Hülle verzehrt; sie schmecken angenehm süß.

Wurzel- und Knollengemüse

Meerrettich
Armoracia rusticana

▸ **Anzucht und Pflege**
Meerrettich ist nicht ohne, denn im Garten kann er sich wie Unkraut ausbreiten. Im Frühjahr werden Wurzelausläufer, so genannte Fechser, gepflanzt. Man setzt sie mit 60 cm Abstand, je 10 cm tief, schräg in die Erde und häufelt leicht an. Nur den stärksten Trieb lässt man wachsen; Nebentriebe werden entfernt.

Meerrettich

▸ **Düngung**
Im zeitigen Frühjahr und noch einmal während der Kultur wird gedüngt.

▸ **Ernte**
Ab Oktober werden die stangenartigen Wurzeln zum Ernten ausgegraben.

Möhre
Daucus carota

▸ **Aussaat**
März bis Juni

▸ **Reihenabstand**
15 bis 25 cm

▸ **Abstand in der Reihe**
5 bis 8 cm

▸ **Anzucht**
Frühsorten dürfen in wärmeren Lagen schon ab Ende Februar gesät werden; sicherer ist März-Aussaat. Folienabdeckung wird empfohlen. Mittelfrühe und späte Sorten für die Lagerung sät man ab April. Da Möhrensamen je nach Bodentemperatur drei Wochen und länger zum Keimen brauchen, sät man einige Körner Radieschen mit aus. Sie keimen schneller und markieren die Saatreihe (Markiersaat).

▸ **Düngung**
Der frühe Aussaattermin erfordert eine Gründüngung im Herbst. Möhren brauchen als Mittelzehrer mäßige Düngergaben, die kleineren Frühsorten etwas weniger. Späte Sorten können im Lauf

Gute Mischkultur: Möhren und Zwiebeln

Geerntete Pastinaken-Wurzeln

der Kultur eine Nachdüngung erhalten. Keinesfalls frischen Tiermist verwenden!

▸ **Pflege**
Ausreichende Wasserversorgung wird bei Möhren häufig übersehen; sie ist wichtig für eine gute Ernte. Wenn die „Köpfe" der Möhren aus der Erde schauen, häufelt man sie an, damit sie nicht grün werden. Grüne „Köpfe" sind zwar nicht giftig – aber ein Qualitätsmangel. Den Befall mit Kohlfliegen verhindert eine leicht windige Lage; ebenso ein früher Saattermin. Oder man verwendet ein Insektenschutznetz.

▸ **Ernte**
Juli bis Oktober – die frühen Möhren werden nicht sehr groß, sind aber äußerst zart. Späte Möhren lässt man möglichst lange bis zum Herbst im Boden. Kühl gelagert, halten sie monatelang.

▸ **Wichtige Infos**
Möhren brauchen einen lockeren und humusreichen, mit viel Kompost versorgten Boden, damit sich gleichmäßige Wurzeln bilden. Je nach Aussaatzeit gibt es unterschiedliche Sorten.

Pastinake
Pastinaca sativa

▸ **Aussaat**
Die Aussaat erfolgt Mitte April mit 40 cm Abstand; später werden die Sämlinge in der Reihe auf 10 bis 15 cm Abstand vereinzelt.

▸ **Düngung**
Neben der Grunddüngung sind während der Kultur zwei Nachdüngungen erforderlich. Nicht zu trocken halten, sonst blühen die Pflanzen vorzeitig.

▸ **Pflege**
In rauen Lagen ist eine winterliche Laubabdeckung vorteilhaft.

▸ **Ernte**
Die Ernte beginnt im Oktober.

▸ **Wichtige Infos**
Im Geschmack erinnern Pastinaken an Möhren und Petersilie. Sie wachsen in jedem humusreichen Boden.

Radieschen
Raphanus sativus

▸ **Aussaat**
ab Februar unter Glas, März bis Anfang September im Freiland

▸ **Reihenabstand**
15 bis 20 cm

▸ **Abstand in der Reihe**
3 bis 5 cm

▸ **Anzucht**
Gern werden Radieschen im Frühbeet gesät; hier ebenso

Möhre

Pastinaken 'Halblange'

Radieschen

wie im Gewächshaus schon ab Februar. Im Freiland darf ab März gesät werden; anfangs besser unter Folie. Die Saatkörner legt man mit geringem Abstand in 1 cm tiefe Saatrillen. Nach dem Keimen wird auf einen Abstand von 3 bis 5 cm ausgedünnt.

▸ **Düngung**
Als Schwachzehrer kommen Radieschen mit guter Kompostversorgung aus.

▸ **Pflege**
Auf gleichmäßige Bodenfeuchtigkeit ist vor allem beim Sommeranbau zu achten. Schon kurzfristige Trockenheit kann den Geschmack beeinträchtigen. Durchlöcherte Blätter sind das Werk von Erdflöhen; häu-

figes Hacken und genügend feuchter Boden verhindern die Ausbreitung. Der Befall mit Gemüsefliegen lässt sich durch eine sehr frühe (März) oder sehr späte (Anfang September) Aussaat verhindern.

▸ **Ernte**
Ende April bis Oktober – fortlaufend kann geerntet werden; die größten Radieschen zuerst. Lässt man die Radieschen zu lange im Beet, dann werden sie im Geschmack leicht pelzig.

▸ **Wichtige Infos**
Radieschen sind leicht heranzuziehen und können bald geerntet werden. Humusreicher Boden bietet beste Bedingungen für das Wachstum schöner Radieschen. Die Sortenvielfalt umfasst neben Früh- und Sommersorten auch solche mit rot-weiß gefärbten und unterschiedlich geformten „Früchten".

Rettich
Raphanus sativus var. niger

▸ **Aussaat**
ab Februar unter Glas, März bis Juli im Freiland; Winterrettich Mitte bis Ende Juli
▸ **Reihenabstand**
25 bis 30 cm
▸ **Abstand in der Reihe**
15 bis 20 cm

Frisch geerntete Radieschen

Rettich

▸ **Anzucht**
Vorkultur ab Februar unter Glas ist möglich, um die Ernte zu verfrühen. Im Freiland kann schon ab März gesät werden; dann noch unter Folie. Winterrettich darf nicht vor Mitte Juli gesät werden.

▸ **Düngung**
Der Nährstoffbedarf ist nur wenig höher als bei den eng verwandten Radieschen. Eine leichte Düngung vor der Aussaat ist entbehrlich, wenn reichlich Kompost verwendet wird.

▸ **Pflege**
Bei guter Bodenvorbereitung und ausreichender Bewässerung entwickeln sich Retti-

che problemlos. Trockenheit kann sich negativ auf den Geschmack auswirken.

▸ **Ernte**
Mai bis November – schon ab Mai ist mit den ersten Exemplaren früher Sorten zu rechnen. Die Beete werden mehrfach durchgeerntet. Winterrettich bleibt bis Anfang November in der Erde. Er lässt sich sehr gut lagern.

▸ **Wichtige Infos**
Vom Rettich gibt es unterschiedliche Sorten: weiße, rote, rosafarbene und sogar blaue Farben in verschiedenen Formen und den Winterrettich mit schwarzer Außenhaut und weißem Fruchtfleisch. In tiefgründig gelockerter, humusreicher Erde entwickeln sich gleichmäßige Rettiche.

Schwarzwurzel
Scorzonera hispanica

▸ **Aussaat**
Gesät wird im März oder April mit 30 cm Reihenabstand, später in der Reihe auf 10 cm Abstand vereinzelt.

▸ **Düngung**
Im Laufe der Kultur sind zwei Folgedüngungen nötig.

Schwarzwurzel

▸ **Ernte**
Ab Oktober, wenn das Laub welkt, kann geerntet werden. Die zerbrechlichen Wurzeln müssen vorsichtig von der Seite ausgegraben werden.

▸ **Wichtige Infos**
Die im Geschmack spargelähnlichen Schwarzwurzeln sind ein wenig aus der Mode gekommen. Sie wachsen in jedem Klima und bevorzugen einen gut gelockerten, humusreichen Boden.

Knollensellerie
Apium graveolens var. *rapaceum*

▸ **Aussaat**
Vorkultur unter Glas im März, Ende Mai auspflanzen
▸ **Reihen-/Pflanzabstand**
40 cm
▸ **Anzucht**
Die Aussaat der feinen Samen unter Glas bei 15 bis 20 °C Keimtemperatur muss schon im März erfolgen, damit die ein- bis zweimal pikierten Pflänzchen kräftig genug fürs Freiland sind. Erst nach Ende Mai darf der frostempfindliche Sellerie ins Beet. Die Jungpflanzen müssen möglichst hoch gesetzt werden; Voraussetzung für gute Knollenbildung.

▸ **Düngung**
Als Starkzehrer darf Sellerie nicht zu knapp gehalten werden. Herbstdüngung ist vorteilhaft, im Sommer wird noch einmal nachgedüngt.
▸ **Pflege**
Während der langen Kulturdauer muss laufend gehackt werden. Gleichmäßige Bodenfeuchtigkeit bekommt der Knollenbildung am besten.
▸ **Ernte**
Oktober bis Anfang November – erst zum Herbst ist die Ernte fällig. Leichter Frost wird vertragen. Bei kühler Lagerung sind die mit Blättern geernteten Sellerieknollen lange haltbar.
▸ **Wichtige Infos**
Knollensellerie gleicht im Anbau weitgehend dem Stangensellerie, mit dem er nahe verwandt ist. Obwohl die Knollen sehr robust wirken, ist die Kultur recht anspruchsvoll.

Rote Bete
Beta vulgaris var. *vulgaris*

▸ **Aussaat**
Ende April bis Ende Juni
▸ **Reihenabstand**
25 cm
▸ **Abstand in der Reihe**
10 bis 15 cm

Rote Bete

▸ **Anzucht**
Leichter Frost wird vertragen, so dass im Freiland schon ab Ende April gesät werden kann. Ein noch früherer Termin erfordert Folienabdeckung.
▸ **Düngung**
Der Nährstoffbedarf ist mäßig. Vorratsdüngung im Herbst ist empfehlenswert. Bei reichlicher Kompostversorgung kann man auf zusätzliche Düngung verzichten.
▸ **Pflege**
Ausreichende Wasserversorgung sichert gleichmäßiges Wachstum. Zu weit aus der Erde schauende Rote Bete werden leicht angehäufelt.
▸ **Ernte**
Juli bis Anfang Oktober – holen Sie die Knollen recht früh aus der Erde. Bei einem Durchmesser von nur 6 cm weisen sie den besten Geschmack auf. Beim Ernten darf die Wurzel nicht verletzt werden, sonst läuft der wertvolle Saft aus.
▸ **Wichtige Infos**
Der Anbau von Roter Bete bereitet keine Schwierigkeiten. In humusreichem Boden entwickeln sich die Knollen wunschgemäß. Ihr Gesundheitswert ist beachtlich.

Kartoffel
Solanum tuberosum

▸ **Auspflanzen**
ab April
▸ **Reihenabstand**
30 bis 50 cm
▸ **Abstand in der Reihe**
30 bis 35 cm
▸ **Vorkeimen**
Für frühere und reichere Ernten ist das Vorkeimen – ab Mitte März – empfehlenswert. Die Pflanzkartoffeln werden in flache Kisten ausgebreitet; die Seite mit den meisten Augen nach oben. Hell aufgestellt und bei mäßiger Wärme um 15 °C treiben sie bald aus. Die Keime sollen nicht zu lang werden, sonst brechen sie beim Einpflanzen der Knollen leicht ab.
▸ **Auspflanzen**
Die zweite Aprilhälfte ist für Frühkartoffeln die beste Pflanzzeit; unter Folie noch etwas früher. Mittelfrühe

Knollensellerie

Kartoffelblüte

Kartoffelernte

Zwiebeln

Sorten und Lagerkartoffeln kommen im Mai in die Erde. Die Pflanztiefe beträgt 5 bis 10 cm.

Düngung

Als Starkzehrer weisen Kartoffeln einen entsprechend hohen Düngerbedarf auf. Vorratsdüngung im Herbst ist ratsam. In jedem Fall ist großzügige Kompostversorgung erforderlich. Steinmehl bekommt Kartoffeln ausgezeichnet.

Pflege

Sobald sich die ersten Triebe aus der Erde schieben, wird in Abständen regelmäßig gehackt und gleichzeitig angehäufelt. Das Anhäufeln verhindert, dass Knollen aus der Erde schauen und sich grün färben. Grüne Kartoffeln dürfen wegen des Giftstoffs Solanin nicht verwendet werden. Bei Trockenheit müssen die Pflanzreihen unbedingt gewässert werden, das erhöht den Ertrag. Kartoffeln und Tomaten sollten nicht in unmittelbarer Nähe angebaut werden, um die Übertragung von Krankheiten zu vermeiden. Auf Kartoffelkäfer achten: absammeln oder das Laub mit Algenkalk bestäuben.

Ernte

Juli bis Oktober – Frühkartoffeln können bereits geerntet werden, wenn die Pflanzen in voller Blüte stehen. Bei allen späteren Sorten wartet man mit der Ernte, bis das Laub vergilbt ist. Mit einer Grabegabel oder einem Krail holt man die Knollen unbeschädigt aus der Erde.

Wichtige Infos

Der Anbau von Frühkartoffeln kann nur empfohlen werden. Sie bereiten kaum Arbeit, schmecken ausgezeichnet und hinterlassen einen lockeren, unkrautfreien Boden.

Zwiebelgemüse

Zwiebel
Allium cepa

Aussaat
Ende Februar bis März und August

Reihenabstand
20 bis 25 cm

Abstand in der Reihe
5 bis 10 cm

Anzucht
Die Aussaat kann in wärmeren Regionen schon ab Ende Februar erfolgen, sobald der Boden abgetrocknet ist. Die Keimung erfolgt sehr langsam. Bei einer Länge von 10 cm können die Sämlinge auf den endgültigen Abstand vereinzelt werden.

Steckzwiebeln
Einfach sind Steckzwiebeln gepflanzt. Man drückt sie im Abstand von 5 bis 10 cm so weit in die Erde, dass sie gerade bedeckt sind. Steckzwiebeln dürfen ebenfalls schon ab Ende Februar in die Erde kommen. Wintersteckzwiebeln für die Frühjahrsernte werden in der zweiten Augusthälfte gepflanzt.

Düngung
Dicke Zwiebeln erntet man nicht durch üppige Düngung. Reichlich Kompost, das genügt. Keinesfalls frischen Tiermist verwenden.

Pflege
Anfangs muss bei Bedarf gewässert werden. Wenn sich die Pflanzen gut entwickelt haben, spätestens ab August, dürfen sie auch bei Trockenheit kein Wasser bekommen. Bei den überwinternden Zwiebeln ist das Abdecken mit Fichtenzweigen bei Kahlfrost ratsam. Ziebelfliegen werden durch Insektenschutznetze abgewehrt. Mehltaubefall ist oft eine Folge zu dichter Abstände und reichlicher Stickstoffdüngung.

Ernte
April bis Juni (Winterzwiebeln) und Juli bis Oktober – schon im zweiten Frühjahr können die überwinterten Zwiebeln laufend geerntet werden. Sie bilden nur ansatzweise eine Zwiebel und werden mitsamt ihrem Laub verwertet. Im Frühjahr gepflanzte Steckzwiebeln sind ab Juli, die gesäten Zwiebeln ab August erntereif. Das Umtreten der Blätter zum beschleunigten Reifen bringt keine Vorteile und sollte unterbleiben. Die geernteten Zwiebeln können ähnlich wie Knoblauch zu Zöpfen geflochten und luftig aufgehängt werden.

Wichtige Infos
Der Anbau von Zwiebeln erfordert in erster Linie Geduld, denn von der Aussaat bis zur Ernte vergehen wenigstens vier Monate. Schneller geht's mit gekauften Steckzwiebeln. In nicht allzu rauen Lagen können im Spätsommer spezielle Wintersorten gesät oder Wintersteckzwiebeln gepflanzt

Zwiebelpflanzen

werden. Sie überwintern im Beet und liefern schon im zeitigen Frühjahr frischen Zwiebellauch.

Auf dieselbe Art werden Winterzwiebeln angebaut und verwendet; sie werden manchmal auch Heckenzwiebeln genannt und sind mehrjährig. Lauchzwiebeln sind ein Mittelding zwischen Zwiebeln und Lauch; Anbau wie gewöhnliche Zwiebeln.

Lauch
Allium porrum

▸ **Aussaat**
ab Februar unter Glas, April bis Juni im Freiland
▸ **Reihenabstand**
25 bis 30 cm
▸ **Abstand in der Reihe**
15 cm
▸ **Anzucht**
Vorkultur unter Glas bei 15 bis 18 °C Keimtemperatur ergibt die frühesten Ernten. Ab Anfang April dürfen die anfangs noch recht schwächlichen Pflänzchen ins Freiland. Man setzt sie recht tief; Folienabdeckung ist ratsam. Für die bevorzugte Erntezeit im Herbst und Winter sät man von April bis Mitte Juni im Freiland aus.
▸ **Düngung**
Reichliche Düngung schon im Herbst ist vorteilhaft, dazu ein bis zwei Nachdüngungen im Verlauf der Kultur.

Wie bei Zwiebeln keinen frischen Tiermist verwenden.
▸ **Pflege**
Beim Hacken der Beete werden die Pflanzreihen leicht angehäufelt, damit die Schäfte weiß bleiben. Gleichmäßige Bodenfeuchtigkeit ist für die Entwicklung nicht zu unterschätzen. Insektenschutznetze wehren Lauchfliegen ab.
▸ **Ernte**
Juni bis Dezember – schon die jungen Lauchstangen kann man verwenden; von frühen Aussaaten sogar schon ab Juni. Ende September beginnt die Haupterntezeit, die von den vollkommen frostharten Sorten im Frühjahr fortgesetzt wird.
▸ **Wichtige Infos**
Lauch, manchem als Porree bekannt, ist ein oft unterschätztes Gemüse. Der Anbau entspricht in etwa den verwandten Zwiebeln. Noch wichtiger ist hier ein humusreicher, mit viel Kompost verbesserter Boden. Angeboten werden Sorten für die Ernte im Sommer und Herbst und solche für die Winterernte.

Knoblauch
Allium sativum

Anbau
Der Anbau von Knoblauch verläuft ähnlich wie die Kultur von Steckzwiebeln, und

auch die Ansprüche unterscheiden sich kaum. Die einzelnen Zehen werden zeitig im Frühjahr (Ende Februar bis Anfang April) etwa 3 cm tief in die Erde gesteckt.
▸ **Reihenabstand**
20 cm
▸ **Abstand in der Reihe**
10 bis 15 cm
▸ **Ernte**
August bis November – in nicht zu rauen Lagen können vom geernteten Knoblauch einzelne Zehen gleich wieder gesteckt werden.

Ausdauernde Gemüsearten

Artischocke
Cynara scolymus

▸ **Aussaat**
im März unter Glas, ab Mitte Mai auspflanzen
▸ **Reihen-/Pflanzabstand**
100 cm
▸ **Anzucht**
Vorkultur bei mindestens 20 °C Keimtemperatur und Umsetzen in Einzeltöpfe ergibt kräftige Jungpflanzen, die in der zweiten Maihälfte gepflanzt werden können.
▸ **Düngung, Pflege**
Die anspruchsvollen Gewächse benötigen einen gut gedüngten, humusreichen Boden. Während der

Artischockenblüte

Kultur ein- bis zweimal nachdüngen und immer ausreichend wässern. Nach vier Jahren nimmt der Ertrag ab. Die Pflanzen können dann geteilt werden, oder man sät neu aus. Im Winter müssen die Wurzeln mit einer dicken Laubdecke vor starkem Frost geschützt werden.
▸ **Ernte**
Juli bis Oktober – geschnitten werden die Blütenknospen, solange sie noch geschlossen sind. Wenn der Zeitpunkt verpasst wird, bieten sie statt der Ernte immer noch attraktive Blüten zum Anschauen.
▸ **Wichtige Infos**
Der Anbau von Artischocken gelingt in nicht allzu rauen Lagen. Sie brauchen einen geschützten Standort.

Spargel
Asparagus officinalis

▸ **Anbau und Pflege**
Der Spargelanbau ist anfangs sehr arbeitsaufwändig, entschädigt aber mit einer Erntezeit bis zu 15 Jahren. Das Spargelbeet muss bis 50 cm tief umgegraben und mit Kompost, verrottetem Stallmist oder anderem Dünger versorgt werden. Die gekauften Spargelwurzeln setzt man mit 40 cm Abstand in vorbereitete Gräben von 50 cm Breite und 30 cm Tiefe. Im Sommer mehrfach hacken, bei Bedarf wässern und einmal nachdüngen. Im zweiten Jahr füllt

Lauch

Knoblauch

Artischocke

Weißer und grüner Spargel

Rhabarberernte

man den Graben allmählich auf und düngt zweimal nach. Jedes Jahr im Herbst wird das welke Laub abgeschnitten. Im dritten Jahr errichtet man über der Spargelreihe einen 40 cm hohen Erdwall; unten 80 cm, oben 40 cm breit. Das Abdecken der Beete mit schwarzer Folie erspart das jährliche Aufschichten des Erdwalls.

▸ **Ernte**
Im Mai können dann die ersten Spargel freigelegt und abgeschnitten werden.

▸ **Wichtige Infos**
Grünspargel wird auf ähnliche Weise wie sein bleicher Verwandter angebaut. Hier verzichtet man grundsätzlich auf den Erdwall und schneidet die Grünspargel erst dann, wenn die Triebe

etwa 20 cm aus der Erde schauen und sich die Triebspitzen öffnen.

Rhabarber
Rheum rhabarbarum

▸ **Anbau und Pflege**
Rhabarber anzubauen bereitet keine Schwierigkeiten. Er wächst am besten an einem leicht schattigen Standort in stets feuchtem Boden. Jeweils im Frühjahr muss gedüngt werden. Wurzelstücke mit Knospen werden mit 1 m Abstand flach eingepflanzt.

▸ **Ernte**
Bei der Ernte dreht man einzelne Stiele mit einem leichten Ruck ab. Die Pflanze muss mindestens ein Drittel

der Blätter behalten. Nach Mitte Juni sollte nicht mehr geerntet werden.

Pilze

▸ **Kultur**
Der Anbau von Speisepilzen erfordert viel Sorgfalt. Von einigen ausgezeichnet schmeckenden Pilzarten wird Pilzbrut im Gartenfachhandel angeboten. Schii-take und Samtfußrübling werden auf frisch geschlagenen Holzstämmen kultiviert; der Kulturträuschling auf Strohballen. Der Austernpilz, auch Austernseitling genannt, lässt sich auf beide Arten heranziehen. Die Kultur auf Strohballen beginnt am besten im

Frühjahr. Auf gepressten, gut befeuchteten Strohballen wird Pilzbrut verteilt. An einem windgeschützten, halbschattigen Standort entwickelt sich bei ausreichender Befeuchtung ein weißes Pilzgeflecht. Schon im Sommer kann zum ersten Mal geerntet werden; im Frühjahr noch einmal. Für die Kultur auf Holz sind vor allem Birke und Buche geeignet.

▸ **Ernte**
Die erste Ernte ist im Frühjahr fällig; danach in Wellen und mehrere Jahre hintereinander.

▸ **Wichtige Infos**
Die genauen Kulturanleitungen für die Pilzzucht auf Stroh oder Holz bekommen Sie beim Kauf der Pilzbrut dazu.

Rhabarber

Pilze

Der Kräutergarten

Die große Beliebtheit von Kräutern kommt nicht von ungefähr. Die Rückbesinnung auf alte Traditionen und der Wunsch nach gesundheitsbewusster Ernährung rücken sie mehr und mehr ins Rampenlicht. Traditionelle Küchenkräuter haben längst Konkurrenz aus den eigenen Reihen bekommen. Betrachten wir nur mal die artenreiche Salbei- oder Thymian-Familie, Minzen und Basilikum. Nie gab es eine größere Auswahl an Heil-, Würz- und Duftkräutern. Ob Aloe, Süßkraut oder Zitronenstrauch, sie sind weit mehr als Modekräuter und ergänzen sich wunderbar mit Klassikern wie Schnittlauch und Petersilie.

Und das Beste ist: Man kann die meisten querbeet – im Nutz- oder Ziergarten – miteinander kombinieren oder problemlos im Topf heranziehen. Eine Mischkultur mit Kräutern begünstigt zudem den gesunden Pflanzenwuchs, wehrt Schädlinge ab und beugt Pilzinfektionen vor.

Praktisch und beliebt sind auch so genannte Themengärten. Hier ist das Erleben der Lieblingskräuter viel intensiver. Selbst wenn für die Realisierung nur wenige Quadratmeter zur Verfügung stehen, lohnt sich ein Versuch in jedem Fall. In einer Kräuterspirale oder auf einer Trockenmauer zum Beispiel lassen sich auf engem Raum viele Kräuter für den täglichen Bedarf unterbringen.

Bunte Mischung: Zierpflanzen und Kräuter harmonieren gut miteinander: Katzenminze, Kümmel, Schafgarbe, Indianernessel, Goldfelberich, Muskateller-Salbei und Johanniskraut schmücken das Beet.

Würzkräuter

Charakteristisch für Küchenkräuter ist ihre intensive Würze. Sie verbessert die Bekömmlichkeit schwerer Gerichte und fördert die Verdauung. Gemüse mit wenig ausgeprägtem Aroma, wie Zucchini, Kürbis oder Kohlrabi werden durch die Zugabe von Petersilie, Thymian, Dill oder Bohnenkraut zum völlig neuen Geschmackserlebnis. Und fette Fleischgerichte werden durch die Zugabe von Kümmel und Majoran bekömmlicher.

Ob Sie nun ein rein auf Nutzen bezogenes Küchenkräuterbeet oder einen ausgesprochenen Gourmet-Garten, kombiniert mit Erdbeeren, Obststräuchern und Gemüsen, anlegen: Würzkräuter bevorzugen einen windgeschützten Platz an der Sonne.

Ein klassischer Bauerngarten mit von Buchs gesäumten Beeten. Hier tummeln sich unter anderem Rosmarin, Minzen, Weinraute und Muskateller-Salbei.

In diesem Duftkräuter-Beet gibt es kaum ein Durchkommen mehr: Lavendel, Oregano & Co. haben sich überall breit gemacht.

Ein bildschöner Gartenweg – sagenhaft, wie sich Thymian in den Steinfugen breitmacht.

Damit die Kräuter auch tatsächlich ihren Zweck erfüllen und man selbst bei Wind und Wetter die Ernte nicht scheut, pflanzen Sie sie am besten so, dass alle gut zugänglich sind – vor allem sauberen Fußes. Dafür haben sich Trittsteinplatten bestens bewährt.

Die wichtigsten Würzkräuter Bärlauch, Blattkoriander, Basilikum, Bohnenkraut, Dill, Estragon, Fenchel, Kerbel, Knoblauch, Liebstöckel, Majoran, Minze, Salbei, Oregano, Petersilie, Rosmarin, Schnittlauch, Schnittknoblauch, Sellerie und Thymian gehören zu den wichtigsten Würzkräutern.

Heilkräuter

Im Gegensatz zu den Würzkräutern, die wir in der Regel täglich konsumieren, sieht es mit Heilkräutern im Hausgarten anders aus. Der Umgang beziehungsweise die Verwertung verlangt etwas mehr Wissen.
Zweifellos gibt es viele wirksame Hausmittel, die der kundige Laie selber herstellen kann und die bei leichten Unpässlichkeiten auch helfen. Doch Hände weg von Pflanzen, die Sie nicht kennen, viele sind giftig! Für Krankheiten ist und bleibt der Arzt zuständig. Beschränken wir uns also lieber auf den

optischen Genuss und erfreuen uns am majestätischen Auftritt von Königskerze, Fingerhut, Alant oder Indianernessel, die, ganz gleich wo sie auch stehen, für Entzücken sorgen. Viele Heilpflanzen, als solche oft gar nicht bekannt, wie Stockrosen, Eibisch, Nachtkerze, Weinraute, Wollziest, Kapuzinerkresse, Malve oder Veilchen haben im Ziergarten ihren Stammplatz aufgrund ihrer Schönheit.

Dekorative Heilkräuter Engelwurz, Frauenmantel, Heiligenkraut, Heilziest, Kamille, Königskerze, Lavendel, Mädesüß, Mariendistel, Nelkenwurz, Tripmadam, Ringelblume, Schafgarbe, Stockrose, Ysop haben einen dekorativen Effekt.

Duftkräuter

Pflanzenduft live zu erleben, ihn einzuatmen und in uns zu spüren ist etwas ganz Kostbares. Denn Duft berührt unsere Seele, wirkt inspirierend und weckt Kindheitserinnerungen. Wann immer wir mit Düften konfrontiert werden, verändert sich unser Befinden. Duft setzt Emotionen frei und verzaubert die Sinne. Am schönsten und angenehms-

ten ist das Erlebnis sicher im Garten, wo Pflanzenduft unsere Seele auf Schritt und Tritt berühren kann. Vom gleichzeitigen Genuss der Farben und Formen ganz zu schweigen. Duftkräuter sind nichts anderes als Würz- oder Heilpflanzen, deren Hauptinhaltsstoffe die ätherischen Öle ausmachen, beispielsweise Rosmarin, Thymian, Lavendel oder Kamille. Pflanzendüfte sind flüchtig, daher ist es angebracht, eine Duftecke windgeschützt hinter einer Mauer oder Hecke zu platzieren.

Gestalten mit Duftkräutern Zur Gestaltung gehören ebenso Wege und eine Sitzmöglichkeit. Denn viele Düfte sind nur in der Nähe wahrzunehmen und nicht schon meterweit zu riechen, wie der Muskateller-Salbei. Interessante Akzente setzen grau- und buntlaubige Kräuter. Wer nur wenig Platz hat, sollte Duftkräuter als Solisten (in Einzelstellung) nutzen. Besonders reizvoll sind Baumscheiben, auf denen im Frühjahr Veilchen oder Primeln blühen. Schön macht sich auch der im Sommer unermüdlich blühende, kriechende Thymian *(Thymus serpyllum)*. Er füllt willig die Fugen und Ritzen jedes Bodenbelages oder breitet sich, wie die Römische Kamille *(Anthemis nobilis)*, rasch zum begehbaren Teppich aus. Schnell bodenbedeckend ist auch der stark duftende, weiß blühende Waldmeister. Er gedeiht allerdings nur im Schatten.

Weitere Duftkräuter Alant, Bärlauch, Currykraut (besonders nach Regen), Lavendel, Mädesüß, Minzen, Muskatel-

Betörender Sitzplatz: Die Holzbank ist gesäumt von Töpfen mit verschiedenen Basilikum-Sorten. Am Fuß der Bank zum Beispiel das aromatische Busch-Basilikum und im großen Topf rechts und oben in der flachen Schale das bekannte 'Genoveser'-Basilikum.

*Lauschiges Terrassen-Gärtchen:
Besonders angenehm sitzt es sich hier an lauen Sommer-
abenden, wenn die Bank noch warm von der Sonne ist.
Dahinter eine Wildrose und Beinwell im Topf.
Rechts zieht eine gelbe Königskerze die
Blicke auf sich. Davor im Terrakottatopf
ein Rosmarinstrauch, umgeben von
Edelgamander, blühendem
Oregano, Thymian und Katzen-
minze. Im Taschentopf: Schopf-
lavendel, Thymian und dahinter das
silberlaubige Currykraut.*

ler-Salbei, Nachtkerze, Indianernessel,
Fruchtsalvien sowie viele Vertreter der
Würzkräuter verströmen einen ange-
nehmen Duft.

Anbau und Pflege

Für den Anbau ist es wichtig, dass Sie
die Ansprüche der Kräuter kennen und
einhalten. Klein- oder schwachwüchsige sollten gut erreichbar sein, und die
starkwüchsigen (zum Beispiel Liebstöckel, Fenchel, Estragon, Pfefferminze,
Wermut) in das Beetinnere oder ganz
nach hinten gesetzt werden. Nehmen
sie dennoch überhand, hilft nur rigoro-
ses Zurückschneiden, ansonsten
machen sie den kleineren Nachbarn
bald den Garaus.

Beeteinfassung Dekorative und
zugleich nützliche Beeteinfassungen
geben Thymian, Lavendel, Heiligen-

*Ländlicher Charme: Die Holztreppe
bietet reichlich Platz für Pflanzgefäße. Schopflavendel, Zitronenmelisse,
Thymian, verschiedene Studentenblumen, Salbei, Majoran und links im
großen Topf der Zitronenstrauch
fühlen sich sichtbar wohl.*

*Lavendel eignet sich hervorragend
zur Beeteinfassung. Damit die Hecke
gleichmäßig wird, nur eine Sorte
verwenden. Bei großem Pflanzen-
bedarf empfiehlt sich die eigene
Aussaat im Frühjahr oder später die
Stecklingsvermehrung.*

kraut, Kerbel, Majoran, Schnittlauch, Schnittknoblauch, Petersilie, Frauenmantel und Kamille ab.

Kräutertöpfe Auch in Balkonkästen, Kübeln, Körben, Fässern, Töpfen und sonstigen Gefäßen gedeihen Kräuter gut. Balkon- und Terrassengärtner, die nur wenig Fläche zur Verfügung haben, wissen dies am meisten zu schätzen und sind daher sehr einfallsreich. Richtig ausgewählt, gedeihen die Pflanzen in Drahtkörben oder Tontöpfen an der Wand ebenso prächtig wie auf dem Fenstersims. Doch wer in Gefäße pflanzt, muss sich im Klaren darüber sein, dass das Eingesperrtsein einer Pflanze viel abverlangt. Frisch gegossen, steht sie, trotz guter Dränage, erst einmal nass. Ausgetrocknet von der heißen Mittagssonne, haben die Wurzeln keine Möglichkeit, sich nach Feuchtigkeit auszustrecken. Intensive Pflege ist daher unerlässlich. Dazu gehören tägliches Gießen, alle paar Wochen etwas Dünger und regelmäßiges Ausputzen.

Boden und Düngung Der Boden muss gut vorbereitet und unkrautfrei sein. Ideal sind lockerer Humusboden oder magerer Sandboden, mit Kompost und Tonmehl verbessert, und ein pH-Wert zwischen 6 bis 7. Schwere, leicht klumpende Erde lässt sich mit Sand lockern. Hilfreich sind auch Gründüngung, regelmäßige Kompostgaben und Mulchen.

Vermehrung

Aussaat Die meisten Kräuter und Heilpflanzen lassen sich aus Samen leicht selbst heranziehen. Ab Februar wird in

Taschentöpfe sind ideal für den Kräuter-Anbau. Die Sonne liebenden in die oberen kleinen Taschen pflanzen und die schattenverträglichen in den unteren Bereich. Besonders wichtig: regelmäßiges, im Sommer tägliches Gießen.

Anzuchtschalen auf der Fensterbank, im Gewächshaus oder im Mini-Treibhaus ausgesät. Zu unterscheiden sind Licht- und Dunkelkeimer (steht auf der Samentüte). Lichtkeimer brauchen Helligkeit, sie dürfen nicht mit Erde bedeckt sein. Für Dunkelkeimer gilt genau das Gegenteil.

Ab Mai wird direkt ins Freie gesät, nach Belieben breitflächig, in Tuffs, Kreisen oder Reihen. Die Saattiefe und -abstände sind jeweils auf der Samentüte angegeben. Halten Sie sich genau daran und sorgen Sie für ausreichende Feuchtigkeit. Angekeimte Samen, die es auch nur kurze Zeit trocken haben, sterben ab. Das Risiko des Austrocknens umgehen Sie durch das Abdecken mit verdunstungshemmender Folie. Praktisch sind auch Saatscheiben oder Saatbänder. Hier entfällt das Vereinzeln, die Pflanzen stehen im optimalen Abstand.

Weitere Vermehrungsarten Andere Möglichkeiten der Vermehrung sind Absenker, die Teilung des Wurzelstocks, die vor allem bei Schnittlauch, Liebstö-

Idyllischer Sitzplatz mit verschiedenen Salbei-Arten, Currykraut, Portulak, Thymian und Rukola.

ckel, Oregano, Zitronenmelisse und Thymian praktiziert wird, und die Vermehrung durch Stecklinge. Pflanzzeit für Kräuter ist das Frühjahr und Herbst, wobei Sie kräftige Containerpflanzen im Prinzip den ganzen Sommer über versetzen können.

Kräuterhochstämmchen, hier Lavendel und Rosmarin, lassen sich prima mit Thymian unterpflanzen. Alle drei lieben einen sonnigen Standort in durchlässiger Erde.

Kräuter im Porträt

Schnittlauch
Allium schoenoprasum

▸ **Standort**
sonnig; gleichmäßige Feuchtigkeit, Boden nährstoff- und kalkreich

▸ **Anbau**
Schnittlauch ist ausdauernd, lässt sich problemlos ziehen und wird durch Aussaat oder Teilung vermehrt. Um auch im Winter frisches Schnittgrün zu haben, einfach im Herbst ein paar kräftige, bereits abgeerntete Pflanzen teilen, in kleine Töpfe setzen und so lange im Freien stehen lassen, bis die Temperaturen auf etwa 0 °C zurückgegangen sind. Danach hereinholen, zum Treiben an ein helles Fenster stellen und gut feucht halten.

▸ **Ernte/Verwertung**
röhrenförmige Blätter von März/April bis Oktober laufend dicht über dem Boden abschneiden; schmeckt am besten frisch und sollte nur roh verwendet werden, da durch Mitkochen das Aroma erheblich leidet.

▸ **Sorten**
grob-, mittel- und feinröhrige; beliebt ist auch Schnittknoblauch: grasartige, etwas

Schnittlauch

breitere Blätter, intensives Knoblaucharoma

▸ **Wichtige Infos**
lockt Bienen und Schmetterlinge an

Dill
Anethum graveolens

▸ **Beschreibung**
einjähriges aufrechtes Kraut mit tiefgelben Blüten

▸ **Standort**
sonnig

▸ **Ernte/Verwendung**
Blätter und junge Triebe bereits 6 Wochen nach der Aussaat; Dolden vor und nach der Aussaat. Intensiv duftendes Küchenkraut

Dill

Kerbel
Anthriscus cerefolium

▸ **Beschreibung**
anspruchsloses einjähriges Würzkraut

▸ **Standort**
halbschattig

▸ **Wasserbedarf**
bei Trockenheit regelmäßig gießen, sonst blüht Kerbel zu schnell.

Kerbel

▸ **Ernte/Verwertung**
Kerbelblätter und -triebe im Mai einzeln pflücken oder ganze Stängel zurückschneiden, treibt wieder neu aus. Kerbel würzt Salate, Kräuterbutter, Quarkspeisen, Soßen und passt hervorragend zu Fisch, Lamm- und Hammelfleisch.

▸ **Sorten**
'Krausblättriger', 'Mooskrauser' und 'Glattblättriger'

▸ **Wichtige Infos**
lockt Bienen und Schmetterlinge an

Estragon
Artemisia dracunculus

▸ **Beschreibung**
aufrecht wachsendes, buschiges Würzkraut mit verzweigten Stängeln

▸ **Standort**
sonnig (Wärme fördert das Aroma); Boden humusreich, nahrhaft, feucht

Estragon

▸ **Wasserbedarf**
bei Trockenheit wässern

▸ **Pflege**
Erde regelmäßig flach hacken, die Wurzeln brauchen viel Sauerstoff; Rückschnitt des Sprosses im Herbst

▸ **Ernte/Verwertung**
junge Triebspitzen ab Mai/Juni bis Spätherbst; im ersten Jahr etwas zurückhaltender. Ab dem zweiten Standjahr die Stängel handbreit über dem Boden abschneiden. Estragon lässt sich gut einfrieren, er verliert beim Trocknen an Aroma.

▸ **Sorten**
zwei Kultursorten: 'Russischer' – anspruchslos und widerstandsfähig; Vermehrung durch Aussaat; 'Französischer', auch 'Deutscher' genannt – gilt als aromatischer und krankheitsanfälliger, wird durch Stecklinge vermehrt.

Ringelblume
Calendula officinalis

▸ **Beschreibung**
dekorative Pflanze mit dotter- bis orangegelben Blüten. Steht meist im Ziergarten und wird gerne zur Beeteinfassung verwendet.

▸ **Ernte/Verwertung**
zarte, junge Blättchen und Blüten zum Verfeinern und Dekorieren von Salaten. Bekannter ist die Verarbei-

Ringelblume

tung der Blüten zu Ringel-
blumensalbe.
▸ **Sorten**
Sorten mit einfachen und
gefüllten Blüten

Koriander
Coriandrum sativum

▸ **Beschreibung**
einjähriges, aufrechtes Kraut
mit weißen Blüten
▸ **Standort**
sonnig; Boden mäßig trocken
bis frisch, durchlässig,
humos

▸ **Ernte/Verwendung**
reife Samen ab August; intensiv duftendes Küchengewürz
▸ **Wichtige Infos**
lockt Bienen und Schmetterlinge an

Liebstöckel
Levisticum officinale

▸ **Beschreibung**
aufrecht, buschig wachsendes mehrjähriges Kraut
▸ **Standort**
sonnig bis halbschattig;
Boden frisch, fruchtbar

▸ **Pflege**
Rückschnitt der Pflanze im
Herbst
▸ **Ernte/Verwendung**
frische Blätter ab Mai, Wur-
zeln im Herbst des zweiten
Jahres, Küchenkraut und
Heilpflanze (Wurzeln)
▸ **Wichtige Infos**
lockt Bienen und Schmetter-
linge an; braucht viel Platz

Zitronenmelisse
Melissa officinalis

▸ **Beschreibung**
aufrecht buschiges Kraut
▸ **Standort**
sonnig, geschützt; Boden
mäßig trocken bis frisch,
durchlässig
▸ **Pflege**
Rückschnitt der Pflanze im
Herbst
▸ **Ernte/Verwendung**
frische Blätter ab dem Frühjahr; als Küchen-, Tee- und
Heilkraut
▸ **Wichtig Infos**
lockt Bienen und Schmetterlinge an; kann wuchern, Winterschutz in rauen Lagen

Zitronenmelisse

Pfefferminze
Mentha × piperita

▸ **Standort**
sonnig bis halbschattig;
keine schweren, staunassen
Böden
▸ **Anbau**
Pfefferminze bildet starke
Ausläufer, ein eigenes Beet
ist daher vorteilhaft. Oder
man pflanzt sie in einen großen Kübel. In regenreichen
Sommern und bei zu dichter

Koriander

Liebstöckel

Pfefferminze

Pflanzung, ideal sind 30 × 30 cm, kann Rost (rote Blattflecken) auftreten. Bei Befall die Pflanze knapp über dem Boden abschneiden.

▸ **Pflege**
Rückschnitt der Pflanze im Herbst

▸ **Ernte/Verwertung**
junge Blätter und Triebspitzen laufend ab dem Frühjahr, Haupternte bei Knospenansatz. Dann die Pflanzen vormittags über dem Boden abschneiden. Die Blätter abstreifen und in einem flachen Holzkistchen oder auf einer Darre trocknen. Die Temperatur darf 35 °C nicht übersteigen, sonst gehen zu viele Wirkstoffe verloren. Am bekanntesten ist wohl Pfefferminztee, junge Blättchen verfeinern allerlei Süßspeisen und Bowlen.

▸ **Wichtige Infos**
lockt Bienen und Schmetterlinge an; kann wuchern

▸ **Sorten**
große Arten- und Sortenvielfalt: Englische Minze (*M. × piperita* 'Mitcham'), Orangenminze (*M. piperita* var. *citrata*) – stark wachsend, fruchtiges Aroma; Apfelminze (*M. rotundifolia* 'Bowles') – robust, große, behaarte Blätter; Schokoladenminze *Mentha × piperita* 'Chocolate' – Auslese mit feinem Minzearoma, passt gut zu Schoko-Desserts

Basilikum
Ocimum basilicum

▸ **Beschreibung**
aromatisches einjähriges Würzkraut mit hohem Wärmeanspruch

▸ **Standort**
sonnig, geschützt; Boden durchlässig, fruchtbar, humos, sandig-lehmig

▸ **Anbau**
Pflanzung im Abstand 25 × 25 cm.

▸ **Ernte/Verwertung**
junge Blätter und Triebspitzen ab Frühjahr bis zur Blüte ständig pflücken und frisch verwenden. Basilikum nicht mitkochen, das Aroma geht verloren.

▸ **Wichtige Infos**
lockt Bienen und Schmetterlinge an

▸ **Sorten**
'Genoveser' – besonders bekannt; Busch-Basilikum, *Ocimum basilicum minimum* – ideal für Töpfe und Kästen, feines Aroma; 'Grünkrauses Basilikum' – starkwüchsig, große Blätter; 'African Blue' – mehrjährig, kann im Topf auf der Fensterbank im Zimmer überwintert werden

Majoran
Origanum majorana

▸ **Standort**
sonnig (vollsonnig begünstigt das Aroma); am besten lockere, leicht kalkhaltige Komposterde

▸ **Ernte/Verwertung**
einzelne Triebe den ganzen Sommer über, höchste Würzkraft kurz vor oder während der Blüte. Majoran eignet sich bestens zum Trocknen – dazu frühmorgens oder abends die Stängel abschnei-

Majoran

den, nicht zu knapp über dem Boden, dann treibt die Pflanze neu durch, bündeln, schattig und luftig zum Trocknen aufhängen. Trockene Blätter abstreifen, luftdicht und dunkel in einem Glas oder einer Dose aufbewahren.

▸ **Wichtige Infos**
lockt Bienen und Schmetterlinge an

▸ **Sorten**
verschiedene Auslesen, z. B. die aromatische Kreta-Selektion

Petersilie
Petroselinum crispum

▸ **Beschreibung**
zweijähriges Würzkraut

▸ **Standort**
sonnig bis halbschattig; tiefgründiger, nahrhafter Boden; mit sich selbst unverträglich, daher jedes Jahr den Standort wechseln.

▸ **Aussaat**
ab März bis Juli direkt ins Beet

▸ **Ernte/Verwertung**
die äußeren Blätter können laufend geerntet werden, selbst im Winter an frostfreien Tagen; passt außer an Süßspeisen an alle Gerichte. Petersilie lässt sich gut einfrieren, am besten fein gehackt. Wurzel, Samen und blühendes Kraut werden in der Naturheilkunde verwendet.

Basilikum

Petersilie

Einjährige Kräuter

Deutscher Name / Botanischer Name	sonnig	halb-schattig	schattig	Vermehrung	Wuchshöhe (cm)	Blütezeit (Monat)	Erntezeit (Monat)	Verwendete Pflanzenteile
Dill / *Anethum graveolens*	•			Direktsaat	50 bis 120	Juli bis September	Juli bis September	Blätter, Früchte
Kerbel / *Anthriscus cerefolium*	•	•		Direktsaat	40 bis 60	Juni bis August	ab Mai bis zur Blüte	junge Blätter
Borretsch / *Borago officinalis*	•	•		Vorkultur, Direktsaat	40 bis 70	Juni bis September	laufend	junge Blätter und Blüten
Ringelblume / *Calendula officinalis*	•			Direktsaat	30 bis 50	Juni bis September	Juni bis September	Blüten, junge Blätter
Kamille / *Chamomilla recutita*	•			Direktsaat	60	Mai bis September	Mai bis September	Blüten; allergische Reaktionen können auftreten
Koriander / *Coriandrum sativum*	•			Direktsaat	40 bis 70	Juni bis August	August bis September	Blätter, Triebspitzen, Früchte
Gartenkresse / *Lepidium sativum*	•	•	•	Direktsaat	bis 45	–	laufend	Jungtriebe
Basilikum / *Ocimum basilicum*	•			Vorkultur, Direktsaat	30 bis 60	Juli bis September	laufend	Blätter, Triebspitzen
Majoran / *Origanum majorana*	•			Vorkultur	20 bis 40	Juli bis September	laufend	Triebspitzen, Blüten; nicht während der Schwangerschaft
Anis / *Pimpinella anisum*	•	•		Direktsaat	40 bis 70	Juli bis September	August bis September	Früchte
Bohnenkraut / *Satureja hortensis*	•			Vorkultur	bis 35	Juli bis September	laufend	Blätter, Triebspitzen; nur in Maßen
Kapuzinerkresse / *Tropaeolum majus*	•	•		Vorkultur	rankend 150; kriechend 25 bis 30	Mai bis Oktober	Mai bis Oktober	Blüten, Blätter

▶ **Sorten**
kraus- und glattblättrige Sorten (glatte Petersilie gilt als aromatischer)

Anis
Pimpinella anisum

▶ **Beschreibung**
einjährig, aufrecht wachsend
▶ **Standort**
sonnig, warm; Boden mäßig trocken bis frisch, durchlässig, humos, leicht kalkhaltig

▶ **Aussaat**
in Reihen mit 20 bis 30 cm Abstand oder breitwürfig; junge Pflanzen auf 10 bis 15 cm Abstand vereinzeln
▶ **Ernte/Verwertung**
reife Samen (ca. 6 Wochen nach der Blüte) ab August – sobald die Stängel gelb werden und sich die Früchte der Hauptdolden braun färben. Pflanzen zum Ausreifen abschneiden, bündeln, luftig und trocken aufhängen. Sind die Dolden rascheldürr, Anis-

körner auf ein Tuch ausschlagen, Körner dünn darauf ausbreiten, im Schatten vollständig trocknen lassen. Dabei häufig wenden. In verschlossenen Glasgefäßen oder Blechdosen aufbewahren.

Garten-Salbei
Salvia officinalis

▶ **Beschreibung**
immergrüner, aufrecht buschiger Halbstrauch

▶ **Standort**
sonnig; Boden mäßig trocken bis frisch, gut durchlässig, sandig-lehmig, kalkhaltig
▶ **Anzucht**
Aussaat oder Stecklingsvermehrung
▶ **Pflege**
im Frühjahr oder Herbst bis zum alten Holz zurückschneiden
▶ **Ernte/Verwertung**
laufend junge Blätter und Triebspitzen pflücken,

Anis

Garten-Salbei 'Icterina'

Zweijährige Kräuter

Deutscher Name Botanischer Name	sonnig	halb-schattig	schattig	Vermehrung	Wuchshöhe (cm)	Blütezeit (Monat)	Erntezeit (Monat)	Verwendete Pflanzenteile
Kümmel *Carum carvi*	•			Direktsaat	bis 120	Juli bis August	Juni bis August	Blätter, Früchte; Früchte nicht täglich und in hohen Mengen einnehmen
Petersilie *Petroselinum crispum*	•	•		Direktsaat	15 bis 20	Juli	laufend	Blätter; Verzicht während der Schwangerschaft
Königskerze *Verbascum densiflorum*	•			Vorkultur	120 und höher	Juli bis September	Juli bis September	Blütenkronen

Haupternte kurz vor der Blüte – in trockenem Zustand über dem Boden abschneiden. Gefragte, antiseptisch wirkende Heilpflanze. In der Küche mit viel Fingerspitzengefühl dosieren. Salbei trocknen oder in Öl einlegen.

▸ **Wichtige Infos**
lockt Bienen und Schmetterlinge an; Überwinterung in milden Weinbaugegenden, an einem Platz an der Sonne und in gut durchlässigen Böden; andernfalls Winterschutz durch Anhäufeln und Abdecken mit Reisig

▸ **Sorten**
'Rosea' – kleinere Blätter, rosafarbene Blüten; 'Tricolor' – mit grün, weiß und rot panaschierten Blättern; 'Aurea' – goldgelb marmorierte Blätter; 'Purpurascens' – purpur-

rote Blätter; 'Icterina' – attraktive, gelb panaschierte Blätter (Bild Seite 217); *Salvia officinalis* ssp. *minor* 'Alba' – weiß blühend, *Salvia officinalis* ssp. *minor* 'Alba' – weiß blühend

Pimpinelle
Sanguisorba minor

▸ **Beschreibung**
anspruchslose, krautige Staude, die oft als Zierpflanze eingesetzt wird, auch Kleiner Wiesenknopf genannt

▸ **Standort**
sonnig bis habschattig; Boden sandig-lehmig, kalkhaltig

▸ **Ernte/Verwertung**
junge, zarte Blätter laufend verwenden. Gehört in die

"Grüne Soße" und passt in Kräuterbutter, würzt Quark- und Eierspeisen, Salate, Gemüse, Fisch- und Fleischgerichte. Pimpinelle lässt sich einfrieren und in Essig oder Öl einlegen.

Tripmadam
Sedum refluxum

▸ **Beschreibung**
immergrüne niedrige Staude mit fleischigen, nadelähnlichen Blättchen

▸ **Standort**
sonnig, Boden trocken, sandig

▸ **Ernte/Verwertung**
ganzjährig; Blätter und nicht blühende Triebspitzen werden leicht zerdrückt und in kleinen Mengen an Salate, Soßen, Kräutersuppen, Fleisch- und fette Fischgerichte gegeben. Konservierung nicht notwendig, da auch im Winter geerntet werden kann

▸ **Wichtige Infos**
ideale Steingartenpflanze, auch gut für Töpfe; die dünnen, verzweigten Wurzeln liegen dicht auf dem Boden auf, daher Vorsicht bei der Bodenbearbeitung

Thymian
Thymus vulgaris

▸ **Beschreibung**
immergrüner, kompakt buschiger Halbstrauch mit verholzenden Zweigen

▸ **Standort**
sonnig; Boden durchlässig, sandig-kiesig

▸ **Pflege**
leichter Rückschnitt im Frühjahr

▸ **Ernte/Verwertung**
bis zur Blüte laufend Triebspitzen und junge Blätter ernten; eignet sich gut zum Trocknen und zum Einlegen in Essig

▸ **Wichtige Infos**
steht ideal im Steingarten, auch für Töpfe und Kübel; reagiert empfindlich auf Staunässe; Winterschutz mit Reisig, sonst pflegeleicht; lockt Bienen und Schmetterlinge an

▸ **Sorten**
Deutscher und Französischer Thymian; Zitronenthymian *(Th. citriodorus)* – mit grünen und weißbunten Blättern; Silberthymian *(Th. vulgaris* 'Argenteus') – weißbunte Blätter, typisches Aroma; Kümmelthymian *(Th. herbabaronal)* – würziges Aroma

Pimpinelle

Thymian

Mehrjährige Kräuter und Sträucher

Deutscher Name *Botanischer Name*	sonnig	halb- schattig	schattig	Vermehrung	Wuchshöhe (cm)	Blütezeit (Monat)	Erntezeit (Monat)	Verwendete Pflanzenteile
Schnittlauch *Allium schoenoprasum*	•			Wurzelstock-teilung, Vorkultur	20 bis 30	Mai bis Juli	laufend	Blätter
Eibisch *Althaea officinalis*	•			Wurzelstock-teilung, Vorkultur	120 bis 180	Juli bis September	Mai bis September	Blätter, Blüten, Wurzeln
Engelwurz *Angelica archangelica*	•			Vorkultur	150 bis 200	Juli bis August	Mai bis Juni	junge Blätter; nicht während der Schwangerschaft
Wermut *Artemisia absinthium*	•			Vorkultur	60 bis 130	Juli bis September	laufend	junge Blätter; nicht während der Schwangerschaft oder über längere Zeit
Estragon *Artemisia dracunculus*	•			Wurzelstock-teilung, Vorkultur, Stecklinge	70 bis 120	Juli bis August	laufend	junge Triebspitzen
Beifuß *Artemisia vulgaris*	•			Wurzelstock-teilung, Vorkultur	80 bis 150	Juli bis September	vor der Blüte	junge Blätter; nicht während der Schwangerschaft
Waldmeister *Galium odoratum*		•	•	Wurzelstock-teilung	15 bis 30	Mai bis Juni	kurz vor der Blüte	Blätter, Blütenstängel
Ysop *Hyssopus officinalis*	•			Vorkultur, Direktsaat	20 bis 60	Juli bis September	kurz vor der Blüte	junge Blätter, Triebspitzen
Lavendel *Lavandula angustifolia*	•			Wurzelstock-teilung, Stecklinge	30 bis 60	Juli bis September	bis August	junge Blätter, Triebspitzen; pures Öl nicht einnehmen
Liebstöckel *Levisticum officinale*	•	•		Wurzelstock-teilung, Vorkultur	bis 200	Juli bis September	laufend	Blätter; nicht während der Schwangerschaft
Malve *Malva sylvestris*	•			Wurzelstock-teilung, Vorkultur	60 bis 150	Juli bis September	Juni bis August	Blüten, Blätter für Tee
Zitronenmelisse *Melissa officinalis*	•			Vorkultur, Direktsaat, Stecklinge, Wurzelstock-teilung	50 bis 80	Juli bis September	vor der Blüte	junge Blätter, Triebspitzen
Pfefferminze *Mentha × piperita*	•	•		Wurzel-ausläufer, Stecklinge	30 bis 80	Juli bis August	vor der Blüte	Blätter; nicht bei Magengeschwür einnehmen
Rosmarin *Rosmarinus officinalis*	•			Vorkultur, Stecklinge	bis 150	Juni	laufend	Blätter, Triebspitzen; nicht während der Schwangerschaft
Salbei *Salvia officinalis*	•	•		Vorkultur, Stecklinge	30 bis 70	Juni bis August	vor der Blüte	Blätter, Triebspitzen
Pimpinelle *Sanguisorba minor*	•	•		Wurzelstock-teilung, Direktsaat	30 bis 60	Juli bis August	laufend	Blätter
Beinwell *Symphytum officinale*	•	•		Vorkultur	40 bis 150	Mai bis August	April bis September	nicht innerlich anwenden
Thymian *Thymus vulgaris*	•			Vorkultur, Direktsaat, Teilung	20 bis 30	Mai bis Oktober	laufend, am besten vor der Blüte	Blätter, Triebspitzen
Baldrian *Valeriana officinalis*	•			Wurzelstock-teilung, Vorkultur	100 bis 150	Juni	März, Oktober	Wurzeln; nur äußerlich anwenden

Obst im eigenen Garten

Die Vorstellungen, die sich mit dem Stichwort „Obst im Garten" verbinden, haben sich deutlich gewandelt. Kaum jemand denkt dabei noch an umfangreiche Bevorratung, an stundenlanges Ernten und Einmachen. Gefragt ist Naschobst, also Arten und Sorten in möglichst großer Vielfalt, aber als Einzelexemplare. Sie sollen einen hohen Zierwert haben, pflegeleicht sein und über einen langen Zeitraum Früchte liefern, die sich beim Gang durch den Garten naschen oder für einen Kuchen verwerten lassen.

Ein pflegeleichter Obstgarten, der die ganze Saison über nicht nur gesunde Früchte bringt, sondern auch einen hohen Zierwert hat, lässt sich nur auf eine Weise verwirklichen: mit robusten Sorten am jeweils für sie richtigen Standort. Je nach Obstart kommen dann noch entsprechende Pflegeschritte dazu.

Einige Obstarten benötigen nach den ersten zwei bis drei Jahren keinerlei Pflege mehr, andere gedeihen nicht ohne fundiertes Fachwissen und entsprechend umfassende Maßnahmen. Zur ersten Gruppe zählen Quitte, Haselnuss, Walnuss und Marone, etwas aufwändiger sind Sauerkirsche, Süßkirsche, die Pflaumenarten sowie Johannisbeere und Heidelbeere. Apfel, Birne, Aprikose, Pfirsich, Stachelbeere, Himbeere und Brombeere verlangen dagegen einen kundigen und auch fleißigen Gärtner.

Pflanzenauswahl

Standort Die Auswahl der Obstgehölze wird stark vom Klima und den Bodenbedingungen bestimmt. Fast alle Arten bevorzugen humose und vor allem luftdurchlässige Böden im schwach sauren bis neutralen Bereich. Frühblüher wie Birnen und Pflaumen haben in Spätfrostzonen oft Ernteausfälle. Tiefe Wintertemperaturen sind für wärmeliebende Arten wie Walnuss, Tafeltraube, Quitte, Pfirsich, Aprikose, Kiwi und Brombeere kritisch. Es gibt allerdings bei nahezu allen Arten spezielle Sorten, die besonders kälteverträglich sind.

Gartengröße Auch die Größe des Gartens spielt bei der Pflanzenwahl eine Rolle. Ein Obsthochstamm kann bei entsprechenden Platzverhältnissen das

Die Quitte verbindet auf ideale Weise Nutz- und Zierwert.

Ältere Bäume vertragen problemlos Unterwuchs.

Profitipp

Den besten Pflanzenschutz bieten Sorten, die von Natur aus gegen die wichtigsten Schaderreger widerstandsfähig sind. Sie bleiben anhaltend gesund, sofern nichts anderes die Pflanze stresst – etwa falsche Bodenbeschaffenheit oder zuviel Dünger.

ganze Jahr über besondere Akzente setzen. Ein großer Apfelbaum bietet einen imposanten Anblick, dient aber auch als Schattenspender und Schaukelträger. Im kleinen Garten reicht der Platz meist nur für klein bleibende Spindelbuschbäume oder Obstspaliere. Grundsätzlich gilt jedoch: je schwächer der Wuchs, desto höher sind die Ansprüche an den Boden und die sachgerechte Pflege.

Pflanzung

Wenn es sich nicht gerade um kälteempfindliche Gehölze in Grenzlagen handelt, ist Oktober/November die beste Pflanzzeit. Die Wurzeln haben sich dann bis Vegetationsbeginn „eingenistet", entsprechend groß ist der Wachstumsvorsprung. Die Wurzeln der im Container gezogenen Gehölze neigen dazu, auch im noch so reichlich bemessenen Pflanzloch lange Zeit ringsum zu wachsen. Sie müssen also vor dem Einpflanzen gut gelockert werden, damit sich rasch Feinwurzeln ins neue Substrat erstrecken können.

Düngung und Bewässerung

Alle Obstarten danken reichliche Kompostgaben mit kräftigem Wachstum, da Kompost nicht nur Nährstoffe liefert, sondern auch für eine lockere Bodenstruktur sorgt. Wird der Boden rings um die Pflanze mit Grasschnitt oder Rindenmulch gut abgedeckt, kommt keine Unkrautkonkurrenz auf, die Erde verschlämmt beim Gießen weniger und bleibt luftdurchlässig. Regelmäßige Bewässerung ist nur im Anfangsstadium erforderlich, ältere Gehölze brauchen allenfalls bei anhaltender Trockenheit zusätzliche Wassergaben.

Unterwuchs

Wenn Obstbäume gut angewachsen sind und einen entsprechend großen Wurzelballen gebildet haben, ertragen sie Unterwuchs problemlos. Mit Kräutern bewachsene Baumscheiben können bestimmte Schadinsekten fernhalten oder ablenken. Niedrig wachsendes Obst oder Gemüse ermöglicht es, die begrenzte Gartenfläche intensiv zu nutzen. Je nach Wahl kann eine derart bewachsene Baumscheibe genauso ansprechend aussehen wie der Unterwuchs mit Zierpflanzen.

Robuste Apfelsorten benötigen kaum Pflanzenschutz.

Der Wurzelballen von Containerpflanzen muss gründlich gelockert werden.

Für Kinder ist der Garten attraktiv, wenn er etwas zum Naschen bietet.

Kernobst zählt zu den besonders pflegeintensiven Obstarten.

Pflege

Jede Obstart erfordert spezifische Pflegemaßnahmen. Mit der richtigen Sorte am ihr optimal zusagenden Standort erübrigt sich Pflanzenschutz weitgehend. Voraussetzung ist aber, dass sich der Garten ökologisch im Gleichgewicht befindet. Wichtigste Bedingung hierfür: kein Herbstputz. Im leer geräumten Garten finden Nützlinge keinen Unterschlupf. Bis dann im Frühjahr eine neue Population zugewandert ist, haben die Schädlinge bereits Oberhand gewonnen.

Es erleichtert auch die Pflege, wenn die Obstgehölze viel Licht und Luft haben. Stehen die Pflanzen nicht zu eng, haben sie lichte Kronen und viel Sonne, trocknen sie rasch ab – unter solchen Bedingungen machen sich Pilzkrankheiten viel schwerer breit. Die Früchte schmecken auch besser, wenn sie reichlich Sonne genießen konnten. Pflegearbeiten wie Hacken und Unkraut jäten erübrigen sich, wenn der Boden rings um die Pflanzstelle stets gut mit Mulch abgedeckt ist. Allerdings muss sicher gestellt sein, dass keine Wühlmäuse im Garten hausen. Sie machen sich unter Mulch besonders rasch breit.

Ernte

Wer um die Vielfalt der im Garten möglichen Obstarten und mehr noch um die breite Palette an Sorten weiß, kann vom Frühjahr bis Frostbeginn laufend frisches Obst ernten. Selbst im kleinen Garten ist es möglich, immer etwas Reifes zum Naschen vorzufinden, auch

Unterlagen

Obstart	schwach wachsend	mittelstark wachsend	stark wachsend
Apfel	M27, M9, P22, Supporter 1, 2, 3, M26	M4, MM106	Bittenfelder, Grahams, Antonowka, A2
Birne	Quitte C	Pyrodwarf, Quitte A, BA29, OHF	Kirchensaller Mostbirne
Quitte		Quitte A	
Süßkirsche	Edabriz, W158, GiSelA5, W53	Colt, Maxma14	Limburger Vogelkirsche, Hüttners Hochzucht, F12/1
Pflaume	Pixy, Weito	St. Julien A, Fereley, Ishtara, GF 655/2	Myrobalane GF 8/1
Pfirsich	Pumi-Selekt	St. Julien A, GF 655/2	Pfirsichsämling, Rubira
Aprikose	Pumi-Selekt	St. Julien A, GF 655/2	Aprikosensämling
Walnuss	Schwarznuss		Walnusssämling
Johannisbeere (Stämmchen)		Goldjohannisbeere	Josta
Stachelbeere (Stämmchen)		Wildstachelbeere	Josta
Tafeltraube		So 4	Kober 5BB
Sind für eine Sparte mehrere Unterlagen genannt, steht die schwächste zuerst.			

wenn Erntemengen zur Bevorratung hier kaum machbar sind. Die ersten Früchte liefern Erdbeeren, die wie die Wildobstart Maibeere schon Mitte Mai reifen. Mit entsprechenden Sorten und Kulturmaßnahmen lassen sich bis Oktober fortwährend Erdbeeren ernten. Frühe Himbeer- und Johannisbeersorten tragen ab Anfang Juni. Späte Johannisbeeren reifen bis Ende August, Himbeeren laden noch weit im November zum Naschen ein, sofern kein Frühfrost dem Genuss vorzeitig ein Ende setzt. Auch bei Äpfeln und Birnen reichen die Reifezeiten von Mitte Juli bis Ende Oktober, reife Pflaumen gibt es von Anfang Juli bis Mitte Oktober. Bei Tafeltrauben erstreckt sich die Erntespanne ebenfalls von Ende Juli bis weit in den Oktober hinein.

Baumobst im Garten

Quitte, Walnuss und Marone stellen zwar hohe Ansprüche an das Klima, lassen sich aber als einzige Baumobstarten ohne Schnitt- oder Pflanzenschutzmaßnahmen erziehen. Selbst Düngung und Bewässerung erübrigen sich nach dem Anwachsen weitgehend. Die anderen Obstgehölze verlieren ohne sachgerechten Schnitt rasch ihre Fruchtbarkeit, auch Baumgesundheit und Zierwert leiden dann. Sitzt jedoch eine robuste Sorte am geeigneten Platz, lassen sich auch die aufwändigeren Obstarten im Garten bewältigen.

▸ Groß oder klein

Jede Obstart hat einen spezifischen Platzbedarf. Die teilweise recht große Spannbreite (siehe Tabelle) ergibt sich durch unterschiedliche Sorteneigenschaften, die gewählte Erziehungsform und vor allem durch die Unterlage, also das Wurzelgerüst, auf das Obstgehölze veredelt werden.

Unterlagen Wer Obstgewächse aus Samen zieht, erlebt meist unliebsame Überraschungen. Unter Hunderten solcher Sämlinge sind nur wenige, die brauchbare Früchte tragen – es handelt sich dabei um neue Sorten mit unbekannten Eigenschaften. Um sortenechtes Pflanzenmaterial zu erhalten, werden die jeweiligen Sorten auf Unterlagen veredelt (vegetative Vermehrung). Veredeln heißt, einen Teil

Quitten zählen zu den pflegeleichten Obstarten im Garten.

Sauerkirschen bleiben von Natur aus klein.

Die knotenartige Wulst zeigt die Verwachsungsstelle von Wurzelunterlage und Sorte.

Auf schwacher Unterlage und bei entsprechendem Schnitt passt ein Süßkirschenbaum in viele Gärten.

einer Pflanze, genauer ein Edelreis (Triebabschnitt) oder ein Auge (Blattknospe), mit dem Wurzelteil einer verwandten Pflanze zu verbinden. Ein kultivierter Obstbaum besteht also aus zwei Teilen: einer Unterlage, die das Wurzelgerüst liefert und der Edelsorte, die den Kronenteil bildet. Die Wuchskraft der Unterlage hat wesentlichen Einfluss auf die Baumgröße.

▸ **Baumformen**

Im Prinzip lassen sich alle Baumobstarten in jeder gewünschten Form erziehen. Für Wandspaliere eignen sich Apfel, Aprikose, Birne und Pfirsich am besten. Ausladende Rundkronen sind mit Apfel, Pflaume und Süßkirsche auf entsprechenden Unterlagen möglich. Pfirsich, Sauerkirsche und Quitte lassen sich leicht sehr klein halten.

Frei stehende Bäume erhalten meist eine runde Pyramidenkrone. Nach etwa fünf Jahren kann die Mittelachse entfernt werden, es entsteht eine umgestellte Hohlkrone. Bei Pfirsich und Sauerkirsche ist es auch möglich, gleich beim Pflanzschnitt den Mitteltrieb wegzuschneiden. Die Längskrone ist wie die Hohlkrone eine Sonderform der Pyramidenkrone. An der Mittelachse sind die Leitäste nur in Längsrichtung angeordnet. Eine Erziehung am Drahtrahmen ist sinnvoll, um dem Baum ausreichend Stabilität zu geben.

▸ **Schnittregeln**

Obstgehölze durchlaufen verschiedene Phasen bei der Kronenentwicklung. Im Jugendstadium wachsen die Triebe kräftig, die ersten Erträge setzen ein. Die Dauer dieser Phase hängt von Sorte und Unterlage ab. Im Ertragsstadium bildet sich dann vorwiegend Fruchtholz. Allmählich nehmen Wuchs und Ertrag ab,

die Pflanze hat das Altersstadium erreicht.

Für jede dieser drei Phasen gibt es allgemein gültige Schnittregeln. Wie der Schnitt jeweils ausgeführt wird, hängt von der gewünschten Baumform ab. Grundprinzip für viele Formen ist die Pyramidenkrone mit ihren abgewandelten Kronentypen Längskrone, Hohlkrone und Spindelbusch beziehungsweise Schlanke Spindel.

Im Garten hat sich die Erziehungsform der Schlanken Spindel gut bewährt. Sie erlaubt es bei den meisten Obstgehölzen, auf schwach wachsenden Unterlagen kleine Bäume zu erhalten. Prinzip der Schlanken Spindel ist es, das Fruchtholz konsequent zu erneuern. Grundsätzlich gilt dabei, dass einjährige, flache Triebe unbehandelt bleiben, dass bei zweijährigen Trieben die einjährige

Steinobst braucht einen geschützten Platz, da die Blüten früh erscheinen und leicht erfrieren.

Baumhöhe von Obstgehölzen
(Richtwerte, abhängig von Unterlage, Sorte, Standort, Schnitt)

Obstart	Wuchshöhe auf extrem schwacher Unterlage (m)	normale Baumhöhe (m)	Wuchshöhe auf starker Unterlage (m)
Apfel	2	4	8
Birne	3	5	12
Quitte	3	4	4
Süßkirsche	3	5	12
Sauerkirsche	2	4	7
Pflaume	2	4	6
Pfirsich	2	3	4
Aprikose	2	3	4
Walnuss	6	8	12
Marone	6	8	20

Apfelbäume lassen sich in attraktive Bögen formatieren.

haltungsschnittes in diesem Entwicklungsstadium ist es, das Gleichgewicht zwischen Frucht- und Triebwachstum möglichst lange zu erhalten. Zu steile Astpartien werden auf flachere Äste abgeleitet, stark hängende Triebe sind durch steilere Neutriebe zu ersetzen. Damit sich leistungsfähiges Fruchtholz bildet, lichtet man zu dicht stehende Äste, steil aufrecht wachsende Triebe und altes, abgetragenes Holz aus. Die gesamte Krone sollte locker mit Ästen garniert sein, damit alle Teile gleichmäßig Licht erhalten.

Profitipp

Ausdünnen bedeutet, bei zu starkem Fruchtansatz einen Teil der Früchte zu entfernen, wenn sie knapp walnussgroß sind. Der Baum hat nur so ausreichend Reserven, um Fruchtknospen für das kommende Jahr auszubilden. Ohne Ausdünnen fehlt nicht nur der Ertrag im Folgejahr (Alternanz), im aktuellen Jahr bleiben die Früchte klein.

Verlängerung entfernt wird und dass dreijährige Seitenäste auf einen etwa 5 cm langen Zapfen zurückgeschnitten werden, damit ein neuer Ast austreibt.

Pflanzschnitt Bereits beim Pflanzen erfolgt der erste Rückschnitt der einjährigen Krone. Dabei werden bei der Rundkrone neben der Stammverlängerung 3 bis 4 ringsum verteilte Seitentriebe ausgewählt. Damit sie sich gleichmäßig entwickeln, werden alle Triebe auf eine außen stehende Knospe in vergleichbarer Höhe um ein Drittel zurückgeschnitten. Der Astabgangswinkel sollte mindestens 45° betragen. Steilere Triebe müssen flach gestellt werden. Ansonsten entstehen Schlitzäste, die bei Belastung leicht ausbrechen. Bei Steinobst bildet sich bei zu steilem Astabgangswinkel zudem verstärkt Gummifluss.

Erziehungsschnitt In der auf die Pflanzung folgenden Vegetationsperiode entstehen neben der Triebverlängerung an jedem angeschnittenen Leittrieb 3 bis 4 kräftige Seitentriebe. Der unmittelbare Konkurrenztrieb zur Astverlängerung und zu steile Austriebe werden weggeschnitten. Bei Arten und Sorten, die nur schwach austreiben, erfolgt ein starker Rückschnitt der Verlängerungstriebe.

Erhaltungsschnitt In den folgenden zwei bis drei Jahren wird ähnlich verfahren, bis die Krone aufgebaut ist. Der Baum erreicht nun die Vollertragsphase. Jährlicher Fruchtbehang bremst das Triebwachstum. Das Ziel des Instand-

Nicht regelmäßig geschnittene Apfelbäume geraten rasch aus dem Gleichgewicht.

Bei reichem Fruchtansatz muss ein Großteil der Pfirsiche möglichst früh ausgedünnt werden.

Baumobst im Porträt

Apfel
Malus domestica

▸ **Blüte**
weiß bis zartrosa; von April bis Mai

▸ **Frucht**
gelbe, rote oder grüne Äpfel, Vitamin-Gehalt ist abhängig von der Sorte

▸ **Blattfarbe**
dunkelgrün

▸ **Wuchs**
baumförmig, spindelförmig bis breit ausladend; Höhe und Breite je nach Erziehung und Unterlage; 2 bis 10 m hoch, 1,50 bis 8 m breit

▸ **Standort**
sonnig; Boden frisch bis feucht, durchlässig; pH-Wert: schwach sauer bis schwach basisch

▸ **Frosthärte**
voll frosthart

▸ **Wasserbedarf**
mittel

▸ **Nährstoffbedarf**
mittel

▸ **Wichtige Infos**
pflegeintensiv, sachgerechter Schnitt erforderlich; geeignet für kleine Gärten; Bienenweide, Kleinbaum bis Hochstamm (abhängig von Erziehungsform und Unterlage); selbstunfruchtbar, Befruchtersorte nötig

Birne
Pyrus communis

▸ **Blüte**
weiß; von April bis Mai

▸ **Frucht**
grüne, gelbe oder bronzefarbene Früchte, Größe und Form ist sortenabhängig

▸ **Blattfarbe**
dunkelgrün

▸ **Wuchs**
baumförmig, kegelförmig; 3 bis 15 m hoch, 1,50 bis 6 m breit

Birne 'Harrow Sweet' – resistent gegen Feuerbrand

▸ **Standort**
sonnig; Boden frisch bis feucht, durchlässig; pH-Wert: schwach sauer bis neutral

▸ **Frosthärte**
voll frosthart

▸ **Wasserbedarf**
wenig

▸ **Nährstoffbedarf**
mittel

▸ **Wichtige Infos**
leicht zu pflegen, aber sachgerechter Schnitt erforderlich; Kleinbaum bis Hochstamm, Größe abhängig von der Unterlage; Vogelschutzgehölz und Bienenweide, selbstunfruchtbar, Befruchtersorte nötig

Quitte
Cydonia oblonga

▸ **Blüte**
weiß bis zartrosa; auffallend groß; von April bis Mai

▸ **Frucht**
gelbe apfel- oder birnenförmige Früchte

'Ronda' – robuste Birnenquitte

▸ **Blattfarbe**
dunkelgrün, samtartig

▸ **Wuchs**
baum- bis strauchförmig; 2 bis 4 m hoch, 2 bis 3 m breit

▸ **Standort**
sonnig, geschützt; Boden frisch bis feucht, mittelschwer, durchlässig; pH-Wert: schwach sauer bis neutral

▸ **Frosthärte**
bis −18 °C frosthart

▸ **Wasserbedarf**
wenig

▸ **Nährstoffbedarf**
wenig

▸ **Wichtige Infos**
leicht zu pflegen, für Obst-Anfänger, kaum Schnitt erforderlich; Vogelschutzgehölz, Einzelpflanzung; dekorative Blüten und Früchte; viele selbstfruchtbare Sorten

Süßkirsche, Knorpelkirsche
Prunus avium

▸ **Blüte**
weiß; von April bis Anfang Mai

▸ **Frucht**
gelbrote, hell- bis schwarzrote, rundliche bis herzförmige Kirschen

▸ **Blattfarbe**
dunkelgrün

▸ **Wuchs**
Baum, ausladend, im Alter meist groß; 3 bis 8 m hoch, 3 bis 6 m breit

▸ **Standort**
sonnig; Boden frisch bis feucht, durchlässig, keine

'Topaz' – resistent gegen Apfelschorf

Selbstfruchtbare Süßkirsche 'Stella'

Staunässe; pH-Wert: schwach sauer bis neutral
▸ **Frosthärte**
voll frosthart
▸ **Wasserbedarf**
wenig, aber regelmäßig
▸ **Nährstoffbedarf**
mittel
▸ **Wichtige Infos**
mittelhoher Baum; Vogelschutzgehölz und Bienenweide; Einzelpflanzung, viele Sorten selbstunfruchtbar, frühe Sorten werden nicht von der Kirschfruchtfliege befallen

Boden frisch bis trocken, durchlässig; pH-Wert: schwach sauer bis neutral
▸ **Frosthärte**
voll frosthart
▸ **Wasserbedarf**
wenig, trockenheitsverträglich
▸ **Nährstoffbedarf**
mittel bis reich
▸ **Wichtige Infos**
leicht zu pflegen, sachgerechter Schnitt erforderlich; Vogelschutzgehölz und Bienenweide, selbstfruchtbare und selbstunfruchtbare Sorten

Robuste Frühzwetsche 'Bühler'

Sauerkirsche
Prunus cerasus

▸ **Blüte**
weiß; von April bis Anfang Mai
▸ **Frucht**
hellrot bis dunkelrot
▸ **Blattfarbe**
dunkelgrün
▸ **Wuchs**
2 bis 4 m hoch, 2 bis 3 m breit
▸ **Standort**
sonnig bis halbschattig;

Pflaume, Zwetsche, Reneklode, Mirabelle
Prunus domestica

▸ **Blüte**
weiß; Anfang bis Ende April
▸ **Frucht**
Pflaume, Zwetsche – violett bis blau, Mirabelle, Reneklode – gelb bis grün; lila
▸ **Blattfarbe**
dunkelgrün

▸ **Wuchs**
baumförmig, kegelförmig; 4 bis 5 m hoch, 3 bis 4 m breit
▸ **Standort**
sonnig; Boden feucht bis halbtrocken, humos; pH-Wert: schwach sauer bis neutral
▸ **Frosthärte**
voll frosthart, aber Blüte frostgefährdet
▸ **Wasserbedarf**
wenig bis mittel
▸ **Nährstoffbedarf**
mittel bis hoch
▸ **Wichtige Infos**
leicht zu pflegen, aber sachgerechter Schnitt erforderlich; Kleinbaum; Einzelpflanzung; Blütengehölz, Vogelschutzgehölz und

Bienenweide, viele Sorten selbstfruchtbar

Aprikose
Prunus armeniaca

▸ **Blüte**
weiß; im April
▸ **Frucht**
orangegelbe kleine Früchte, Größe ist sortenabhängig
▸ **Blattfarbe**
mittel- bis dunkelgrün
▸ **Wuchs**
baumförmig, kugelförmig; 2 bis 3 m hoch, 1,50 bis 2 m breit
▸ **Standort**
sonnig; Boden frisch bis halbtrocken, sandig-lehmig;

'Schattenmorelle' – sehr krankheitsanfällige Sauerkirsche

Aprikose 'Orangered' – recht robust

pH-Wert: schwach sauer

▸ **Frosthärte**
mäßig frosthart, warmer
geschützer Standort
erforderlich, vor allem die
Blüte ist frostgefährdet

▸ **Wasserbedarf**
wenig

▸ **Nährstoffbedarf**
mittel

▸ **Wichtige Infos**
für Fortgeschrittene; für kleine Gärten geeignet; Bienenweide; auch fürs Spalier;
viele Sorten selbstfruchtbar

Pfirsich, Nektarine
Prunus persica,
P. p. var. *nucipersica*

▸ **Blüte**
weiß bis rosa; im April

▸ **Frucht**
gelbliche, sonnenseits kräftig
rote, große Steinfrucht;
Pfirsich behaart, Nektarine
glattschalig

▸ **Blattfarbe**
mittel- bis dunkelgrün

'Anneliese Rudolph' – eine der wenigen pilzfesten Pfirsichsorten

Nektarine 'Nectared'

▸ **Wuchs**
baumförmig, kugelförmig;
2 bis 3 m hoch, 1,50 bis 2 m
breit

▸ **Standort**
sonnig; Boden frisch bis
halbtrocken, sandig-lehmig;
pH-Wert: schwach sauer

▸ **Frosthärte**
mäßig frosthart, warmer,
geschützter Standort; vor
allem Blüte frostgefährdet

▸ **Wasserbedarf**
wenig bis mittel

▸ **Nährstoffbedarf**
mittel

▸ **Wichtige Infos**
für Fortgeschrittene; geeignet für kleine Gärten; Bienenweide; Kleinbaum und
für Spalier, viele Sorten
selbstfruchtbar

Gewöhnliche Haselnuss
Corylus avellana

▸ **Blüte**
gelbliche männliche Kätz-
chen, lange vor dem Laub-
austrieb, weibliche Blüten
klein verborgen; von März
bis April

▸ **Frucht**
braune Haselnüsse, sortenabhängig 1,50 bis 3 cm groß

▸ **Blattfarbe**
mittelgrün

▸ **Wuchs**
breit aufrecht, strauchförmig, kann im Alter ausladend
werden; bis 8 m hoch und
breit

▸ **Standort**
sonnig bis halbschattig;
Boden trocken bis feucht,
durchlässig; pH-Wert:
schwach sauer bis basisch

▸ **Frosthärte**
voll frosthart

▸ **Wasserbedarf**
wenig

▸ **Nährstoffbedarf**
wenig

▸ **Wichtige Infos**
leicht zu pflegen, für Obst-
Anfänger, kaum Schnitt
erforderlich, aber schnittver-

*Edelsorten, wie 'Nr. 26', bringen mehr und größere Früchte
als Sämlinge.*

träglich; Vogelschutzgehölz
und Bienenweide; Einzel-
pflanzung oder Hecke, auffallende Blüten; verträgt
Schatten; schnell wachsend

Walnuss
Juglans regia

▸ **Blüte**
weibliche und männliche
(Kätzchen) hellgrün; von Mai
bis Juni

▸ **Frucht**
grüne Früchte mit Walnüs-
sen

▸ **Blattfarbe**
mittelgrün

▸ **Wuchs**
breit ausladend, großer
Baum, braucht viel Platz;
15 bis 20 m hoch, 8 bis 10 m
breit

▸ **Standort**
sonnig; Boden frisch bis
feucht, durchlässig; pH-
Wert: schwach sauer bis
neutral

Haselnusssorte 'Hallesche Riesen'

▸ **Frosthärte**
bis −18 °C frosthart
▸ **Wasserbedarf**
wenig
▸ **Nährstoffbedarf**
gering
▸ **Wichtige Infos**
leicht zu pflegen, für Anfänger, kaum Schnitt erforderlich; schöner Solitärbaum; Vogelschutzgehölz; selbstfruchtbar

Esskastanie, Marone
Castanea sativa

▸ **Blüte**
cremefarbene Kätzchen; im Juni
▸ **Frucht**
stachlige Früchte mit Maronen
▸ **Blattfarbe**
dunkelgrün

▸ **Wuchs**
breit ausladend, braucht Platz; 10 bis 15 m hoch, 6 bis 10 m breit
▸ **Standort**
sonnig; Boden frisch bis halbtrocken, durchlässig; pH-Wert: schwach sauer bis neutral
▸ **Frosthärte**
frosthart bis −18 °C

▸ **Wasserbedarf**
wenig
▸ **Nährstoffbedarf**
mittel
▸ **Wichtige Infos**
leicht zu pflegen, für Anfänger geeignet; kaum Schnitt erforderlich; Einzelpflanzung, braucht Platz, selbstfruchtbare Sorte wählen; gedeihen nur im Weinbauklima

Maronen: Veredelte Sorten haben größere Früchte als normale Edelkastanien (links oben).

Ertragreiche Kornelkirsche 'Jorico'

Wildobst

Deutscher Name *Botanischer Name*	Standort	Wuchs; Höhe	Frucht; Reifezeit	Verwendung
Echte Felsenbirne, Gewöhnliche Felsenbirne *Amelanchier ovalis*	sonnig bis halbschattig	locker aufrecht bis rundlich; Ausläufer treibend; 1 bis 3 m	dunkelblau bis schwarz, erbsengroß; ab August	Frischverzehr, Wildfruchtkompott, Konfitüre
Aronia, Schwarze Apfelbeere *Aronia melanocarpa*	sonnig bis halbschattig	locker strauchförmig bis ausladend, wenig verzweigt; 0,50 bis 3 m	erst rot, später schwarz, matt glänzend, kugelig; erbsengroß; Ende August bis Mitte September	Frischverzehr, Konfitüre, Wildobstkompott
Zierquitte, Japanische Zierquitte *Chaenomeles japonica*	sonnig bis halbschattig	breit strauchförmig; 0,90 bis 1,20 m	gelb bis grüngelb, walnussgroß; angenehm duftend; September/Oktober	nur gekocht – wie Quitte – verwenden, als Gelee, Saft oder Kompott
Wald-Erdbeere *Fragaria vesca*	sonnig bis schattig	flach wachsend; 0,08 bis 0,15 m	rot, klein, intensives Aroma; Juni bis Juli	frisch; Kompott, Konfitüre
Gemeiner Sanddorn *Hippophaë rhamnoides*	sonnig, im Schatten wenig Wachstum	sparrig und unregelmäßig; 3 bis 6 m	orangefarben, linsengroß; September/Oktober	Saft, Kompott, Konfitüre, Mus
Echte Mispel *Mespilus germanica*	sonnig bis halbschattig	breit aufrecht; 3 bis 5 m	braun berostet, walnussgroß; September bis November	erst nach Frosteinwirkung oder langer Lagerung, Konfitüre, Gelee oder Kompott
Schlehe, Schwarzdorn *Prunus spinosa*	sonnig bis halbschattig	sparrig aufrecht, strauchförmig, verzweigt; zahlreiche Ausläufer; 1 bis 3 m	schwarzblau, erbsengroß, rund; September bis November	erst nach Frosteinwirkung verwendbar; als Saft, Likör, Gelee
Schwarzer Holunder *Sambucus nigra*	sonnig bis halbschattig	breit aufrecht bis breit schirmförmig; 2 bis 6 m	schwarz, sehr klein; Juli/August bis September	nicht roh (giftig!), gekocht als Saft, Gelee, Konfitüre oder Kompott; getrocknete Blütenstände als Fieber-Tee, frische Blütenstände in Holderküchle oder Milch

Beerenobst im Garten

Mit den entsprechenden robusten Sorten ist es möglich, von Mitte Mai bis Ende November frische Beeren im Garten zu naschen. Den Beerenreigen eröffnet ein unscheinbarer Strauch: die Maibeere. Ihre intensiv blauen, süßen Früchte reifen im Mai. Bei geschickter Sortenwahl und mit einigen gezielten Kulturmaßnahmen reifen kurz darauf Erdbeeren von Mitte Mai bis Mitte Oktober, Himbeeren von Anfang Juni bis Ende Oktober und Johannisbeeren von Mitte Juni bis Anfang September.

▸ Pflanzenschutz im Vorfeld

Bei den meisten Beerenarten sind leider immer noch viele Sorten im Handel, die ohne gezielte Spritzungen keinen Ertrag bringen, den Zierwert verlieren und sogar absterben können. Dies lässt sich im Vorfeld ganz einfach vermeiden: pflanzen Sie konsequent nur robuste Sorten.

Himbeeren verlieren in wenigen Jahren ihre Vitalität, sofern es sich nicht um Sorten handelt, die eine genetisch bedingte Widerstandsfähigkeit gegen Mosaikviren haben. Die Krankheit wird von den allgegenwärtigen Blattläusen übertragen und ruft in wenigen Jahren rasch fortschreitende Degeneration hervor. Die bekannte Sorte 'Schönemann' ist hoch anfällig – im Gegensatz zur schmackhaften und ertragreichen Resistenzzüchtung 'Meeker'.

Wer nicht viel Zeit in die Pflege investieren will, findet in der Herbsthimbeere eine ideale Obstart. Herbsthimbeeren tragen an den einjährigen Ruten, also den Trieben, die im Frühjahr aufwachsen. Ausschneiden, Aufbinden, das lästige Gewirr von ein- und zweijährigen Ruten wie bei Sommerhimbeeren entfällt. Nach Ernteende – je nach Region bzw. Frostbeginn Mitte Oktober bis Anfang Dezember – werden alle Ruten bodeneben abgeschnitten. Am meisten verbreitet ist die robuste Sorte 'Autumn Bliss'.

Bei Stachelbeeren ist es genauso verhängnisvoll wie bei Tafeltrauben, wenn keine pilzfeste Sorte gepflanzt wird. Ohne sechs- bis zehnmaliges Spritzen würden die Pflanzen dem Pilzbefall erliegen. Bei Stachelbeeren bleiben 'Invicta', 'Remarka' und 'Reflamba' pilzfrei. Bei Hausreben sollte man auf 'Gutedel', 'Dornfelder' oder Burgundersorten verzichten und 'Muscat bleu', 'Palatina' oder 'Birstaler Muskat' pflanzen.

▸ Beerenhecken

Johannisbeeren lassen sich besonders leicht als gut 2 m hohe Hecken ziehen – ein attraktiver Sichtschutz oder Raumteiler. Die Jungpflanzen werden dann am Drahtgerüst ein- oder zweitriebig erzogen. Wer den traditionellen Strauch erziehen will, muss die Jungpflanze recht tief setzen. Ist der Strauch vier Jahre alt, werden jedes Jahr die vier ältesten Äste bodeneben entfernt und

Mit der richtigen Sorte sind alle Beerenobstarten leicht zu ziehen.

bis auf vier alle Neutriebe weggeschnitten. Bei Schwarzen Johannisbeeren sind alle alten Sorten krankheitsanfällig. Als äußerst robust haben sich 'Titania', 'Ometa' und 'Fertöder' erwiesen. Bei Roten Johannisbeeren sind 'Jonkheer van Tets' (früh), 'Rolan' (mittel) und 'Rovada' (spät reif) bewährt. Wer das Besondere sucht, kann die weißen Sorten 'Primus' und 'Blanca' oder die rosaroten 'Rosa Sport' und 'Rosalinn' pflanzen.

Brombeeren ergeben besonders hübsche Hecken. Die geschmacklich unübertroffene, leider extrem stachelige 'Theodor Reimers' ist ein Muss, wenn die Frucht intensiv nach Brombeere schmecken soll.

Einfacher lassen sich stachellose Sorten kultivieren. Zu den ertragreichsten und geschmacklich noch am ehesten an Brombeeren erinnernden Sorten zählt 'Chester Thornless', die mit ihren auffallend großen, rosaroten Blüten auch eine richtige Gartenschönheit ist. Die weit verbreitete Sorte 'Loch Ness' wächst nur auf besten Böden üppig.

Profitipp

Achten Sie bei Josta-Beeren auf die Sorte: Josta, die Kreuzung aus Schwarzer Johannisbeere und Stachelbeere, trägt kaum Früchte, wenn man nicht darauf achtet, dass es sich um eine ausgewiesene Sorte handelt: entweder die seit 20 Jahren bewährten 'Jogranda' und 'Jostine' oder die neu im Handel erhältliche 'Jonova'.

Herbsthimbeeren liefern bis Ende Oktober Früchte.

Himbeeren benötigen eine dicke Mulchschicht.

Beerenobst im Porträt

Erdbeere
Fragaria × ananassa

▸ **Blüte**
weiß; von April bis Juni bzw.
September (remontierende
Sorten)
▸ **Frucht**
rote Beeren
▸ **Blattfarbe**
dunkelgrün
▸ **Wuchs**
kompakt bis flach wachsend,
bildet Ausläufer;
15 bis 25 cm hoch,
30 cm breit
▸ **Standort**
sonnig bis halbschattig;
Boden frisch bis feucht,
durchlässig; pH-Wert:
schwach sauer bis neutral
▸ **Frosthärte**
voll frosthart
▸ **Gießen**
regelmäßig
▸ **Nährstoffbedarf**
mittel bis reich
▸ **Wichtige Infos**
geeignet für kleine Gärten
und für Kästen,
Kübel und Töpfe;
fast alle Sorten selbst-
fruchtbar

▸ **Sortenbeispiele**
'Honeyoe' – sehr früh, 'Lam-
bada' – früh, sehr aroma-
tisch, 'Polka' – mittelfrüh,
sehr robust, sehr aromatisch;
'Mara des Bois' – remontie-
rend, Walderdbeeren-Aroma

Rote Johannis-beere, Weiße Johannisbeere
Ribes rubrum

▸ **Blüte**
klein hellgrün; von April bis
Anfang Mai
▸ **Frucht**
rote, rosarote oder weiße,
kleine Beeren
▸ **Blattfarbe**
mittelgrün
▸ **Wuchs**
aufrecht strauchförmig,
auch als Hochstämmchen;
1 bis 1,50 m hoch
(als Hecke bis 2 m),
0,80 bis 1,20 m breit
▸ **Standort**
sonnig bis halbschattig;
Boden feucht bis humos;
pH-Wert: schwach sauer bis
neutral
▸ **Frosthärte**
voll frosthart, Blüte spätfrostgefährdet
▸ **Gießen**
bei anhaltender Trockenheit

Rote Johannisbeere 'Rotet' – robust und mittelspät

*Neuzüchtung 'Blanka' bringt reiche Ernten
an Weißen Johannisbeeren.*

▸ **Nährstoffbedarf**
mittel bis reich
▸ **Wichtige Infos**
leicht zu pflegender Strauch,
für Obst-Anfänger, nur
Ausschneiden erforderlich;
Vogelschutzgehölz;
auffällige Früchte;
selbstfruchtbar
▸ **Sortenbeispiele**
Rote Johannisbeere:
'Jonkheer van Tets' – sehr
früh, 'Rotet' – mittelspät
'Rovada' – spät;
Weiße Johannisbeere:
'Primus' – früh, 'Blanka' –
spät

Schwarze Johannisbeere
Ribes nigrum

▸ **Blüte**
klein, hellgrün bis rötlich;
im April
▸ **Frucht**
schwarze, kleine Beeren
▸ **Blattfarbe**
mittel- bis dunkelgrün
▸ **Wuchs**
aufrecht, strauchförmig,
auch als Hochstämmchen;
1 bis 1,20 m hoch (als Hecke
bis 2 m); 0,80 bis 1,20 m breit

Erdbeere 'Petrina' ist rotfleischig.

Schwarze Johannisbeere 'Titania' – sehr robust

▸ **Standort**
sonnig bis halbschattig;
Boden feucht bis halbtro-
cken, humos; pH-Wert:
schwach sauer bis neutral

▸ **Frosthärte**
voll frosthart, Blüte spätfrostgefährdet

▸ **Gießen**
wenig

▸ **Nährstoffbedarf**
mittel bis reich

▸ **Wichtige Infos**
pflegeleicht, für Einsteiger;
Normalstrauch; Vogelschutzgehölz, auffällige Früchte;
selbstfruchtbar

▸ **Sortenbeispiele**
'Fertöder' – früh, 'Titania' –
mittel, 'Ometa' – spät

Jostabeere
Ribes × nidigrolaria

▸ **Blüte**
klein, cremefarben bis rötlich; von April bis Anfang Mai

▸ **Frucht**
schwarzbraune bis schwarze
Beeren

▸ **Blattfarbe**
mittel- bis dunkelgrün

▸ **Wuchs**
aufrecht strauchförmig; 1 bis
1,80 m hoch und breit

▸ **Standort**
sonnig; Boden halbtrocken
bis feucht, humos;
pH-Wert: schwach sauer bis
neutral

▸ **Frosthärte**
voll frosthart

▸ **Gießen**
bei anhaltender Trockenheit

▸ **Nährstoffbedarf**
mittel bis reich

▸ **Wichtige Infos**
leicht zu pflegender Strauch,
für Obst-Anfänger; Vogel-
schutzgehölz und Bienen-
weide, selbstfruchtbar

Stachelbeere
Ribes uva-crispa

▸ **Blüte**
klein, weißlich grün; von
April bis Anfang Mai

▸ **Frucht**
grüne, gelbe, rötliche, dunkelrote Beeren

▸ **Blattfarbe**
mittel- bis dunkelgrün

▸ **Wuchs**
aufrecht überhängend bis
flach wachsend,
auch als Hochstämmchen;
0,80 bis 1 m hoch und breit
(als Hecke bis 2 m hoch)

▸ **Standort**
sonnig bis halbschattig;
Boden feucht,
durchlässig, humos;
pH-Wert: schwach sauer bis
neutral

▸ **Frosthärte**
voll frosthart

▸ **Gießen**
bei anhaltender Trockenheit

▸ **Nährstoffbedarf**
mittel

▸ **Wichtige Infos**
leicht zu pflegen,
für Obst-Anfänger;
Strauch, Stämmchen oder
Heckenpflanzung; Vogel-
schutzgehölz und Bienen-
weide; selbstfruchtbar

▸ **Sortenbeispiele**
'Invicta' – sehr früh, gelbgrün, stark bestachelt, sehr
hoher Ertrag; 'Remarka' –
sehr früh, purpur, stark
bestachelt; 'Redeva' – spät,
wenig bestachelt;
'Rolonda' – spät, dunkelrot,
wenig bestachelt

Jostabeere 'Jogranda'

Stachelbeere 'Invicta' – die ertragreichste mehltaufeste Sorte

Himbeere
Rubus idaeus

▸ Blüte
weiß bis cremefarben; von
Mai bis August/September

▸ Frucht
rot, rosa, gelb oder schwarz

▸ Blattfarbe
mittelgrün

▸ Wuchs
strauchig aufrecht,
braucht Gerüst;
1 bis 2 m hoch,
0,40 bis 0,60 m breit

▸ Standort
sonnig bis halbschattig;
Boden frisch bis halbtrocken,
durchlässig, humos, sandig-
lehmig; pH-Wert: schwach
sauer

▸ Frosthärte
voll frosthart

▸ Gießen
regelmäßig

▸ Nährstoffbedarf
mittel bis reich

▸ Wichtige Infos
leicht zu pflegender Strauch,
für Obst-Anfänger; Vogel-
schutzgehölz und Bienen-
weide; für Gehölzränder und
Hecken; selbstfruchtbar

▸ Sortenbeispiele
'Willamette' – früh, 'Meeker'
– mittelspät, sehr robust,
'Autumn Bliss' – sehr spät,
'Himbo Top' – sehr spät

Frühe Himbeersorte 'Willamette'

Brombeere
Rubus fruticosus

▸ Blüte
weiß, cremefarben bis rosa;
von Mai bis Juli/August

▸ Frucht
schwarze Beeren

▸ Blattfarbe
dunkelgrün

▸ Wuchs
strauchig aufrecht oder
rankend, 2 bis 4 m hoch,
1,50 bis 5 m breit;
kann wuchern und sich leicht
im Garten ausweiten,
mit und ohne Stacheln

▸ Standort
sonnig bis halbschattig;
Boden frisch bis trocken,
durchlässig, humos, sandig-
lehmig; pH-Wert: schwach
sauer

▸ Frosthärte
bis −18 °C frosthart

▸ Gießen
wenig bis regelmäßig

▸ Nährstoffbedarf
mittel

▸ Wichtige Infos
rankende oder aufrecht
wachsende, überhängende
Sträucher; Vogelschutz-
gehölz und Bienenweide;
für Gehölzrand und Hecken,
selbstfruchtbar

▸ Sortenbeispiele
'Loch Ness' – rankend, stachellos, 'Chester Thornless' –
rankend, stachellos,
'Navarro' – aufrecht und stachellos, 'Theodor Reimers' –
rankend, bestachelt,
sehr aromatisch

Kultur-Heidelbeere
Vaccinium corymbosum

▸ Blüte
weiß bis zartrosa; von Mai
bis Juli

▸ Frucht
blaue, bereifte Beeren, länger haltbar als bei Beerenobst üblich

▸ Blattfarbe
mittelgrün

▸ Wuchs
aufrecht strauchförmig;
1 bis 3 m hoch,
1 bis 1,50 m breit

▸ Standort
sonnig; Boden feucht bis
halbtrocken, humos, sandig-
humos; pH-Wert: sauer
(Moorbeetpflanze)

▸ Frosthärte
voll frosthart

▸ Gießen
regelmäßig

▸ Nährstoffbedarf
mittel

▸ Wichtige Infos
für Anfänger geeignet bei

Sehr gute, robuste Sommerhimbeere 'Meeker'

Pflegeintensive stachellose Brombeere 'Loch Ness'

Kultur-Heidelbeere 'Bluecrop'

richtiger Bodenwahl; Vogelschutzgehölz und Bienen-
weide; für Hecken; selbstfruchtbar
▸ **Sortenbeispiel**
'Bluecrop' – mittelspät, hellblau, hoher bis sehr hoher
Ertrag

Tafeltraube
Vitis vinifera

▸ **Blüte**
unscheinbare Blütenstände;
Mai bis Anfang Juni
▸ **Frucht**
grüne, gelbe, rote oder blaue
Trauben
▸ **Blattfarbe**
mittel- bis dunkelgrün
▸ **Wuchs**
rankend, Rankhilfe notwendig (Spalier, Pergola);
Höhe und Breite von der
Erziehung abhängig
▸ **Standort**
sonnig; Boden frisch bis
halbtrocken, durchlässig,
keine besonderen Boden-
ansprüche; pH-Wert:
schwach sauer bis neutral
▸ **Frosthärte**
bis –18 °C frosthart
▸ **Gießen**
wenig (nur Jungpflanzen)
▸ **Nährstoffbedarf**
mittel

▸ **Wichtige Infos**
leicht zu pflegen, sachgerechter Schnitt erforderlich;
Vogelschutzgehölz;
Rankhilfe notwendig;
selbstfruchtbar
▸ **Sortenbeispiele**
'Muscat bleu – tiefblau,
mittelfrüh,
'Nero' – blau, früh,
'Bianca' – gelbgrün, mittelfrüh, 'Birstaler Muskat' –
früh, gelb

Chinesischer Strahlengriffel, Kiwi
Actinidia deliciosa

▸ **Blüte**
weiß bis cremefarben,
meist zweihäusig; Blüten in
Büscheln, im Juni
▸ **Frucht**
braune, behaarte, ovale
Früchte
▸ **Blattfarbe**
mittel- bis dunkelgrün
▸ **Wuchs**
schlingend, schnell
wachsend, kann größere
Flächen begrünen; Höhe und
Breite ist von der Erzie-
hungsform abhängig
▸ **Standort**
sonnig bis halbschattig;
Boden frisch bis feucht,

Hocharomatische, pilzfeste Tafeltraube 'Muscat bleu'

humos, locker; pH-Wert:
schwach sauer
▸ **Frosthärte**
nur bedingt frosthart
(bis –18 °C), warme
geschützte Lagen
▸ **Gießen**
regelmäßig
▸ **Nährstoffbedarf**
mittel bis reich
▸ **Wichtige Infos**
leicht zu pflegen, aber art-

gerechter Schnitt, regel-
mäßiges Gießen und
optimale Bodenverhältnisse
erforderlich, für Früchte
männliche und weibliche
Pflanzen setzen,
keine selbstfruchtenden
Sorten; für kleine Gärten
geeignet, Vogelschutzge-
hölz; Schlingpflanze,
Gerüst notwendig, dekorati-
ves Laub

Frostharte Kiwi 'Weiki'

Wassergarten

Gartenteiche

Der Gartenteich hat neben seiner ökologischen Bedeutung für den Garten auch wichtige ästhetische Aufgaben zu erfüllen und soll dem Besitzer Freude und Erholung bieten. Dies geht nur, wenn die Ausführung möglichst ohne Fehler ist.

Das Material

Bei der Entscheidung für einen Gartenteich stellt sich sofort die Frage, aus welchem Material er angelegt werden soll.

▸ Naturteich aus Ton

Der Naturteich aus Ton wird immer wieder als natürlich empfohlen, doch er hat auch einige deutliche Nachteile: 1. Die Einbaustärke des Tons und der dazugehörigen Kies-Abdeckung beträgt mindestens 25 cm, was einen zusätzlichen Aushub von 10 bis 11 m³ Boden bei einem 1 m tiefen Teich bedeutet, denn 2. darf wegen der Kiesschüttung die Steigung des Teichbodens zum Ufer nur 30 % betragen, so dass ein 1 m tiefer Teich einen Mindestdurchmesser von 7 m ohne Uferzone benötigt. Außerdem ist der Arbeitsaufwand erheblich höher als beim Folienteich. Die Kosten von industriell vorgefertigten Tonelementen entsprechen dem Preis der teuersten Folie. 3. Die Einbaukosten betragen ein Mehrfaches der Materialkosten.

▸ Teichfolien

Diese Folien sind im Einbau sehr leicht zu handhaben, mit Ausnahme weniger

Entspannungsoase direkt am Gartenteich

Falten passen sie sich dem Aushub an, und erlauben eine beliebige Teichgestaltung. Besonders die Uferzonen sind mit Folien gut zu gestalten. Bei den Folien hat man die Auswahl zwischen EPDM- und PVC-Folien. EPDM-Folie aus synthetischem Kautschuk ist in der Herstellung und Entsorgung sehr umweltfreundlich, hat eine Haltbarkeitsgarantie von etwa 30 Jahren und ist bei jeder Temperatur flexibel und weich, was den Einbau sehr erleichtert. PVC-Folie ist wohl billiger, jedoch in Herstellung und Entsorgung weit weniger umweltfreundlich und kommt später bei der Entsorgung als Sondermüll deutlich teurer, was den billigeren Einkauf relativiert. Garantiert wird bei PVC meist für 10 Jahre.

▸ Fertigteiche

Eine weitere Teichart für kleine Gärten ist der Fertigteich. Äußerst stabil sind die Becken aus glasfaserverstärktem Kunststoff (GFK). Dieses Material wird auch zum Bau von Schiffsrümpfen und Autokarosserien verwendet. Es ist weder frostempfindlich, noch wird es durch Sonneneinstrahlung spröde. Becken aus Polyethylen haben ähnlich

gute Eigenschaften wie GFK-Teiche, sind aber nicht so steif und formstabil. Fertigbecken aus PVC können nicht empfohlen werden, da sie sehr bald spröde werden und bei Kälte glasartig brechen.

Nachteil aller Fertigteiche ist die Beschränkung auf wenige Formen und die oft geringe Tiefe, die ein Überwintern von Tieren, wie Fischen oder Wasserfröschen, unmöglich macht. Alle Fertigbecken sind winterfest und können im Winter mit Wasser gefüllt bleiben. Bei Becken in sonniger Lage mit einer Tiefe von mindestens 80 cm ist die Überwinterung von Tieren oftmals möglich.

Planung des Gartenteichs

Um Tiere zu beobachten und die Stimmung des Wassers und der Seerosen zu genießen, sollte der Teich gut sichtbar am Haus, in der Nähe der Terrasse, eines Sitz- oder Grillplatzes oder auch an einer Ruhebank liegen. Nur wenn der Teich ständig im Blickfeld liegt, kann er

Profitipp

Tonteiche sind natürlicher, jedoch arbeitaufwändiger, und um ein Mehrfaches teurer als Fertig- oder Folienteiche. Fertigteiche haben nur feste Formen und Tiefen.

Folienteiche lassen sich in Form und Tiefe fast beliebig ausführen. PVC-Folien sind billiger, jedoch in der Entsorgung als Sondermüll teurer. EPDM-Folien sind umweltfreundlicher, etwas teurer, flexibler und haltbarer.

und das Leben drum herum befriedigend beobachtet werden. Ein echtes Biotop dagegen muss so weit von menschlichen Wohnungen und vom Straßenverkehr entfernt sein, dass eine Beobachtung durch den Teichbesitzer nur durch erhöhten Aufwand möglich ist.

▸ Gehölze

Bäume können für Teiche oder das Teichwasser problematisch sein, zum Beispiel wenn sie oder auch Sträucher so dicht an der Wasserfläche stehen, dass Laub oder Blütenblätter in größeren Mengen ins Wasser fallen können. Grünes Laub, frische Blütenblätter und große Mengen abgestorbenen Laubes entziehen bei ihrer Zersetzung dem Wasser so viel Sauerstoff, dass der Teich „umkippt", das heißt, das Wasser wird faulig und riecht schlecht, Fische schnappen an der Wasseroberfläche nach Luft oder gehen ein. Bäume dürfen in der Mittagszeit einen leichten Schatten auf den Teich werfen, jedoch weniger als acht bis neun Stunden Sonneneinstrahlung reduziert die Blühwilligkeit der Seerosen. Bei Tonteichen kann die Kraft der Wurzeln die Dichtung durchbrechen und dem Teich täglich mehrere hundert Liter Wasser entziehen. Besonders gefährlich sind in dieser Hinsicht Pappeln, Weiden und Birken!

▸ Teichgröße und -form

Die Größe des Teiches ist einmal abhängig von der Gartenfläche und sollte höchstens ein Drittel bis ein Viertel des Gartens betragen. Gestalterisch und vom ökologischen Gesichtspunkt her ist eine Mindestgröße von 4 × 5 m vorzusehen. Kleinere Teiche wirken mehr wie ein Trichter und erreichen kaum die nötige Tiefe von 80 bis 100 cm (zur Überwinterung von Tieren). Nach oben kann die Größe eigentlich beliebig sein. Von der Form her sind der Fantasie keine Grenzen gesetzt. Es sollte jedoch in jedem Fall bedacht werden, dass je mehr Bögen und Rundungen ausgeformt werden, die Faltenbildung immer stärker wird. Eine optimale Folienausnutzung wäre ein rechteckiges Becken, wobei innerhalb der Folie das Ufer geschwungen ausgeführt werden kann (siehe Ufergestaltung oben rechts und Seite 238). Für die Betrachtung ist es günstig, wenn ein Teil des Ufers direkt an einem Weg oder an der Terrasse liegt.

Betrachterufer

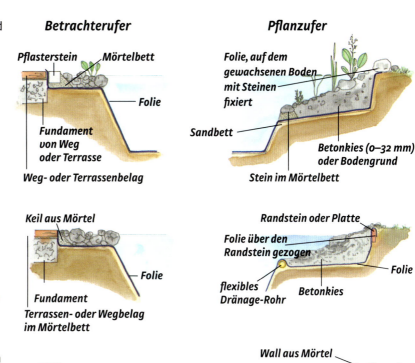

Pflasterstein · Mörtelbett
Folie
Fundament von Weg oder Terrasse
Weg- oder Terrassenbelag

Keil aus Mörtel
Folie
Fundament
Terrassen- oder Wegbelag im Mörtelbett

Keile aus Mörtel
Folie

Pflanzufer

Folie, auf dem gewachsenen Boden mit Steinen fixiert
Sandbett
Betonkies (0–32 mm) oder Bodengrund
Stein im Mörtelbett

Randstein oder Platte
Folie über den Randstein gezogen
Folie
flexibles Dränage-Rohr · Betonkies

Wall aus Mörtel
Wall aus Mörtel Sand oder Erde
Folie
Betonkies

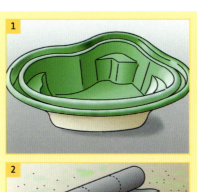

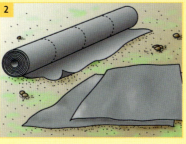

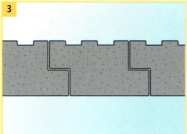

Baumaterial für Teiche

1 Fertigteiche aus Polyetyhlen (PE) sind stabil und gleichzeitig leicht. Glasfaserverstärkter Kunststoff hat ein größeres Gewicht und ist spröder, was den Einbau erschwert.

2 Polyethylen-Teichfolien sind umweltschonend und preisgünstig, aber sehr steif. Folien aus PVC sollten aus Umweltgründen vermieden werden (Sondermüll). Kautschuk (EPDM)-Folien sind sehr dehnbar und haben eine hohe Lebensdauer.

3 Ton und Lehm gehören zu den natürlichen Teichbaumaterialien, sind aber in der Verarbeitung nicht einfach. Fertige Tonelemente erleichtern den Einbau, sind aber übermäßig teuer. Ton- oder Lehmteiche im Hausgarten sind sehr pflegeintensiv.

▸ Teichtiefe

Die Tiefe des Teiches ist mit mindestens 80 cm anzusetzen, sollte aber 1 m nicht übersteigen. Größere Tiefen sind nur dort nötig, wo der Teich im Winter von keiner Sonneneinstrahlung getroffen wird, denn dort kann das Eis erheblich dicker als 40 cm werden. In solchen Fällen empfiehlt sich eine Tiefe bis zu 1,20 m.

▸ Ufergestaltung

Auf die Ufergestaltung ist bei der Planung besonders großer Wert zu legen, denn das Ufer hat für den Teich verschiedene, wichtige Aufgaben zu erfüllen: Es muss den Teich abgrenzen und einrahmen. Es muss den Pflanzen die Möglichkeit geben, sich zu entwickeln. Es muss außerdem mit dem Ende der Folie die Kapillarsperre bilden, damit der Teich durch kapillaren Sog keine großen Mengen Wasser verliert. Des Weiteren soll das Ufer auch zur Aufnahme von dekorativen Steinen, Quellsteinen, Wurzeln und anderem dienen. Für die Uferzone sind zusätzlich zur Wasserfläche noch mindestens weitere 1 bis 2 m auf der hinteren und 50 cm auf der vorderen Seite des Teiches zuzugeben.

▸ Aushub

Für den anfallenden Aushub bietet sich als bequemste Lösung der Einbau des anfallenden Materials im Garten an. Dabei wird der Aushub so hinter dem Teich eingebaut, dass er den Teich teilweise umfasst und dem Betrachter auf der Terrasse oder dem Sitzplatz das Gefühl gibt, der Teich läge in einer Mulde und wäre eine natürliche Ansammlung von Wasser. In diesem Zusammenhang sei darauf hingewiesen, dass Teiche in der Natur auch immer an der tiefsten Stelle eines Geländes liegen und es sehr widernatürlich wirken würde, wenn der Teich wie ein Kratersee auf einem Hügel im Garten läge.

Der hinter dem Teich aufgeschüttete Boden kann sanft ansteigen und den Teich verstärken oder auch durch einen Steingarten beziehungsweise eine Natursteinmauer abgefangen werden.

Einbau von Fertigteichen

Fertigteiche sind verhältnismäßig einfach einzubauen. Zu beachten ist nur, dass der obere Rand absolut waagerecht und in der richtigen Höhe liegt. Beim Einbau wird der Teich genau so platziert, wie er später sitzen soll. Dann muss sein Umriss auf den Boden übertragen werden. Beim Aushub wird dann rundherum noch 20 bis 30 cm Arbeitsraum zugegeben.

▸ Schritt für Schritt zum Fertigteich

Mit einer Latte, die man auf den Rand des Fertigteichs legt, misst man die Tiefe des Beckens und gibt dann noch 5 cm für das Sandbett zu, auf welches das Becken gestellt wird. Beim Aushub achten wir auch auf die Form des Beckenbodens, damit möglichst viel gewachsener und damit standfester Untergrund erhalten bleibt. Zur Kontrolle der Arbeiten wird das Becken in die Grube gesetzt: Es sollte, bevor das Sandbett eingefüllt wird, ungefähr 5 cm tiefer als die endgültige Höhe stehen. Bei Beckenrändern mit Plattenabdeckung muss um Plattenstärke tiefer ausgehoben werden.

Anschließend wird bei Becken mit glattem, waagerechtem Boden eine 5 cm starke Sandschicht aufgebracht, über zwei waagerechte, in den Sand gelegte Latten sauber abgezogen und das Becken darauf gestellt. Anschließend sollten Höhe und Waagerechte kontrolliert werden. Kleine Differenzen des Beckenrandes von höchstens 1 bis 2 cm nach unten können beim Verfüllen durch Hochziehen korrigiert werden. Zu hoch stehende Becken müssen noch einmal herausgenommen und der Unterbau muss hier etwas tiefer angelegt werden. Der Wasserspiegel lässt jeden Fehler in der Waagerechten sofort erkennen. Steht unser Becken richtig, stimmen Waagerechte und Tiefe, dann wird es 10 bis 20 cm hoch mit Wasser gefüllt, damit es sich nicht mehr verschieben kann.

Anschließend wird der Teich mit dem angefallenen Aushub verfüllt. Grober Erde wird so viel Sand beigemischt, dass beim Verfüllen keine Hohlräume entstehen können. Achten Sie darauf, dass innen immer mehr Wasser ist als außen

Bau eines Fertigteiches

1 *Stellen Sie das Becken an den vorgesehenen Platz, markieren Sie seine Umrisse mit Stäben und heben Sie die Grube entsprechend der Form aus. Geben Sie in der Tiefe 5 bis 10 cm für das Sandbett und seitlich 10 bis 20 cm für den Arbeitsraum zu.*

2 *Füllen Sie etwa 5 cm Sand als Unterlage ein und stellen Sie den Fertigteich darauf. Füllen Sie nur so viel Wasser ein, dass Sie ihn noch bewegen und mit der Wasserwaage in die richtige Lage bringen können. Erst dann wird er weiter befüllt und fixiert.*

3 *Die Ränder um den Teich werden mit Sand oder mit einem lockeren Sand-Boden-Gemisch bis auf die Höhe des inneren Wasserspiegels aufgefüllt und eingeschlämmt. Heben Sie immer erst innen den Wasserspiegel, bevor Sie weiter auffüllen, damit das Becken nicht aufschwimmt.*

durchgeführt werden, nach unten geht nichts mehr.

Fertigteiche haben einen rinnenförmigen Uferrandrand, der den Tieren, die ins Wasser gefallen sind, das Aussteigen ermöglicht. Dieser Rand wird mit Kieseln und Kies schräg ansteigend gefüllt und niedrig bepflanzt. Fertigteiche ohne diesen Rand müssen einen Tierausstieg erhalten.

▸ Pflanzen

Die Bepflanzung der Fertigteiche erfolgt meist in Pflanzkörben, aber es besteht auch die Möglichkeit, Pflanzbeete im Becken durch Steine oder Ziegel abzugrenzen, mit Substrat zu füllen und zu bepflanzen. Bei einigen Fertigteichen sind diese Substratstützen schon eingebaut. Es empfiehlt sich, nur schwach wachsende, nicht wuchernde Pflanzen zu verwenden und auch bei den Seerosen nur ausgesprochen schwach wachsende Sorten auszuwählen.

Schön bepflanzter, eingewachsener Folienteich

Verfüllmaterial, damit ein Gegendruck vorhanden ist. Um eine gute Verdichtung und Setzung zu erreichen, wird zum Schluss mit Sand und Wasser eingespült. Achtung: Der Wasserstand außen muss immer niedriger als der Wasserspiegel auf der Innenseite des Beckens sein. Ist er auf der Außenseite höher, schwimmt das Becken auf, und das Auffüllmaterial rutscht unter das Becken. Dann hilft nur, das Becken neu zu setzen. Erledigen Sie diese Arbeits-gänge immer in Stufen von 20 zu 20 cm: Immer erst Wasser ins Becken geben, dann außen die Grube weiter einfüllen.

▸ Letzte Arbeiten

Am Ende noch einmal kontrollieren, ob alles in der Waagerechten ist. Jetzt, solange das Wasser außen auch bis oben steht, können noch kleine Korrekturen des Beckenrandes nach oben

Bau von Folienteichen

Lage, Größe und Form des Teiches im Garten werden mit einer stärkeren Schnur oder einem Gartenschlauch ausgelegt. Dies ermöglicht Änderungen, bis alles unseren Vorstellungen entspricht. Dann wird die Wasserfläche mit ein paar Stäben markiert. Auf der Rückseite

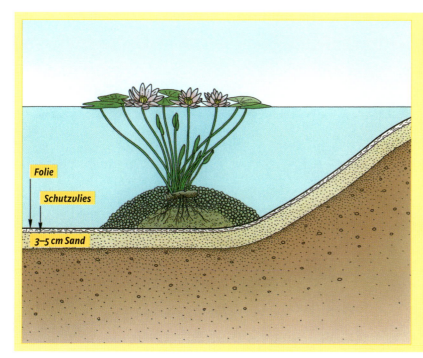

Folie

Schutzvlies

3–5 cm Sand

Querschnitt durch einen Folienteich

Beim Aushub des Teiches zuerst die 30 bis 40 cm starke Mutterbodenschicht der Teichfläche und des Pflanzufers abheben, seitlich lagern oder im Garten einbauen. Anschließend den restlichen Unterboden ausheben. Auf die ausgehobene Fläche 3 bis 5 cm Sand auftragen oder diese mit einem Vlies abdecken (Kombination ist am sichersten). Danach die Folie einziehen und an den Pflanzstellen sowie im Uferbereich mit möglichst kalkarmem Kies abdecken. Vermeiden Sie weitere Stufen; sie vermindern das Wasservolumen und bringen zusätzliche Falten in die Folie.

*Stecken Sie mit Stäben die ge-
wünschte Wasserfläche ab oder
markieren Sie sie mit Sand.*

des Teiches wird noch eine 1 bis 2 m
breite Uferzone zusätzlich abgesteckt.
Vor Beginn des Aushubes sollte die Höhe
des Wasserspiegels oder eine Hilfshöhe
an den Stäben markiert werden.

▸ Aushub
Der Aushub erfolgt in zwei Arbeitsab-
schnitten. Zunächst wird 30 bis 40 cm
tief unter Wasserspiegelhöhe der Mutterboden von der gesamten Fläche einschließlich der Uferzone abgetragen.
Anschließend wird der restliche Teich
bis zur endgültigen Tiefe von 80 bis 100
(120) cm ausgehoben. Der angestrebte
Böschungswinkel sollte um die 60 Grad
betragen.
Wer sportlich ist und körperliche Arbeit
nicht scheut oder sogar genießt, kann
den Teich selbst ausgraben und das Aus-
hubmaterial im Garten einbauen. Der
gute Mutterboden wird zunächst seitlich gelagert. Der tiefer liegende, unbe-
lebte Boden wird zuerst im Gelände eingebaut. In Hanglagen kann das Gelände
mit dem Unterboden so angehoben
werden, dass der Teich auch dort optisch in einer Mulde zu liegen kommt.
Auf den Unterboden wird dann der Mut-

*Bei sehr großen Teichen kann es
ratsam sein, die Folie in mehreren
großen Planen zu beziehen und vom
Fachmann vor Ort verschweißen
zu lassen.*

terboden aufgebracht. Aufschüttungen
auf der Hangseite müssen schichtweise
eingebaut und verdichtet werden.
Schneller geht es mit einem Bagger und
einem geschickten Fahrer. Bei sehr großen Anlagen hat sich der Einsatz von
Planierraupen bewährt.

▸ Folienkauf
Vor dem Folienkauf wird der Teich mit
allen Vertiefungen ausgemessen, und
zwar in der größten Länge und in der
größten Breite, jedoch nicht diagonal.
Bei sehr großen Teichen kann es ratsam
sein, die Folie in mehreren großen Planen zu beziehen und vom Fachmann an
Ort und Stelle verschweißen zu lassen.

▸ Folie verlegen
Nach Beendigung des Aushubes wird in
den Teich eine 3 bis 5 cm starke Sandschicht eingebracht, geglättet und mit
einer 0,8 bis 1,5 mm dicken Folie abgedeckt. Steile Bereiche mit rauem Boden,
auf dem der Sand schlecht hält, können
mit einem Schutzvlies zusätzlich abgedeckt werden. Perfektionisten verlegen
dieses Schutzvlies über den gesamten
Teichboden und ziehen dann erst die
Folie darüber.

▸ Uferzonen
Die Uferzonen haben mehrere Aufga-
ben: Zum einen sollen sie das Wasser
am Versickern hindern, zum anderen
Pflanzen, Steine und Dekoration auf-
nehmen, den Tieren das Verlassen des
Wassers ermöglichen sowie dem
Betrachter die Möglichkeit bieten, an

*Das Ufer des Teiches wird mit Kies
aufgefüllt und kann dann bepflanzt
werden.*

den Teich heranzutreten und alles zu
genießen. Dies geht allerdings nur
dann, wenn nicht der leider noch weit
verbreitete Fehler gemacht wird, die
Folie vom Teichboden schräg nach oben
bis über den Wasserspiegel zu ziehen
und dann dahinter wieder einzugraben.

▸ Anlage des Pflanzufers
Die Folie wird auf dem Boden der Uferzone zum Rand geführt und dort senkrecht gestellt. Sie bildet an dieser Stelle
die nötige Kapillarsperre. Diese Kapillarsperre muss knapp bis über die Erde
gehen und mindestens 5 cm über den

Wasserspiegel reichen, dann kann kein Wasser mehr aus dem Teich versickern. Damit diese Kapillarsperre nicht absackt oder hinuntergetreten wird, sollte sie auf der Gartenseite über eine feste Kante aus Randsteinen, über einen kleinen Betonkeil oder mindestens 10 cm auf gewachsenen Boden gezogen werden (siehe Zeichnung Seite 239). Diese Randbefestigung wird nach der Pflanzung durch eine Schicht grober Kiesel, die auf die Pflanzfläche und den schwarzen Folienrand aufgebracht werden, abgedeckt. Auf die Innenseite der Folie kommen Pflanzsubstrat, Pflanzen, Steine, Kies und Dekorationen, wie Felsen, Wurzeln oder auch Sprudelsteine. Diese Art des Folieneinbaus ist jetzt allgemeiner Standard.

Entstehende Falten müssen so gelegt werden, dass sie bis zur Oberkante der Kapillarsperre reichen. Um überschüssiges Wasser bei Regenfällen abzuleiten, wird die 5 cm über dem Wasserspiegel stehende Folie an einer günstigen Stelle bis auf die Höhe des Wasserspiegels hinuntergebogen, dann kann dort überschüssiges Wasser ablaufen und im Gartenboden versickern. Mit Sibirischer Schwertlilie oder Trollblume bepflanzt, kann diese Gartenstelle in die Teichumpflanzung einbezogen werden.

▸ Anlage des vorderen Ufers

Für das Betrachterufer reicht es, auf 15 cm unter den Wasserspiegel zu gehen und die Folie (Kapillarsperre) mit einem Betonkeil, einer Pflasterzeile oder Stufenplatte in Betonmörtel gegen Setzungen oder Verformung durch Begehen zu sichern und diese Konstruktion mit einer Kies- und Steinschüttung sowie ein paar kleinen Pflanzen zu verdecken (siehe Zeichnung Seite 239). Seitlich senkt sich die Uferzone dann langsam zum hinteren Pflanzufer auf eine Tiefe von 40 cm ab und wird dabei auch allmählich breiter.

▸ Fluten

Bevor man Wasser einlässt, werden die Seerose und die Unterwasserpflanzen gepflanzt. Anschließend füllt man sofort Wasser bis zur Kante der Uferzone ein. Dabei muss der Wasserstrahl so gebremst werden, dass kein Substrat aufgespült und das Wasser trüb wird. Während das Wasser einläuft, wird die Folie gelegentlich gespannt, damit sich alle

Blütenpracht im Gartenteich

Querfalten glätten. Um an der Vorderkante der Uferzone das Substrat vor dem Abrutschen zu schützen, wird dort unter die Folie ein Dränflexrohr gelegt oder ein kleiner Wall aus Erde, Sand oder Beton geformt (Zeichnung Seite 237). Notfalls kann später eine Reihe Steine auf der Folie mit etwas Zementmörtel fixiert werden.

Anschließend wird das Ufer mit Kies aufgefüllt und bepflanzt. Soll die Uferlinie nicht parallel zur Uferkante verlaufen, kann die Abrutschsperre auch in Bögen verlaufen.

Wasser und Substrat

Leider ist das Wasser, das wir verwenden, nicht immer von gleicher Qualität. Wir wissen, dass Wasser mehr oder weniger stark mit Nitraten belastet sein kann. Das gilt besonders für Brunnen- und Dränagewasser, aber zum Teil auch für Leitungswasser. Je nach Herkunft des Wassers, ob es aus kalkigem Untergrund gefördert wird oder ob es aus kristallinen Urgesteinsböden kommt, hat es mehr oder weniger Härte. Kalkhaltiges Wasser ist sehr hart. Wasser aus Urgestein oder Moorböden ist sehr weich. Parallel dazu liegt auch der Säurewert des Wassers. Kalkhaltiges, basisches Wasser kann einen pH-Wert über 8 und 8,5 haben, während Moorwasser bei pH 5 und 5,5, also im sauren Bereich, liegt. Der pH-Wert des Wassers wird auch maßgeblich durch das Pflanzsub-

strat beeinflusst. Kalkhaltiger Kies und Ziersteine aus Kalk (Marmor, Jura) können zu hohen pH-Werten und hartem Wasser führen.

Um Pflanzen aus allen Lebensbereichen einigermaßen gute Bedingungen zu bieten, sollten wir versuchen, den pH-Wert auf 6,5 bis 7 (neutral) einzustellen. Das ist bei kalkhaltigem Wasser sehr gut durch den Zusatz von Regenwasser möglich. Zu saures Wasser lässt sich durch leichte Kalkgaben auch in den neutralen Bereich bringen. Zu kalkhaltiges Wasser jedoch fördert das Algenwachstum, besonders wenn es sich noch um nitrathaltiges Brunnen- oder Leitungswasser handelt. Wenn diese Probleme auftreten, sollte auf jeden Fall versucht werden, den Gartenteich mit Regenwasser zu versorgen.

Einen zu hohen Nährstoffgehalt im Wasser (vorwiegend Nitrate) kann man

nur langsam durch die Nährstoffaufnahme der Pflanzen verringern.

▸ Pflanzsubstrat

Ein weiterer Faktor für die Qualität des
Teichwassers ist das Pflanzsubstrat. Es
soll den Sumpf- und Wasserpflanzen ein
gutes Wachstum ermöglichen und den
pH-Wert möglichst neutral sowie den
Nährstoffgehalt möglichst niedrig halten. Besonders gut als Pflanzsubstrat
hat sich reiner, möglichst kalkfreier oder
kalkarmer Betonkies in der Körnung
0/32 mm in der Teichgestaltung bewährt. In dieses Substrat werden die ausgetopften Containerpflanzen gesetzt.
Betonkies als Substrat verlangt von den
gesetzten Pflanzen zunächst eine rest-
lose Ausnutzung der Nährstoffe in ihren
Containerballen und verhindert
dadurch einen Übergang der Nährstoffe
ins Wasser. Eine weitere Nährstoffversorgung erfolgt später auf natürlichem
Weg durch Zersetzung von Pflanzenresten, Staubeintrag sowie durch tierische
Ausscheidungen.

Für Seerosen mischen wir auf einen Teil
normal gedüngte Gartenerde einen Teil
Sand und nur bei hohem Kalkgehalt der
Erde noch einen halben Teil Torf. Dieses
abgemagerte, gut durchgemischte Substrat wird in einem flachen Hügel, der 10
bis 15 cm hoch sein und einen Durchmesser von 70 cm haben soll, auf dem
Teichboden aufgebracht und mit einer
mindestens 10 cm hohen Schicht aus
oben erwähntem Betonkies (0 bis 32
mm) abgedeckt.

*Planen Sie auch Beleuchtung rund
um den Gartenteich oder auf der
Wasseroberfläche ein.*

muss, um zusätzlichen Sauerstoff auf-
zunehmen. Doch im Allgemeinen ist
dies nicht nötig, da Unterwasserpflanzen Sauerstoff produzieren und außerdem das Wasser bestrebt ist, die Sauer-
stoffkonzentration optimal zu halten.
Sauerstoff wird ebenso wie Kohlensäuregas durch die Wasseroberfläche aufgenommen oder abgegeben, wenn ein
Defizit oder ein Überschuss vorhanden
ist.

▸ Pumpen

Die einfachste Art der Wasserbewegung
wird erreicht, wenn eine Pumpe in der
Flachzone mit ihrem Druckstutzen kurz

unter der Wasseroberfläche aufgestellt
wird. Der Strahl der Pumpe reißt dann
etwas seitliches Wasser mit und wird
dadurch zu einem angenehm murmeln-
den und plätschernden Sprudelstrahl
umgeformt. Je tiefer der Auslauf der
Pumpe unter der Wasserfläche ist, desto breiter und flacher wird der Sprudelstrahl – und umgekehrt, je dichter er an
der Wasseroberfläche steht, desto
schmaler, höher und spritziger wird er.
Um die Pumpe den Blicken zu verber-
gen, kann sie mit einigen Steinen um-

Bewegtes Wasser

Wasser wirkt nicht nur mit stiller, glat-
ter oder vom Wind bewegter Oberfläche. Viel mehr reizt das Fließen,
Strömen und Plätschern oder die Möglichkeit, das Wasser zu stauen oder über
Wasserfälle stürzen zu lassen. Darum
wird auch auf bewegtes Wasser von vielen Gartenteichbesitzern so großen
Wert gelegt.

Oft besteht die irrige Meinung, dass das
Teichwasser unbedingt bewegt werden

*Fließendes Wasser, wie Bachläufe,
Springbrunnen oder Sprudelsteine
bringt noch mehr Leben in Ihren
Garten.*

legt und abgedeckt werden. Die nötige Pumpenleistung liegt bei 30 bis 40 l/sec. Diese Leistung reicht auch für die meisten Aufsätze.

Etwas aufwändiger ist der Einbau von Sprudelsteinen, die entweder in der Uferzone oder am Beginn eines Bachlaufes stehen können. Hier wird die Pumpe auf den Teichboden gestellt und der durchbohrte Sprudelstein von unten mit einem Schlauch versorgt.

Das Gleiche gilt auch für die Versorgung von Quellen am Beginn eines Bachlaufs. Bachläufe können nach zwei Prinzipien konstruiert werden. Die einfachste Form ist die Gestaltung einer Rinne aus Steinen, die so auf eine Folie gelegt werden, dass das Wasser über sie hinablaufen kann. Damit in diesem Fall das Wasser nicht zwischen den Steinen verschwindet, müssen die Hohlräume zwischen und unter den Steinen mit Lehm oder Zementmörtel verschlossen werden. Diese Art der Bachläufe führt nur Wasser, wenn die Pumpe läuft. Die etwas aufwändigere Konstruktion mit angestautem Wasser hält auch bei ausgeschalteter Pumpe das Wasser und kann Pflanzen ständig mit Feuchtigkeit versorgen, wenn gelegentlich die Pumpe angestellt wird, um die einzelnen Staustufen wieder aufzufüllen.

Bachläufe oder auch Uferzonen können mit entsprechenden Pflanzen in grobem Kies als Filter genutzt werden, wenn das Wasser nicht über, sondern durch den Kies an den Pflanzenwurzeln entlang fließt. Bei stark belasteten Teichen kann sich auch eine teure Filteranlage lohnen.

▸ Technik und Beleuchtung

Die mit 240 Volt Netzstrom betriebenen Pumpen sowie Beleuchtungen über und unter Wasser und andere Geräte müssen, in Verbindung mit Wasser nach den deutschen Sicherheitsvorschriften durch einen FI-Schalter gegen Fehlerstrom geschützt sein. Diese sind meistens schon in den Häusern vorhanden oder müssen als Vorschaltgerät vor der Pumpe angeschlossen werden. Größere Sicherheit bieten Pumpen und Beleuchtungen, die mit 12 oder 24 Volt Schwachstrom arbeiten.

Um jeglichen Gefahren vorzubeugen, müssen Installationen mit 220 Volt Netzstrom stets vom Fachmann durchgeführt werden, der auch über den FI-Schalter Bescheid weiß.

Mobile Miniwassergärten, mit Seerosen, Pfeilkraut, Zypergras, Ästigem Igelkolben, Binse, Gelber Zwerg-Teichrose, Hahnenfuß und Wasser-Knöterich bepflanzt.

Der Miniwassergarten

Eine besondere Variante des Wassers im Garten ist der Miniwassergarten. Hierunter versteht man mehr oder weniger kleine Becken, Kübel oder Tröge, die mit schwach wachsenden Seerosen und Wasserpflanzen besetzt sind. Die einfachsten Formen sind Holzzuber, durchgesägte Wein- oder Whiskyfässer. Auch Steintröge und größere Schalen werden gerne dazu verwendet.

Große Gefäße lassen sich meist besser gestalten als kleine. Dabei sollte man versuchen, durch einige Steine zwei verschiedene Höhen im Miniwassergarten zu schaffen, damit Zwergseerosen eine etwas größere Tiefe als die schwach wachsenden Sumpf- und Wasserpflanzen erhalten.

Sehr gut lassen sich größere Holztröge verwenden, in die Gefäße wie Eimer, Mörtelkübel oder -wannen eingebaut und mit einer Seerose und einigen Wasserpflanzen bepflanzt werden. Der restliche freie Raum des Troges wird mit guter Erde gefüllt und kann mit Steinen und Wurzeln dekoriert und mit Stauden und vielleicht sogar einem kleinen Zwergstrauch bepflanzt werden. Diese Miniwassergärten stehen auf Terrassen oder Balkonen in sonniger, geschützter Lage und sollten kühl und hell überwintert werden. An einer geschützten Südwand genügt eine Abdeckung mit Noppenfolie.

Pflanzanleitung für Seerosen

1. **Zum Bepflanzen eines Seerosenkorbes benötigt man ein Gemisch aus je einem Teil Gartenerde und Sand, einen Pflanzkorb mit mindestens 20 l Inhalt und Kies zum Abdecken des Substrates.**
2. **Die Seerose wird auf beziehungsweise im Substrat so hoch gesetzt, dass sie beim Einfüllen der Kiesabdeckung nicht bedeckt wird.**
3. **Die Kiesabdeckung wird rund um die Seerose eingebracht und verhindert die Eintrübung des Wassers sowie ein späteres Aufschwimmen des Korbes.**
➡ **Diese Pflanzanweisung gilt auch beim Auspflanzen auf dem Teichboden.**

Arbeiten im Wassergarten

Pflanzung

Seerosen werden in die Kiesabdeckung gepflanzt und gehen mit ihren Wurzeln schnell in das darunter liegende, etwas nährstoffreichere Substrat, das ihre Entwicklung im ersten Jahr fördert, ohne dass sie zu üppig werden. In den nächsten Jahren bringen zersetzte Pflanzenreste und tierische Ausscheidungen genügend Nährstoffe ins Wasser. Alle anderen Pflanzen werden direkt in den Betonkies gesetzt.

Bei Pflanzung in Körben sollte das Substrat etwas nahrhafter sein; beispielsweise Lehm oder Gartenerde, die mit einer Schicht Kies oder Sand abgedeckt wird. Zur Bepflanzung werden die Körbe, bevor Substrat eingefüllt wird, mit Jute oder Ähnlichem ausgelegt, dann mit Gartenerde bis kurz unter den Rand gefüllt, bepflanzt und mit Kies abgedeckt. Die Verwendung von Pflanzkörben kann eigentlich nur für sehr kleine Fertigteiche empfohlen werden. Stark wuchernde Pflanzen haben in einem Gartenteich nichts zu suchen. Wer nicht darauf verzichten will, muss sie unbedingt in geschlossene Kübel pflanzen. Die Kübel dürfen nicht bis oben gefüllt werden, da diese starken Wucherer über den Rand klettern und sich dann doch im Teich ausbreiten könnten. Außer für das Schilf sollten die Kübel unten Löcher haben. Die Kübel selbst werden direkt auf die Folie der Uferzone gestellt und seitlich mit Abdeckkies angefüllt.

Pflege

Der Gartenteich ist ein Stück Garten für den bequemen Gartenbesitzer, wenn schwach wachsende und nicht wuchernde Pflanzen verwendet werden. Achten Sie darauf, dass im Sommer und Herbst nicht zu viele Blüten oder Blätter in den Teich fallen. Fischen Sie verrottende Pflanzenreste ab. Füllen Sie verdunstetes Wasser möglichst mit Regenwasser auf und vermeiden Sie jeden Wasserwechsel. Schneiden Sie abgestorbene, über dem Wasser oder Ufer stehende Pflanzenteile erst im Frühjahr ab, sie sind Winterquartiere vieler Kleinlebewesen. Den Teich im Herbst und im Winter nicht stören, keine Löcher ins Eis hacken, nicht Schlittschuh laufen, denn es stört die Winterruhe der Tiere und kann zu deren Tod führen.

Zu große Pflanzen werden im Frühjahr aufgenommen und geteilt oder entfernt. Bei Arten, die sich stark versamen, werden die verblühten Stiele entfernt, bevor der Samen reift. Mindestens alle zwei Jahre muss bei der Frühjahrspflege die Kapillarsperre kontrolliert werden, um Kapillarbrücken aus Pflanzenresten oder Moos oder auch eingedrungene Wurzeln zu entfernen.

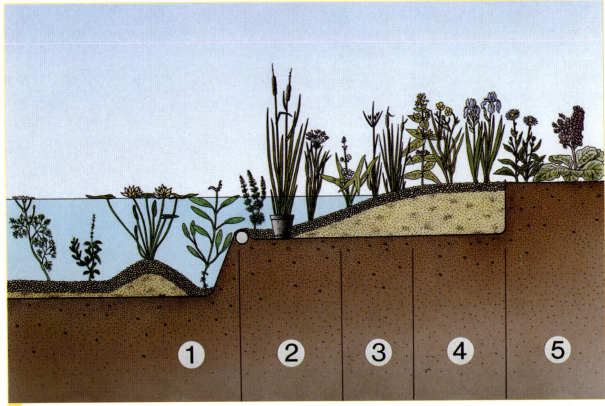

Die 5 Zonen eines Gartenteiches:
1. Seerosenzone
2. Flachwasserzone
3. Sumpfzone
4. Feuchtzone
5. Gartenzone um den Teich

Zwischen 4 und 5 ist die Folie als Kapillarsperre bis zur Bodenoberfläche senkrecht hochgezogen. (Sandbett und Schutzvlies sind hier nicht eingezeichnet.)

Pflanzen für den Wassergarten

Von ihren Ansprüchen und ihrer Verwendung her lassen sich die Wasserpflanzen in vier Gruppen einteilen. Es beginnt im Teich mit der Seerosenzone, der nach außen hin die Flachwasserzone, dann die Sumpf- und schließlich die Feuchtzone folgen. Außerhalb der Kapillarsperre finden wir die Gartenzone, die einen normal feuchten Boden hat. Sie sollte auch noch mit in die Planung einbezogen werden, da sie als Teichumrahmung mit im Blickfeld liegt.

Seerosenzone

In der Seerosenzone wurzeln alle Pflanzen auf dem Boden oder schwimmen frei. Sie wachsen entweder völlig unter Wasser oder bilden Schwimmblätter aus. Die reinen Unterwasserpflanzen sind wichtige Sauerstoffspender. Sie nehmen das im Wasser gelöste Kohlensäuregas auf und bauen es mit Hilfe des Lichtes zu Pflanzenmasse um, wobei Sauerstoff an das Wasser abgegeben wird. Schwimmblattpflanzen können keine ständige oder sehr lang anhaltende Benetzung der Blattoberseite durch Springbrunnenfontänen vertragen, sie ersticken und verfaulen. Gelegentliches Benetzen der Blätter wird, wie auch Regen, ohne weiteres vertragen.

Zu den Pflanzen der Seerosenzone werden aber auch noch die Schwimmpflanzen gerechnet, obwohl viele von ihnen im Laufe des Sommers Wurzeln bilden und sich gerne im Substrat der Flachwasserzone verankern.
Alle Unterwasserpflanzen sind ausgezeichnete Sauerstoffspender.

Flachwasserzone

In unseren Teichen hat die Flachwasserzone eine Tiefe von 10 bis 40 cm. In der Natur geht sie bis auf 80 cm hinunter, was bei unseren Teichen durch den steilen Abfall der Folie (60 Grad) zum Teichboden hin vermieden wird. In der Flachwasserzone wachsen all die Stauden, die möglichst immer im Wasser stehen wollen, aber doch gelegentlich auch einmal trocken stehen können. Die Obergrenze dieser Zone liegt im Bereich von 10 cm unter dem Normalwasserstand. Viele Stauden gerade dieser Zone sind starke Wucherer und sollten, wenn sie unbedingt gewünscht werden, nur in Kübeln stehen.

Sumpfzone

Der Bereich des wechselnden Wasserspiegels wird als Sumpfzone bezeichnet. Er enthält eine Vielzahl von Stauden mit guter Blütenwirkung. Sie alle vertragen trockenen Stand über dem Wasserspiegel, wenn nur der Untergrund sumpfig genug ist. Andererseits

können sie auch ständig bis 10 cm im Wasser oder gelegentlich auch tiefer stehen. Sie passen sich, der Not gehorchend, dem Wasserstand an, lieben aber doch mehr den Sumpf.

Feuchtzone

Die Feuchtzone beheimatet alle Pflanzen, die zu ihrem Gedeihen bei voller Sonne immer den Grundwasserspiegel erreichen müssen. Gelegentliches Überfluten können sie ohne weiteres vertragen.

Gartenzone

Außerhalb des Teiches (der Kapillarsperre) in der Gartenzone bestimmen Lage und Bodenfeuchtigkeit die Pflanzenauswahl. Sie sollten vom Aussehen her gut zur Gestaltung des Teiches passen.

Gartenteichpflanzen im Porträt

► **Seerosen**
Seerosen wachsen auf dem Teichboden. Sie haben einen kriechenden Stamm, der fingerdünn bis armdick sein kann und beim Pflanzen nicht mit Erde oder Kies bedeckt werden darf. Seerosen sollen nur mit eingewurzeltem Topfballen gekauft und gepflanzt werden, sonst ist das Anwachsrisiko zu groß. Gesunde, wüchsige Containerpflanzen werden gleich auf die endgültige Tiefe im Teich gesetzt, da alle jungen Blätter binnen zwei bis drei Tagen die Wasseroberfläche erreichen.

Nymphaea 'Maurice Laydeker'

Seerosen (Nymphaea) *und Teichmummel* (Nuphar)

Art/Sorte	Blüten	Blätter	Wassertiefe	Besonderheit
Schwach wachsende Sorten				
Nymphaea 'Berthold'	rosa-weiß, klein (7 cm ⌀)	grün, rund; bis 20 cm ⌀	20 bis 50 cm	Blüte schließt sich abends erst spät, auch für Miniteiche
Nymphaea 'Burgundy Princess'	dunkel-kirschrot (6 bis 7 cm ⌀)	dunkelgrün, rund; 14 cm ⌀	30 bis 50 cm	auffallend dunkle Blütenfarbe
Nymphaea 'Froebeli'	karminrot (8 bis 10 cm ⌀)	rundlich, dunkelgrün rötlicher Rand; 14 cm ⌀	20 bis 50 cm	Blüte schließt sich abends spät und steht über dem Wasser, auch für Miniteiche
Nymphaea 'Gretchen'	warmrosa (10 cm ⌀)	rundlich, grün; 12 cm ⌀	30 bis 50 cm	sehr dankbarer Dauerblüher, auch für Miniteiche
Nymphaea 'Little Sue'	gelblich rosa, orange (9 cm ⌀)	oval, dunkelgrün, rotbraun gefleckt; 10 cm ⌀	20 bis 50 cm	interessante Farbe, Duft, sehr gut für Miniteiche
Nymphaea 'Maurice Laydeker' (Bild Seite 245)	hellrosa bis kräftig rot (11 cm)	rund, grün, rötlicher Rand; 18 cm ⌀	30 bis 50 cm	im Aufblühen hellrosa, später rot, reizvoll zweifarbig, auch für Miniteiche
Nymphaea 'Perry's Dwarf Red'	dunkelrot (10 cm ⌀)	rund, dunkelgrün; 16 cm ⌀	30 bis 60 cm	Blüte tassenförmig und stark gefüllt, sehr gut
Nymphaea 'Walter Pagels'	cremeweiß, zart rosa (9 cm ⌀)	grasgrün, Rand rötlich gewellt; 15 cm ⌀	30 bis 50 cm	Blüte tassenförmig, in der Mitte leicht rosa; auch für Miniteiche
Kleine Teichmummel *Nuphar pumila*	gelb (4 cm ⌀)	oval herzförmig; 10 × 15 cm	40 bis 80 cm	auch für kleinere Teiche und Becken geeignet, verträgt lichten Schatten
Mittelstark wachsende Sorten				
Nymphaea 'James Brydon'	kirschrot (12 bis 14 cm ⌀)	dunkelgrün rötlich gefleckt; 20 cm ⌀	30 bis 70 cm	tassenförmig, stark gefüllt
Nymphaea 'Perry's Fire Opal'	leuchtend rosa (11 cm ⌀)	rund, dunkelgrün; 22 cm ⌀	40 bis 100 cm	Blüte tassenförmig und stark gefüllt, nicht für kleine Teiche
Nymphaea 'Joey Tomocik'	goldgelb (10 cm ⌀) (10 cm ⌀)	rund, dunkelgrün; 10 cm ⌀	30 bis 70 cm	zur Zeit beste gelbe Sorte; leicht duftend, Blüten stehen über Wasser
Nymphaea 'Lemon Chiffon'	zitronengelb (12 cm ⌀)	oval; 14 cm ⌀ dunkelgrün	40 bis 70 cm	stark gefüllt, leichter Duft
Nymphaea 'Wow'	purpurrot (12 cm ⌀)	rund, grün; 25 cm ⌀	30 bis 80 cm	stark leuchtende Blütenfarbe
Nymphaea 'Yuh Ling'	dunkelrosa (8 cm ⌀)	rund, dunkelgrün; 18 cm ⌀	40 bis 80 cm	Duft, Blüte oft fast rot wirkend
Teichmummel *Nuphar lutea*	gelb (4 cm ⌀)	länglich herzförmig; 30 × 40 cm	40 bis 120 cm	verträgt Schatten; nur für große Teiche ab 20 m²

Teichmummel

Zwergseerose 'Froebeli'

Nymphea 'James Brydon'

Nymphea 'Joey Tomocik'

Wasserähre

Schwimmblattpflanzen

Deutscher Name *Botanischer Name*	Blüte	Blätter	Wassertiefe / Bemerkungen
Wasserähre *Aponogeton distachyos*	doppelte, weiße duftende Ähre Mai bis September	10 cm lange, ovale, braun gesprenkelte Schwimmblätter	30 cm
Schwimmfarn *Azolla caroliana*	–	fein gefiedert, moosartige grüne Teppiche bildend	nicht winterhart, Wirkung gegen Fadenalgen
Froschbiss *Hydrocharis morsus-ranae*	weiß, drei Blütenblätter; 3 cm ⌀, Juni bis August	nierenförmig, rund zusammenstehend	überwintert als Knospe am Boden, schwimmt dann auf und wurzelt später im Uferbereich 30 bis 50 cm
Seekanne *Nymphoides peltata*	leuchtend gelb, sternförmig; 3 cm ⌀	rund, 4 cm ⌀, mit langem Stiel	0 bis 40 cm; bildet lange, schwimmende Ausläufer
Schwimmendes Laichkraut *Potamogeton natans*	kleine, rosa Ähren Juni bis August	oval bis 10 cm lang, 3 cm breit, dunkelgrün	aus bis 100 cm Wassertiefe kommend bildet es dichte Teppiche auf dem Wasser
Wasserhahnenfuß *Ranunculus aquatilis*	weiß, auf dem Wasser 3 cm ⌀ Mai bis August	Unterwasserblätter fein gefiedert, Schwimmblätter gelappt	aus bis 100 cm aufsteigend erscheinen mit der Blüte die Schwimmblätter, guter Sauerstoffspender

Unterwasserpflanzen

Deutscher Name *Botanischer Name*	Blüte	Blätter	Wassertiefe / Bemerkungen
Unterwasserpflanzen im Bodengrund wurzelnd			
Nadelkraut *Crassula recurva*	unscheinbar, nur über Wasser	tannennadelartig, weich, über Wasser fester und spitzer	bis 50 cm Tiefe, wintergrün, gedeiht auch auf dem Ufer
Nadelsimse *Eleocharis palustris*	kleinste, braune Köpfchen im Sommer, nur über Wasser	10 bis 15 cm lang, nadelförmig, über Wasser nur 5 bis 8 cm lang, wintergrün	ab 50 cm Wassertiefe, kann über den Wasserspiegel ins Ufer wachsen
Tannenwedel *Hippuris vulgaris*	unscheinbar in den Blattachseln	0,3 cm breit, bis 3 cm lang, weich	ab 50 cm Wassertiefe eine verträgliche Unterwasserpflanze
Tausendblatt *Myriophyllum spicatum*	schmale, bis 8 cm lange rosa Ähren im Sommer	quirlständig, fein gefiedert, wintergrün	starkwüchsig, aber wenig lästig werdend, bis 120 cm Wassertiefe
Krauses Laichkraut *Potamogeton crispus*	kleine rosa Ährchen im Sommer	lanzettlich, bis 5 cm lang und 0,8 cm breit, mit gewelltem Rand	bis 150 cm, Triebe glasartig brechend, selten lästig werdend
Unterwasserpflanzen nicht wurzelnd			
Armleuchteralge *Chara fragilis*	–	fein gefiedert, quirlständig	Blätter mit einer Kalkkruste überzogen, die den Kalk im Wasser bindet
Krebsschere *Stratiotes aloides*	weiß mit drei Blütenblättern; 3 cm ⌀	3 cm breit, bis 15 cm lang	bildet zur Blütezeit Wurzeln und hebt sich damit etwas über das Wasser
Wasserschlauch *Utricularia australis/ vulgaris*	gelb, helmartig in kleiner Ähre über dem Wasser	fein gefiedert mit Fangbläschen versehen	*U. australis* für härteres, *U. vulgaris* für weicheres Wasser

Tannenwedel

Wasserschlauch

Wasserstern

Wasserfeder

Sumpf-Iris

Pflanzen für die Flachwasserzone (40 bis 10 cm Wassertiefe)

Deutscher Name *Botanischer Name*	Blüte	Blätter	Wuchshöhe	Wassertiefe	Bemerkungen
Gemeiner Froschlöffel *Alisma plantago-aquatica*	weiß, 1 cm ⌀ filigran verzweigte Rispe, im Sommer	30 bis 50 cm lang, bis 15 cm breit	80 bis 120 cm	0 bis 20 cm	kann sich stark versamen, Blüte vor der Samenreife abschneiden
Schwanenblume *Butomus umbellatus*	violettrosa oder weiß in Dolden, Juni bis Juli	binsenartig, dreikantig; 60 bis 80 cm	80 bis 100 cm	0 bis 40 cm	wächst locker
Wasserstern *Callitriche palustris*	unscheinbar	Unterwasserblätter schmal spitzoval, Schwimmblätter rund	0,5 cm	0 bis 40 cm	sehr gut für Miniteiche
Wasserfeder *Hottonia palustris*	zartrosa, 2,5 cm ⌀, in Quirlen übereinander	fein gefiedert, unter und über Wasser	25 cm	0 bis 40 cm	liebt leicht saures Wasser und lichten Schatten
Sumpf-Iris *Iris pseudacorus*	leuchtend gelb	schwertartig	80 bis 120 cm	−30 bis +20 cm	versamt sich
Goldkeule *Orontium aquaticum*	gelbe Kolben im Frühjahr	langovale, blau bereifte Blätter	bis 30 cm	10 bis 20 cm	bei tieferem Stand werden Schwimmblätter gebildet
Schilf *Phragmites australis*	braune, fedrige Rispen im Spätsommer	wechselständig, bis 2 cm breit und 60 cm lang	bis 250 cm	−80 bis +20 cm	extremer Wucherer, nur in Kübel ohne (!) Bodenlöcher
Hechtkraut *Pontederia cordata*	blaue Ähre, Juni-Juli	Spreite 5 × 12 cm an langem Stiel	70 cm	30 bis 70 cm	sehr schön zwischen schwach wachsenden Seerosen
Pfeilkraut *Sagittaria latifolia*	weiß mit gelben Staubgefäßen; 2 bis 4 cm ⌀	pfeilförmig; Breite sehr variabel, von 1 bis 15 cm lang	40 bis 50 cm	0 bis 25 cm	die Sorte 'Plena' hat sehr stark gefüllte Blüten
Teichsimse *Schoenoplectus lacustris*	braune Köpfchen seitlich am Halm, im Sommer	rund, oft leicht gebogen	bis 150 cm	0 bis 60 cm	wuchert leicht, Kübelpflanzung in kleineren Teichen

Pflanzen für die Flachwasserzone (Fortsetzung)

Deutscher Name *Botanischer Name*	Blüte	Blätter	Wuchshöhe	Wassertiefe	Bemerkungen
Streifensimse *Schoenoplectus lacustris* 'Albescens'	wie Teichsimse	weiß längs gestreift	120 cm	0 bis 40 cm	wie Teichsimse, wächst schwächer
Zebrasimse *Schoenoplectus tabernae-montani* 'Zebrinus'	wie Teichsimse	weiß, quer gestreift, oft abknickend	100 bis 120 cm	0 bis 40 cm	wie Teichsimse, wächst schwächer
Igelkolben *Sparganium erectum*	morgensternartige Blüten und Früchte	breitgrasartig	60 cm	0 bis 30 cm	wuchert, nur für große Teichanlagen
Shuttleworth's Rohrkolben *Typha shuttleworthii*	12 cm lange, grau braune Kolben; 3 cm ⌀	2 cm breit, grasartig	120 bis 150 cm	0 bis 30 cm	für kleinere und mittlere Teiche

Hechtkraut

Ästiger Igelkolben

Kalmus

Schwertbinse

Bach-Minze

Pflanzen für die Sumpfzone (von −10 bis +10 cm)

Deutscher Name *Botanischer Name*	Blüte	Blätter	Wuchshöhe	Bemerkungen
Kalmus *Acorus calamus*	grüner Kolben	schwertförmig, an der Blattseite	50 cm	Wurzel und Blätter aromatisch, Sorte 'Variegata' mit längs gestreiften Blättern; auch für den Miniteich
Kleiner Froschlöffel *Alisma lanceolata*	rosa, 1 cm ⌀, 30 cm hohe Rispe; Juni	25 cm, schmal oben leicht verbreitert	40 cm	gut für den Miniteich geeignet
Sumpfkalla *Calla palustris*	gelber Kolben mit weißer Spatha; Mai, Juni	herzförmig an kriechendem, langem Trieb	20 cm	auf dem Boden kriechender, 1 cm dicker, teilweise verzweigter Trieb
Sumpfdotterblume *Caltha palustris*	gelb, 5 cm ⌀; April, Mai bis 10 cm ⌀	nierenförmig bis rund	40 cm	Sorte 'Goldschale' Blüte 6 cm ⌀, goldgelb
Zypergrassegge *Carex pseudocyperus*	hängende Ähren; Juni, Juli	schmal, spitz zulaufend, gelblich	30 cm	versamt sich
Schmalblättriges Wollgras *Eriophorum angustifolium*	weiß, flockige Fruchtstände; Juni, Juli	schmal, 0,5 cm breit, bis 25 cm lang	40 bis 50 cm	wuchert und bildet lockere Bestände
Breitblättriges Wollgras *Eriophorum latifolium*	große, weiß-flockige Fruchtstände; Juni, Juli	bis 1 cm breit, 15 cm lang, leicht behaart	60 cm	schönste Art, horstbildend, zur Pflanzung etwas Torfmull einmischen
Scheidenwollgras *Eriophorum vaginatum*	weißflockige Fruchtstände;	sehr schmal, 0,2 cm	30 cm	sehr zierlich, auch gut für den Miniteich
Sumpfwolfsmilch *Euphorbia palustris*	gelbe Dolden im Mai	bis 1 cm breit, langoval, 8 cm	40 bis 60 cm	der Milchsaft ist sehr stark reizend
Chinesische Sumpfschwertlilie *Iris laevigata*	weiß oder blau bis violett mit 3 oder 6 Blütenblättern; Juli, August	grasartig, bis 1,5 cm breit, 30 cm lang	60 bis 70 cm	auch für kleine Teiche gut geeignet
Amerikanische Sumpfschwertlilie *Iris versicolor*	violettrosa	grasartig, bis 1,5 cm breit, 30 cm lang, etwas zierlicher als *I. laevigata*	40 bis 50 cm	es gibt Sorten mit kräftigeren Farben
Schwertbinse *Juncus ensifolius*	1 cm große, runde, braune Köpfchen	grasartig, 1 cm breit spitz zulaufend	10 bis 12 cm	versamt sich an allen freien Stellen
Gelbe Scheinkalla *Lysichiton americanus*	gelbe Blütenkolben mit großer gelber Blütenhülle, im April/Mai	spitzoval bis 80 cm lang und 20 cm breit	70 bis 80 cm	verlangt tiefgründigen Boden
Weiße Scheinkalla *Lysichiton camtschatcensis*	gelbe Blütenkolben mit großer weißer Blütenhülle, im April/Mai	zierlicher als *Lysichiton americanus*	60 cm	verlangt tiefgründigen Boden
Straußfelberich *Lysimachia thyrsiflora*	gelbe Blütenköpfchen in den Blattachseln	kreuzgegenständig, spitzoval	50 cm	wuchert stark

Pflanzen für die Sumpfzone (Fortsetzung)

Deutscher Name *Botanischer Name*	Blüte	Blätter	Wuchshöhe	Bemerkungen
Bach-Minze *Mentha aquatica*	blasslila, lockere Rispe, im Sommer	spitzoval, leicht behaart	60 bis 80 cm	wuchert sehr stark, sehr aromatisch
Fieberklee *Menyanthes trifoliata*	lockere Ähren mit 3 cm großen, weißen Sternblüten	dreilappig, Lappen länglich oval 8 bis 10 cm	15 cm	kann bis in die Feuchtzone wandern
Gauklerblume *Mimulus ringens*	blau in den Blattachseln, bis 2 cm; im Sommer	spitzoval 8 cm	60 bis 80 cm	horstig wachsend
Sumpfblutauge *Potentilla palustris*	braunrot, sternförmig; 2,5 cm ⌀	5-lappig, Lappen spitz-oval 5 × 1 cm	15 cm	Triebe lang, glänzend rotbraun, kriechend, nicht lästig
Sumpffarn *Thelypteris palustris*	–	doppelt gefiedert	30 bis 40 cm	Triebe kriechend, nicht lästig
Zwergrohrkolben *Typha minima*	runde Kolben; 3 cm ⌀, Sommer	schmal, grasartig	50 bis 70 cm	wuchert, bei kleinen Teichen Kübel
Bachbunge *Veronica beccabunga*	kleine blaue Blütchen	rund, saftig dunkelgrün	20 bis 30 cm	versamt sich, gute Blattwirkung

Sumpf-Schafgarbe   **Gelbe Scheinkalla**   **Schachbrettblume**   **Sumpf-Lobelie**   **Blutweiderich**

Feuchtzone (ab +10 cm innerhalb der Kapillarsperre)

Deutscher Name *Botanischer Name*	Blüte	Blätter	Wuchshöhe	Bemerkungen
Sumpf-Schafgarbe *Achillea ptarmica*	weiß in Dolden; Juni, Juli	zierlich spitzoval	60 cm	wuchert, die Sorte 'Compacta' bleibt niedriger und mehr horstig
Weißer Dost *Ageratina altissima*	weiß in kleinen, zusammen- stehenden Dolden, Herbst	herzförmig, gestielt, ähnlich Brennnesseln	80 bis 120 cm	'Chocolate' hat sehr schöne, violett- braune, fast schwärzliche Blätter
Sumpfdotterblume *Caltha palustris* 'Alba'	weiß; 4 cm ⌀, April bis Juni	rund nur 3 cm ⌀	20 cm	auch für die Sumpfzone
Schlangenkopf *Chelone obliqua*	rosa oder weiße Ähre, Blüten helmartig, im Herbst	spitzoval mit ge- zähntem Rand, 10 cm	50 cm	guter Herbstblüher
Spierstaude *Filipendula rubra* 'Venusta'	vielblütige, rosa Doldenrispe	unpaarig gefiedert	120 bis 150 cm	kriechendes Rhizom, nur für den Hintergrund
Schachbrettblume *Fritillaria meleagris*	glockig braunviolett schachbrettartig gemustert oder weiß	schmal, grasartig nur 2 Blätter	25 bis 30 cm	heimisch und streng geschützt
Sumpf-Storchschnabel *Geranium palustre*	leuchtend rot, 3 cm ⌀, Sommer	ahornartig gelappt	30 cm	–
Japanische Schwertlilie *Iris ensata*	weiß und viele violette und blaue Töne, 3 oder 6 Blütenblätter	breit grasartig	60 cm	liebt leicht sauren Boden
Sumpf-Lobelie *Lobelia siphilitica*	blaue und weiße Blüten- ähren im Herbst	lanzettlich, gesägt, 10 cm lang	50 bis 60 cm	wirklich harte Art
Pfennigkraut *Lysimachia nummularia*	gelb, sternförmig in den Blattachseln	rund, 1,5 cm ⌀	3 cm	bildet verträgliche Teppiche, 'Aurea' hat goldgelbe Blätter
Blutweiderich *Lythrum salicaria*	rote bis rotviolette Blüten- ähren; Juli, August	spitzoval bis 10 cm, teils Stängel umfassend	80 bis 100 cm	versamt sich gerne, Sämlinge sind sehr variabel
Rutenweiderich *Lythrum virgatum*	lockere, rote bis rotviolette Blütenähren, Juli, August	spitzoval bis 10 cm, gestielt	70 bis 90 cm	versamt sich selten, gut auch für kleinere Teiche
Glockenprimel *Primula florindae*	Glocken, gelb, in Büscheln, hängend	herzförmig an langem Stiel	40 cm	Duft, auch für die Sumpfzone
Rosenprimel *Primula rosea*	leuchtend rosarot; April	spatelig, gezähnt, 10 × 1,5 cm	15 cm	ausdauernd, wenn feucht genug; auch für die Sumpfzone
Wiesenraute *Thalictrum aquilegifolium*	weiß, lila, auffallende Staub- gefäße, Rispe, Juni, Juli	groß, doppelt gefiedert, akeleiartig	100 cm	viele weitere gute Arten

Tiere am Teich

Wirbeltiere

Wenn von Tieren in und am Teich gesprochen wird, denkt jeder zuerst an Fische. Doch damit gibt es sehr oft Probleme, da sie sich fast alle übermäßig in unseren kleinen Teichen vermehren. Zu diesen vermehrungsfreudigen Fischen zählt als erstes der aus China stammende Goldfisch, dann aber auch alle kleineren, heimischen Fische. Sie alle können sich in wenigen Jahren auf einige tausend Stück vermehren. Dies bedeutet für den Teich, dass er ständig aufgewühlt und durch tierische Ausscheidungen übermäßig belastet wird. Das Wasser kann nicht mehr klar werden. Wenn Fische eingesetzt werden sollten, dann sind nur diejenigen Arten geeignet, die sich nicht im Teich vermehren.

Goldorfe Ein schlanker, gesellig lebender Fisch, der im Teich je nach Teichgröße bis zu 30 cm lang werden kann. Er ist ähnlich rotgold gefärbt wie der Goldfisch, schwimmt ständig an der Oberfläche und jagt nach Insekten. Im Gegensatz dazu steht der Goldfisch träge unter den Seerosenblättern oder wühlt am Grund den Schlamm auf. Goldorfen vermehren sich nicht im Teich.

Bitterling Ein weiterer, diesmal heimischer Fisch, der sich nicht vermehrt, ist der Bitterling. Er ist ein wenig auffälliger, gesellig lebender Fisch, dessen Männchen zur Laichzeit einen leuchtend roten Bauch bekommt. Er kann sich aber nicht vermehren, wenn im Teich nicht die Teichmuschel vorhanden ist, in die er seine Eier legt.

Koi Sehr gerne werden auch Farbkarpfen wie Kois in Teichen gehalten. Sie gibt es in vielen, oft sehr teuren Farbvariationen, und sie lassen sich auch stark an den Menschen gewöhnen. Sie haben – wie alle Karpfen – die unangenehme Eigenschaft, zu wühlen und zu graben. Pflanzungen von Seerosen und andere Unterwasserpflanzen lassen sich nur durch Abdecken des Bodens mit groben Kieseln (50 bis 100 mm) gegen das Ausgraben schützen.

Weitere Wirbeltiere Um die übermäßige Vermehrung von Gold- und anderen vermehrungsfreudigen Fischen in Grenzen zu halten, können ein bis zwei Paare Sonnenbarsche in den Teich eingesetzt werden.

Der mehr oder weniger grüne Wasserfrosch bleibt das ganze Jahr am Teich

Goldorfen fühlen sich am wohlsten in leicht abewegtem Wasser.

Profitipp

▸ **Vorsicht vor heimischen Fischen, sie sind zu vermehrungsfreudig.**
▸ **Lurche und Fische gehen nicht zusammen in einen Gartenteich, für die Lurche müssen Sie einen extra Tümpel zum Laichen anlegen.**
▸ **Karpfen, Hechte oder Zander eignen sich nicht für den Gartenteich!**

Kois gibt es in vielen unterschiedlichen Farbvariationen.

Gelbrandkäfer zählen zu den räuberischen Insekten am Teich.

Muscheln benötigt man im Teich, wenn man Bitterlinge vermehren möchte. Schnecken ernähren sich von Algen.

und verbringt den Winter im Wasser auf dem Teichboden. Der braune Grasfrosch, die Erdkröte sowie die Teich-, Kamm-, und Bergmolche gehen dagegen nur zur Laichzeit ins Wasser und verbringen den Winter unter Laub und Holz oder in der Erde vergraben im Garten. Alle ernähren sie sich von Insekten, Würmern und Larven, die Erdkröte auch von Schnecken.

Wer auf Kröten, Frösche oder Molche Wert legt, darf keine Fische im Teich einsetzen. Fische, besonders der Sonnenbarsch, können die Vermehrung heimischer Lurche verhindern, da sie gerne den Laich und auch die Jungtiere fressen.

Insekten

Libellen Mit ihrem Schwirren beleben Libellen den Teich. Sie sind an das Wasser gebunden, weil ihre Larven auf dem Teichboden leben und dort nach Insekten, Würmern und auch kleinen Lurchen

jagen. Die voll entwickelten Libellenlarven klettern morgens an Pflanzen aus dem Wasser. Dort schlüpfen dann die jungen Libellen, was sich gut beobachten lässt.

Gelbrandkäfer Ein weiterer Räuber, der mit den Insektenlarven, aber auch mit Kaulquappen und Jungfischen aufräumt, ist der ziemlich seltene Gelbrandkäfer. Er sollte nicht aus den Teichen verbannt werden, da er für das natürliche Gleichgewicht wichtig ist.

Weitere Insekten Auf dem Wasser selbst sehen wir den Wasserläufer und den Taumelkäfer, die gute Jäger der Mückenlarven sind. Deshalb haben Teiche, die biologisch intakt sind, keine Probleme mit Stechmücken. Sehr oft ist im Teich auch der Rückenschwimmer zu finden. Er hängt mit der Bauchseite nach oben an der Wasseroberfläche, wobei seine Atemöffnung am Hinterleib den Wasserspiegel durchbricht. Er gehört wie der Wasserläufer zu den Wanzen und kann, wenn er bedrängt wird, auch empfindlich stechen. Beide Arten spüren die feinsten Oberflächen-

schwingungen des Wassers und können ein Insekt, das das Wasser berührt, sofort orten, greifen und aussaugen.

Schnecken

Auch Schnecken gehören in den Teich. Meist werden sie durch Laich, der an Wasserpflanzen klebt, eingeschleppt. Sie raspeln Algen von Steinen und Pflanzen ab und gehen selten an die Pflanzen. Die am weitesten verbreiteten Arten sind die kleine, flache, scheibenartige Tellerschnecke, die größere, flache aber auch dickere Posthornschnecke und die Spitzschlammschnecke mit ihren spitz zulaufenden Gehäusen, die auch an weiche Pflanzenteile geht.

Kleinkrebse

Kleinkrebse und Hüpferlinge sind sehr wichtige Tiere für den Teich und ebenso wichtig in der Nahrungskette. Sie leben von Schwebealgen und Mikroorganismen und halten dadurch das Wasser sauber. Am bekanntesten ist der Wasserfloh, der, wie auch die anderen Kleintiere, meist von allein in den Teich kommt oder auch mit Wasserpflanzen eingeschleppt wird. Wenn sie nicht im Teich auftauchen, sollte der Teich mit Wasser aus einem anderen Teich, der mit diesen Tierchen besetzt ist, geimpft werden.

Wasserfrösche bleiben das ganze Jahr über im und am Teich.

Plattbauchlibellen gehören zu den Großlibellen.

Gewächshäuser

Gewächshaus-Typen

Kalthaus oder Warmhaus

Die Auswahl des richtigen Gewächshauses für Ihren Garten hängt davon ab, wie Sie es nutzen möchten. Für ein Glashaus, in dem Orchideen oder andere tropische Winterblüher wachsen sollen, ist ein qualitativ hochwertiges Gewächshaus mit aufwändiger Wärmedämmung nötig. Dagegen reicht eine einfache, preiswerte Ausführung, wenn Sie es vorwiegend für die Pflanzenanzucht im Frühjahr und für den Anbau von Tomaten oder Gurken im Sommer nutzen möchten.

Man unterscheidet nach den unterschiedlichen Ansprüchen der Pflanzen drei Temperaturbereiche: Kalthaus, Temperiertes Gewächshaus und Warmhaus.

Die Bezeichnung Kalthaus ist etwas missverständlich, denn es kann sowohl ohne Heizung als auch mit Heizung ausgestattet sein.

Kalthaus ohne Heizung Das Kalthaus ohne Heizung bietet den in der Praxis bevorzugten Temperaturbereich. Hier fallen keine Kosten für Einbau und Betrieb einer Heizung an. Im Frühjahr wird es vor allem für die Jungpflanzenanzucht genutzt, im Sommer überwiegend für die Kultur von Tomaten, Gurken oder Paprika. Die Winternutzung ist nur sehr begrenzt möglich, denn bei

Einfaches Gewächshaus speziell für kleine Gärten

starkem Frost ist es im Glashaus fast genauso kalt wie draußen. Möglich ist der Anbau von Wintergemüse wie Feldsalat oder Spinat. In rauen Klimagebieten sind hier Pfirsiche, Kiwis oder Weinreben vor extremen Frösten geschützt. In wärmeren Regionen ist die Überwinterung von Kamelie, Feige, Granatapfel oder Hanfpalme ohne Heizung möglich.

Kalthaus mit Heizung Dieses Gewächshaus hat den Temperaturbereich, der die meisten Möglichkeiten für die Pflanzenhaltung bietet – bei mäßigem Energieaufwand. Die Mindesttemperatur beträgt hier zirka 5 °C. Das sind optimale Bedingungen für die Überwinterung der meisten Kübelpflanzen, für Kakteen und Sukkulenten und auch für den Anbau von frühem Gemüse; außer-

dem für die beim Kalthaus ohne Heizung genannten Pflanzen.

Temperiertes Gewächshaus Hier herrscht eine Mindest-Nachttemperatur von zirka 10 °C. Das Pflanzensortiment für diesen Temperaturbereich reicht vom typischen Zimmerpflanzensortiment bis zu Farnen, Bromelien und vielen Orchideenarten. Auch ein großer Teil der Kübelpflanzen kommt mit diesen Temperaturbedingungen zurecht.

Warmhaus Das Warmhaus ist tropischen Gewächsen vorbehalten. Der Temperaturbereich von mindestens 17 °C nachts und tagsüber 23 bis 25 °C erfordert beachtliche Heizkosten.

Einschiffiges Gewächshaus

Anlehn-Gewächshaus

Konstruktionen und Bauformen

Die meisten Gewächshäuser neuerer Bauart weisen einen rechteckigen Grundriss und ein Satteldach auf. Die Höhe der Seitenwände sollte mindestens 2 m betragen, eine Breite von 2,50 m sollte nicht unterschritten werden. Die Länge richtet sich nach dem vorhandenen Platz. Planen Sie lieber großzügig.

Andere Gewächshausformen sind seltener. Glaspavillons, die von einigen Herstellern angeboten werden, sind zweifellos attraktiver, eignen sich aber für die praktische Pflanzenkultur weniger gut. Tonnenartige Dachformen bei rechteckigem Grundriss sind bei Foliengewächshäusern verbreitet.

Anlehngewächshaus Dies ist unbedingt empfehlenswert, wenn sich die räumliche Möglichkeit bietet. Es wird an eine Hauswand oder Mauer „angelehnt" und ist ideal, wenn es einen direkten Zugang zum Wohnhaus aufweist; das spart außerdem Heizenergie.

Wintergarten Ein Wintergarten ist im Hinblick auf die Pflanzen nichts anderes als ein Anlehngewächshaus – allerdings in besserer Ausführung, denn es soll auch Wohnatmosphäre bieten. Für die Nutzung des Wintergartens sind je nach Pflanzenauswahl alle Temperaturbereiche möglich. Er sollte in jedem Fall beheizbar sein.

Material, Technik und Zubehör

Material

Aluminium Das bevorzugte Baumaterial für Gewächshäuser ist Aluminium. Die Leichtmetalllegierung weist ein geringes Gewicht auf und ist dennoch aufgrund der Profilform äußerst stabil. Die anfangs glänzenden Profile nehmen bald eine matte, graue Färbung an, erfordern aber keinerlei Pflege. Einige Hersteller bieten auch Aluminiumprofile mit dauerhafter Farbbeschichtung an. Die passgenauen, vorgebohrten Teile müssen lediglich verschraubt werden. Für Gewächshäuser und Wintergärten mit Heizung sind „thermisch getrennte" Aluprofile erforderlich. Sie sind aufwändiger konstruiert und bieten mit eingeschlossenem Dämmmaterial eine ausgezeichnete Isolierung.

Stahl Für den Hobbybereich wird Stahl selten verwendet. Allein bei Foliengewächshäusern besteht die Stützkonstruktion häufig aus feuerverzinktem Stahl. Ohne diesen Rostschutz ist ein Anstrich nötig, der gelegentlich erneuert werden muss.

Holz Gewächshäuser aus Holz sieht man vor allem in englischen Gärten; bei uns werden sie noch recht selten angeboten. Holz ist bei Eigenbauten das bevorzugte Material, da es jede Bauform ermöglicht und als natürlicher Baustoff dem Gewächshaus ein gefälliges Aussehen verleiht. Vorteilhaft ist auch die gute Isolierung, denn Holz leitet keine Wärme ab. Ein stabiles Gewächshaus erfordert allerdings dicke Holzbalken, und das schränkt den Lichteinfall, vor allem im Dachbereich, erheblich ein. Holz muss in jedem Fall mit einem pflanzenverträglichen Holzschutzmittel behandelt werden; der Anstrich ist gelegentlich zu wiederholen. Harthölzer und erst recht Edelhölzer gewähren beste Haltbarkeit. Kombinationen von Holz und Aluminium ergeben einen guten Kompromiss.

Kunststoff Als Material für die Profile findet Kunststoff gelegentlich bei Wintergärten, seltener bei Gewächshäusern, Verwendung.

Verglasung

Einfaches Fensterglas mit einer Stärke von 4 mm wird für das Gewächshaus ohne Heizung verwendet. Angeboten wird auch genörpeltes, also undurchsichtiges Glas. Der Vorteil liegt darin, dass das Sonnenlicht gestreut wird. Isolierglas besteht aus Mehrfachverglasung und bietet einen weitaus besseren Kälteschutz als die Einfachverglasung. Spezielles Wärmedämmglas ist für das Warmhaus und den warmen Wintergarten empfehlenswert. Für den Dachbereich eines Wintergartens ist Sicherheitsglas nötig.

Kunststoff-Doppelscheiben, auch Stegdoppelplatten genannt, sind leicht, bruchfest und – bei Eigenbauten – mit der Säge gut zu bearbeiten. Außerdem bieten sie eine gute Wärmedämmung und streuen das Licht. Das geringe Gewicht ist vor allem im Dachbereich äußerst vorteilhaft, weil keine besonders stabile Konstruktion nötig ist. Die Lichtdurchlässigkeit ist nur wenig geringer als bei Glas. Stegdoppelplatten aus Acrylglas zeigten in Langzeitversuchen kaum Einbußen der Lichtdurchlässigkeit. Nachteilig ist allein der fehlende Durchblick: Man sieht nur schemenhaft. Mehr Durchblick bieten die neuen „Alltop"-Stegdoppelplatten.

Aluminium ist das bevorzugtes Baumaterial für Kleingewächshäuser.

Plexiglas-Stegdoppelplatte „Alltop-System"

Gewächshausbausätze enthalten die Glas- oder Kunststoffscheiben fertig zugeschnitten. Das Einsetzen ist ebenso einfach wie die vorherige Montage der Profile.

Eine Folienabdeckung, meistens aus spezieller PE-Folie, kommt nur für das Kalthaus ohne Heizung in Betracht. Die Folie muss nach fünf Jahren erneuert werden, weil dann die Lichtdurchlässigkeit abnimmt.

Standort und Fundament

Für das Glashaus kommt nur ein vollsonniger Platz in Betracht. Je näher am Wohnhaus, desto besser. Das ergibt kurze Wege und weniger Aufwand für eventuelle Versorgungsleitungen von Strom, Wasser oder Heizung. Ein Wasserhahn im Gewächshaus ist in jedem Fall vorteilhaft, Stromanschluss für eine Arbeitslampe und für ein elektrisch beheiztes Wärmebeet ist sinnvoll, aber nicht zwingend notwendig. Für das Luxus-Gewächshaus mit Luftbefeuchter und Zusatzbeleuchtung ist Stromversorgung unentbehrlich, ebenso für eine fest eingebaute Elektroheizung oder das Aufstellen eines Heizlüfters.

Als Fundament für einfache Gewächshäuser genügt das Fertigfundament, das von vielen Herstellern mitgeliefert wird. Ein betoniertes oder gemauertes Fundament ist besser; damit lässt sich außerdem die Höhe des Gewächshauses variieren. Für ein beheiztes Gewächshaus und für Wintergärten ist ein frostfreies, wenigstens 80 cm tief reichendes Streifenfundament anzulegen.

Einrichtung und Zubehör

Der natürliche Boden des Gewächshauses wird in der Regel nur sparsam mit Trittplatten ausgelegt, um die Fläche weitgehend mit Grundbeeten nutzen zu können. Üblich ist ein schmaler Mittelgang mit Grundbeeten auf jeder Seite. Im Anlehngewächshaus verläuft der Weg an der Wandseite.

Einrichtung Für den ausschließlichen Gemüseanbau braucht man nichts weiter; nur noch einen Arbeitstisch, um im Frühjahr Jungpflanzen in Saatschalen und Töpfen heranzuziehen. Für eine intensive Nutzung des Glashauses mit Topfkulturen und kompletter Jungpflanzenanzucht brauchen Sie Hängeborde und Kulturtische. Die Stellagen bestehen aus stabilen Aluprofilen. Bei ausreichender Höhe des Gewächshauses können die Pflanzen also Platz sparend in drei Etagen abgestellt werden, wobei der Boden schattenverträglichen Gewächsen reserviert ist.

Lüftung Ausreichender Lüftung wird oft zu wenig Bedeutung beigemessen.

Für eine ausreichende Frischluftzufuhr an heißen Sommertagen müssen großflächige Lüftungsöffnungen vorhanden sein. Unabdingbar sind Lüftungsklappen an der höchsten Stelle des Daches. Zusätzlich sind Lüftungsfenster an den Seitenwänden erforderlich, um die Luftumwälzung zu verstärken. Die Gesamtfläche der Lüftungsöffnungen einschließlich der Tür sollte im Idealfall 10 Prozent der Glasfläche betragen. Automatische, stromlose Fensteröffner, wie sie auch für Frühbeete Verwendung finden, stellen im Gewächshaus ein empfehlenswertes Zubehör dar. Ein Ventilator zur Luftumwälzung ist ebenso wie ein elektrischer Luftbefeuchter oder die Installation von Zusatzbelichtung nur für Spezialkulturen notwendig.

Schattierung Die Möglichkeit, das Gewächshaus im Sommer vor intensiver Sonneneinstrahlung zu schützen, bietet Vorteile. Wenn überwiegend lichtempfindliche Pflanzen kultiviert werden, kann man sie mit einfachem Schattiergewebe, das übers Dach gelegt wird, vor praller Sonne schützen. Ebenso gibt es aufwändige, im Laufschienen geführte Beschattungen. Wenn die Dachverglasung aus Kunststoffplatten oder genörpeltem Glas besteht, werden die Lichtstrahlen gestreut, so dass die Pflanzen

Die Inneneinrichtung eines Gewächshauses:
1. *Dachfenster*
2. *Seitenfenster*
3. *Wassertank*
4. *Stellagen*
5. *Grundbeet mit Bodenheizung*
6. *Hängetisch*
7. *Luftumwälzer*
8. *Luftbefeuchter*
9. *Zusatzlicht*
10. *Arbeitslicht*

Besonders an heißen Sommertagen ist auf ausreichende Frischluftzufuhr zu achten.

keinen „Sonnenbrand" erleiden. Im Wintergarten ist eine Markise oder Jalousie unentbehrlich, denn beim Kaffeetrinken unterm Glasdach wirkt pralle Sonne unangenehm.

Heizung Ein Glashaus, das geheizt werden kann, macht das Hobby perfekt. Schon mit einem schlichten Heizlüfter oder einer Propangasheizung für die Übergangszeit können Sie die Saison gegenüber einem ungeheizten Gewächshaus um mehrere Wochen früher beginnen lassen. Der feste Einbau einer Heizung setzt beste Isolierung des Glashauses voraus. In Betracht kommen unterschiedliche Heizsysteme: Am günstigsten ist der Anschluss an die Zentralheizung des Wohnhauses. Der Heizkörper (in Feuchtraumausführung) im Gewächshaus wird über einen Thermostat gesteuert.

Die Elektroheizung ist in der Installation preisgünstig, aber als Dauerheizung wegen der hohen Stromkosten gerade noch fürs Kalthaus akzeptabel. Als Wärmequelle für die Übergangszeit kann ein mobiler Heizlüfter empfohlen werden.

Ein Heizofen mit Ölfeuerung ist zwar als Dauerheizung geeignet, aber nur mit Einschränkungen empfehlenswert. Die Abgase müssen über ein Rohr nach draußen geführt werden, und der Schadstoffausstoß ist bei niedriger Leistungsabgabe vergleichsweise hoch. Kohleöfen bereiten ähnliche Probleme, wie im vorigen Punkt geschildert, und sind bestenfalls als Notbehelf für die Übergangszeit geeignet. Auch Petroleumheizungen sind genau wie Kohleöfen eher als Notlösung anzusehen.

Gewächshauspraxis

Bodenverbesserung

Die Qualität der Erde im Grundbeet ist von besonderer Bedeutung. Beim Anbau von Gurken, Tomaten, Paprika und anderem Gewächshausgemüse wird der Boden intensiver genutzt als im Freiland und wegen geringerer Abwechslungsmöglichkeiten der Kulturen auch recht einseitig. Die Humusversorgung spielt deshalb eine wichtige Rolle. Verteilen Sie so oft wie möglich Kompost auf den Grundbeeten. Im Herbst kann zusätzlich gut verrotteter Stallmist eingebracht werden; das ergibt eine ausgezeichnete Grunddüngung bei gleichzeitiger Humusanreicherung.

Grundsätzlich sollten organische Dünger verwendet werden. Die Verwendung mineralischer Dünger kann zu einer Versalzung des Bodens führen. Das im Vergleich zum Freiland schnellere Pflanzenwachstum und der höhere Fruchtertrag unter Glas müssen bei der Nährstoffversorgung berücksichtigt werden. Gurken und Tomaten beispielsweise müssen mit beginnender Fruchtbildung unbedingt zusätzlich gedüngt werden.

Bewässerung

Die Bewässerung spielt unter Glas eine besondere Rolle, denn der Wasserbedarf der Pflanzen ist auf Grund der

Bodenheizungen fördern im Frühjahr die zügige Keimung von Direktsaaten, Verbessern die Wasser- und Nährstoffaufnahme und sorgen im Winter für einen frostfreien Gewächshausboden.

höheren Temperaturen doppelt so groß wie im Feiland. In Hitzeperioden ist tägliches Gießen unumgänglich. Empfehlenswert ist eine einfache Automatikbewässerung mit Tropfstellen. Die Tröpfchenbewässerung versorgt die Pflanzen besonders sparsam.

Der beste Zeitpunkt zum Wässern der Pflanzen ist morgens. Das ist vor allem in der kühlen Jahreszeit wichtig, damit

Rohrmatten sind eine einfache und natürliche Möglichkeit der Außenschattierung für Kleingewächshäuser.

Für gleichmäßige Wärme sorgt diese Elektroheizung: Rippenrohrheizkörper eignen sich für einen Wärmebedarf zwischen 3 und 5 kW.

die Blätter bis zum Abend abtrocknen können. Grundsätzlich wässert man morgens reichlich, wenn sonniges Wetter ansteht – an kühlen Tagen in der Regel gar nicht.

Pflanzenschutz

Schädlinge und Krankheiten stellen im Gewächshaus kein entscheidendes Problem dar. Pilzkrankheiten sind vielfach eine Folge mangelnder Lüftung. Frühzeitiges Entfernen befallener Blätter verhindert die Ausbreitung der Pilzsporen.

Ein häufiger Gewächshausschädling ist die Weiße Fliege. Sie lässt sich hier durch Aufhängen von Gelbtafeln gewöhnlich in Schach halten.

Spinnmilden werden durch trockene Luft begünstigt; höhere Luftfeuchtigkeit meiden sie.

Schildläuse treten verstärkt auf, wenn Pflanzen im Winter zu warm gehalten werden. Betroffen sind vor allem *Citrus*-Gewächse und Oleander.

Blattläuse sind nur dann lästig, wenn sie massenhaft auftreten. Meistens reicht zur Abwehr schon das Abspülen mit Wasser. Marienkäfer und andere Gegenspieler von Blattläusen sind in gut gelüfteten Glashäusern häufig zu finden.

Wenn unter Glas dennoch Probleme mit Schädlingen auftreten, kann der gezielte Einsatz von Nutzinsekten empfohlen werden – eine ideale Abwehrmaßnahme, die im Gewächshaus und Wintergarten besonders effektiv ist. Weitere Maßnahmen gegen Schädlinge und Krankheiten lesen sie im Kapitel Pflanzenschutz, siehe Seite 62 ff.

Gelbtafeln gegen Weiße Fliegen im Tomatenhaus

Pflanzen unter Glas

Gemüse

Im Prinzip können Sie mit entsprechend hohen Temperaturen und Zusatzbelichtung unter Glas den Winter zum Sommer machen und jederzeit ernten – die Energiekosten sprechen freilich klar dagegen. Realistisch sind deutlich frühere Gemüseernten als im Freiland und die Möglichkeit, Edelgemüse wie Paprika oder Auberginen ernten zu können. Neben den bevorzugten Gemüsearten für frühe Ernten – Salat, Radieschen, Kohlrabi, Spinat und Feldsalat – können ebenso Möhren, Rettich, Frühkohl und andere gesät werden. Doch man sollte beachten, dass die Beetfläche spätestens Ende April für das wärmeliebende Edelgemüse benötigt wird.

Für den Unterglasanbau von Gemüse gelten weitgehend dieselben Pflegebedingungen wie im Kapitel Gemüse genannt (siehe Seite 190 ff.). Besonderheiten bei der Kultur im Gewächshaus sind nachfolgend genannt.

Salat Im ungeheizten Gewächshaus ist die Aussaat oder Pflanzung ab Anfang März günstig. Ein frostfrei gehaltenes Glashaus erlaubt die Anzucht ab Januar; Erntezeit ist dann ab Mitte April. Die Winterkultur ist wegen der geringen Lichtintensität etwas problematisch. Salat ist in der Anzucht mit mäßigen Temperaturen zufrieden und sollte auch während der gesamten Kultur eher kühl gehalten werden. Die Idealtemperatur beträgt 10 bis 15 °C. Rechtzeitiges Lüften ist also wichtig. Gedüngt wird nur äußerst sparsam, um einen erhöhten Nitratgehalt zu vermeiden.

Kohlrabi Die ersten zarten Kohlrabis können Sie im geheizten Gewächshaus schon ab März ernten, wenn bereits im November gesät wird. Ohne Heizung sollte mit der Aussaat bis März gewartet werden. Oder man sät zunächst am warmen Zimmerfenster und setzt die Jungpflanzen im März ins Grundbeet.

Radieschen Der Anbau von Radieschen läuft im Glashaus sozusagen nebenher, denn sie brauchen nur wenig Platz. Im geheizten Glashaus sät man Anfang Januar für die März-Ernte. Ohne Heizung kann ab Ende Februar gesät werden; Erntezeit ist dann Anfang April.

Salatanbau im Foliengewächshaus

Wie beim Salat ist Frischluft stickiger Wärme vorzuziehen; 10 bis 12 °C gelten als Idealtemperatur.

Spinat Breitwürfige Aussaat ist empfehlenswert, um Platz zu sparen. Im ungeheizten Gewächshaus kann ab Anfang Februar gesät werden; Erntebeginn ist dann Anfang März. Spinat anfangs zurückhaltend wässern; möglichst nur morgens an sonnigen Tagen, damit die Blätter zur Nacht abgetrocknet sind. Frühzeitiges Lüften ist besonders wichtig.

Feldsalat Für die Ernte im Winter kann unter Glas Mitte September breitwürfig gesät werden; im frostfrei gehaltenen Glashaus noch bis Anfang Oktober. Wie bei Spinat muss zurückhaltend gewässert und reichlich gelüftet werden.

Gurken Der Anbau von Salatgurken ist unbedingt lohnend. Von der Aussaat bis zur ersten Ernte vergehen gerade zwei Monate, und der Ertrag ist enorm. Im Kalthaus ohne Heizung sät man Mitte April und pflanzt im Mai aus. Das geheizte Gewächshaus erlaubt etwas frühere Aussaat; je nachdem, wie viel Heizenergie aufgewendet wird. Gurken lieben es zu jeder Zeit schön warm; ideal sind 18 bis 22 °C. Gleich nach dem Einpflanzen der Setzlinge befestigt man unter dem Dach eine Schnur als Kletterhilfe. Gurken ranken zwar von selbst,

müssen aber angebunden werden. Fruchtansätze bis in 80 cm Höhe werden entfernt. Jeder Seitentrieb muss nach dem ersten Blatt gekappt werden. Wenn das Dach erreicht ist, kappt man auch den Spitzentrieb.
Der Wasserbedarf ist mit beginnender Fruchtbildung sehr hoch. Bei zu sparsamer Düngung werden die Fruchtansätze gelb. Der gemeinsame Anbau mit Tomaten und anderen Gemüsearten ist problemlos möglich.
Melonen Die Kultur gleicht weitgehend der von Gurken.
Tomaten Die Ernte eigener Tomaten ist für viele Gartenbesitzer in raueren Klimagebieten der Hauptgrund für die Anschaffung eines Gewächshauses. Im geheizten Glashaus können Sie schon ab Januar aussäen und im März pflanzen; der Erntevorsprung ist allerdings gering. Im Gewächshaus ohne Heizung werden die Tomaten ab April gesetzt; die Aussaat erfolgt im Februar oder März zunächst am warmen Zimmerfenster. Erntebeginn ist ab Ende Juni. Wie bei Gurken befestigt man eine Schnur unterm Dach und bindet die Pflanzen in Abständen locker an. Sobald sich die ersten Blüten öffnen, muss an sonnigen Tagen vor allem mittags für gute Durchlüftung gesorgt sein, damit sie befruchtet werden. Die Triebspitze wird gekappt, wenn sie das Dach erreicht. Im Schnitt können von jeder Tomatenpflanze unter Glas sieben bis acht Fruchtstände heranwachsen. Im Laufe der Kultur sind zusätzliche

Wärmeliebende Gemüse wie Salatgurken und Tomaten sind ideal für das Gewächshaus.

Düngergaben nötig. Die Ernte kann im beheizten Glashaus bis in den November ausgedehnt werden, falls der Platz nicht für andere Pflanzen benötigt wird.
Paprika Der Anbau gleicht weitgehend dem von Tomaten. Im ungeheizten Glashaus ist die Pflanzung im April oder Mai üblich; mit warmer Vorkultur am Zimmerfenster. Die Pflanzen werden an 1,50 m hohe Stützstäbe angebunden. Paprika ist noch etwas wärmebedürftiger als Tomaten.
Auberginen Die Anzucht und Kultur ist

mit der von Tomaten und Paprika zu vergleichen. Unter Glas werden die Auberginenpflanzen bis zu 1,50 m hoch. Ein kräftiger Stützstab wird beim Pflanzen mit eingegraben. Bei Aussaat Anfang März beginnt die Ernte Ende Juli. Frühere Anzucht bringt nur einen geringen Vorsprung.
Stangenbohnen In rauen Lagen werden die wärmebedürftigen Stangenbohnen häufig unter Glas kultiviert. Sie ranken hier an Schnüren hoch, die man vom Dach herabhängen lässt. Die Aussaat erfolgt im geheizten Gewächshaus Anfang März; ohne Heizung Anfang April. Erntebeginn ist dann Anfang beziehungsweise Ende Juli.

Obst

Wärmebedürftige Obstarten sind in kühlen Regionen für einen Platz unter Glas dankbar. Das gilt für Weinreben und großfrüchtige Kiwis, aber auch für Pfirsich- und Aprikosenbäumchen, die im ungeheizten Glashaus oder Wintergarten am Spalier wachsen. Sie sind hier vor extremen Minusgraden in der Blüte geschützt. Bei sonnigem Wetter muss unbedingt rechtzeitig gelüftet werden.

Auberginen (rechts) erfreuen durch wunderschöne violette Blüten und wohlschmeckende Früchte. Links wachsen Salatgurken.

Im zweiten und dritten Jahr ist der Ertrag der Andenbeere am höchsten.

Für die Anzucht von Sommerblumen und Stauden sind die Bedingungen im Gewächshaus ideal.

Maracuja Wenn Sie die süßen Früchte der *Passiflora edulis* ernten möchten, ist ein frostfrei gehaltenes Gewächshaus nötig. Die Pflanzen kann man leicht selbst aus Samen heranziehen; vorzugsweise im Frühjahr bei einer Keimtemperatur von 25 °C. Die Früchte wachsen ab dem zweiten und dritten Jahr nach der Aussaat.

Andenbeeren sind ebenfalls eine Alternative fürs Gewächshaus. Sie werden auf nahezu dieselbe Art wie Tomaten herangezogen und gepflegt. Während Andenbeeren im Freiland einjährig kultiviert werden, sollte man sie im geheizten Glashaus nach kräftigem Rückschnitt überwintern und im Frühjahr wieder austreiben lassen. Die Ernte ist im zweiten und dritten Jahr nach der Aussaat am höchsten.

Feigen Im Pflanzkübel können Feigen in der Regel im ungeheizten Gewächshaus überwintert werden, denn sie vertragen Frost bis etwa –10 °C. In den Wintermonaten werden sie nahezu trocken gehalten.

Sommerblumen und Stauden

Für die Aussaat von Einjahrsblumen, Zweijährigen und Stauden sind die Anzuchtbedingungen im Gewächshaus maßgeschneidert. Licht und Luftfeuchtigkeit sind optimal. Im geheizten Glas-
haus beginnt die Aussaat der Einjahrsblumen im Januar mit Petunien; auch Geranien werden jetzt gesät. Im Februar wird die Anzucht mit Fleißigen Lieschen, Pantoffelblumen, Löwenmaul und anderen fortgesetzt. Der Hauptaussaatmonat für die meisten Sommerblumen ist hier der März, einige Nachzügler folgen im April.

Im Gewächshaus ohne Heizung beginnt die Aussaat im März. Das ergibt kaum Einschränkungen bei der Pflanzenauswahl und nur bei wenigen Arten einen verzögerten Blühbeginn. Ein früherer Aussaattermin ist nur ratsam, wenn ein Heizlüfter bei Kälteeinbrüchen Frostfreiheit gewährt.

Für die meisten Stauden ist im März und April die günstigste Aussaatzeit, eine Heizung ist hier also entbehrlich. Bei den Zweijährigen ist Heizung ohnehin kein Thema, da sie im Frühsommer gesät werden.

Die Aussaattechnik ist im Abschnitt Vermehrung beschrieben (siehe Seite 42 ff.).

Kübelpflanzen

Wer im Sommer den Garten gern mit attraktiven Kübelpflanzen schmückt, wird mit einem Gewächshaus oder Wintergarten erheblich mehr Freude an seinen Pflanzen haben. Das frostfrei gehaltene Glashaus ist für die Überwinterung aller Kübelpflanzen der denkbar beste
Ort. Für die meisten ist eine Wintertemperatur von 5 bis 10 °C optimal. Mit zunehmender Wärme im Frühjahr treiben sie kräftig aus und beginnen pünktlich mit dem Herausstellen im Mai ihren Blütenreigen. Die Kulturbedingungen der Kübelpflanzen sind im Kapitel „Balkon und Terrasse" genannt (siehe Seite 116 ff.).

Topf- und Zimmerpflanzen

Zimmerpflanzen sind im Gewächshaus bestens aufgehoben. Die meisten fühlen sich hier auf Grund der höheren Luftfeuchtigkeit sichtlich wohler als auf der Fensterbank. In den Sommermonaten ist allerdings eine Schattierung nötig, denn die meisten Topfpflanzen mögen keine pralle Sonne. Das ungeheizte Gewächshaus steht den Zimmerpflanzen von Ende März bis Ende Oktober zur Verfügung. Im frostfrei gehaltenen Glashaus überwintern Zimmerpflanzen, die kühle Wintertemperaturen bevorzugen; Azalee, Klivie, Efeu und einige Palmenarten beispielsweise. Das Temperierte Gewächshaus bietet ganzjährig das richtige Klima für die meisten Zimmerpflanzen, während das Warmhaus eher Spezialisten vorbehalten ist. Nicht zu unterschätzen ist die Funktion des Gewächshauses als „Krankenstation". Kümmernde Zimmerpflanzen erholen sich im feuchtwarmen Klima des Gewächshauses rasch. Und für eine Reihe von Blütengewächsen ist es vorteilhaft, sie nur während ihrer Blütezeit im Wohnzimmer zu präsentieren. Die übrige Zeit, in der sie wenig attraktiv wirken, stehen sie im Gewächshaus. Umtopfen, größere Pflegearbeiten – für alles ist das Glashaus bestens geeignet. Auch die Vermehrung der Zimmerpflanzen aus Stecklingen oder aus Samen (langwierig!) lässt sich hier bestens verwirklichen.

Kakteen

Für eine größere Kakteensammlung ist das Gewächshaus unentbehrlich. Hier lassen sich am besten Bedingungen schaffen, die ihr Wohlergehen fördern. Das betrifft vor allem die Pflege in der kalten Jahreszeit. Kakteen wollen fast ausnahmslos während der Wintermonate hell und kühl stehen, sind also im frostfrei gehaltenen Kalthaus bestens aufgehoben. Am leichtesten zu pflegen sind kleinwüchsige Kakteen der Gattungen *Chamaecereus, Gymnocalycium, Lobivia, Mammillaria, Notocactus* und *Rebutia*; außerdem *Selenicereus*, die „Königin der Nacht". In den Sommermonaten brauchen Kakteen reichlich Wasser; immer dann, wenn die Topferde trocken ist. Ab dem Frühherbst wird das Gießen zunächst eingeschränkt und schließlich bis zum Frühjahr ganz eingestellt. Während der winterlichen Ruhezeit müssen Kakteen trocken gehalten werden. In der Wachstums- und Blütezeit bekommen sie im Abstand von zwei bis drei Wochen eine halbe Düngerration oder Spezial-Kakteendünger ins Gießwasser.

Für die Anzucht von Kakteen sind die Bedingungen im Gewächshaus ideal.

Hohe Temperaturen im Sommer werden von Kakteen naturgemäß gut vertragen. Viel Frischluft fördert ihr Wohlergehen. Die Lüftungsklappen bleiben ab dem Spätsommer zunächst auch nachts offen, denn kühlere Nachttemperaturen machen die Kakteen kräftiger und fördern bei einigen die Blühwilligkeit. Im Frühjahr ist hohe Luftfeuchtigkeit wichtig.

Abweichende Kulturbedingungen weisen dornenlose Blattkakteen wie *Schlumbergera* (Weihnachtskaktus) und *Ephiphyllum* auf, die im Winter wärmer stehen wollen. Der Weihnachtskaktus wird allerdings in der Regel mit Blühbeginn ohnehin ins Zimmer geholt.

Bromelien

Die meisten Bromelien entwickeln sich nur im Glashaus wunschgemäß. Sie brauchen allerdings durchweg Wintertemperaturen um 18 bis 20 Grad C, so dass nur ein Temperiertes Gewächshaus oder Warmhaus in Betracht kommt.

Am häufigsten sind Zisternenbromelien mit dem typischen Trichter in der Mitte des Blattschopf *Aechmea, Vriesea* und *Neoregelia* beispielsweise. Von der zweiten Gruppe, den atmosphärischen Bromelien, sind Tillandsien die bekanntesten Vertreter. Die Ansprüche an die Luftfeuchtigkeit sind unterschiedlich. Bei Zisternenbromelien muss der Trichter vom Frühjahr bis Herbst stets mit Wasser gefüllt sein. Gedüngt wird mit der halben Menge wie für Zimmerpflanzen.

Orchideen

Wenn man sich der Pflege der anspruchsvollen, aber prächtig blühenden Orchideen widmen möchte, ist das Gewächshaus unentbehrlich. Das muss aber kein Super-Glashaus mit High-Tech-Ausrüstung sein. Recht bescheidene Ansprüche haben vor allem *Phalaenopsis* und *Cymbidium*. Auch *Paphiopedilum*, der Frauenschuh, erfordert geringen Aufwand. Etwas mehr Zuwendung, aber noch im vertretbaren Rahmen, brauchen *Cattleya, Coelogyne, Dendrobium* und *Odontoglossum*. Die Kultur von Orchideen ist von einigen

Zitrus-Gewächse und andere Kübelpflanzen überwintern optimal im frostfreien, kühlen Gewächshaus.

Besonderheiten begleitet. Das beginnt schon beim Substrat – gewöhnliche Blumenerde ist völlig ungeeignet. In gut sortierten Gartenfachgeschäften gibt es Fertigsubstrate für die wichtigsten Orchideen.

Ein heller Standort ist für das Wohlergehen wichtig, pralle Sonne dagegen unerwünscht. Ohne Schattierung des Gewächshauses geht es in der Regel nicht. Allgemein vertragen Orchideen mit kräftigen Blättern und dicken Scheinbulben mehr Sonne als solche mit zarten Blättern.

Die Temperaturansprüche sind höchst unterschiedlich. Sogar innerhalb einer Art gibt es Vertreter fürs frostfrei gehaltene Kalthaus, Temperierte Gewächshaus und Warmhaus. Die meisten Orchideen bevorzugen allerdings auch im Winter hohe Temperaturen um 20 °C. Zarte Pflanzen brauchen außerdem hohe Luftfeuchtigkeit. Vom Frühjahr bis zum Spätsommer wird regelmäßig gewässert, noch öfter jedoch Wasser gesprüht. Gedüngt wird nur während der Wachstumszeit; mit der halben Menge wie für Zimmerpflanzen, besser mit Spezial-Orchideendünger.

Januar Ziergarten

Gehölze, die im Spätsommer oder Herbst am neuen Holz blühen, schneidet man zurück, wenn es die Witterung zulässt. Ebenso können Hecken an frostfreien Tagen zurückgeschnitten werden. Wenn viel Schnee gefallen ist, müssen vor allem Immergrüne Sträucher von der Last befreit werden, damit die Äste nicht abbrechen.

Der Rasen sollte bei Frost möglichst nicht betreten werden. Niemals Schnee von den Gehwegen auf dem Rasen abladen.
Wenn bei veredelten Gehölzen die Unterlagen neu austreiben, sollten diese Wildtriebe entfernt werden.

Gehölze von zu viel Schnee befreien.

Balkon und Terrasse

Für überwinterte Geranien beginnt allmählich die Saison: Alte Pflanzen werden frisch getopft, zurückgeschnitten und an einem hellen Fenster angetrieben.
Auch im Winterquartier sollten Sie die Kübelpflanzen und ausdauernden Balkonblumen regelmäßig auf Schädlinge und Krankheiten kontrollieren. Entfernen Sie welke Pflanzenteile, da sie leicht von Pilzen oder Bakterien befallen werden. Lüften Sie häufig, aber vermeiden Sie Zugluft.

Geranien können zurückgeschnitten und frisch getopft werden.

An trockenen, sonnigen und frostfreien Tagen müssen auch Pflanzen, die draußen überwintern, gewässert werden.

Vor allem immergrüne Topfpflanzen, wie zum Beispiel Rhododendren, Eiben oder Buchsbaum, die geschützt draußen überwintert werden, dürfen nicht austrocknen.

Gemüse und Obstgarten

Für die Pflanzung im warmen Frühbeet können ab Ende des Monats Salat und Kohlrabi ausgesät werden – vorerst noch auf der Fensterbank. Grünkohl und Lauch überstehen auch starke Fröste

ohne besondere Schutzmaßnahmen und können bei frostfreiem Wetter weiterhin geerntet werden. Feldsalat kann in rauen Lagen zeitweise eine Abdeckung mit Reisig vertragen. Beim

Anbau im Frühbeet oder Gewächshaus muss an sonnigen Tagen frühzeitig gelüftet werden.
Kontrollieren Sie im Lager das Gemüse auf Fäulniserreger.

Februar Ziergarten

Auf den Beeten beginnen die Vorbereitungen für die kommende Saison; aber natürlich nur, wenn die Natur nicht in einen kalten, weißen Winterschlaf gefallen ist. Kompost wird zwischen den Stauden ausgebracht und vor allem tief wurzelnde Gehölze sollten gedüngt werden, damit die Nährstoffe mit dem Frühjahrsregen bis in die stark durchwurzelten Schichten gelangen. An sonnenreichen Frosttagen können sich die Blätter von Rhododendren und Immergrünen einrollen: Ein Zeichen für

Wassermangel. Deshalb: Sobald das Erdreich frostfrei ist, unbedingt wässern.
Weiterhin regelmäßig im Winterquartier kontrollieren, ob die Pflanzen ausreichend feucht sind und ob Schädlinge oder Krankheiten bekämpft werden müssen. An milden Tagen kräftig durchlüften.

Wenn sich die Schneeglöckchen aufs Blütenparkett wagen, ist der Winter bald zu Ende.

Gemüsegarten

Gemüse am Fenster oder im Gewächshaus vorziehen, damit man früher ernten kann.

Bodenverbesserung: In zu schwere Böden wird Sand eingearbeitet.

Im Frühbeet wird eine Mulde ausgehoben und ab Mitte des Monats mit einer Mist- oder Kompostpackung als „Naturheizung" aufgefüllt. Nach ein paar Tagen Wartezeit dürfen hier die ersten Aussaaten von Salat, Radieschen oder Kohlrabi erfolgen oder die im Vormonat gesäten Jungpflanzen gesetzt werden.

Gemüsebeete, die für Stark- und Mittelzehrer vorgesehen sind, werden schon jetzt mit organischem Dünger und Kompost versorgt.
Ab Ende des Monats, je nach Lage und Witterung, wird der Boden mit dem Kultivator gelockert; aber nicht tiefer als 5 cm.

In Regionen mit mildem Klima können Ende Februar bereits Zwiebeln, Möhren, Rettich, Feldsalat und Spinat gesät werden; zunächst noch unter Folienabdeckung.

Obstgarten

In der zweiten Monatshälfte ist der Zeitpunkt für den Rückschnitt der Obstbäume günstig; aber nicht bei Frost unter –4 °C schneiden.

Beerensträucher können, falls sie im Vorjahr nicht geschnitten wurden, noch bis Mitte Februar zurückgenommen werden.

Sobald der Boden nicht mehr gefroren ist, beginnt wieder die Pflanzzeit für Obstgehölze.

Ziergarten   März

Die Beete für Sommerblumen vorbereiten; dafür die Erde flach lockern und Dünger ausbringen. Ab Ende März können robuste Sommerblumen gesät werden; Angaben auf der Saattüte beachten. Im Staudenbeet entfernt man größtenteils die Winterabdeckung. Auch die Rosen werden vom Winterschutz befreit. In der zweiten Märzhälfte ist Zeit für den Rückschnitt der Rosen; danach bekommen sie Dünger. Ziergräser werden jetzt bis etwa 10 cm über dem Boden zurückgeschnitten, bevor die neuen Blätter austreiben. Gräser

ebenso wie sommer- und herbstblühende Stauden jetzt teilen und dann neu pflanzen. Ideal ist der Monat auch, um ein Staudenbeet anzulegen. Zwiebelblumen, die bereits abgeblüht sind, sollten keinen Samen ansetzen, deshalb verwelkte Blüten abschneiden. Das Laub bleibt noch stehen, damit die Zwiebeln Kraft tanken können.
Der März ist der wichtigste Monat für die Aussaat unter Glas von Sommerblumen und Stauden. Der Rasen kann ab Ende des Monats vertikutiert werden; anschließend düngen.

Sommerblumen vorkultivieren, hier ganz einfach mit Saatbändern, die mit Erde abgedeckt werden.

Balkon und Terrasse

Die Kübelpflanzen im Winterquartier brauchen jetzt viel Frischluft. Immer häufiger durchlüften. Sofern sie hell ste-

hen, muss wieder stärker gegossen und ab jetzt auch gedüngt werden. Wenn nötig, sollten Sie die entsprechenden

Kübelpflanzen in größere Gefäße mit frischer Erde umtopfen und in jedem Fall zurückschneiden.

Gemüse und Kräutergarten

Nach dem Lockern der Bodenoberfläche im Gemüsebeet sollte sich die Erde mehrere Tage absetzen. Unmittelbar vor der Aussaat die Fläche noch einmal mit der Harke flach bearbeiten. Gesät werden Möhren, Zwiebeln, Radieschen, Rettich, Spinat und Feldsalat. Im letzten Monatsdrittel folgen Schnittsalat, Pflücksalat, Kopfsalat und Eissalat. Folienabdeckung ist bei März-

Aussaaten ratsam; in rauen Lagen unentbehrlich.
Ab Mitte des Monats können Sie Saatkartoffeln zum Vorkeimen auslegen. Winterkulturen von Lauch, Grünkohl, Rosenkohl und Feldsalat werden im Laufe dieses Monats abgeerntet. Tomaten können Mitte März auf einer warmen Fensterbank ausgesät werden; auch Paprika und Auberginen.

Im Kräuterbeet ist die Aussaat von Petersilie, Schnittlauch und Kerbel möglich. Wärmebedürftige Kräuter, wie Thymian, Basilikum und Majoran, werden zunächst auf der Fensterbank vorgezogen. Bei Lichtmangel helfen Wachstumsleuchten oder Energiesparlampen.
Bei sonnigem Wetter unbedingt das Frühbeet und Gewächshaus lüften.

Obstgarten

Noch ist Pflanzzeit für Obstgehölze. Für Pfirsiche, Aprikosen, Nektarinen, Quitten, Brombeersträucher, Kiwis und Weinreben ist dieser Pflanztermin

günstiger als im Herbst. Anfang des Monats den Rückschnitt abschließen. Junge Obstbäume werden mit organischem Dünger versorgt; ältere nur nach

Bedarf. In jedem Fall bekommen sie viel Kompost auf die Baumscheibe.
Die Beerensträucher erhalten reichlich Kompost und eine Mulchschicht.

April Ziergarten

Spätestens in diesem Monat sollten Bäume und Sträucher in die Erde kommen. Auch Stauden können jetzt noch gepflanzt werden. Sommerblühende Zwiebel- und Knollenblumen, wie Dahlien, Gladiolen und Lilien, werden gepflanzt; bei den Dahlien den Austrieb mit einem umgedrehten Blumentopf oder Eimer vor Frost schützen. Sämlinge von Stauden und Sommerblumen pikieren und größere Pflanzen entspitzen, damit sie buschig werden.

Verblühtes bei Narzissen und Tulpen abschneiden, damit die Kraft in die Zwiebel und nicht die Samenausbildung geht.

Jedes Jahr ist es eine große Freude, wenn die Tulpen im Frühjahr ihre Farbenpracht zeigen.

Nutzgarten

Im Gemüsegarten ist jetzt Hochsaison. Alle Salate können im Freiland gesät werden. Weitere Aussaaten: Rote Bete, Mangold, Mark- und Zuckererbsen, Rettich, Radieschen, Lauch, Kohlrabi und Kohl in allen Variationen. Bis zum Keimen darf das Saatbeet nicht austrocknen. Pflanzzeit ist für Steckzwiebeln und Knoblauch. Für die Anlage eines Spargelbeets ist dieser Monat am günstigsten. Kartoffeln kommen Mitte April in die Erde; vorgekeimte Kartoffeln Ende des Monats.
Mitte April können auf der Fensterbank, im Frühbeet oder Gewächshaus Gurken, Zucchini, Kürbisse, Zuckermais und Melonen gesät werden. An Kräutern können Sie im Freiland Dill, Borretsch,

Viele Gemüse können schon im Freiland gesät und gepflanzt werden.
1. Mit einer Schnur die Reihe markieren.

Salbei, Zitronenmelisse und Pfefferminze aussäen; weiterhin Petersilie und Schnittlauch.
Für Nachzügler ist auch noch die erste Aprilhälfte als Pflanztermin von Obstgehölzen möglich.

2. Für Aussaat und Pflanzung gilt: Angießen nicht vergessen!

Beerensträucher können jetzt durch Absenker vermehrt werden.

Balkon und Terrasse

Die meisten Kübelpflanzen können jetzt aus dem Winterquartier. Gegebenenfalls umtopfen und zurückschneiden. Geiltriebe (lange, helle Triebe), die über Winter entstanden sind, müssen abgeknipst werden. Beim Ausräumen ist zu beachten, dass die Pflanzen noch recht lichtempfindlich sind. Deshalb bedeck- tes Wetter für diese Arbeit nutzen und die Pflanzen zunächst halbschattig aufstellen. Für späte Frostnächte Folie oder Vlies zum Abdecken bereit legen.

Ziergarten — Mai

Alles, was in den ersten Monaten des Jahres gepflanzt wurde, muss bei trockenem Wetter gründlich gewässert werden. Außerdem erspart man sich viel Arbeit, indem man auflaufendes Unkraut sofort entfernt; stark verun- krautete Stellen anschließend mulchen. An Rhododendren die verblühte Pracht vorsichtig ausknipsen, damit sich die neuen Blütenanlagen entwickeln können. Hoch wachsende Prachtstauden werden an Stützen angebunden. Der Rasen wächst jetzt am stärksten, deshalb sollte wöchentlich gemäht werden. Auch für die Neuanlage eines Rasens ist dieser Monat optimal.
Noch bis Ende des Monats kann man Sommerblumen direkt ins Freiland säen.

Balkon und Terrasse

Für Balkon- und Sommerblumen sind die Eisheiligen, Mitte des Monats, der Startschuss für die Freiluftsaison. Kästen, Ampeln und Schalen werden bepflanzt. Pflanzen von der Fensterbank langsam umgewöhnen. Auch die Kübelpflanzen sind mittlerweile fit für den sonnigen Standort. Regelmäßiges Düngen ist wichtig.

Nach den Eisheiligen ist die Frostgefahr gebannt. Jetzt können alle Balkonpflanzen nach draußen.

Gemüsegarten

Nach den Eisheiligen dürfen Setzlinge von Tomaten, Gurken, Zucchini, Sellerie und Neuseelandspinat ausgepflanzt werden; in geeigneten, warmen Lagen auch Paprika, Auberginen, Melonen und Artischocken.
Die frostempfindlichen Busch- und Stangenbohnen dürfen ebenfalls erst zu diesem Termin ausgelegt werden. Zucchini können Sie jetzt auch direkt im Freiland aussäen; ebenso Zuckermais. Folgesaaten von Salat sorgen für lau- fende Ernten. Von den Kohlarten können noch Blumenkohl, Brokkoli und Grünkohl gesät werden; die übrigen kommen jetzt als Setzlinge in die Erde.
Von Anfang an wird der Boden zwischen den Pflanzreihen regelmäßig gehackt.

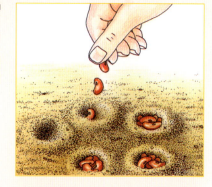

Aussaatzeit: endlich auch für die frostempfindlichen Bohnen (hier Horstsaat).

Obstgarten

Die Baumscheiben der Obstgehölze sind für Kompostgaben dankbar.
Statt einer Mulchschicht können Kapuzinerkresse oder Ringelblumen gesät werden. Unter Beerensträuchern die Mulchschicht laufend ergänzen. Erdbeerbeete können mit Stroh oder Holzwolle unterlegt werden, damit die Früchte bei Nässe nicht faulen. Zum Zeitpunkt der Blüte sollte nur noch Containerware gepflanzt werden. Sind bereits Blütenknospen zu sehen, sollten diese zugunsten von Wurzel- und Triebwachstum vorsichtig herausgebrochen werden.

Die Mulchschicht wird laufend ergänzt.

Juni — Ziergarten, Balkon und Terrasse

Eine der wichtigsten Sommerarbeiten beginnt mit diesem Monat: Regelmäßig muss Abgeblühtes entfernt werden. Dies gilt vor allem für Sommerblumen, Balkonpflanzen und Rosen. Außerdem geht man bei Einjahrs- und Balkonblumen zu regelmäßiger Düngung über und sollte an heißen Tagen gründlich wässern.

Abgeblühte Polsterstauden (zum Beispiel Blaukissen und Gänsekresse) werden kräftig zurückgeschnitten, damit sie kompakt bleiben. Zweijahrsblumen werden Ende des Monats gesät.

Alle Sträucher, die im Frühjahr am einjährigen Holz blühen, schneidet man direkt nach der Blüte zurück und sichert so eine kräftige Blüte für das kommende Jahr. Der Rasen wird weiterhin regelmäßig geschnitten.

Erfreuen Sie sich an der Blütenpracht im Garten. Schmuckkörbchen (links), Taglilie (Mitte) und Flammenblume (rechts) zeigen sich jetzt von ihrer schönsten Seite und übertreffen sich gegenseitig an Farben- und Formenvielfalt.

Gemüse und Kräutergarten

Auf abgeernteten Beeten sollte gleich wieder gesät werden, damit die Fläche schnell wieder bedeckt ist: Weiterhin Kopf-, Pflück- und Eissalat, ab Mitte Juni auch Endivie und Radicchio. Radieschen können im Sommer auch im Halbschatten gesät werden; in voller Sonne auf rechtzeitiges Wässern achten. Beim Knollenfenchel beginnt die kurze Aussaatperiode Mitte Juni. Buschbohnen und Kohlrabi können weiterhin gesät werden.

Kohl-Jungpflanzen sollten bis zur Monatsmitte in der Erde sein. Zwischendurch sollten die Beete wenn möglich, mit Kompost versorgt werden; aber nur an Tagen mit bedecktem Himmel oder in den Abendstunden. Beim Rhabarber ist zur Monatsmitte Ernteschluss; auf dem Spargelbeet zum Monatsende.

Im Kräutergarten sind Nachsaaten von Dill und Kerbel fällig. Schnittlauch häu-

Immer wieder hacken, damit der Boden locker bleibt.

fig schneiden, dann treibt er kräftig nach. Bohnenkraut kann direkt neben den heranwachsenden Bohnen ausgesägt werden.

Tomaten brauchen eine Standhilfe.

Obstgarten

Vom Beerenobst sind Erdbeeren als erste erntereif. Die ertragreichsten werden markiert, um von ihnen später Ableger zu gewinnen. Pflücken Sie die Erdbeerpflanzen regelmäßig durch.

Bei Stachelbeeren darf man nicht den Zeitpunkt zum Pflücken verpassen, sie platzen sonst leicht auf. Himbeeren müssen vollreif geerntet werden; also alle paar Tage durch-

pflücken. Weiterhin muss die Mulchschicht laufend ergänzt werden. Die heranreifenden Kirschen eventuell mit einem Netz vor naschhaften Vögeln schützen.

Ziergarten, Balkon und Terrasse

Hecken bringt man mit der Schere wieder in Form, aber warten Sie in jedem Fall, bis die Vogelnester nicht mehr bewohnt sind. Auch Buchs wird zurückgeschnitten. Rosen werden nach der Hauptblüte gedüngt, aber nicht später als Mitte Juli.

Remontierende Stauden wie *Erigeron*, Rittersporn und Salbei werden nach der Blüte total abgeschnitten. Anschließend düngen und wässern, so dass sie Anfang September ein zweites Mal kräftig blühen.

Gießen ist ganz wichtig. Beete möglichst am frühen Morgen und unbedingt ausgiebig wässern, damit tatsächlich die Wurzeln davon profitieren. Für die Blumenwiese ist es jetzt an der Zeit gemäht zu werden.

Auf Balkon und Terrasse ist Gießen die wichtigste Arbeit während der Sommermonate. Töpfe an heißen Tagen zweimal gießen, immer noch wöchentlich düngen.

Rittersporn wird nach der Blüte kräftig zurückgenommen.

Gemüsegarten

In Trockenperioden müssen die Gemüsebeete unbedingt ausreichend gewässert werden. Gleichmäßige Bodenfeuchtigkeit ist Voraussetzung für eine gute Ernte. Regelmäßiges Hacken oder Ergänzen der Mulchschicht zwischen den Pflanzreihen hilft Wasser sparen.

Freie Gemüsebeete können Sie mit Gründüngungspflanzen einsäen. Eissalat und Endivie für die Herbsternte müssen bis zur Monatsmitte ausgesät sein; ebenso Radicchio und Knollenfenchel. Folgesaaten von Kopfsalat sind weiter möglich.

Sommerrettich kann man noch bis Ende Juli säen; ab Mitte des Monats wird Winterrettich gesät. Die Aussaatzeit für Chinakohl und Pak Choi währt nur von Mitte Juli bis Anfang August.
Bei den Tomaten müssen die Geiztriebe regelmäßig ausgebrochen werden.

Obstgarten

Süßkirschen werden mit Stiel geerntet, damit kein Saft austritt. Frühe Pflaumen sind reif, wenn gesunde Früchte von selbst abfallen. Auch die ersten Pfirsiche sind erntefertig.

Bei starkwüchsigen Obstbäumen ist jetzt ein „Sommerschnitt" möglich. Ende des Monats beginnt die Pflanzzeit für Erdbeeren.

Achten Sie darauf, dass die Pflanzen weder zu tief noch zu hoch im Boden sitzen (oben). Um Erdbeeren zu vermehren, können Sie Ableger in eingegrabene Töpfe setzen. Nach dem Bewurzeln werden sie von der Mutterpflanze abgetrennt (unten).

zu tief   richtig   zu hoch

August — Ziergarten, Balkon und Terrasse

Immergrüne und Nadelgehölze kann man wieder pflanzen, so dass sie bis zum Winter eingewurzelt sind.
Anfang des Monats werden herbstblühende Zwiebelblumen gepflanzt, damit sie rechtzeitig blühen.
Bei Stauden muss man regelmäßig abgeblühte Stiele entfernen, um den Samenansatz zu verhindern.
Die Zweijahrsblumen müssen pikiert werden, so dass sie bis zur Pflanzung Ende September einen kräftigen Wurzelballen haben.
Bei Kübelpflanzen wird Ende des Monats zum letzten Mal gedüngt, damit sie anschließend ausreifen und so den Winter besser überstehen. Weiterhin darf das Wässern nicht vergessen werden.

Immergrüne und Nadelbäume können im August gepflanzt werden: Grube ausheben, Ballentuch öffnen, Pflanze in Gießgrube gut andrücken. Anschließend gründlich wässern.

Gemüse- und Kräutergarten

Auf ausreichende Bodenfeuchtigkeit achten. Nur Zwiebeln brauchen zum Ausreifen Trockenheit; ein Folientunnel als Regenschutz ist hilfreich. Für Kopf- und Pflücksalat ist Anfang des Monats letzte Aussaatgelegenheit; ebenso für Mangold, Spinat und Feldsalat. Ab Mitte August können – in milden Lagen – Winterzwiebeln gesät oder gesteckt werden.
Gemüse mit langer Kulturzeit wie Kohl, Zucchini, Knollensellerie, Tomaten und Gurken spätestens zum Monatsbeginn noch einmal nachdüngen.
In der zweiten Monatshälfte werden von den Tomaten die neu wachsenden Blütenstände gekappt.
Auf abgeernteten Beeten, die jetzt nicht mehr genutzt werden, sollte rasch Gründünger ausgesät werden.

Für Petersilie ist jetzt ein günstiger Aussaatmonat.
Ernten Sie Salbei, Zitronenmelisse und Pfefferminze vor der Blüte zum Trocknen. Die Samen der fruchttragenden Kräuter, wie Anis, Fenchel, Kümmel oder Dill, sollten jetzt schnellstens geerntet werden. Rosmarin, Salbei und Thymian können im Hochsommer gut durch Stecklinge vermehrt werden.

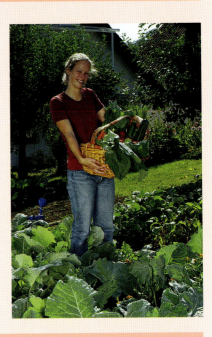

Im Gemüsegarten kann jetzt nach Lust und Laune geerntet werden.

Obstgarten

Frühe Sorten von Äpfeln und Birnen pflückt man vor der Vollreife und lagert sie ein paar Tage; das fördert den Geschmack. Aprikosen und Pfirsiche sollen am Baum ausreifen. Pflücken Sie die Bäume mehrmals durch, da die Früchte unterschiedlich schnell reifen. Wenn sie sich bei leichtem Anheben oder Drehen mühelos lösen, ist der optimale Ernte-

zeitpunkt erreicht. Stützen Sie reich tragende Äste frühzeitig ab oder binden Sie sie auf, um Astbruch vorzubeugen. Falls nötig, kann zur Schnittkorrektur ein „Sommerschnitt" der Obstgehölze noch erfolgen. Notwendig ist ein Rückschnitt bei den Beerensträuchern; die Schere sollte gleich nach der Ernte angesetzt werden.

Schneiden Sie die abgeernteten und auch die schlecht entwickelten Himbeerruten so tief wie möglich über der Erde zurück; lassen Sie keine Stummel stehen (Eintrittspforten für Krankheitserreger). Bei Johannisbeer- und Stachelbeersträuchern sollten Sie vor allem abgetragenes und altes Holz entfernen (Verjüngungsschnitt).

Ziergarten, Balkon und Terrasse

Die ersten Blumenzwiebeln für die Frühjahrsblüte kommen jetzt in die Erde. Mit einem engmaschigen Drahtgeflecht kann man Zwiebeln und Knollen vor gefräßigen Mäusen schützen. Stauden, die im Sommer geblüht haben, können jetzt zur Vermehrung geteilt und neu gepflanzt werden. Auch die Neuanlage eines Staudenbeets ist in diesem Monat möglich. Zweijahrsblumen pflanzt man jetzt an ihren endgültigen Standort. Einige Einjahrsblumen wie Ringelblume, Kornblume, Rittersporn und Schleifenblume können schon jetzt gesät werden, dann blühen sie zeitig im nächsten Jahr.

Im Gartenteich Wasserlinsen und andere Wucherer mit einem Netz aus dem Teich fischen.

Für den Frühlingsbalkon einige Zwiebeln in Töpfe legen und bis zum Austrieb eingraben.

Erste Frühlingsgrüße auf dem Balkon: Jetzt müssen dafür die Zwiebeln in Töpfe gelegt werden.

Gemüse- und Kräutergarten

Die Ernte steht jetzt im Mittelpunkt. Gurken, Zucchini und Bohnen sollten bis Ende September geerntet sein; ebenso Paprika, Auberginen oder Melonen im Freiland. Von den Tomatensträuchern erntet man auch die grünen Früchte ab; sie können im Haus nachreifen.
In den ersten Septembertagen, nicht später, sind letzte Aussaaten von Schnittsalat und Radieschen möglich; außerdem von Feldsalat und Winterkopfsalat für die Ernte im Frühjahr.

In nicht allzu rauen Lagen können jetzt auch Knoblauchzehen gesteckt werden. Im Frühbeet können Sie für die Winterernte Feldsalat aussäen. Im Kräuterbeet erntet man im Laufe des Monats Basilikum, Bohnenkraut, Zitronenmelisse und Pfefferminze; mit abnehmender Sonnenscheindauer wird auch ihr Aroma schwächer.

Einige Kräuter, wie Pfefferminze, können auch im September noch geerntet werden.

Obstgarten

Die Ernte von Kernobst geht weiter. Zum Monatsende sind die letzten Pflaumen reif. Zwetschgen zum Einmachen kann man einfach vom Baum schütteln. Leimringe um die Stämme von Apfel-, Birn- und Kirschbäumen schützen vor Befall mit Frostspannern.
Ende September beginnt die Pflanzzeit für Beerensträucher.

Erntezeit im Obstgarten

Ziergarten

Es drohen die ersten Frostnächte. Sommerblühende Knollen, zum Beispiel Dahlien, Gladiolen und Knollenbegonien, müssen ausgegraben werden, da sie nicht frosthart sind. Man lässt sie abtrocknen, säubert sie gründlich und schneidet die Stiele auf etwa 15 cm zurück. Frostfreie, luftige Überwinterung.

Gegen Ende des Monats entlauben allmählich die Bäume und Sträucher. Die Blätter kann man auf dem Kompost, gut vermischt mit anderem Material, verrotten lassen. Eichen- und Nusslaub auf einem Extrahaufen lagern. Abgeblühte Stauden werden auf etwa 10 cm zurückgeschnitten.

Ab Oktober muss das Laub eingesammelt und kompostiert werden.

Balkon und Terrasse

Kübelpflanzen möglichst spät ins Haus holen; in jedem Fall aber vor der ersten Frostnacht (Wetterbericht beachten). Damit der Platz im Winterquartier reicht, können die Pflanzen kräftig zurückgeschnitten werden. Die Balkonkästen werden geleert und können mit Zierkohl, *Erika* und Chrysanthemen

herbstfein gemacht werden. Noch vor dem ersten Frost schneidet man ein paar kräftige Triebe von Geranien als Stecklinge, um sie über Winter für das kommende Jahr bewurzeln zu lassen.

Die meisten Kübelpflanzen müssen vor dem ersten Frost ins Winterquartier.

Gemüse- und Kräutergarten

Vor den ersten Frösten die letzten Tomaten pflücken. Auch Radieschen, Rettich, Rote Bete und Kohlrabi sollten vor Frostbeginn aus der Erde sein. Bei Knollenfenchel, Möhren und Sellerie ist zum Monatsende Ernteschluss. Von den Kohl-

arten ist allein Blumenkohl frostgefährdet. Die übrigen vertragen leichte Minusgrade; Grün- und Rosenkohl noch mehr. Beim Kopfsalat ist die Frosthärte sortenabhängig. Nicht so empfindlich ist Endiviensalat. Im Kräuterbeet muss Majoran

rechtzeitig vor Frostbeginn geerntet sein. Rosmarin und Basilikum in Töpfe pflanzen und auf eine helle Fensterbank stellen, um weiter ernten zu können. Thymian, Salbei und Zitronenmelisse erhalten angehäufeltes Laub als Kälteschutz.

Obstgarten

Jetzt ist Pflanzzeit für Apfel, Birne, Pflaume und Kirsche. Auch Walnuss und Haselnuss können in diesem Monat gesetzt werden. Die Pflanzlöcher mindestens eine Woche vor dem Pflanztermin ausheben.

Auch für Beerensträucher ist die Pflanzzeit günstig; sie währt bis Anfang November. Unbewachsene Wurzelflächen unter Beerensträuchern und Baumscheiben sollten leicht gelockert werden; zur Düngung kann oberflächlich reifer Kompost eingearbeitet werden.

Kiwis sind meistens erst in diesem Monat reif; sie sollten vor dem Einsetzen starker Fröste gepflückt sein. Lagerobst darf nicht zu spät geerntet werden, sonst verliert es beim Aufbewahren schnell an Geschmack.

Im Herbst ist Pflanzzeit für Obstgehölze. Klein bleibende Obstbäume auf schwachen Unterlagen benötigen einen Stützpfahl.

November Ziergarten

Noch ist Zeit zum Pflanzen von Rosen; anschließend unbedingt mit Erde anhäufeln. Auch Laub abwerfende Gehölze werden gepflanzt. Anfang des Monats

kann der Rasen zum letzten Mal gemäht werden. In jedem Fall Laub regelmäßig von der Rasenfläche abharken. Vor den ersten Dauerfrösten Wasserlei-

tungen abstellen und leer laufen lassen. Pumpen und andere technische Anlagen werden aus dem Teich genommen, gesäubert und frostfrei gelagert.

Balkon und Terrasse

Die letzten Kübelpflanzen müssen ins Winterquartier, damit sie bei Dauerfrost

nicht erfrieren. Abgefallene Blätter und Blüten regelmäßig absammeln, um die

Ausbreitung von Pilzkrankheiten zu vermeiden. Nur noch mäßig gießen.

Gemüse- und Kräutergarten

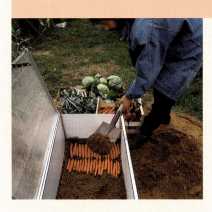

Im Laufe des Monats ist auch für Chinakohl, Pak Choi, Sellerie, Wirsing und Spinat Ernteschluss, denn sie sind nur mäßig frosthart. Feldsalat und Grünkohl sind durchweg winterfest, während bei Rosenkohl und Lauch die Sorte über die Robustheit entscheidet. Lager-

Gemüse kann gut im Frühbeet eingelagert werden.

gemüse wird an trockenen Tagen geerntet. Zum Aufbewahren – kühl und luftig – eignen sich vor allem Möhren, Sellerie, Kopfkohl, Zwiebeln und Kartoffeln. Obst und Gemüse dürfen nicht im selben Raum gelagert werden.
Vom Schnittlauch sollten ein paar Wurzelstücke ausgegraben werden. Man lässt sie draußen durchfrieren, um sie anschließend in Töpfe zu setzen und am Zimmerfenster anzutreiben.

Obstgarten

Die Pflanzzeit für Obstgehölze geht Mitte November zu Ende.
Von späten Sorten sollte man die Früch-

te nicht zu lange am Baum hängen lassen, denn jetzt können schon kräftige Fröste auftreten.

Beim Lagerobst müssen beschädigte Früchte rechtzeitig aussortiert werden.

Ziergarten　Dezember

Noch immer können Laub abwerfende Gehölze und Rosen gepflanzt werden, wenn die Witterung es zulässt.
Neu gepflanzte und empfindliche Stauden, wie Herbstanemonen, werden jetzt

mit Tannenreisig abgedeckt, um Kahlfrösten (Frost ohne Schneedecke) vorzubeugen.
Ebenso Zweijahrsblumen schützen. Sorgen Sie für einen Wasserabfluss in

den Beeten zum Schutz vor Wurzelfäulnis.
Bei starkem Schneefall muss man Koniferen von der Last befreien.

Gemüsegarten

Grünkohl und Rosenkohl gewinnen durch Frosteinwirkung an Geschmack. Geerntet werden sie möglichst bei frostfreiem Wetter. An milden Tagen kann noch Feldsalat geschnitten werden; im Frühbeet jederzeit. Lagergemüse sollte gelegentlich kontrolliert werden.

Obst und Kartoffeln nicht in einem Raum lagern. Geschmack und Lagerfähigkeit leiden darunter.

Obstgarten

Das eingelagerte Obst wird auf mögliche Faulstellen untersucht.
Im Garten können noch Leimringe um Obstbäume gelegt werden.
Zum Rückschnitt der Obstgehölze sollte man sich jetzt noch nicht verleiten lassen, denn bei nachfolgenden, extremen Frösten können sie Schaden erleiden.
Ab Ende Dezember können die Obstbäume mit einem Baumanstrichmittel behandelt werden. Der Wechsel von frostkalten Nächten zu sonnigen Wintertagen lässt sonst die Baumrinde aufreißen.

Das Kalken der Bäume schützt die Rinde vor starker Erwärmung und somit vor Rissen.

Adressen und Bezugsquellen

Eine optimale Informations-
quelle in allen Pflanzen-
Angelegenheiten bietet
Ihnen das Gartenforum
der Zeitschrift
MEIN SCHÖNER GARTEN.
Adresse:
http://www.mein-schoener-
garten.de

Vereine und Verbände

Bundesverband Deutscher Gartenfreunde
Platanenallee 37
14050 Berlin
www.kleingarten-bund.de

Landesverband Niedersächsischer
Gartenbauvereine
Bückeburger Str. 11
31655 Stadthagen

Landesverband Hessen für Obstbau,
Garten und Landschaftspflege
Finkenweg 19
35606 Solms

Landesverband der Gartenbauvereine
Westfalen-Lippe
Postfach 1444
48565 Steinfurt

Verband Rheinischer Gartenbauvereine
Gartenstr. 11
50765 Köln

Bundesverband Dt. Gartenfreunde
Steinerstr. 52
53225 Bonn

Landesverband der Gartenbauvereine
Saar/Pfalz
Kaiserstr. 77
66133 Saarbrücken-Scheidt

Baden-Württembergischer
Landesverband für Obstbau,
Garten und Landschaft
Klopstockstr. 6
70193 Stuttgart

Deutsche Gartenbau-Gesellschaft
Webersteig 3
78462 Konstanz

Bayer. Landesverband für Gartenbau
und Landespflege
Herzog-Heinrich-Str. 21
80336 München

Pflanzenliebhaber-
Gesellschaften

Deutsche Rhododendron-Gesellschaft
c/o Julia Westhoff
Marcusallee 60
28359 Bremen
www.bremen.de/info/stadtgruen/
RhodoInfo.htm

Deutsche Fuchsien-Gesellschaft
c/o Hans-Peter Peters
Pankratiusstr. 10
31180 Giesen-Großförste
www.deutsche-fuchsien-ges.de

Gesellschaft der Wassergartenfreunde
c/o Herbert Bollerhey
Eichenberger Str. 19
34233 Fuldatal-Rothwesten

Deutsche Dahlien-, Fuchsien- und
Gladiolen-Gesellschaft
c/o Bettina Verbeek
Maasstr. 153
47608 Geldern-Walbeck
www.ddfgg.de

Europäische Buchsbaum-
und Formschnitt-Gesellschaft
c/o Raphael Witte
Oberstr. 36
52349 Düren

Deutsche Dendrologische Gesellschaft
c/o Ursula Müller
Auf dem Steg 40
54311 Trierweiler

Gesellschaft der Staudenfreunde
Geschäftsstelle
Eichenstr. 5
67259 Beindersheim
www.gds-staudenfreunde.de

Verein Deutscher Rosenfreunde
c/o Hanni Bartetzko
Waldseestr. 14
76530 Baden-Baden
www.rosenfreunde.de

Informationsstellen
und Fortbildungsstätten

Gartenakademie –
Fachschule für Gartenbau
Soebrigener Str. 3 a
01326 Dresden-Pillnitz

Lennée Akademie für Gartenbau
und Gartenkultur
Ministerium für Ernährung,
Landwirtschaft und Forsten
Heinrich-Mann-Allee 103
14473 Potsdam

Schulungszentrum für naturgemäßen
Land- und Gartenbau
Poppenbüttler Hauptstr. 46
22399 Hamburg

Hessische Gartenakademie – Lehr-
und Versuchsanstalt für Gartenbau
Oberzwehrener Str. 103
34132 Kassel
Tel. 05 61/4 09 09-0

Bildungsstätte des deutschen
Gartenbaues
Gießener Str. 47
35305 Grünberg

Gartenbauzentrum Köln-Auweiler
Gartenstr. 11
50765 Köln-Auweiler
Tel. 02 21/53 40 20-0

Hessische Gartenakademie,
LVG Wiesbaden
Am Kloster Klarenthal 7 a
65195 Wiesbaden
Tel. 06 11/9 46 81-0

Saarländische Gartenakademie,
Landwirtschaftskammer
Lessingstr. 12
66121 Saarbrücken
Tel. 06 81/6 65 05-0

Informationsstelle
der Versuchsanstalt für Gartenbau
an der FH Weihenstephan
Am Staudengarten 9
85354 Freising
Tel. 0 81 61/7 14-5 41

Bayer. Gartenakademie –
Bayer. Landesanstalt für Weinbau
und Gartenbau
An der Steige 15
97209 Veitshöchheim
Tel. 0 18 04/98 01 14

Amtliche Pflanzenschutz-
beratung

Sächsische Landesanstalt
für Landwirtschaft
Fachbereich Integrierter Pflanzenschutz, Referat 63
Alttrachau 7
01139 Dresden
Tel. 03 51/85 30 40

Pflanzenschutzamt Berlin
Mohriner Allee 137
12347 Berlin
Tel. 0 30/70 00 06-0

Landesamt für Ernährung,
Landwirtschaft und Flurneuordnung,
Dezernat Pflanzenschutz
Ringstr. 1010
15236 Frankfurt (Oder)/Markendorf
Tel. 03 35/52 17-6 22

Landespflanzenschutzamt
Graf-Lippe-Str. 1
18059 Rostock
Tel. 03 81/4 91 23-31 und -33

Institut für Angewandte Botanik,
Abt. Pflanzenschutz
Marseiller Str. 7
20355 Hamburg
Tel. 0 40/4 28 38-0

Pflanzenschutzamt
Westring 383
24118 Kiel
Tel. 04 31/8 80 13 02

Senator für Umweltschutz
und Stadtentwicklung,
Pflanzenschutzdienst
Große Weidestr. 4–16
(Postanschrift: Hanseatenhof 5)
28195 Bremen
Tel. 04 21/3 61 25 75

Lehr- und Versuchsanstalt
für Gartenbau
Heisterbergallee 12
30453 Hannover
Tel. 05 11/4 00 5-152

Landespflanzenschutzamt
Lerchenwuhne 125
39128 Magdeburg
Tel. 03 91/25 69-4 50 bis 4 53

Pflanzenschutzamt der
Landwirtschaftskammer Rheinland
Siebengebirgsstr. 200
53229 Bonn
Tel. 02 28/43 42-1 50 und -152

Landesanstalt für Pflanzenschutz
und Pflanzenbau
Essenheimer Str. 144
55128 Mainz-Bretzenheim
www.pflanzenschutzdienst.de

Hess. Gartenakademie
Am Kloster Klarenthal 7 a
65197 Wiesbaden
Tel. 06 11/9 46 81 17

Pflanzenschutzamt Saarbrücken
Lessingstr. 12
66121 Saarbrücken
Tel. 06 81/6 65 05-38

Landesanstalt für Pflanzenschutz
Reinsburgstr. 107
70197 Stuttgart
Tel. 07 11/6 64 24 40

Bayrische Gartenakademie
An der Steige 15 / Postfach 11 40
97205 Veitshöchheim
Tel. 08 00/9 80 11 47

Thüringer Landesanstalt für Landwirtschaft, Sachgebiet Pflanzenschutz
Mittelhäuser Straße
99189 Erfurt-Kühnhausen
Tel. 03 62 01/8 1 70

Staatliche
Bodenuntersuchungsanstalten

Sächs. Landesanstalt
für Landwirtschaft
Institut f. Landwirtschaftliche
Untersuchungen
– LUFA Leipzig/Möckern –
Gustav-Kühn-Str. 8
04159 Leipzig

LUFA des Landes Sachsen-Anhalt
Schiepziger Str. 29
06120 Halle/Lettin

LUFA Thüringen
Naumburger Str. 98
07743 Jena

LUFA Potsdam
Templiner Str. 21
14473 Potsdam

LUFA Rostock
Graf-Lippe-Str. 1
18059 Rostock

Institut für Angewandte Botanik
Abt. KVT
Marseiller Str. 7
20355 Hamburg

LUFA Kiel
Institut f. Tiergesundheit
und Lebensmittelqualität
Gutenbergstr. 75–77
24116 Kiel

LUFA der Landwirtschaftskammer
Weser-Ems
Jägerstr. 23–27
26121 Oldenburg

LUFA Hameln
Finkenborner Weg 1 a
31787 Hameln

Hessische Landwirtschaftliche
Versuchsanstalt
Landwirtschaftliches
Untersuchungsamt
Am Versuchsfeld 13
34128 Kassel/Harleshausen

LUFA Westfalen-Lippe
Nevinghoff 40
48147 Münster

LUFA Bonn/Landwirtschaftskammer
Siebengebirgsstr. 200
53229 Bonn

Landes-Lehr- und Versuchsanstalt
für Landwirtschaft, Weinbau
und Gartenbau
Institut für Bodenkunde
Egbertstr. 18
54295 Trier

Hess. Landwirtschaftliche
Versuchsanstalt
Rheinstr. 91
64295 Darmstadt

LUFA Speyer
Bezirksverband Pfalz
Obere Langgasse 40
67346 Speyer

Landesanstalt für landwirtschaftliche
Chemie
– Bodenabteilung –
Emil-Wolff-Str. 14
70599 Stuttgart

LUFA Augustenberg
Neßlerstr. 23
76287 Karlsruhe

Bayerische Hauptversuchsanstalt
Abt. Bodenuntersuchung
Alte Akademie 10
85350 Freising-Weihenstephan

Bayerische Landesanstalt
für Weinbau und Gartenbau
Abt. Kellerwirtschaft und
Untersuchungswesen
Herrnstr. 8
97209 Veitshöchheim

Höhere Bundeslehr- und
Versuchsanstalt für Gartenbau
Grünbergstr. 24
A-1131 Wien/Schönbrunn

LUFA = Landwirtschaftliche Untersuchungs-
und Forschungsanstalt

Bundesanstalt für Agrarbiologie
Wieninger Str. 8
A-4020 Linz

Tiroler Landwirtschaftliche Unter-
suchungs- und Versuchsanstalt –
LUVA –
A-6200 Rotholz 46

Landwirtschaftlich-chemische
Landesversuchs- und Untersuchungs-
anstalt
Burggasse 2
A-8010 Graz

UFAG Laboratorien
Kornfeldstr. 2
CH-6210 Sursee

Labor Roth A.G.
Rieterstr. 102
CH-8002 Zürich

Private Bodenuntersuchungs-stellen

Bodenuntersuchungs-Institut
Koldingen
Ehlbeek 2
30938 Burgwedel

Dr. Fritz Balzer
Oberer Ellenberg 5
35083 Amönau

Blieskasteler Umweltlabor
Mühlgasse 25
66440 Blieskastel

Institut Dr. Jäger
Ernst-Simon-Str. 2–4
72072 Tübingen

Labor Michael Lacher
Niedermattenstr. 3
79238 Ehrenkirchen

Agrolab
Schulstr. 1
85416 Oberhummel

Boden- und Wasseranalytik
Gerhard F. Pieper
Abt-Hyller-Str. 4/1
88250 Weingarten

Labor für Boden- und Düngemittel-
untersuchungen Dr. Dürr
Hagener Weg 27
89179 Beimerstetten

Labor für Umweltanalytik
Dr. Rietzler
Schnorrstr. 5 a
90471 Nürnberg

Nützlinge

Flora Nützlinge
Wulkower Weg (Gärtnerei)
15518 Hangelsberg
www.landwirtschaft.freepage.de/
kbservices

ÖRE Bio-Protect GmbH
Kieler Str. 41
24223 Raisdorf
www.nuetzlinge.com

re-natur GmbH
Hof Aqua Terra
Am Pfeifenkopf 9
24601 Stolpe
www.re-natur.de

W. Neudorff GmbH KG
Abt. Nutzorganismen
Postfach 12 09
31857 Emmerthal
www.neudorff.de

STB-Control
Schaltenbach 1
65326 Aarbergen

Sautter & Stepper GmbH
Rosenstr. 19
72119 Ammerbuch
www.nuetzlinge.de

Katz Biotech Services
Industriestr. 38
73642 Welzheim
www.landwirtschaft.freepage.de/
kbservices

Hatto Welte
Maurershorn 10
78479 Insel Reichenau

Andermatt Biocontrol
Stahlermatten 6
CH-6146 Großdietwil

Naturgemäßer Gartenbau

Wolfgang-Philipp-Gesellschaft
Ausschuß für naturnahen Gartenbau
Postfach 43 66
55033 Mainz

Forschungsring für biologisch-
dynamische Wirtschaftsweise
Brandschneise 2
64295 Darmstadt

Naturgarten e.V.
Görresstr. 33
80798 München

Arbeitsgruppe Biogarten
Birnbaum
CH-3436 Zollbrück

Bioterra (SGBL)
Dubsstr. 33
CH-8003 Zürich

Erhaltung der Sortenvielfalt

Verein zur Erhaltung der
Nutzpflanzenvielfalt (VEN)
Ursula Reinhard
Sandbachstr. 5
38162 Schandelah

Arche Noah
Obere Str. 40
A-3553 Schloß Schiltern

Fructus
Glärnischstr. 31
CH-8820 Wädenswil

Pro Specie Rara
Schneebergstr. 17
CH-9000 St. Gallen

Samen

GartenShop
Wansdorfer Platz 20
13587 Berlin
Tel. 0 30/3 36 78 52, Fax 0 30/33 50 66 02
www.gartenshop.ws

Thysanotus Samenversand
Uwe Siebers
Schulweg 21
28876 Oyten
www. thysanotus-samenversand.de

Thompson & Morgan
Postfach 10 69
36243 Niederaula
www.thompson-morgan.de

Bio-Saatgut Ulla Grall
Eulengasse 3
55288 Armsheim
Tel. 0 67 34/96 03 79,
Fax 0 67 34/96 00 14
www.bio-saatgut.de

Syringa Samen
Postfach 1147
78245 Hilzingen
Tel. 0 77 39/14 52, Fax 0 77 39/6 77
www.syringa-samen.de

N.L. Chrestensen
Postfach 1000
99079 Erfurt
www.gartenversandhaus.de

Baumschulen

Baumschule Schob
Lößnitzer Str. 82
08141 Reinsdorf
Tel. 0375/29 54 84, Fax 0 75/29 34 57
www.schob.de

Baumschule Lorberg
Zachower Straße 4
14641 Tremmen
Tel. 03 32 33/8 40, Fax 03 32 33/8 41 00
www.lorberg.com

Baumschule Hachmann
Brunnenstr. 68
25355 Barmstedt
Tel. 0 41 23/20 55, Fax 0 41 23/66 26
www.hachmann.de

Eggert Baumschulen
Baumschulenweg 2-6
25594 Vaale
Tel. 0 48 27/93 26 27, Fax 0 48 27/9 50 56
www.eggert-baumschulen.de

Obstbaumschule Dr. Ute Hoffmann
Brinkstr. 53
27249 Mellinghausen/Brake
Tel. 0 42 72/96 22 44, Fax 0 42 72/18 65

Baumschule Bruno Wenk
Dickenrück
36199 Rotenburg a.d. Fulda
Tel. 0 66 23/22 14, Fax 0 66 23/58 04

Artländer Pflanzenhof
Fliegerhorst 2
49635 Badbergen
Tel. 0 54 31/24 58, Fax 0 54 31/90 43 53

Ahornblatt GmbH
Postfach 1125
55001 Mainz
Tel. 0 61 31/7 23 54, Fax 0 61 31/36 49 67
www.ahornblatt-garten.de

Häberli Obst- und Beerenzentrum
GmbH
August-Ruf-Str. 12a
78201 Singen
Tel. 0 77 31/69 22 44, Fax 0 77 31/18 65
www.haeberli-beeren.ch

Baumschule Baumgartner
Hauptstr. 2
84378 Nöham bei Pfarrkirchen
Tel. 0 87 26/2 05, Fax 0 87 26/13 90
www.baumgartner-baumschulen.de

Rosen

Deegen Baumschulen
Deegenstraße 1
07586 Bad Köstritz
Tel. 03 66 05/27 12, Fax 03 66 05/23 58

Schloßgärtnerei Gartenbau Lützow
Rosenower Str. 2
19209 Lützow bei Schwerin
Tel. 0 38 69/59 98 33, Fax
0 38 69/69 01 45
www.schlossgaertnerei-luetzow.de

Rosarot Pflanzenversand
Gerd Hartung
Besenbek 4b
25335 Raa-Besenbek
Tel. 0 41 21/42 38 84, Fax 0 41 21/42 38 85
www.rosenversand24.de

W. Kordes' Söhne Rosenschulen GmbH
& Co.KG
Rosenstr. 54
25365 Klein Offenseth-Sparrieshoop
Tel. 0 41 21/4 87 00, Fax 0 41 21/8 47 45
www.kordes-rosen.com

BKN Strobel
Wedeler Weg 62
Postfach 2054
25421 Pinneberg
Tel. 0 41 01/2 05 50, Fax 0 41 01/20 55 20

Rosen-Tantau
Tornescher Weg 13
25436 Uetersen
Tel. 0 41 22/70 84, Fax 0 41 22/70 87

Noack Rosen
Im Waterkamp 12
33334 Gütersloh
Tel. 0 52 41/2 01 87, Fax 0 52 41/14 08 85

Rosen-Union
Steinfurther Hauptstr. 25–27
61231 Bad Nauheim/ Steinfurth
Tel. 0 60 32/8 20 68, Fax 0 60 32/8 62 20
www.rosen-union.de

Rosengärtnerei Kalbus
Hagenhausener Hauptstr. 112
90518 Altdorf-Hagenhausen
Tel. 0 91 87/57 29, Fax 0 91 87/57 22
www.rosen-kalbus.de

Stauden

Staudengärtnerei Mann
Schönbacherstr. 25
02708 Lawalde
www.plantasia.de
Tel. 0 35 85/40 37 38

Staudengärtnerei Ernst Pagels
Deichstraße 4
26789 Leer
Tel. 04 91/32 18, Fax 04 91/6 25 16

Staudengärtner Klose
Rosenstraße 10
34253 Lohfelden/Kassel
Tel. 05 61/51 55 55, Fax 05 61/51 51 20

Staudengärtnerei Arends Maubach
Monschaustraße 76
42369 Wuppertal-Ronsdorf
Tel. 02 02/46 46 10, Fax 02 02/46 49 57

Staudengärtnerei Gräfin von Zeppelin
79295 Sulzburg-Laufen
Tel. 0 76 34/6 97 16, Fax 0 76 34/65 99
www.graefin-v-zeppelin.com

Staudengärtnerei Gaissmayer
Jungviehweide 3
89257 Illertissen
Tel. 0 73 03/72 58, Fax 0 73 03/4 21 81
www.staudengaissmayer.de

Zwiebelblumen

Hoch Albrecht
Potsdamer Str. 40
14163 Berlin
Tel. 0 30/8 02 62 51, Fax 0 30/28 12 55

Albert Treppens
Berliner Straße 84-88
14169 Berlin-Zehlendorf
Tel. 0 30/8 11 33 36, Fax 0 30/43 04
www.treppens.de

Reinhold Krämer
Postfach 1511
73505 Schwäbisch Gmünd
Tel. 0 71 71/92 87 12, Fax 0 71 71/92 87 14

Bernd Schober
Stätzlinger Straße 94a
86165 Augsburg
Tel. 08 21/72 98 95 00, Fax
08 21/72 98 95 01

Kräuter

Die Kräuterei
Alexanderstraße 29
26121 Oldenburg
Tel. 04 41/88 23 68
www.kraeuterei.de

Rühlemanns Kräuter und Duftpflanzen
Auf dem Berg 2
27367 Horstedt
Tel. 0 42 88/92 85 58
Fax 0 42 88/92 85 59
www.ruehlemanns.de

Kräuterey Lützel
Im Stillen Winkel 5
57271 Hilchenbach
Tel. 0 27 33/38 46, Fax 0 27 33/12 679

Otzberg Kräuter
Erich Ollenhauer Str. 87a
5187 Wiesbaden
Tel. 06 11/8 12 05 45, Fax 06 11/846 05 58

Tausendschön
Hauptstraße 9
74541 Vellberg-Großaltdorf
Tel. 0 79 07/89 79, Fax 0 79 07/66 07

Syringa Duft- und Würzkräuter
Bachstraße 7
78247 Hilzingen-Binningen
Tel. 0 77 39/14 52, Fax 0 77 39/6 77
www.syringa-samen.de

Blumenschule Engler & Friesch
Augsburger Straße 62
86956 Schongau
Tel. 0 88 61/73 73, Fax 0 88 61/12 72
info@Blumenschule.de

Gärtnerei Treml
Eckerstraße 32
93471 Arnbruck
Tel. 0 99 45/90 51 00, Fax
0 99 45/90 51 01
www.pflanzentreml.de

Wasserpflanzen

Erich Maier
Hansell 155
48341 Altenberge
Tel. 0 25 05/15 33, Fax 0 25 05/39 67

naturagart
Riesenbecker Str. 63
49479 Ibbenbühren-Dörenthe
Tel. 0 54 51/59 34 10, Fax 0 54 51/59 34 19
www.naturagart.de

Staudengärtnerei Eckhard Schimana
Waldstr.21
86738 Deiningen
Tel. 0 90 81/2 80 74

Seerosen-Farm Oldenhoff
Siglmühle 2
94051 Hauzenberg
Tel. 0 85 86/16 93, Fax 0 85 86/9 15 34
www.seerosen-farm.de

Balkonpflanzen

Mein grünes Heim
Postfach 1645
21306 Lüneburg
Tel. 0 41 31/7 89 79 57, Fax
0 41 31/4 04 00 29
www.meingrunesheim.com

Gärtner Pötschke
Beuthener Straße 4
41561 Kaarst
Tel. 0 21 31/79 33 33, Fax 0 21 31/79 34 44
www.gaertner-poetschke.de

Ahrens & Sieberz
53718 Siegburg-Seligenthal
Tel. 0 22 42/88 91 11, Fax
0 22 42/88 91 88
www.ahrens-sieberz.de

Liebig Jungpflanzen
Kirchspiel 106
59077 Hamm-Pelkum
Tel. 0 23 81/40 11 61

Baldur-Garten
Elbinger Straße 12
64625 Bensheim
Tel. 0 62 51/10 35 10, Fax 0 62 51/10 35 99
www.baldur-garten.de

Dieter Stegmeier
Unteres Dorf 7
73457 Essingen
Tel. 0 73 65/91 91 17, Fax 0 73 65/68 72

Kübelpflanzen

Gärtnerei Siegfried Geißler
Gorschmitz Nr.14
04703 Leisnig/Sachsen
Tel. 03 43 21/1 46 23, Fax 03 43 21/1 46 23

Südflora Peter Klock
Stutsmoor 42
22607 Hamburg
Tel. 0 40/8 99 16 98, Fax 0 40/8 90 11 70

Spezialitätenanzucht Jürgen Peters
Auf dem Flidd 20
25436 Uetersen
Tel. 0 41 22/33 12, Fax 0 41 22/4 86 39
www.alpine-peters.de

Ibero Import
Bahnhofstraße 12
37249 Neu-Eichenberg
Tel. 0 55 42/18 45
Fax 0 55 42/6713
www.ibero-import.net

Versandgärtnerei Koitzsch
Arheilger Straße 16
64390 Erzhausen
Tel. 0 61 50/61 47,
Fax 0 61 50/8 23 29

Rudolf und Klara Baum, Gärtnerei
Scheffelrain 1
71229 Leonberg
Tel. 0 71 52/2 75 58 oder 2 45 57,
Fax 0 71 52/2 89 65

Flora Mediterranea
Königsgütler 5
84072 Au/Hallertau
Tel. 0 87 52/12 38
Fax 0 87 52/99 30
www.floramediterranea.de

Flora Toskana
Böfinger Weg 10
89075 Ulm/Donau
Tel. 07 31/9 26 70 95, Fax 07 31/9 26 71 08
www.flora-toskana.de

Register

Die halbfetten Markierungen verweisen auf Abbildungen.